国家骨干高等职业院校建设成果
中央财政支持重点建设专业教材

铁路线路施工与维护

（第二版）

方 筠 主 编
宋忙社 张团结 副主编
赵东田 主 审

人民交通出版社
China Communications Press

内 容 提 要

本书系统介绍了铁路线路施工及养护内容。本书内容依据学习知识的连贯性,分为6个项目,即首先介绍铁路线路平纵断面图识读,之后重点讲解线路施工内容,包括:路基主体放样施工、路基附属建筑物施工、轨道铺设施工和无缝线路施工三部分,最后介绍线路养护知识。全书结构明晰,表述清楚,贴近现场,符合教育教学改革要求。

本书适于高职高专铁道工程技术专业、高速铁道技术专业及轨道交通类等相关专业学生作教材使用,同时可供相关工程技术人员学习参考或作为培训教材使用。

图书在版编目(CIP)数据

铁路线路施工与维护／方筠主编. —2版.— 北京:
人民交通出版社,2013.12(2025.2重印)
 ISBN 978-7-114-11092-4

Ⅰ.①铁… Ⅱ.①方… Ⅲ.①铁路线路—工程施工—教材②铁路线路—维修—教材 Ⅳ.①U215②U216.42

中国版本图书馆CIP数据核字(2013)第306511号

书　　名:	铁路线路施工与维护(第二版)
著 作 者:	方　筠
责任编辑:	杜　琛　卢　珊
出版发行:	人民交通出版社股份有限公司
地　　址:	(100011)北京市朝阳区安定门外外馆斜街3号
网　　址:	http://www.ccpcl.com.cn
销售电话:	(010)85285911
总 经 销:	人民交通出版社股份有限公司发行部
经　　销:	各地新华书店
印　　刷:	北京虎彩文化传播有限公司
开　　本:	787×1092　1/16
印　　张:	17.5
字　　数:	440千
版　　次:	2009年1月　第1版
	2013年12月　第2版
印　　次:	2025年2月　第2版　第7次印刷　总第14次印刷
书　　号:	ISBN 978-7-114-11092-4
定　　价:	46.00元

(如有印刷、装订质量问题的图书由本公司负责调换)

第一版前言

本教材是高职交通运输与土建类专业规划教材之一。

本教材根据教育部高职高专教学基本要求,在"高职高专铁路线路课程教学大纲"的基础上进行修订,并结合陕西铁路工程职业技术学院和哈尔滨铁道职业技术学院课程改革成果编写而成。在内容上,根据2006年新规范(GB 50090—2006),采用了最新数据资料,增加了近年来发展起来的新技术、新知识。书中重点阐述线路工程的基本原理、基本知识和基本技能,对毕业后工作中极少遇到的设计内容略有涉及。

本书由陕西铁路工程职业技术学院方筠主编,哈尔滨铁路工程职业技术学院张宪丽任副主编。具体编写分工如下:哈尔滨铁道职业技术学院张宪丽编写第三章、第六章、第九章,卜春玲编写第五章;陕西铁路工程职业技术学院张团结编写第二章,周永胜编写第四章,任庆国编写第七章,方筠编写绪论、第一章、第八章、第十章并统稿。兰州交通大学李斌副教授为本书做了审稿工作,提出了宝贵的意见和建议,再此表示感谢。

本书在编写过程中参考、引用了铁路工程线路方面相关书籍和资料,在此对其编者一并表示衷心的感谢。

由于编者水平有限,难免有疏漏之处,敬请使用者给予指正。

编 者
2008 年 12 月

第二版编写说明

本教材是在编者于2009年出版的《铁路线路施工技术》一书基础上，依据教育部"高职高专铁道工程技术专业教学标准"，结合施工现场施工工艺并参照2010年新规范进行的修订。本教材是我院国家骨干建设项目——铁道工程技术专业的核心专业教学资源之一，以陕西铁路工程职业技术学院为主体，联合中铁七局集团有限公司、西安铁路局等企业合作开发，坚持"结合现场、特色鲜明、合编共用"的原则，集学院骨干教师与企业资深专家近十余年教学及施工经验，合力精心打造的精品教材，以适应当前铁路施工企业、工务维护单位的岗位需求。本教材适于高职铁道工程技术专业、高速铁道技术专业及轨道工程类专业学生作教材使用，也可供相关工程技术人员参考或作培训教材使用。

全书共分六个项目，内容包括：铁路线路平纵断面图识读、路基主体放样施工、路基附属建筑物施工、轨道铺设施工、无缝线路铺设施工、轨道与路基维护。考虑到学生就业需求并结合铁路线路发展现状，书中纳入无砟轨道结构及施工内容。本书注重突出职业教育的针对性、职业性与通用性，强化理论与实践的结合，旨在系统培养学生的实际操作能力、团队合作能力和可持续发展能力。

本书由陕西铁路工程职业技术学院方筠任主编并负责统稿。具体编写分工如下：方筠（副教授）编写项目2任务1、任务2、任务3，项目3任务3及项目4；中铁七局集团有限公司宋忙社（高级工程师）参编项目2任务4、任务5、任务6；陕西铁路工程职业技术学院张团结（讲师）参编项目1；陕西铁路工程职业技术学院周永胜（讲师）参编项目3任务1、任务2；陕西铁路工程职业技术学院苗兰弟（讲师）参编项目5；陕西铁路工程职业技术学院郎儒林（讲师）参编项目6任务1、任务2；西安铁路局西安工务段杨宁（工程师）参编项目6任务3、任务4。

原铁道部工程管理中心赵东田（教授级高工）任本书主审，对本书的结构、内容等多方面提出了许多建设性的意见和建议，在此表示感谢。本教材编写过程中参考了很多教材，并引用了部分参考书中的数据和资料，在此向有关的编写者表示衷心的感谢。

由于编者水平有限，难免有疏漏之处，敬请使用者给予指正。

编　者

2013年11月

目 录

项目1 铁路线路平纵断面图识读 … 1
- 任务1 铁路线路平面图识读 ……… 2
- 任务2 铁路线路纵断面图识读…… 13

项目2 路基施工 ……………… 31
- 任务1 路基构造……………… 33
- 任务2 路基放样……………… 42
- 任务3 土石方调配…………… 47
- 任务4 路堤填筑施工………… 52
- 任务5 路堑开挖施工………… 65
- 任务6 土方机械化施工……… 71

项目3 路基附属建筑物施工 … 82
- 任务1 路基排水建筑物施工… 83
- 任务2 路基防护建筑物施工… 94
- 任务3 路基加固建筑物施工… 104

项目4 轨道铺设施工………… 129
- 任务1 有砟轨道结构………… 130
- 任务2 无砟轨道结构………… 152
- 任务3 轨道状态……………… 158
- 任务4 轨道铺设……………… 165
- 任务5 道岔铺设……………… 179

项目5 无缝线路工作原理及铺设施工 ……………… 190
- 任务1 无缝线路工作原理…… 191
- 任务2 无缝线路铺设施工…… 202

项目6 轨道与路基养护维修 … 225
- 任务1 线路设备检查与维修计划 … 226
- 任务2 无缝线路养护维修…… 237
- 任务3 道岔养护维修………… 249
- 任务4 路基病害检测与维修… 255

附录 ……………………………… 268

参考文献 ………………………… 272

项目 1
铁路线路平纵断面图识读

项目描述

工程图一直被称为工程界的共同语言,工程设计人员所有的思想、意图都是通过图纸传达给工程施工人员,工程施工人员也要通过图纸来明白设计人员的意图。凡是从事铁路工程的设计、施工、管理的技术人员都离不开图纸,没有图纸就无法进行工程施工。铁路线路平纵断面图是铁路工程图的主要组成部分,正确识读线路平纵断面图,掌握线路设计主要技术指标,是正确指导工程施工,保证工程施工质量、工程进度的关键。

学习目标

知识目标

- 正确描述铁路线路的基本技术标准;
- 简述铁路线路平面曲线要素及平面组成;
- 简述夹直线与缓和曲线的确定及有关规定;
- 正确描述圆曲线对线路工程、运营的影响;
- 简述桥涵、隧道、路基地段的平面设计内容;
- 正确描述线路坡段的特征表示及有关规定;
- 掌握线路竖曲线要素计算及设置方法;
- 掌握线路纵断面图的要素确定。

能力目标

- 能正确识读线路平面图,确定线路平面图的主要要素和指标;
- 能正确识读线路纵断面图,确定线路纵断面图的主要要素和指标;
- 能正确运用线路主要技术指标,对线路平纵断面进行简单复核;
- 能够正确设置竖曲线;
- 会绘制简单的线路平纵断面图。

任务1 铁路线路平面图识读

1.1 工作任务

正确识读线路平面图,确定线路平面图的主要要素和指标。

1.2 相关配套知识

线路中心线是用路基横断面上 O 点(图1.1.1)纵向的连线表示的。O 点为距外轨半个轨距的铅垂线 AB 与路肩水平线 CD 的交点。线路的空间位置是由它的平面和纵断面决定的。线路平面是线路中心线在水平面上的投影,表示线路平面状况。线路纵断面是沿线路中心线所作的铅垂剖面展直后,线路中心线的立面图,表示线路起伏情况,其高程为路肩高程。

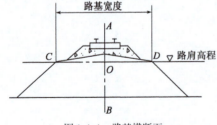

图1.1.1 路基横断面

各设计阶段编制的线路平面图和纵断面图是线路设计的基本文件。各设计阶段的定线要求不同,平面图和纵断面图的详细程度也各有区别。

线路平面和纵断面设计,必须保证行车安全和平顺,主要指:不脱钩、不断钩、不脱轨、不途停、不运缓与旅客乘车舒适等,这些要求反映在《铁路线路设计规范》(GB 50090—2006)(以下简称《线规》)的技术标准中,设计时要遵守《线规》规定。

平面与纵断面设计既应当力争减少工程数量、降低工程造价,又要为施工、运营、维修提供有利条件,节约运营开支。从降低工程造价考虑,线路最好顺地面爬行,但这样会因起伏弯曲太甚,给运营造成困难;从节约运营开支考虑,线路最好又平又直,但这势必增大工程数量,提高工程造价。因此设计时,必须根据设计线的特点,分析设计路段的具体情况,综合考虑工程和运营的要求,通过方案比较,正确处理两者之间的矛盾。

铁路上要修建车站、桥涵、隧道、路基、道口和支挡、防护等大量建筑物。线路平面和纵断面设计不但关系到这些建筑物的类型选择和工程数量,并且影响其安全稳定和运营条件。设计时,除要考虑到各类建筑物的技术要求外,还要考虑到它们之间的协调配合、总体布置合理。

1.2.1 平面组成和曲线要求

线路平面由直线和曲线组成,直线应该尽可能的长,曲线由圆曲线和缓和曲线构成。

概略定线时,平纵面图中仅绘出未加设缓和曲线的圆曲线,如图1.1.2a)所示。圆曲线要素为:偏角 α,半径 R。偏角 α 在平面图上量得,曲线半径 R 系选配得出。

详细定线时,平纵面图中要绘出加设缓和曲线的曲线,如图1.1.2b)所示。曲线要素为:偏角 α、半径 R、缓和曲线长 l_0、切线长 T 和曲线长 L。偏角 α 在平面图上量得,圆曲线半径 R 和缓和曲线长 l_0 由选配得出,切线长 T 和曲线长 L 可计算得出。

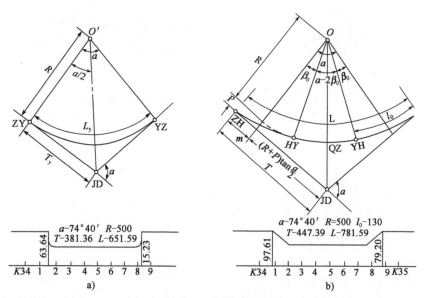

图1.1.2 铁路曲线示意

纸上定线时,在相邻两直线之间需用一定半径的圆曲线连接,并使圆弧与两侧直线相切。曲线半径的选配,可使用与地形图比例尺相同的曲线板,根据地形、地质与地物条件,由大到小选用合适的曲线板,决定合理的半径。若地势开阔,可先绘出两相邻的直线段,然后选配中间的曲线半径,如图1.1.3a)所示;若曲线毗连,则先在需要转弯处绘出恰当的圆弧,然后用切于两圆弧的直线连接之,如图1.1.3b)所示。选定曲线半径后,量出偏角,再计算曲线要素和起讫点里程。

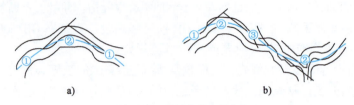

图 1.1.3 相连曲线半径选用

1.2.2 圆曲线

1) 曲线半径对工程和运营的影响

（1）曲线限制速度

曲线限制速度 V 由曲线半径 R、外轨实设超高 h_{SH} 和允许欠超高 h_Q 计算确定。

（2）曲线半径对工程的影响

地形困难地段，采用较小的曲线半径一般能较好地适应地形变化，减少路基、桥涵、隧道、挡土墙的工程数量，对降低工程造价有显著效果，但也会由于下列原因导致工程费用增大。

①增加线路长度

对单个曲线来说，当曲线偏角一定时，小半径曲线的线路长度较采用大半径曲线增加，如图 1.1.4 所示。

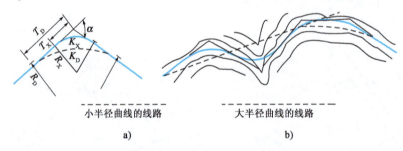

图 1.1.4 小半径曲线增加线路长度

$$\Delta L_Y = 2(T_D - T_X) + K_X - K_D \tag{1.1.1}$$

式中：ΔL_Y——增加曲线的长度；

T_D——大半径曲线切线长度；

T_X——小半径曲线切线长度；

K_D——大半径曲线长度；

K_X——小半径曲线长度。

对一段线路来说，在困难地段采用小半径曲线，便于随地形曲折定线，从而增加曲线数目和增大曲线偏角，使线路增长（图 1.1.4）。

②降低黏着系数

机车在小半径曲线上运行，车轮在钢轨上的纵向和横向滑动加剧，使得轮轨间黏着系数降低，导致机车黏着牵引力降低。

在需要用足最大坡度的持续上坡道上，如黏着系数降低后引起机车牵引力降低，则必须在曲线范围内额外减缓坡度，因而引起线路的额外展长。

③轨道需要加强

小半径曲线上,车轮对钢轨的横向冲击力加大。为了防止钢轨被挤压而引起轨距扩大,甚至引发整个轨道的横向移动,需要加强轨道。加强的方法是:装置轨撑和轨距杆,加铺轨枕,增加曲线外侧道床宽度,增铺道砟,从而会增大工程投资。

④增加接触导线的支柱数量

电力牵引时,接触导线对受电弓中心的最大容许偏移量为500mm。曲线地段,若接触导线的支柱间距不变,则曲线半径越小,中心弧线与接触导线的矢度越大。为防止受电弓与接触导线脱离,接触导线的支柱间距应随曲线半径的减小而缩短,如表1.1.1所示,从而增加了导线支柱的数量。

导线支柱的最大间距   表1.1.1

曲线半径 R(m)	300	400	500	600	800	≥1000	∞
导线支柱最大间距(m)	42	47	52	57	62	65	65

⑤增加轮轨磨耗

列车经行曲线时,轮轨间产生纵向滑动、横向滑动和横向挤压,使轮轨磨耗增加。曲线半径越小,磨耗增加越大。钢轨磨耗用磨耗指数(每通过兆吨总质量产生的平方毫米磨耗量)表示。运营部门实测的磨耗指数与曲线半径的关系如图1.1.5所示。当曲线半径 $R<400$m 时,钢轨磨耗急剧加大;$R>800$m 时,磨耗显著减轻;$R>1200$m 时,磨耗与直线接近。车轮轮箍的磨耗,大致和钢轨磨耗规律相近,也是随曲线半径的减小而增大。

另外,曲线路段的钢轨磨耗,还与坡度大小和机车类型有关。曲线位于平缓坡度上时,因速度较高、牵引力不大,且一般不需要制动,故轮轨间的相互作用力较小,磨耗相应减轻;曲线位于陡峻坡度上时,因上坡时牵引力大,下坡时往往需要制动,轮轨间的相互作用力大,磨耗因而加剧。既有线加强,蒸汽机车更换为电力机车时,$R≤400$m 时的曲线磨耗明显加大,这是因为蒸汽机车有导轮,动轮有横动量,且重心高对钢轨的横向推力小,因而磨耗较小;而电力机车无导轮,动轮直径小,转向架转向不灵活,且重心低,对钢轨的横向推力大,因而磨耗较大。

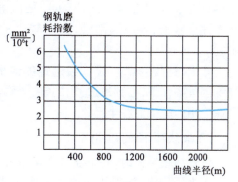

图1.1.5 钢轨磨耗指数示意图

为了减少钢轨磨耗,很多铁路工务部门已在小半径曲线上铺设耐磨钢轨,或在钢轨头内侧涂油;有的机车上还装有自动涂油装置,可在通过小半径曲线时,自动向钢轨轨头内侧涂油。这些措施可有效地减轻轮轨磨耗。

⑥维修工作量加大,行车费用增加

小半径曲线地段,轨距、方向容易错动。采用木枕时,容易产生道钉孔扩大和垫板切入枕木等病害,钢轨磨耗严重。电力牵引时,轨面更会出现波浪形磨耗,需要打磨轨面、倒轨、换轨。这样,必将增加维修工作量和维修费用。

综合以上分析,小半径曲线在困难地段,能大量节省工程费用,但不利于运营,特别是曲线限制行车速度时,影响更为突出。因此,必须根据设计线的具体情况,综合工程施工与运营的利弊,选定设计线合理的最小曲线半径。

2）最小曲线半径的选定

最小曲线半径是一条干线或其中某一路段允许采用的曲线半径最小值。它是铁路主要技术标准之一，应在初步设计阶段比选确定。

《线规》规定，"对采用的参数进行了细致研究，结合我国铁路的工程和运营实践，确定了各级铁路不同路段设计速度的最小曲线半径值"，见表1.1.2。

最小曲线半径　　　　　表1.1.2

路段旅客列车设计行车速度（km/h）		160	140	120	100	80
最小曲线半径（m）	工程条件 一般地段	2000	1600	1200	800	600
	困难地段	1600	1200	800	600	500

（1）曲线半径

最大的曲线半径定为12000m，是考虑到因行车速度不高，如再增大曲线半径，行车条件的改善并不显著。相反，如小于最小曲线半径则曲率太小，维修工作加大，曲线也不易保持圆顺。

（2）因地制宜，由大到小合理选用

各个曲线选用的曲线半径值不得小于设计线选定的最小曲线半径。小半径曲线的缺点较多，故选配曲线半径时，应遵循由"大到小、宁大勿小"的原则进行。选用的曲线半径，应适应地形、地质、地物条件，以减少路基、挡墙、桥隧工程量，少占农田，并保证线路的安全稳定。

（3）结合线路纵断面特点合理选用

坡道平缓地段与凹形纵断面坡底地段，行车速度较高，应选配不限制行车速度的较大半径。在长大坡道地段、凸形纵断面的坡顶地段和双方向均需停车的大站两端引线地段，行车速度较低，若地形困难，选用较大的曲线半径会引起较大工程量时，可选用较小曲线半径。

依据《线规》规定，设计线选定的最小曲线半径，一般不应小于表1.1.2所列的规定值。特殊困难条件下，在列车进、出站等必须减、加速地段，有充分的技术经济依据时，可采用与行车速度相匹配的曲线半径。

3）曲线半径的选用

设计线路平面时，各个曲线选用多大的曲线半径，要考虑下列设计要求。

①为了测设、施工和养护的方便，《线规》规定，曲线半径一般应取50m、100m的整倍数，曲线半径宜采用以下序列值（单位：m）：12000、10000、8000、7000、6000、5000、4500、4000、3500、3000、2800、2500、2000、1800、1600、1400、1200、1000、800、700、600、550、500。

②不同设计路段的曲线半径应优先选用表1.1.3规定范围内的序列值；困难条件下，可采用规定范围内10m的整倍数。

线路平面曲线半径优先取值范围　　　　　表1.1.3

路段设计速度（km/h）	160	140	120	100	80
曲线半径（m）	2500～5000	2000～4000	1600～3000	1200～2500	800～2000

③特殊困难条件下，用足限坡的长大坡道坡顶地段和车站前要用足坡度上坡的地段，虽然行车速度较低，但不宜选用600m或550m以下的过小曲线半径，以免因轮轨间黏着系数降低，而使坡度减缓，额外展长路线。

④特殊困难地形条件下，不得不选用限制行车速度的小半径曲线时，这些小半径曲线宜集

中设置。因分散设置要多次限速,使列车频繁减速、加速、增加能量消耗,不便于司机操纵机车,且为运营中提速、改建增加困难。

1.2.3 缓和曲线

在直线与圆曲线之间要设置缓和曲线,以保证行车平顺。

缓和曲线的作用是:在缓和曲线范围内,其半径由无限大渐变到圆曲线半径,从而使车辆产生的离心力逐渐增加,有利于行车平稳;在缓和曲线范围内,外轨超高由零递增到圆曲线上的超高量,使向心力逐渐增加,与离心力的增加相配合;当曲线半径小于350m,轨距需要加宽时,可在缓和曲线范围内,由标准轨距逐步加宽到圆曲线上的加宽量。

设计缓和曲线时,有线形选择、长度计算、如何选用及如何保证缓和曲线间圆曲线的必要长度四个问题。本节重点介绍缓和曲线选用和圆曲线最小长度问题。

我国铁路一直采用直线形超高顺坡的三次抛物线形缓和曲线。这种缓和曲线的优点是线形简单,长度较短,计算方便,易于铺设养护。

缓和曲线长度影响行车安全和旅客舒适,拟定标准时,一要保证超高顺坡不致使车轮脱轨;二要保证超高时变率不致使旅客不适;三要保证欠超高时变率不致影响旅客舒适。缓和曲线长度应取三个计算值中的较大者,并进整为10m的倍数。根据《线规》规定,缓和曲线长度应优先采用表1.1.4规定的数值,但最小缓和曲线长度不得小于表1.1.5规定的数值。

缓和曲线长度(m)   表1.1.4

路段旅客列车设计行车速度 V(km/h)		160	140	120
曲线半径 R (m)	12000	40	40	40
	10000	50	40	40
	8000	60	40	40
	7000	70	50	40
	6000	70	50	40
	5000	70	60	40
	4500	70	60	40
	4000	80	60	50
	3500	90	70	50
	3000	100	80	50
	2800	110	90	60
	2500	120	90	60
	2000	150	100	70
	1800	170	120	80
	1600	190	130	90
	1400	—	150	100
	1200	—	190	120
	1000	—	—	140
	800	—	—	180

最小缓和曲线长度(m) 表1.1.5

路段旅客列车设计行车速度 V(km/h)		160		140		120		100		80	
工程条件		一般	困难	一般	困难	一般	困难	一般	困难	一般	困难
曲线半径 R(m)	12000	40	40	20	20	20	20	20	20	20	20
	10000	50	40	30	20	20	20	20	20	20	20
	8000	60	50	40	20	30	20	20	20	20	20
曲线半径 R(m)	7000	70	50	50	30	30	20	20	20	20	20
	6000	70	50	50	30	30	20	20	20	20	20
	5000	70	60	60	40	40	30	20	20	20	20
	4500	70	60	60	40	40	30	30	20	20	20
	4000	80	70	60	40	50	30	30	20	20	20
	3500	90	70	70	50	50	40	40	20	20	20
	3000	90	80	70	50	50	40	40	20	20	20
	2800	100	90	80	60	50	40	40	30	20	20
	2500	110	100	80	70	60	40	40	30	30	20
	2000	140	120	90	80	60	50	50	40	30	20
	1800	160	140	100	80	70	60	50	40	30	20
	1600	170	160	110	100	70	60	50	40	40	20
	1400			130	110	80	70	60	40	40	20
	1200			150	130	90	80	60	50	40	30
	1000					120	100	70	60	40	30
	800					150	130	80	70	50	40
	700							100	90	50	40
	600							120	100	60	50
	550							130	110	60	50
	500									60	60

1.2.4 夹直线

两缓和曲线间圆曲线的最小长度,应保证行车平稳,并考虑维修方便。根据《线规》规定,圆曲线的最小长度和夹直线相同,见表1.1.6。

圆曲线和夹直线最小长度 表1.1.6

路段旅客列车设计行车速度 V(km/h)	160	140	120	100	80
圆曲线和夹直线最小长度(m)	130 (80)	110 (70)	80 (50)	60 (40)	50 (30)

注:括号内的数值为特殊困难条件下,经技术经济比选后方可采用的圆曲线或夹直线最小长度。

设计线路平面时,若曲线偏角较小,设置缓和曲线后,圆曲线长度达不到规定值,则宜加大半径,增加圆曲线长度。如条件限制,不易加大曲线半径或加大后仍不能满足要求时,则可采用较短的缓和曲线长度,或适当改动路线平面。

改建既有线和增建第二线的并行地段,特殊困难条件下,对旅客列车设计行车速度小于100km/h 的地段,有充分的技术经济依据时,圆曲线长度和夹直线长度可不受表1.1.6规定的数值限制,但不得小于25m。

1.2.5 区间线路线间距及其加宽

1）区间线路线间距

根据《线规》规定，直线地段线间距不得小于表 1.1.7 规定的数值。

区间直线地段最小线间距(m)　　　　　　　　　　　　　表1.1.7

线　别　间	路段旅客列车设计行车速度 V(km/h)	区间直线地段最小线间距
第一、二线间	160	4.2
	≤140	4.0
第二、三线间	—	5.3

2）曲线地段的线间距加宽

（1）当曲线两端直线地段的线间距采用表 1.1.7 规定的数值时，曲线线间距加宽值应采用表 1.1.8 规定的数值。

区间直线地段为最小线间距时曲线地段的线间距加宽值(mm)　　　表1.1.8

线　别　间	第一、二线间						第二、三线间				
内外侧线路曲线超高设置情况	外侧线路曲线超高大于内侧线路曲线超高时					其他情况					
路段旅客列车设计行车速度 V(km/h)	160	140	120	100	80	≤160	160	140	120	100	80
曲线半径 R (m) 12000	50	35	30	20	15	10	60	50	40	30	20
10000	60	35	30	20	15	10	70	50	40	30	20
8000	75	50	35	25	15	10	95	60	50	30	20
7000	80	65	50	30	20	15	105	85	65	45	35
6000	80	65	50	35	25	15	115	85	65	45	35
5000	95	80	55	40	35	15	120	105	75	55	45
4500	100	85	70	45	40	20	125	110	90	60	50
4000	100	85	85	55	40	20	130	110	100	70	50
3500	105	100	90	65	50	25	145	135	115	85	65
3000	105	100	90	80	65	30	150	140	120	100	80
2800	115	110	95	85	65	35	165	150	130	115	85
2500	125	110	100	100	70	35	175	155	135	125	95
2000	175	125	115	105	95	40	245	170	150	140	110
1800	185	135	125	110	100	45	260	185	165	145	125
1600	195	150	135	125	115	55	275	205	185	165	145
1400	—	190	150	135	125	60	—	260	200	180	160
1200	—	210	165	155	135	70	—	290	220	200	170
1000	—	—	220	175	155	85	—	—	295	225	195
800	—	—	265	210	190	105	—	—	355	265	235
700	—	—	—	260	210	120	—	—	—	340	260
曲线半径 R (m) 600	—	—	—	295	235	140	—	—	—	380	290
550	—	—	—	—	315	255	155	—	—	—	405	315
500	—	—	—	—	280	170	—	—	—	—	340

注：①采用表列数值间的曲线半径时，曲线线间距加宽值可采用线性内插值，并进整至5mm。
②两单线铁路曲线间距加宽值应根据装设信号机和通行超限货物列车情况，按实际需要计算确定。

(2)当曲线两端直线地段的线间距大于表1.1.7规定的数值时,曲线线间距加宽值应按下列公式计算确定:

$$W' = (S_{min} \times 10^3 + W) - S \times 10^3$$

式中:W'——曲线地段的线间距加宽值(mm),当小于或等于零时,可不加宽;

S_{min}——直线地段最小线间距(m),采用表1.1.7规定的数值;

W——直线地段为最小线间距时曲线地段的线间距加宽值(mm),采用表1.1.8规定的数值;

S——曲线两端直线地段的线间距(m)。

1.2.6 桥涵、隧道、路基地段的平面设计

1)桥涵地段的平面设计

桥梁按其长度可划分为:特大桥(桥长大于500m)、大桥(桥长100m以上至500m)、中桥(桥长20m以上至100m)和小桥(桥长20m及以下)。涵洞孔径一般为0.75~6.0m。

小桥和涵洞对线路平面无特殊要求。

特大桥、大桥宜设在直线上。困难条件下必须设在曲线上时,宜采用较大的曲线半径。桥梁设在曲线上有以下缺点:桥梁结构设计和施工不便;更换钢轨和整正曲线比较困难;线路位置容易变形造成过大偏心,对墩台受力不利;曲线上行车摇摆对桥梁受力和运行安全均不利。

明桥面桥应设在直线上。如设在曲线上,因桥梁上未铺道砟,线路很难固定,轨距不易保持,影响行车安全;明桥面桥上的曲线外轨超高要用桥枕高度调整,铺设和抽换轨枕比较困难。确有充分技术经济依据时,方可将跨径大于40m或桥长大于100m的明桥面桥设在半径小于1000m的曲线上。

明桥面桥不应设在反向曲线上。如将桥梁设在反向曲线上,列车通过时,将产生剧烈摆动,影响运营安全;同时线路养护不易正确就位,桥梁产生偏心,有害于桥梁受力,明桥面桥更为严重。所以,只有道砟桥面的桥梁,在困难条件下,才允许设在反向曲线上,并应尽量采用较长的夹直线。

桥梁上采用的曲线半径,应不限制桥梁跨径的合理选用,常用定型梁的允许最小曲线半径。

连接大桥的桥头引线,应采用桥梁上的平面标准。如设计为曲线时,半径不应小于该路段的最小曲线半径,并应考虑采用架桥机架梁时,对桥头引线曲线半径的要求。

2)隧道地段的平面设计

隧道内的测量、施工、运营、通风和养护等条件均比空旷地段差,曲线隧道更为严重,所以隧道宜设在直线上;如地形地质等条件限制必须设在曲线上时,宜将曲线设在洞口附近,并采用较大的曲线半径。

隧道不宜设在反向曲线上。必须设在反向曲线上时,其夹直线长度不宜小于44m,以免两端的曲线加宽发生重叠,使施工复杂。

当直线隧道外的曲线接近洞口时,应使直缓点或缓直点与洞门的距离不小于25m,以免引

起洞口和洞身的衬砌加宽。

1.2.7 站坪的平面设计

1）站坪长度

站坪长度 L_z 由远期到发线有效长度和两端道岔咽喉区长度 L_{yh} 决定,如图 1.1.6 所示。站坪长度不包括站坪两端竖曲线的切线长度。

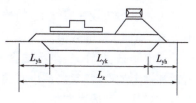

图 1.1.6　站坪长度示意图

站坪长度根据正线数目、车站类别、车站股道布置形式和远期到发线有效长度等条件确定。车站类别不同,股道数量不同,则站坪两端咽喉区长度不同;股道布置形式和到发线有效长度,决定站坪中段的长度。站坪长度一般可采用不小于表 1.1.9 所列的数值。

站 坪 长 度 表　　　　　　　表1.1.9

车站种类	车站布置形式	远期到发线有效长度(m)						
		1050		850		750		650
		单线	双线	单线	双线	单线	双线	单线
会让站、越行站	横列式	1450	1700	1250	1500	1150	1400	1050
中间站	横列式	1600	2000	1400	1800	1300	1700	1200
区段站	横列式	2000	2500	1800	2300	1700	2200	1600
	纵列式	3500	4000	3100	3600	2900	3400	2600

表 1.1.9 中列的站坪长度未包括站坪两端的竖曲线长度。站坪两端变坡点的坡度差大于 3‰(Ⅰ、Ⅱ级铁路)和 4‰(Ⅲ级铁路)时,变坡点应设在站坪端点外侧不短于竖曲线切线长的处所。

表 1.1.9 中列的站坪长度,会让站、越行站和中间站系按正线全部采用 12 号道岔确定的;区段站系按旅客列车进路采用 12 号道岔、正线其他进路采用 9 号道岔确定的。若条件不同,站坪长度应计算确定。

表 1.1.9 列数值是按一般车站计算的。站内如有其他铁路接轨时,站坪长度应根据计算确定。复杂中间站、区段站的站坪长度,可按实际情况计算确定。

表 1.1.9 列数值系单机牵引的站坪长度,双机或多机牵引时,应根据增加的机车台数和机车长度,相应增大有效长度和站坪长度。

2）站坪的线路平面

(1) 车站正线的平面标准

车站要进行技术作业,为了作业的安全和方便,站坪应设在直线上。但受地形条件限制,设在直线上会增加工程量,所以,在特殊困难条件下,才允许将站坪设在曲线上。

车站设在曲线上,在运营上有如下缺点:

①站内瞭望视线不良,使接发列车、调车和列检作业条件复杂化,不仅增加传递信号的时间、降低效率,有时还可能误认信号,影响作业安全。

②列车起动时,增加了曲线附加阻力。车站的规模愈大,作业愈多,上述影响则愈加严重。因此,《铁路技术管理规程(铁道部[2011]部令第90号)》按旅客列车路段设计行车速度,对最小曲线半径作出如下规定:

①区段站应设在直线上;特殊困难条件下,如有充分依据可设在曲线上,其曲线半径不得小于表1.1.10中的数值。

②中间站、会让站、越行站宜设在直线上;困难条件下需设在曲线上时,应采用较小的曲线转角和较大的曲线半径,最小圆曲线半径应不小于表1.1.10中的规定,以保证远期旅客列车可以按设计速度通过车站。

车站最小曲线半径　　　　　　　　　表1.1.10

路段设计行车速度 V (km/h)	最小曲线半径(m)		
	编组站、区段站	中间站	
		一般	困难
80	800	600	600
120		1200	800
160	1600	2000	1600
200	2000	3500	2800

(2)站坪设在反向曲线上的规定

横列式车站不应设在反向曲线上,以免进一步恶化瞭望条件、降低效率,影响作业安全。

纵列式车站如设在反向曲线上时,则每一运行方向的到发线有效长度范围内,不应有反向曲线。

3)车站咽喉区应设在直线上

车站咽喉区范围内有较多道岔,道岔设在曲线上有严重缺点。如尖轨不密贴且磨耗严重,道岔导曲线和直线部分不好连接,轨距复杂不好养护,列车通过时摇晃厉害且易脱轨。曲线道岔又需特别设计和制造。所以车站咽喉的正线应设在直线上。

1.2.8　线路平面图

线路平面图,是在绘有初测导线和经纬距的大比例带状地形图上,设计出线路平面和标出有关资料的平面图,见图1.1.7。

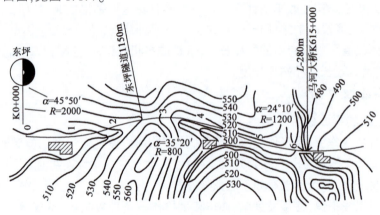

图1.1.7　线路平面图

1）线路里程和百米标

整千米处注明线路里程,里程前的符号初步设计用 CK,技术设计用 DK。千米标之间的百米标注上百米标数。数字写在线路右侧,面向线路起点书写。两方案或两测量队衔接处,应在图上注明断链和断高关系。

2）曲线要素及其起终点里程

曲线交点应标明曲线编号,曲线转角应加脚注 Z 或 Y,表示左转角或右转角。曲线要素应平行线路写于曲线内侧。曲线起点 ZH 和终点 HZ 的里程,应垂直于线路写在曲线内侧。

3）线路上各主要建筑物

沿线的车站、大中桥、隧道、平立交道口等建筑物,应以规定图例符号表示,并注明里程、类型和大小。如有改移公路、河道时,应绘出其中线。

4）初测导线和水准基点

图中连续的折线表示初测导线,导线点符号为 C,脚注为导线点编号。图中应绘出水准基点的位置、编号及高程,其符号为 BM。

技能训练

- 设备及材料:线路平面图一套。
- 步骤:根据线路平面图,确定线路直线长度、曲线五大桩点里程、高程、线路长度等要素。
- 成果:读图报告一份。

任务 2　铁路线路纵断面图识读

2.1　工作任务

(1)能正确识读线路纵断面面图,确定线路纵断面图的主要要素和指标;
(2)能够正确设置竖曲线。

2.2　相关配套知识

2.2.1　铁路等级

铁路等级是根据铁路线路意义和在铁路网中的作用,并结合国家要求的远期年输送能力来决定的。它是铁路的基本标准,也是确定铁路技术标准和设备类型的依据。设计铁路时,需先确定铁路等级,然后选定其他主要技术标准和各种运输装备的类型。

《铁路线路设计规范》(GB 50090—2006)(以下简称《线规》)规定,新建和改建铁路(或区段)的等级,应根据其在铁路网中的作用、性质和远期客货运量确定。并应符合下列规定:

Ⅰ级铁路,铁路网中起骨干作用的铁路,远期年客货运量大于或等于2000 万 t 者;
Ⅱ级铁路,铁路网中起骨干作用的铁路,远期年客货运量小于 2000 万 t 者;或铁路网者起联络、辅助作用的铁路,远期年客货运量大于或等于 1000 万 t 者;
Ⅲ级铁路,为某一区域服务具有地区运输性质的铁路,远期年客货运量小于 1000 万 t 者

且大于或等于 500 万 t 者;

Ⅳ级铁路,为某一区域服务具有地区运输性质的铁路,远期年客货运量小于 500 万 t 者。

铁路的等级可以全线一致,也可以按区段确定。如线路较长,经行地区的自然、经济条件及运量差别很大时,便于按区段确定等级。但应避免同一条线上等级过多或同一等级的区段长度过短,使线路技术标准频繁变更。

2.2.2 铁路主要技术标准

铁路主要技术标准是指对铁路输送能力、工程造价、运营质量以及选定其他有关技术条件有显著影响的基本标准和设备类型。《线规》中明确规定下列内容为各级铁路的主要技术标准:正线数目、限制坡度、最小曲线半径、车站分布、到发线有效长度、牵引种类、机车类型、机车交路、闭塞类型。这些标准是确定铁路能力大小的决定因素,一条铁路的能力设计,实质上是选定主要技术标准。同时这些标准对设计线的工程造价和运营质量有重大影响,并且是确定设计线一系列工程标准和设备类型的依据。其中前五项属工程标准(固定设备标准),建成后很难改变;后四项则属技术装备类型,可随着运量的增长逐步进行更新改造。由于铁路主要技术标准是铁路建筑物和设备的类型、能力和规模的基本标准,对铁路能力、运营安全、运输效率、投资规模、经济效益和社会效益有重要影响,而且主要技术标准之间联系密切,相互影响。因此,主要技术标准应根据国家要求的年输送能力和确定的铁路等级在设计中综合考虑,经技术经济比选确定,以保证技术上先进、经济上合理、标准间协调。

铁路输送能力由货物列车牵引吨数和通过能力决定,并受列车运行速度的影响。主要技术标准对三者都有不同程度的影响。

1)影响牵引吨数的主要技术标准

(1)牵引种类

牵引种类是指机车牵引动力的类别。我国铁路目前的牵引种类有电力、内燃、蒸汽三种,不同的牵引种类具有不同的特点、对铁路运输能力、行车速度、运营条件及工程与运输经济具有重要的影响。蒸汽机车已停产多年,次要线路和地方铁路仍在使用。今后牵引动力的发展方向为大功率电力和内燃机车。

①电力牵引

电力机车热效率高,火力发电为 14% ~ 18%,水力发电可达 60%,整备一次走行路基长,不需燃料供应和中途给水,机车利用率高;解除功率大、速度高、牵引力大,可显著增大铁路能力;除噪声外,不污染环境,且乘务员工作条件好;与内燃机厂相比,机车造价低,但需用接触网供电,机车独立性稍差,且投资大。我国电力机车已构成不同轴数和轴式的韶山型机车系列,可根据不同运营条件选用。

②内燃牵引

内燃机车热效率高达 22% ~ 28%。机车不需供电设备,独立性好。缺点是需要消耗贵重的液体燃料,且机车构造复杂、造价较高;高温、高海拔地区牵引功率降低,使用效率低。中国内燃机车已构成不同轴数和轴式的东风型机车系列,可根据不同运营条件选用。

③蒸汽牵引

蒸汽机车构造简单,制造、维修技术简易,造价低廉,但热效率低,输送能力低,乘务员工作条件差。主要干线上蒸汽机车已被电力机车和内燃机车取代。

牵引种类应根据路网与牵引动力规划、线路特征和沿线自然条件以及动力资源分布情况,结合机车类型合理选定。运量大的主要干线、大坡度、长隧道或隧道毗连的线路上应优先采用电力牵引。

(2) 机车类型

机车类型系指同一牵引种类中机车的不同型号。它对铁路运输能力、行车速度、运营条件及工程与运输经济具有重要的影响。机车类型应根据牵引种类、运输需求以及与线路平、纵断面技术标准相协调的原则，结合车站分布和临线的牵引质量，经技术比选确定。

(3) 限制坡度

一定类型的机车，牵引（单机牵引）一定重量的列车，在持续相当长的最大上坡道上行驶，仍能保持以计算速度做等速运行，这个最大坡度称为限制坡度。

限制坡度大小，对线路工程造价和运输条件有重大影响。一条铁路若使用大的限制坡度，则线路长度短，工程数量小，工程造价低，但运营费高，安全条件差；若使用小的限制坡度，则线路将增长，工程数量将增大，工程造价高，但运营费低，安全条件好。因此铁路线路的限制坡度必须根据铁路等级、地形条件、牵引种类和运输要求来比选确定，并应考虑与邻接铁路的牵引定数相协调。限制坡度的数值，以千分率"‰"符号表示，即每1000m水平距离的高差数值。对于线路上坡、下坡和平坡，常用(＋)、(－)、(0)来表示。如+2‰，表示每1000m的水平距离线路上升2m，读作正千分之二，即千分之二的上坡。-3‰，表示每1000m的水平线路下降3m，读作负千分之三，即千分之三的下坡。

限制坡度的数值，《线规》规定，各级铁路的限制坡度，不得超过表1.2.1的数值：

限制坡度最大值(‰)   表1.2.1

铁路等级		I			II		
地形类别		平原	丘陵	山区	平原	丘陵	山区
牵引种类	电力	6.0	12.0	15.0	6.0	15.0	20.0
	内燃	6.0	9.0	12.0	6.0	9.0	15.0

(4) 到发线有效长

车站内除正线外，其他指定作为列车到达和出发的股道，称之为到发线。

到发线有效长度，是指列车在到发线上停留时，不妨碍邻线列车通过的股道最大长度。它对货物列车长度（即牵引吨数）起限制作用，从而影响列车对数、运输能力和运行指标，对工程投资、运输成本等经济指标也有一定的影响。

《线规》规定：Ⅰ、Ⅱ级铁路到发线有效长度分为1050m、850m、750m及650m四种标准；Ⅲ、Ⅳ级铁路到发线有效长度分为850m、750m、650m及550m四种标准。

到发线有效长度主要受货物列车长度控制，而货物列车长度又受牵引定数控制。在现阶段，货物列车载重量未提高前，牵引定数大，货物列车就长，到发线有效长度相应也长；反之就短。

改建既有线和增建第二线的货物列车到发线有效长度，采用上述系列值引起较大工程时，可根据实际需要计算确定。

近期货物列车长度一般较远期为短，若初、近期到发线有效长度按远期铺设，则不但增加初建期投资，而且增大初、近期调车作业行程，增加运营支出，故近期有效长度应按实际需要铺设。

2) 影响通过能力的主要技术标准

(1) 正线数目

正线数目是指连接并贯穿车站线路的数目。按正线数目可把铁路分为单线铁路、双线铁路和多线铁路。单线铁路是区间只有一条正线的铁路,在同一区间或同一闭塞分区内,同一时间只允许一列车运行,对向列车的交会和同向列车的越行只能在车站上进行。双线铁路是区间有两条正线的铁路,分为上行线和下行线,在正常情况下,上下行列车分别在上下行线上行驶,但在同一区间或同一闭塞分区的一条正线上,同时只允许一列车运行。多线铁路是区间有多于两条正线的铁路。

单线和双线铁路的通过能力悬殊。单线半自动闭塞铁路的通过能力约为 42~48 对/d;双线自动闭塞则为 144~180 对/d。双线的通过能力远远超过两条单线的通过能力,而双线的投资比两条平行的单线少约 30%,双线旅行速度比单线高约 30%,运输费用低约 20%。可见,运量大的线路修建双线是经济的。

(2) 车站分布

车站分布距离大小决定列车在区间的往返走行时分,从而影响通过能力。车站分布距离因影响车站数量,故对工程投资有较大影响;因影响起停次数和旅行速度,故对运营支出有直接影响。

新建单线铁路站间距离不宜小于 8km,新建双线铁路不宜小于 15km,枢纽内站间距不得小于 5km。

(3) 闭塞方式

铁路为了保证行车安全、通过运输效率,利用信号设备等来管理列车在区间运行的方法,称为闭塞方式。闭塞方式决定车站作业间隔时分,从而影响通过能力。我国的基本闭塞方式有半自动闭塞和自动闭塞,在次要支线和地方铁路有的还采用电气路签闭塞。

① 半自动闭塞

半自动闭塞是闭塞机与信号机发生连锁作用的一种闭塞装置。列车进入区间的凭证是出站信号机显示绿灯,但出站信号机受闭塞机的控制,只有在区间空闲、双方车站办理好闭塞手续之后,出站信号机方能再次显示绿灯。

采用半自动闭塞时,因列车进入区间的凭证是信号机的显示,省去了向司机递交路签的时间,从而缩短了列车在车站接发车作业时分,提高了通过能力。

② 自动闭塞

自动闭塞时,区间被分为若干闭塞分区(图 1.2.1),进一步缩短了同向列车的行车间隔距离。列车运行完全根据色灯信号机的显示,红色灯光表示前方的闭塞分区被占用,列车需要停车;黄色灯光表示前方只有一个闭塞分区空闲,要求列车减速;绿色灯光表示前方至少有两个闭塞分区空闲,列车可以按规定速度运行。由于信号的显示完全由列车所在位置通过轨道电路来控制,所以称为自动闭塞。

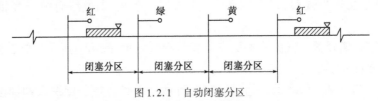

图 1.2.1 自动闭塞分区

单线上使用自动闭塞,可以提高通过能力,但效果不甚显著。双线采用自动闭塞可使两同向列车的追踪间隔时分缩短到 8~10min,通过能力达 100 对/d 以上。

单线线路远期应采用半自动闭塞,双线线路应采用自动闭塞。一个区段内应采用同一闭塞类型。

3) 运行行车速度的主要技术标准

(1) 最小曲线半径

最小曲线半径是设计线采用的曲线半径最小值。最小曲线半径不仅影响行车安全、旅客舒适度等行车质量指标,而且影响行车速度、运行时间等运营技术指标和工程投资、运营支出和经济效益等经济指标。

建设一条铁路的主要任务是完成国家要求的运量,铁路要满足运量要求,这与行车速度大小关系密切,而速度大小又与曲线半径大小有关。因此,在满足适量的前提下,应力争铁路工程量小、投资省。使用小半径曲线,是达到这个目的的重要手段。采用小半径曲线的线路在经过特殊困难地段时,可以顺其自然地形多绕弯,以减少工程量,节约投资等。但是存在曲线阻力大,行车速度低,钢轨、轮箍磨耗大,轨道容易变形,养护困难等问题,需要增加轨枕和轨距拉杆等设备以加强轨道,同时小半径曲线多,线路总的转向角将增大,相应加大了曲线坡度折减,从而展长了线路等。为此,在设计一条铁路时必须根据铁路等级、行车速度、运量大小、地质、地形等条件综合研究确定。

我国铁路采用的最小曲线半径,《线规》规定见表1.1.2。

(2) 机车交路

铁路上运转的机车都在一定的区段内往返行驶。机车往返行驶的区段称为机车交路,其长度称为机车交路距离。机车交路两端的车站称为区段站。区段站一般都设置一定的机务设备。机车交路距离影响列车的旅途时间和直达速度。

2.2.3 区间线路纵断面设计

1) 坡度

线路纵断面是由长度不同、陡缓各异的坡段组成的。坡段的特征用坡段长度和坡度值表示,如图1.2.2所示。坡段长度 L_i 为坡段两端变坡点间的水平距离(m)。坡度值 i 为该坡段两端变坡点的高差 H_i(m)与坡段长度 L_i(m)的比值,以千分数表示,即

$$i = \frac{H_i}{L_i} \times 1000(‰)$$

上坡取正值,下坡取负值。如坡度为4‰,即表示每千米高差为4m。

线路纵断面设计,除在初步设计阶段确定最大坡度外,主要包括坡段长度、坡段连接与坡度折减等问题。以下分别阐述其设计要求、技术标准和相互配合问题。

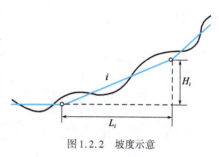

图1.2.2 坡度示意

2) 坡段长度

相邻两坡段的坡度变化点称为变坡点。相邻两变坡点间的水平距离称为坡段长度。

从运营角度看,列车通过变坡点时,变坡点前后的列车运行阻力不同,车钩间存在游间,将使部分车辆产生局部加速度,影响行车平稳;同时也使车辆间产生冲击作用,增大列车纵向力。坡段长度要保证不致产生断钩事故。

从工程数量上看,采用较短的坡段长度可更好地适应地形起伏,减少路基、桥隧等工程数量(图1.2.3)。但最短坡段长度应保证坡段两端所设的竖曲线不在坡段中间重叠。

图1.2.3 坡段长度示意

货车车钩强度允许的纵向力,拉伸力取980kN,压缩力取1960kN。在可能设置的最大坡度代数差和列车非稳态运行(如紧急制动、由缓解到牵引)的不利工况下,坡段长度所决定的车钩应力与列车牵引吨数有直接关系,牵引吨数用远期到发线有效长度表示。经过铁道科学研究院的理论计算与实践验证,《线规》规定了一般路段的最小坡段长度,见表1.2.2。

最小坡段长度(m)　　　　　　　　　　　　　　表1.2.2

远期到发线有效长度	1050	850	750	650
最小坡段长度	400	350	300	250

凸形纵断面坡顶为缓和坡度差而设置的分坡平段,其长度宜为200m,如图1.2.4a)所示;凹形纵断面底部为缓和坡度代数差而设置的分坡平段,其长度仍按表1.2.2取值,如图1.2.4b)所示。

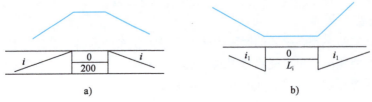

图1.2.4 凸形和凹形坡段长度示意

为了因地制宜节省工程,在下列情况下,坡段长度允许缩短至200m。

(1)因最大坡度折减而形成的坡段如图1.2.5a)所示,包括折减坡段及其中间无需折减的坡段,这些坡段间的坡度差较小,坡长可以缩短。

(2)在两个同向坡段之间,为了缓和坡度差而设置的缓和坡段如图1.2.5b)所示,缓和坡段使纵断面上坡度逐步变化,对列车运行平稳有利,故允许缩短为200m。

(3)长路堑内,为排水而设置的人字坡段如图1.2.5c)所示。人字坡段的坡度一般不小于2‰,以利于路堑侧沟排水。

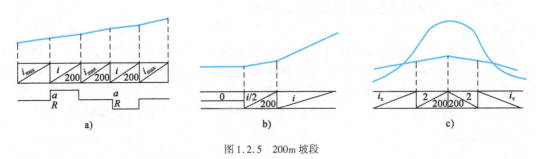

图1.2.5 200m坡段

3)坡段连接

(1)相邻坡段坡度差

纵断面的坡段有上坡、下坡和平坡。上坡的坡度为正值,下坡的坡度为负值,相邻坡段坡

度差的大小,应以代数差的绝对值 Δi 表示。如前一坡段的坡度 i_1 为 4‰ 下坡,后一坡段的坡度 i_2 为 2‰ 上坡,则坡度差 Δi 为: $\Delta i = |i_1 - i_2| = |(-4) - (-2)| = 6‰$。

相邻坡段的坡度差,都是以保证列车不断钩来制定的。20 世纪 60 年代前后,我国沿用国外的经验,曾规定坡度差不能大于限制坡度值的一半,但实际调查中发现,不少大于限制坡度值的坡度差,运营中并未发生断钩事故,故 20 世纪 70、80 年代的《线规》规定:坡度差不应大于重车方向的限制坡度值。近年来,根据铁道科学研究院的理论研究、模拟计算和现场试验,列车通过变坡点时的纵向力有如下规律。

①列车纵向力随变坡点坡度差值的增大而有所增大;
②凸形纵断面列车纵向拉力增大,压力减小;凹形纵断面拉力减小,压力增大;
③列车通过变坡点时的纵向力主要取决于列车牵引吨数(列车长度)、机车操纵工况和纵断面形式。

根据列车通过变坡点时产生的纵向力不大于车钩强度,即保证列车不断钩,进行计算,最大坡度差可以达到 2 倍限制坡度值。但考虑到远期列车牵引吨数可能增大,最大坡度差应留有适当余量,故以远期到发线有效长度作为拟定坡度差的参数。《线规》对最大坡度差的规定如表 1.2.3 所示。

相邻坡段最大坡度差　　　　　表 1.2.3

远期到发线有效长度(m)		1050	850	750	650
最大坡度差(‰)	一般	8	10	12	15
	困难	10	12	15	18

(2)竖曲线

在线路纵断面的变坡点处设置的竖向圆弧称为竖曲线。

①竖曲线的设置条件

在线路纵断面上,若各坡段直接连接成折线,列车通过变坡点时,产生的车辆振动和局部加速度增大,乘车舒适度降低;当机车车辆重心未达变坡点时,将使前转向架的车轮悬空,图 1.2.6 为蒸汽机车导轮悬空情况;悬空高度大于轮缘高度时,将导致脱轨;当相邻车辆的连接处在变坡点近旁时,车钩要上下错动(图 1.2.7),其值超过允许值将会引起脱钩。所以必须在变坡点处用竖曲线把折线断面平顺地连接起来(图 1.2.8),以保证行车的安全和平顺。

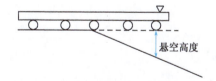

图 1.2.6　导轮悬空示意图

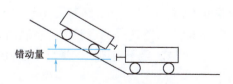

图 1.2.7　车钩错动示意

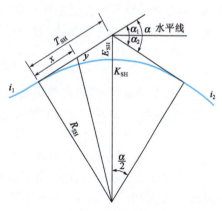

图 1.2.8　竖曲线

据此，《线规》规定：

a. 路段设计速度为160km/h的地段，当相邻坡段的坡度代数差大于1‰时，此时要设置竖曲线，竖曲线半径应采用15000m。

b. 路段设计速度小于160km/h的地段，当相邻坡段的坡度代数差大于3‰时，此时要设置竖曲线，竖曲线半径应采用10000m。

②竖曲线的几何要素

a. 竖曲线切线长 T_{SH}，由图1.2.8知：

$$T_{SH} = R_{SH} \cdot \tan\frac{\alpha}{2} \approx \frac{R_{SH}}{2} \cdot \tan\frac{\alpha}{2} = \frac{R_{SH}}{2} \cdot \tan|\alpha_1 - \alpha_2|$$

$$= \frac{R_{SH}}{2}\left|\frac{\tan\alpha_1 - \tan\alpha_2}{1 + \tan\alpha_1 \cdot \tan\alpha_2}\right| \approx \frac{R_{SH}}{2}|\tan\alpha_1 - \tan\alpha_2|$$

$$= \frac{R_{SH}}{2}\left|\frac{i_1}{1000} - \frac{i_2}{1000}\right|$$

$$= \frac{R_{SH} \cdot \Delta i}{2000} \quad (1.2.1)$$

式中：α——竖曲线的转角(°)；

α_1、α_2——前后坡段与水平线的夹角(°)，上坡为正值，下坡为负值；

i_1、i_2——前后坡段的坡度(‰)，上坡为正值，下坡为负值；

Δi——坡度差的绝对值(‰)。

Ⅰ、Ⅱ级铁路，$V_{max} \geq 160$km/h：$T_{SH} = 7.5\Delta i$(m)；
$V_{max} < 160$km/h：$T_{SH} = 5\Delta i$(m)

Ⅲ、Ⅳ级铁路，$T_{SH} = 2.5\Delta i$(m)。

b. 竖曲线长度 K_{SH}

$$K_{SH} \approx 2T_{SH} \quad (1.2.2)$$

c. 竖曲线纵距 y

因
$$(R_{SH} + y)^2 = R_{SH}^2 + x^2$$

$$2R_{SH} \cdot y = x^2 - y^2 \text{（}y^2\text{值很小，略去不计）} \quad (1.2.3)$$

故
$$y = \frac{x^2}{2R_{SH}}(m)$$

式中：x——切线上计算点至竖曲线起点的距离。

变坡点处的纵距称为竖曲线的外矢距 E_{SH}，计算式为：

$$E_{SH} = \frac{T_{SH}^2}{2R_{SH}}(m) \quad (1.2.4)$$

变坡点处的路基面高程，应根据变坡点的设计高程，减去(凸形变坡点)或加上(凹形变坡点)外矢距的高度；路基填挖高度应根据路基面高程计算。

当变坡点处的坡度差 Δ_i 不大时，竖曲线的外矢距值 E_{SH} 很小，施工中，路基面不易作出竖曲线线形，故变坡点处的设计高程可按折线断面计算，不需计入外矢距的调整值。铺轨时，变坡点处的轨面能自然形成竖曲线，并不影响行车的安全和平稳。至于变坡点的道砟厚度，仅需较标准厚度增减10~11.5mm，也不会影响轨道强度。

【例1.2.1】 某Ⅰ级铁路，设计时速为140km/h，凸形变坡点 A 的地面高程为476.50m，设计高程为472.36m,相邻坡段坡度为$i_1 = 6‰, i_2 = -2‰$,求A点的挖方高度。

A点的坡度差Δi：
$$\Delta i = |6 - (-2)| = 8(‰)$$

A点的竖曲线切线长T_{SH}：
$$T_{SH} = 5 \cdot \Delta i = 40(\text{m})$$

A点的竖曲线外失矩E_{SH}：
$$E_{SH} = \frac{T_{SH}^2}{2R_{SH}} = \frac{40^2}{2 \times 10000} = 0.08(\text{m})$$

A点的路基面高程为： $472.36 - 0.08 = 472.28(\text{m})$

A点的挖方高度为： $476.50 - 472.28 = 4.22(\text{m})$

③设置竖曲线的限制条件

《线规》规定：旅客列车设计行车速度为120km/h的地段,竖曲线与平面圆曲线不宜重叠设置,困难条件下竖曲线可与半径不小于2500m的圆曲线重叠设置;特殊困难条件下,经技术经济比选,竖曲线可与半径不小于1600m的圆曲线重叠设置。

下列地段不得设置竖曲线,当路段设计速度大于120km/h时,不得设置变坡点。

a. 缓和曲线地段

竖曲线范围内,轨面高程以一定的曲率在变化。缓和曲线范围内,外轨高程以一定的超高顺坡在变化。如两者重叠,一方面在轨道铺设和养护时,外轨高程不易控制;另一方面外轨的直线形超高顺坡和圆型竖曲线,都要改变形状,影响行车的平稳。为了保证竖曲线不与缓和曲线重叠,纵断面设计时,变坡点离开缓和曲线起终点的距离,不应小于竖曲线的切线长(图1.2.9)。

b. 明桥面上

在明桥(无砟桥)面上设置竖曲线时,其曲率要用木枕高度调整,每根木枕厚度都不同,并要按固定位置顺序铺设,给施工、养护带来困难。为了保证竖曲线不设在明桥面上,变坡点距明桥面端点的距离,不应小于竖曲线的切线长(图1.2.10)。

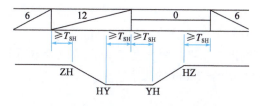

图1.2.9 变坡点距缓和曲线起讫点的距离

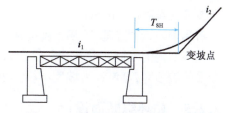

图1.2.10 变坡点距明桥面桥头的距离

c. 正线道岔范围内

道岔的尖轨和辙叉应位于同一平面上,如将其设在竖曲线的曲面上,则道岔的铺设与转动都有困难;同时道岔的导曲线和竖曲线重合,列车通过道岔的平稳性降低。为了保证竖曲线不与道岔重叠,变坡点与车站站坪端点的距离,不应小于竖曲线的切线长。

4) 最大坡度的折减

线路纵断面设计时,在需要用足最大坡度(包括限制坡度与加力牵引坡度)的地段,当平面上出现曲线和遇到长于400m的隧道时,因为附加阻力增大、黏着系数降低,而需将最大坡度值减缓,以保证普通货物列车通过该地段的速度不低于计算速度或规定速度。此项工作称为最大坡度的折减。

2.2.4　桥涵、隧道、路基地段的纵断面设计

1）桥涵地段的纵断面设计

涵洞和道砟桥面桥可设在任何纵断面的坡道上。

明桥面桥宜设在平道上。设在坡道上时,由于钢轨爬行的影响,线路难于锁定,轨距也不易保持,给线路养护带来困难,也影响行车安全。如果必须设在坡度上时,坡度不宜大于4‰,以免列车下坡时,在桥上制动增加钢轨爬行,所以如将跨径大于40m,或桥长大于100m的明桥面设在大于4‰的坡道上,应有充分技术经济依据。

明桥面桥上不应设置竖曲线,以免调整轨顶高程引起铺设和养护的困难。所以纵断面设计时,应使变坡点距明桥面桥两端不小于竖曲线切线长,如图1.2.10所示。

桥涵处的路肩设计高程,涵洞处应不低于水文条件和构造条件所要求的最低高度;桥梁处应不低于水文条件和桥下净空高度所要求的最低高度;平原地区通航河流上的大型桥梁,为了保证桥下必要的通航净空,并使两端引线高程降低,可在桥上设置凸形纵断面。

2）隧道地段的纵断面设计

隧道内的线路纵断面可设置为单面坡或人字坡。单面坡能争取高度且有利于长隧道的运营通风;人字坡有利于施工中的排水和出砟。需要用足最大坡度路段的隧道,为了争取高度,一般应设计为单面坡。

越岭隧道,当地下水发育且地形条件允许时,应设计为人字坡。人字坡的长隧道,由于通风不良,当使用内燃与蒸汽牵引时,双方向上坡列车排出的废气与煤烟,污染隧道,恶化运营和维修工作条件,必要时应采用人工通风。

隧道内的坡度不宜小于3‰,以利排水。严寒地区在最冷月平均气温低于-5℃且地下水发育的隧道,可适当加大坡度,以减少冬季排水结冰堆积的影响。

3）路基对线路纵断面的要求

大中桥的桥头引线、水库地区和低洼地带的路基,路肩设计高程应不小于设计水位+壅水高度+波浪侵袭高度+0.5m。

小桥涵洞附近的路基,路肩设计高程应不小于设计水位+壅水高度+0.5m。

长大路堑内的设计坡度不宜小于2‰,以利侧沟排水。当路堑长度在400m以上且位于凸形纵断面的坡顶时,可设计为坡度不小于2‰、坡长不小于200m的人字坡。

2.2.5　站坪纵断面设计

1）站坪的坡度

站坪宜设在平道上,以确保车站作业的方便和安全。但在自然纵坡较陡的地形条件下,为了节省大量工程或争取线路高度,允许将站坪设在坡道上,但设计坡度应满足下列要求。

(1) 保证车站停放的车辆不致溜逸和站内调车作业的安全

《线规》规定:站坪宜设在平道上,困难条件下必须把站坪设在坡度上时,坡度一般不应大于1.0‰,以保证站内调车的安全与方便。

在特殊困难条件下,有充分技术经济依据时,允许将会让站、越行站设在不陡于6‰的坡道上,以免列车进站下坡停车和出站上坡起动发生困难,但不应连续设置。

(2) 保证停站列车顺利起动

在列车起动范围内如有曲线时,则列车长度内包括曲线附加阻力的加算坡度值不应大于最大起动坡度。

若站坪范围内设计为两个坡段,应考虑列车位于最不利的位置时,列车长度内的平均加算坡度不大于最大起动坡度。

2) 站坪的坡段

站坪范围内,一般设计为一个坡段。为了减少工程,也可将站坪设计在不同的坡段上。

车站道岔咽喉区的正线坡度宜与站坪坡度相同。特殊困难条件下,可将咽喉区设在限制坡度减2‰的坡道上,这是因为咽喉区的道岔附加阻力大约为20N/t。但区段站、客运站不得大于2.5‰,中间站、会让站、越行站不得大于10‰。

3) 旅客乘降所

旅客乘降所允许设在旅客列车能够起动的坡道上,但不宜大于8‰,在特殊困难条件下,有充分技术经济依据时,可设在大于8‰的坡道上。

2.2.6 站坪两端的线路平面和纵断面

1) 竖曲线和缓和曲线不应伸入站坪

在纵断面上,竖曲线不应伸入站坪。站坪端点至站坪外变坡点的距离不应小于竖曲线的切线长度 T_{SH},如图1.2.11右端所示。

在平面上,缓和曲线不应伸入站坪。站坪端点至站坪外曲线交点的距离不应小于曲线的切线长度 T_1,如图1.2.11左端所示。

若站坪两端的线路,在平面上有曲线,在纵断面上有竖曲线,则应考虑竖曲线不与缓和曲线重叠的要求,如图1.2.11右端所示,曲线交点距站坪端点的距离不应小于 $2T_{SH}+T_2$。

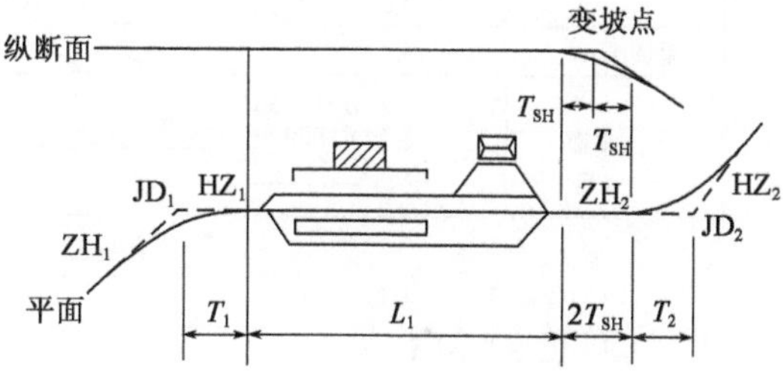

图1.2.11 站坪两端的平纵面

2) 进站起动缓坡

《线规》规定:限制坡度小于或等于6‰的内燃牵引铁路,编组站、区段站和接轨站进站信号机前的线路坡度不能保证货物列车顺利起动时,应设置起动缓坡,除地形困难者外,其他车站也宜设置。

起动缓坡长度应不短于远期到发线有效长度。进站信号机一般设于距进站道岔尖轨尖端(顺向道岔为警冲标)不少于50m的地点,起动缓坡设在进站信号机前方。

3) 出站加速缓坡

车站前方有长大上坡道时,为使列车出站后能较快加速,缩短运行时分,在地形条件允许时,宜在站坪外上坡端设计一段坡度较缓的坡段,这种缓坡称为出站加速缓坡。当地形困难时,应绘制速度距离曲线进行检查,判断列车尾部进入限制坡道上时,是否能达到计算速度,如未达到计算速度,则需设置加速缓坡,以免列车运行困难。

计算表明,内燃机车的起动牵引力较大且计算速度较低,一般在站坪范围内即可加速到计算速度,不需要设置加速缓坡。电力机车因计算速度高,蒸汽机车因起动牵引力小,所以在站前为限制坡道上坡的情况下,要加以检算,必要时需设置加速缓坡。

4) 站坪与区间纵断面的配合

地形条件允许时,站坪尽可能设在两端坡度较缓、升高不大的凸形纵断面顶部,以利于列车进站减速和出站加速。设在凹形纵断面底部的站坪,不利于列车进站减速和出站加速,对运营是不利的。

2.2.7 线路纵断面图

详细纵断面图,横向表示线路的长度,竖向表示高程,见图1.2.12。

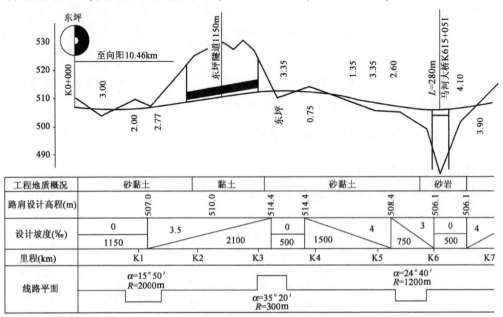

图1.2.12 线路纵断面图

1) 线路资料和数据

该部分内容标注在图的下方。自下而上的顺序为:

(1) 连续里程:一般以线路起点车站的旅客站房中心线处为零起算,在整千米处注明里程。

(2) 线路平面:是表示线路平面的示意图。凸起部分表示右转曲线,凹下部分表示左转曲线。凸起与凹下部分的转折点依次为 ZH、HY、YH、HZ 点。在 ZH 和 HZ 点处要注上距前 100m 的距离。曲线要素注于曲线内侧。两相邻曲线间的水平线为直线段,要标注其长度。

(3) 百米标与加标:在整百米标处标注百米标数,加标处应标注距前100m的距离。

(4) 地面高程:各百米标和加标处应填写地面高程。在地形图上读取高程时,精度为1/10的等高线距;外业测得的高程,精度为0.01m。

(5) 设计坡度:向上或向下的斜线表示上坡道或下坡道,水平线表示平道。线上数字表示坡度的千分数,单位为‰,坡度值一般为整数,如遇曲线折减、车站和困难地段可用至小数一位;线下数字表示坡度长度(m)。

(6) 路肩设计高程:图上应标出各变坡点、百米标和加标处的路肩设计高程,精度为0.01m。

(7) 工程地质特征:扼要填写沿线各路段重大不良地质现象、主要地层构造、岩性特征、水文地质等情况。

2) 纵断面示意图

此内容绘于图的上方,表示线路纵断面概貌和沿线建筑物特征。细线表示地面线,粗线表示路肩高程线,见图1.2.12。

纵断面示意图的左方,应标注线路的主要技术标准。

车站符号的左、右侧,应写上距前、后车站的距离和前、后区间的往返走行时分。

设计路肩高程线的上方,要求标出线路各主要建筑物的名称、里程、类型和大小。

绘出断链标和水准基点标的位置和数据。

2.2.8　中间站概述

车站是铁路运输的生产基地。铁路运输的各种客货运输作业和技术作业,如旅客乘降、货物装卸、列车会让、更换机车及摘挂车辆等都是在车站进行。

车站按其技术作业的不同,分为中间站、区段站和编组站。

中间站,主要办理列车会让和越行,向货场或专用线取送车辆以及车辆摘挂等作业,有的中间站还办理机车上水或列车检查等作业。

区段站,是铁路网上划分牵引区段的地点,除办理机车更换、零摘列车的编组和解体等技术作业外,主要任务之一是为邻接区段供应列车机车。因此,在区段站上均设有机务段(基本段或折返段),这是区别区段站和中间站的明显标志。

编组站,是比区段站更为大型的车站,除办理区段站所有的技术作业外,还要办理大量的货物列车解体,并按计划所规定的编组去向,编成直达列车、区段列车、小运转列车等各种货物列车。设有比较完整的驼峰调车设备和牵出线。

由于中间站在铁路线上分布较广,故本章仅对中间站的设计进行简述。

1) 中间站的作业和布置图形

中间站的作业有两类:

商务作业:出售客票,旅客乘降;行李和包裹的收发和保管;货物的承运保管和交付。

技术作业:办理列车会让、越行和通过,摘挂、零担列车的调车、取送车及装卸作业。

在蒸汽牵引铁路上,给水中间站还要办理机车上水、清灰及检查作业,在机车折返的中间站及补机始终点的中间站尚需办理机车的转向和整备作业。

中间站在站内一般设有货场和货物装卸线。单线和双线铁路上常见的布置图形如图1.2.13、图1.2.14所示。

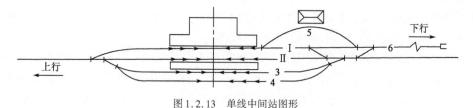

图1.2.13　单线中间站图形

2) 中间站的主要设备

(1) 客运设备

中间站的客运设备一般包括旅客站房、旅客站台、平过道及跨线设备。

①旅客站房

旅客站房一般设在靠近城乡居民区一侧,并尽量设在站场中部,以方便旅客乘降。旅客站房与最近的股道中心线应保持一定的距离,使站房一侧有增加股道的可能,一般情况下,站房突出部分的外墙面至站台边缘宜采用 8~20m,在困难条件下可采用较小距离,但应不小于基本站台的宽度。

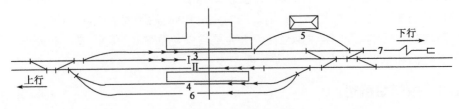

图 1.2.14 双线中间站图形

旅客站房一般应与基本站台在同一高度上。地形困难时,在保证值班员瞭望的条件下,也可高于或低于基本站台。

旅客站房的规模,由同一时间内旅客最多候车人数决定。中间站旅客站房的轨面多属中、小型,一般采用定型设计。常用的小型站房定型设计有容量为 25、50、100、200 及 400 人五种。

②旅客站台

为便利旅客上下车和行李装卸,应修建旅客站台。旅客站台分为基本站台和中间站台两种,靠近站房一侧的为基本站台,设在线路中间的为中间站台。如图 1.2.15 所示,中间站台应与基本站台相隔两股道而设于Ⅱ、Ⅲ道之间,以提高利用效率,并便于养护。客运量不大时,中间站台可缓设。

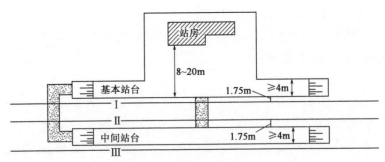

图 1.2.15 中间站客运设备

旅客站台的长度按近期客流量和旅客列车长度并考虑扩编需要确定,一般应设为 300~550m,客流量较小、旅客列车较短时,站台应适当加宽。

旅客基本站台的宽度,在站房范围内不应小于 6m,其余部分不应小于 4m。中间站台宽度不小于 4m。站台设有跨线设备时,站台应适当加宽。

旅客站台的高度,邻靠正线及通行超限货物列车的线路的站台,应受限界的限制,高出轨面 300mm,其他线路站台可高出轨面 500mm。仅在特殊需要时才采用高出轨面 1100mm 的高站台。站台面为了排水而设的横向坡度不宜过大,一般采用向站台边缘倾斜 2‰ 的坡度。

③平过道及跨线设备

基本站台和中间站台之间为方便旅客通行应设平过道一处或两处,其宽度不小于 2.5m。在客运量较多的大型中间站,可根据需要修建天桥、地道等立交跨线设备。

（2）货运设备

中间站一般需设置货场，包括仓库、货物站台、货物堆放场、货物线、装卸机具及货运办公室等。

①货场

中间站货场位置应按货物集散方向、货运量、地形条件，并结合地方城镇规划合理选定。大多数情况下，货场宜选在站房同侧，如图1.2.16所示，可以方便货运取送，不需横跨铁路，有利于车站管理。当货物集散方向在站房对侧，或虽在同侧但上行货运量较大，同侧布置又受地形、城镇发展规划的限制时，可把货场放在站房对侧中间或第三象限，但应有安全方便的通道。

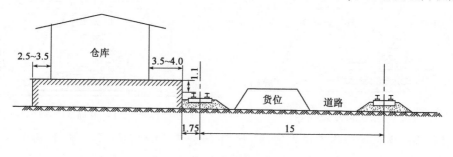

图1.2.16 中间站货场横断面

②货物站台

货物站台有普通站台和高站台两种。

普通货物站台高出轨面1.1m，其高度与车底板持平，有利于装卸作业。站台宽度，有仓库时按仓库宽度加两边过道的尺寸设计。仓库宽度可选用9、12、15、18m，两边过道的宽度应方便装卸作业，在铁路一侧宜采用3.5~4m，在场地一侧宜采用2.5~3.5m，如图1.2.16所示。无仓库的露天堆放场，人工作业时宽度为12~15m；机械装卸作业时，应适当加宽。

高出轨面1.1m以上的站台为高站台，要因地制宜，根据货物装卸需要设计。

③货物仓库

中间站的沿线零担仓库一般设在基本站台上靠站房附近，当沿线零担货物较少时，可设在站房内与行包房合并。

3）车站线路

中间站的线路设备除正线外，还有站线（包括到发线、货物装卸线、牵出线）、特别用途线（安全线、避难线、与车站接轨的工业企业专用线）等。

（1）到发线

中间站的到发线一般都横向排列在正线两侧或一侧，称为横列式布置，参见图1.2.13、图1.2.14。

每个中间站应有一定数量的到发线，以满足各种列车同时在站停留的需要。中间站到发线数量应根据运量及运输性质确定，单线铁路中间站一般采用两股，运量不大可设一股。为使行车调度有分段调整的可能，设置一股到发线的中间站，连续布置不应超过两个。摘挂作业较多的中间站，可按具体情况设置2~3股到发线。双线铁路中间站一般设置2~5股到发线，分别配置在正线两侧，使双方向列车能同时待避、越行。此外，在一些技术作业时间长的中间站，如给水站、补机始终点站、枢纽前方站、长大下坡前的列车技术检查站及专用线接轨站等，到发线数量可酌情增加。在采用追踪运行的区段，其中间站的到发线数量也应适当增加。

到发线有效长度应根据输送能力的要求、机车牵引重量,结合地形条件,并考虑与相邻铁路到发线有效长度相配合等因素来确定。近期货物列车长度通常较远期货物列车长度短,故近期到发线有效长度可根据实际需要铺设,以免增大初期投资和增加近期调车作业不必要的行走距离,但应预留远期的有效长度。

(2) 货物线

中间站货物线布置有通过式、尽头式和混合式,如图1.2.17、图1.2.18所示。设计时可根据需要单独或同时使用。

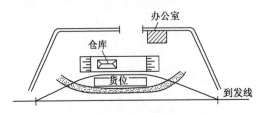
图1.2.17 中间站通过式货场

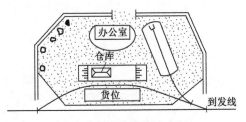
图1.2.18 中间站尽头式货场

通过式的特点是两端均连通到发线,上、下行调车作业灵活,易于管理,参见图1.2.17。尽头式货物线,一头伸入货场,只有一头和到发线连通,调车不够灵活,但线路布置可以多样化,线间距大,有效货位多,适合货物作业量较大、货物线较多的车站,参见图1.2.18。在货运量大的中间站上,通常采用混合布置形式:按货物性质把货物线分别布置成通过式和尽头式,一般货物在通过式货物线上作业,大宗或特殊货物利用尽头线作业。

货物线有效长度应按货运量、取送车间隔时间确定,但最短长度不应小于5辆车长,即不短于70m。

货物线与到发线的间距应考虑货物线两侧堆放货物与装卸作业的需要,当线间有装卸作业时应不小于15m,无装卸作业时不小于6.5m。

(3) 牵出线

摘挂作业较多的中间站,行车密度较大时,应设专用的牵出线进行调车作业。单线铁路平行运行图列车对数在24对以上,双线铁路采用半自动闭塞平行运行图列车对数在54对以上,采用自动闭塞平行运行图列车对数在66对以上,且调车作业量较大的中间站,或平行运行图低于上述规定的列车对数,而个别调车作业量很大的中间站,均应设置牵出线。但当行车量不大或本站作业量较小时,可利用正线或专用线进行调车作业,但其平、纵断面及视线条件应适应调车作业的要求,并将进站信号机外移,外移距离不应超过400m。牵出线的有效长度应能满足调车作业的需要,一般不短于货物列车长度的一半。在困难条件下或本站作业量不大时,可酌情减短,但不应短于200m。牵出线应设在直线上,条件困难时可设在半径不小于1000m的同向曲线上,特别困难时,曲线半径也不应小于600m,牵出线的坡度一般设为平坡或向车场方向的2.5‰下坡。

4) 道岔和股道的编号

(1) 道岔的编号

车站线路连接设备中最广泛使用的是普通单开道岔。

道岔编号:用阿拉伯数字从车站两端由外向内到站房中心为界分别依次编号;上行列车由进站端按道岔顺序编为双数2、4、6、……,下行列车由进站端按道岔顺序编为单数1、3、5、……;相连的道岔要编为连续的号码,如图1.2.19所示。

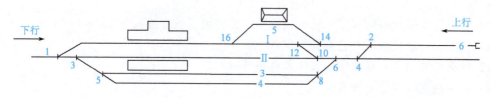

图 1.2.19　道岔编号示意

（2）股道的编号

车站内有很多条股道，必须对股道进行编号，以利于列车的快速安全运营。

股道编号：车站内线路，包括正线和站线，正线用罗马数字表示，站线用阿拉伯数字表示；单线铁路车站内线路从站房向对侧依顺序编号（图 1.2.20）；双线铁路车站内线路应从正线向两侧顺序编号，上行方向编为双数，下行方向编为单数（图 1.2.21）。

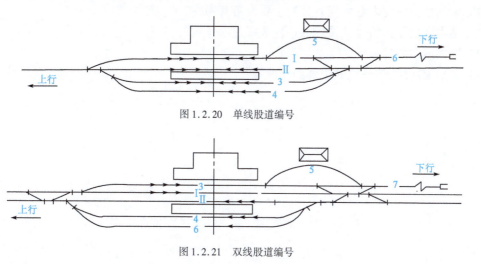

图 1.2.20　单线股道编号

图 1.2.21　双线股道编号

技能训练

- 设备及材料：线路平面图、线路纵断面图一套。
- 步骤：根据线路平面图，校核线路纵断面图中里程、加桩等要素。确定纵断面图中坡度代数差、竖曲线等要素。
- 成果：读图报告一份。

复习思考题

1. 铁路基本标准及 9 项主要技术标准是什么？各有何规定？
2. 什么叫限制坡度，特殊地段的均衡坡度以及加力牵引坡度？
3. 什么叫到发线有效长度，闭塞类型以及机车交路？
4. 车站分布的原则及设置条件是什么？
5. 什么叫线路中心线、线路平面及线路纵断面？
6. 线路平面及纵断面各设计什么内容？
7. 曲线半径选择的原则是什么？
8. 简述小半径曲线对工程施工和线路运营的影响。

9. 缓和曲线长度如何选用？若自行设计其依据是什么？
10. 一般坡段长度有何规定？什么情况下允许将坡段长度缩短为200m？
11. 什么叫坡度代数差？它有何规定？
12. 什么是竖曲线？竖曲线设置的条件是什么？
13. 竖曲线变坡点处设置有何要求？
14. 什么是最大坡度折减？折减范围及注意事项是什么？
15. 桥涵、隧道及路基处的线路纵断面有何特殊要求？
16. 什么是站坪？其长度如何确定？
17. 车站平面及纵断面设计应满足哪些要求？
18. 线路平面图、纵断面图上有哪些内容？标注时有何具体要求？
19. 车站的作用是什么？按技术作用分为哪几类？各办理哪些作业？
20. 中间站按作业内容如何划分？主要设备有哪些？
21. 站内道岔如何编号？按什么条件选择道岔号数？
22. 站内股道如何编号？
23. 车站警冲标、信号机的位置如何设置？

项目 2

路基施工

项目描述

路基是铁路轨道的下部结构,要求具有一定的强度、稳定性,工后沉降要满足要求,只有这样才能有效保持轨道结构的高度平顺性,因此就必须加强对路基结构施工过程的质量控制。本项目内容从路基构造入手,要求学生掌握路基放样、路基土石方数量计算、路堤填筑施工、路堑开挖施工等主要内容。本项目主要讲述路基结构、路基基底处理施工、填料选择、填方路基施工、挖方路基施工等内容,主要培养学生路基横断面图的绘制、路基土石方数量计算和调配、路基横断面测量放样、路基填料的选择、路基填筑施工、路堑开挖施工质量的控制等能力。

学习目标

知识目标

- 了解路基结构的基本形式及基本部位;
- 清楚路基横断面的基本形式;
- 简述地基处理常用的施工方法及其特点;
- 掌握平纵断面绘制出线路横断面图的基本步骤和方法;
- 掌握路基测量放样和断面控制的方法;
- 掌握路基土石方数量计算和调配;
- 清楚路基填筑施工填料选择的要求;
- 清楚路基施工压实度的影响因素,确定控制路基施工质量的控制要点;
- 清楚路堑开挖施工基本方法和工序,掌握其施工要点;
- 清楚路基质量检测中,平整度检测,地基承载系数 K_{30},动态变形模量 E_{VD},静态变形模量 E_{V1}、E_{V2} 等指标检测的方法。

能力目标

- 识读线路平纵断面图,绘制路基横断面图;
- 能根据路基横断面图并结合现场地形,进行路基放样;
- 地基处理工作中,能合理安排机械设备与工序的关系,清楚地基处理质量检测点;
- 能计算出土石方的数量,指导现场土石方的调配工作;
- 能为不同地质条件、不同施工区段合理地选用填料;
- 路堤填筑施工中能进行堆填、摊铺、压实等工序的质量控制指导;
- 具备路堑开挖施工指导能力;
- 路基施工中能合理选配机械设备;
- 能进行平整度检测,地基承载系数 K_{30},动态变形模量 E_{VD},静态变形模量 E_{V1}、E_{V2} 等指标检测试验,并正确分析数据。

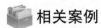 相关案例

巴达铁路某标段起讫里程 IDK203 + 445.11 ~ IDK220 + 657 为路基施工段,原地面处理采用排水固结或复合地基处理的原地面上,进行清表、挖台阶、翻挖回填等处理方式;路基本体填筑采用 A、B 组填料及 C 组中块石、碎石、砾石类填料,基床底层采用 A、B 组填料或改良土填筑,基床表层厚 0.7m,采用级配碎石填筑,路基填筑前进行试验段施工,确定不同填料,不同标准路基填筑工艺参数,指导施工,填筑时严格按照"三阶段、四区段、八流程"施工,施工过程中严格控制施工工艺,保证施工质量。路堑开挖根据填挖高度可采用全断面开挖、横向台阶开挖、逐层顺坡开挖、纵向台阶开挖等开挖方式。

任务1　路　基　构　造

1.1 工作任务

识读线路平纵断面图,绘制路基横断面图。

1.2 相关配套知识

铁路路基是以土、石材料为主而建成的一种条形建筑。在挖方地段,路基是开挖天然地层形成的路堑;在填方地段,则是用压实的土石填筑而成的路堤。它与桥梁、隧道、轨道等组成铁路线路的整体。要保证线路的质量和列车的安全运行,路基必须具有足够的稳定性、坚固性与耐久性,即在其本身静力作用下,地基不应发生过大沉陷;在车辆动力作用下,不应发生过大的弹性或塑性变形;路基边坡应能长期稳定而不坍塌;同时还要经受各种自然因素的破坏。

1.2.1 路基组成

1)路基设计内容

铁路路基是铁路工程的重要组成部分,是承受轨道和列车荷载的基础。它和铁路桥梁、隧道共同组成一个线路整体。路基是由路基本体、路基防护和加固建筑、路基排水设备3部分建筑物组成,如图2.1.1所示。

(1)路基本体

路基本体是直接铺设轨道结构并承受列车荷载的部分,例如:路堤、路堑等。它是路基工程中的主体建筑物。

(2)路基防护和加固建筑物

路基防护和加固建筑物属路基的附属建筑物,例如:挡土墙、护坡等。

(3)路基排水设备

排水设备也属路基的附属建筑物,例如:排除地面水的排水沟、侧沟、天沟和排除地下水的排水槽、渗水暗沟、渗水隧洞等。

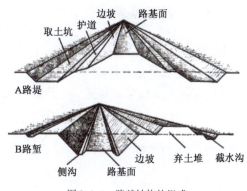

图2.1.1　路基结构的组成

2)路基的组成

路基主体是路基的主要组成部分。它是在天然的地层里挖成的堑槽或在地面上用土石堆成的路埝,其各部位的名称如图2.1.2所示。

(1)路基面——路堤两边坡起点之间的表面,或半堤半堑一边边坡起点与侧沟边坡起点表面,或路堑两侧沟边坡起点之间的表面。

(2)轨道基础——路基面中部为铺设轨道需要被道床覆盖的部分。

(3)路肩——路基面两侧未被道床覆盖的部分。它起到加强路基稳定性、保障道床稳固,以及方便养护维修作业的作用。

(4)路基面宽度——两路肩边缘(即路基面的边缘)之间距离。

(5)路基边坡——路堤两侧的斜坡或半堤半堑各侧的斜坡及路堑侧沟两侧的斜坡。

(6)路基边坡高度——指路基的边坡线与地面线的交点(坡脚)处到路肩边缘的竖直距离,如果左右两侧的边坡高度不等,则规定以大者代表该横断面的边坡高度。

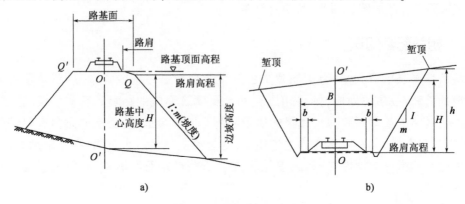

图 2.1.2 路基本体的组成

(7)路基高度——指路基中心线的地面高程与该处的路肩标高之间的竖直距离。

(8)路基基底——路堤基底是指堤身所覆盖的地面线以下的地层。路堑基底是指路堑路基面下的天然地层。

(9)天然护道——指路基边坡线与地面线交点以外的一定距离。在此距离内不许开垦或引水灌溉,以维持路基边坡原有湿度,从而稳定边坡。

1.2.2 路基横断面

1)路基横断面的形式

路基横断面是垂直线路中心线而截得的断面。因地形条件不同,有路堤 a)、路堑 b)、半路堤 c)、半路堑 d)、半堤半堑 e)、不填不挖 f)6 种形式,具体图形如图 2.1.3 所示。

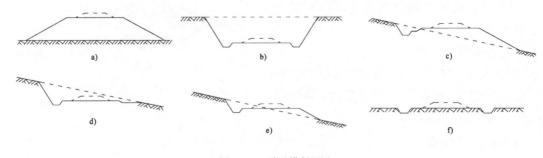

图 2.1.3 路基横断面图

2)横断面各构成部分的设计原则

(1)路基面形状

路基面形状应设计为三角形路拱,由路基中心线向两侧设 4% 的人字坡排水。曲线加宽时,路基面仍应保持三角形。

(2)路基基床

路基基床是指路基上部承受轨道、列车动力作用,并受水文、气候变化影响而具有一定厚度的土工结构。基床有表层与底层之分。表层为从路基顶面至路基下0.6m,底层厚度为1.9m,总厚度为2.5m。

基床底层的顶部和基床以下填料部位的顶部应设4%的人字排水坡。

陡坡地段的半填半挖路基,路基顶面以下1m范围内应予以挖除换填,挖方顶面应设4%的向外排水坡。

(3)路肩高程

路肩高程应保证路基既不被洪水淹没,也不被地下水最高水位时因毛细水上升至路基面而产生冻胀或翻浆冒泥等病害。因此,对路肩高程有一个最小值的要求。

《规范》要求滨河、河滩路堤的路肩高程应高出设计水位加壅水高(包括河道卡口或建筑物而造成的壅水,河湾水面超高)加波浪侵袭高或斜水流局部冲高加河床淤积影响高度再加0.5m(图2.1.4)。其中波浪侵袭高与斜水流局部冲高应取二者中之大值。

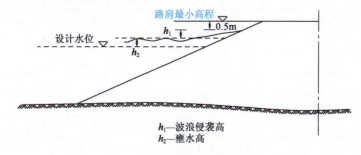

图2.1.4 路肩最小高程示意

①在单线铁路(或双线铁路并行等高地段)中,硬质岩石路堑及基床表层为级配碎石或级配砂砾石的路基,其路基高程应高于土质路堤的路肩高程,高出尺寸 Δh 按式(2.1.1)计算:

$$\Delta h = (h - h') + \frac{B - B'}{2} \times 0.04 \qquad (2.1.1)$$

式中:h——土质路堤直线地段的标准道床厚度(m);

B——土质路堤直线地段的标准路基面宽度(表2.1.1中的值,m);

h'——硬质岩石路堑及基床表层为级配碎石或级配砂砾石路基直线地段的标准道床厚度(m);

B'——硬质岩石路堑及基床表层为级配碎石或级配砂砾石路基直线地段的标准路基面宽度(m)。

②在双线铁路中,并行不等高或局部单线地段的路肩高程应高于双线铁路并行等高地段土质路堤的路肩高程,高出尺寸 Δh 按式(2.1.2)计算:

$$\Delta h = h_{sh} - h_d + \left(\frac{B_{sh} - D - B_d}{2} + 1.435 + \frac{g}{1000}\right) \times 0.04 \qquad (2.1.2)$$

式中:h_{sh}——并行等高直线地段土质路堤的标准道床厚度(m);

B_{sh}——并行等高直线地段土质路堤的标准路基面宽度(表2.1.1中的值,m);

D——并行等高直线地段土质路堤的线间距(m);

h_d——并行不等高或局部单线地段的标准道床厚度(m);

B_d——并行不等高或局部单线地段的标准路基面宽度(m);

1.435——标准轨距(m);

g——钢轨的头部宽度(mm):75kg/m 钢轨为 75mm,60kg/m 钢轨为 73mm,50kg/m 钢轨为 70mm。

直线地段标准路基面宽度(m) 表 2.1.1

项目			单位	Ⅰ 级 铁 路					Ⅱ 级 铁 路		
				特重型	重型		次重型		次重型	中型	轻型
旅客列车设计行车速度 V			km/h	160	120≤V<160	160	120≤V<160	120	80≤V<120	80≤V<100	80
双线线间距			m	4.2	4.0	4.2	4.0	4.0	4.0	4.0	4.0
道床顶面宽度			m	3.5	3.5	3.4	3.4	3.3	3.3	3.0	2.9
基床表层类型	土质	道床厚度	m	0.5	0.5	0.5	0.5	0.5	0.45	0.45	0.4	0.35
		单线 路堤	m	7.9	7.9	7.8	7.8	7.8	7.5	7.0	6.3
		单线 路堑	m	7.5	7.5	7.4	7.4	7.4	7.1	6.6	5.9
		双线 路堤	m	12.3	12.1	12.2	12	12	11.7	11.2	10.5
		双线 路堑	m	11.9	11.7	11.8	11.6	11.6	11.3	10.8	10.1
	硬质岩石	道床厚度	m	0.35	0.35	0.35	0.35	0.35	0.3	0.3	0.25
		单线路堑	m	6.9	6.9	6.8	6.8	6.8	6.5	6.2	5.7
		双线路堑	m	11.3	11.1	11.2	11	11	10.7	10.4	9.9
级配碎石或级配砂砾石		道床厚度	m	0.3	0.3	0.3	0.3	—	—	—	—
		单线 路堤	m	7.1	7.1	7	7	—	—	—	—
		单线 路堑	m	6.7	6.7	6.6	6.6	—	—	—	—
		双线 路堤	m	11.5	11.3	11.4	11.2	—	—	—	—
		双线 路堑	m	11.1	10.9	11.0	10.8	—	—	—	—

注:①特重型、重型轨道的路基面宽度为无缝线路轨道,Ⅲ型混凝土枕的标准值。对 V=120km/h 的重型轨道,当采用无缝线路轨道和Ⅱ型混凝土枕时,路基面宽度应减小 0.1m;当采用有缝线路轨道和Ⅱ型和Ⅲ型混凝土枕时,路基面宽度应减小 0.3m;

②次重型轨道的路基面宽度为无缝线路轨道,Ⅱ型混凝土枕的标准值。当采用有缝轨道时,路基面宽度应减小 0.2m。

③中型、轻型轨道的路基面宽度为有缝线路轨道,Ⅱ型混凝土枕的标准值。

④采用大型养路机械的电气化铁路,当接触网的立柱设在路肩上时,直线地段路基面宽度应满足以下标准:单线铁路不小于 7.7m;双线铁路 160km/h 地段不小于 11.9m(其他不小于 11.7m);表 2.1.1 中宽度小于该标准时应采用该标准。

③站场内路基面的形状,由于线路股道较多,可按排水要求和地形条件选用单坡形、人字形或锯齿形,并在低谷处设置排水设备,如图 2.1.5 所示。

④不同填料的基床表层衔接时,应设长度不小于 10m 的渐变段。渐变段应在路肩设计高程较高的段落内逐渐顺坡至路肩设计高程较低处,渐变段的基床表层应采用相邻填料中较好的填料填筑,如图 2.1.6 所示。

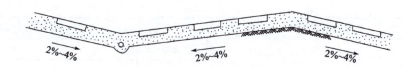

图 2.1.5　站场内的路基面形状

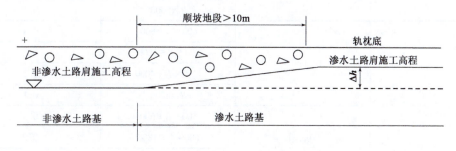

图 2.1.6　渗水性路基与非渗水路基的连接

双线铁路中并行等高段与局部单线地段连接时,应在局部单线地段内逐渐顺坡至并行等高地段,其顺坡长度不应小于 10m。

3）路基面宽度

（1）直线段路基面宽度

路基面的宽度等于道床覆盖的宽度加上两侧路肩的宽度之和。当道床的标准既定时,路基面的宽度便决定于路肩的宽度。

路肩宽度:路堤的路肩宽度不应小于 0.8m,路堑的路肩宽度不应小于 0.6m。直线地段的路基面宽度,应按表 2.1.1 采用。

（2）曲线加宽

曲线地段的外轨需设置超高。外轨超高是靠加厚外轨一侧枕下的厚度来实现的。由于道砟加厚,道床坡脚外移,因而在曲线外侧的路基宽度亦应随超高的不同而相应加宽才能保证路肩所需的宽度标准,加宽的数值可根据超高计算确定。区间单线曲线地段的路基面宽度,应在曲线外侧按表 2.1.2 的数值加宽。加宽值在缓和曲线范围内线性递减。

曲线地段路基面加宽值　　表 2.1.2

铁 路 等 级	旅客列车设计行车速度	曲 线 半 径	路基面外侧加宽值(m)
Ⅰ级铁路	160km/h	1600≤R≤2000	0.4
		2000<R<3000	0.3
		3000≤R<10000	0.2
		R>10000	0.1
	140km/h	1400≤R≤2000	0.4
		2000<R<3000	0.3
		2000≤R≤6000	0.2
		R>6000	0.1

续上表

铁 路 等 级	旅客列车设计行车速度	曲 线 半 径	路基面外侧加宽值(m)
Ⅱ级铁路	120km/h	$800 \leqslant R < 1200$	0.4
		$1200 \leqslant R < 1600$	0.3
		$1600 \leqslant R < 5000$	0.2
		$R \geqslant 5000$	0.1
Ⅲ级铁路	100km/h	$600 \leqslant R < 800$	0.4
		$800 \leqslant R \leqslant 1200$	0.3
		$1200 < R < 4000$	0.2
		$R \geqslant 4000$	0.1
	80km/h	$500 \leqslant R \leqslant 600$	0.3
		$600 < R \leqslant 1800$	0.2
		$R > 1800$	0.1

区间双线曲线地段的路基面加宽值,应根据线间距、外轨超高、道床宽度、路拱形状等计算确定。

4)路基边坡

路基边坡设计是路基横断面设计的主要内容,它包括边坡形状的设计和边坡坡度的确定。边坡坡度必须保证路基的稳定性。设计的边坡是否稳定,一般要结合地质条件通过稳定检算来评价,同时还应考虑到某些不可能在计算中涉及的外界因素的影响,例如雨水冲刷对边坡的损坏等,边坡设计的好坏直接影响到铁路的正常运营。下面图2.1.7和2.1.8可见边坡设计的成效。

图2.1.7 路堤边坡

图2.1.8 路堑边坡

路堤边坡坡度应根据填料的物理力学性质,边坡高度和路堤基底的工程地质条件等确定。如果路基基底的情况良好,边坡高度不大于表2.1.3的范围时,其边坡形状和坡度应按照表2.1.3采用。表中所规定的坡度值是具有代表性的普通填料的物理力学性质,考虑列车荷载的作用,经过大量稳定检算,并结合边坡的实践经验,综合分析而制定的。对于特殊填方边坡高度太大的路基,则应另行个别设计。

(1)**路堤边坡**

路堤边坡高度大于表2.1.3所列的数值时,其超出的下部边坡形式和坡度,应根据填料的性质由稳定性分析计算确定,最小稳定安全系数应为1.15~1.25,边坡形式宜用阶梯形。

路堤坡脚外应设置不小于 2m 宽的天然护道。在经济作物区高产田地段，应当保证路堤稳定，可设宽度不小于 1m 的人工护道或设坡脚墙。

路堤边坡形式和坡度 表 2.1.3

填料类别	边坡高度(m)			边坡坡度			边坡形式
	全部高度	上部高度	下部高度	全部高度	上部高度	下部高度	
细粒土	20	8	12	—	1:1.5	1:1.75	折线形
粗粒土(细砂、粉砂、黏砂除外)碎石类土、卵石土、漂石土	20	12	8	—	1:1.5	1:1.75	折线形
硬块石土	8	—	—	1:1.3	—	—	直线型
	20			1:1.5			直线型

注：①如有可靠资料和经验时，可不受本表限制。
②Ⅰ级铁路的路堤边坡高度不宜大于 15m。
③填料为粉砂、细砂、膨胀土等时，其边坡形式应按《铁路特殊路基设计规范》(TB 10035—2006)的有关规定设计。

（2）路堑边坡

土质路堑边坡形式及坡度应根据工程地质、水文地质条件、土的性质、边坡高度、排水措施、施工方法，并结合自然稳定山坡和人工边坡的调查及力学分析综合确定。边坡高度不大于 20m 时，边坡坡度可按表 2.1.4 设计。

土 质 路 堑 边 坡 表 2.1.4

土 的 种 类		边 坡 坡 度
黏土、粉质黏土、塑性指数大于 3 的粉土		1:1～1:1.5
中密以上的中砂、粗砂、砾砂		1:1.5～1:1.75
卵石土、碎石土、圆砾土、粗砂、中砂、角砾土	胶结和密实	1:0.5～1:1
	中密	1:1～1:1.5

注：①细砂、粉砂、黄土、膨胀土等特殊土路堑边坡形式及坡度应按《铁路特殊路基设计规范》(TB 10035—2006)有关规定执行。
②如有可靠资料和经验时，可不受本表限制。

岩石路堑边坡高度小于 20m 时，边坡坡度可按表 2.1.5 中规定设计。

岩 石 路 堑 边 坡 表 2.1.5

岩石类别	风化程度	边坡坡度
硬质岩	未风化、微风化	1:0.1～1:0.3
	弱风化、强风化	1:0.3～1:0.75
	全风化	1:0.75～1:1
软质岩	未风化、微风化	1:0.3～1:0.75
	弱风化、强风化	1:0.5～1:1
	全风化	1:0.75～1:1.5

注：①膨胀岩等特殊岩质路堑边坡形式和坡度应按《铁路特殊路基设计规范》(TB 10035—2006)有关规定执行。
②如果有可靠资料和经验时，可不受本表限制。

路堑边坡高度大于 20m 时，其边坡形式及坡度应按表 2.1.4 规定并结合边坡稳定性分析计算确定，最小稳定安全系数为 1.15～1.25。

在碎石类土、砂类土及其他土质路堑中，应在侧沟外侧设置平台，其宽度应由坡度高度和土的性质决定，不宜小于 1m。当边坡全部设防护加固工程时，可不设平台。

不同地层组成的较深路堑,宜在边坡中部或不同地层分界处设置平台,并在平台上设置截水沟或挡水墙,平台宽度不宜小于2m。在年平均降水量小于400mm的地区,边坡平台上可不设截水沟,但应设置坡脚方向不小于4%的排水横坡,平台宽度不宜小于1m。

5) 取土坑和弃土堆

路基的取土及弃土,除应保证不影响路基安全及经济合理外,还应考虑到路基排水及农田灌溉问题。在设计取、弃土地点及取土坑深度和弃土堆高度时,要结合排水系统进行全面规划。

(1) 取土坑

取土坑的设置,应根据各地段所需取土数量,并结合路基排水、地形、土质、施工方法、节约用地等,作出统一规划,取土坑设置应符合下列规定:

①地形平坦地段,宜设在路堤一侧,当地面横坡陡于1:10时,宜设在路堤上侧。

②桥头河滩路堤,取土坑必须设在下游侧。

③兼作排水的取土坑,应确保水流通畅排出。其深度不宜超过该地区地下水水位并应与桥涵进口高程衔接;其纵坡不应小于2‰,平坦地段不小于1‰。

④当取土坑较深时,坡脚至取土坑距离应保证路堤边坡稳定,坑内侧壁应适当防护。良田地段,当路堤填方数量大而集中,且地下水位较高时,可远运或集中取土。

(2) 弃土堆

弃土堆设置不影响山体和边坡稳定,其内侧坡脚至堑顶的距离应根据路堑土质条件和边坡高度确定,宜为5m,有条件时可适当减小,但不得小于2m。

弃土堆如置于山坡上侧,应连续堆填,以防地面水流入路堑内;如置于山坡下侧,应间断堆填,以保证弃土堆内侧地面水顺利排出。

沿河弃土时,应防止加剧下游路基与河岸的冲刷,避免弃土阻塞、污染河道,必要时应设置挡护设施。桥头弃土不得挤压桥墩,阻塞桥孔。

6) 路基标准设计横断面

(1) 常见的路基标准横断面

路基横断面的标准设计也称为路基标准横断面,是根据有关横断面的设计原则和规定而编制的,仅适用于一般水文、地质条件,填挖高度不大的普通土质路基,常见断面形式如下:

①路堤标准横断面

边坡高度不大于8m(图2.1.9)。

当填方高度大于8m而小于20m时,采用上陡下缓的变坡形式(图2.1.10)。

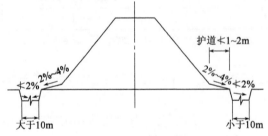

图2.1.9 路堤标准横断面

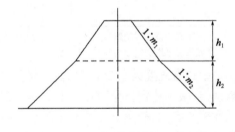

图2.1.10 路堤标准横断面(变坡)

地面横坡大于1:5而小于1:2.5的斜坡上的路堤断面(如2.1.11)。

②路堑标准横断面

图2.1.12为设有侧沟平台的路堑断面,适用于黄土及黄土类土、细砂土及易风化岩石的路堑。图2.1.13为碎石类、砾石类、不易风化的岩石路堑断面,边坡陡,开挖断面小。

(2)路基个别设计条件

对一般条件下的路基,可按前述各设计原则及规范中有关规定进行设计,但是如遇下列情况之一,均应根据具体条件作个别设计。

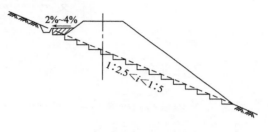

图2.1.11 路堤标准横断面(地面横坡大)

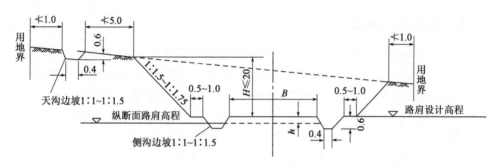

图2.1.12 直线地段粗、中砂及黄土路堑横断面(尺寸单位:m)

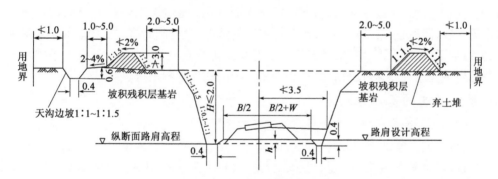

图2.1.13 曲线地段岩石路堑横断面(尺寸单位:m)

①工程地质水文条件复杂或路基边坡高度超过规范规定(参见表2.1.3、2.1.4)的范围。

②修筑在陡坡上的路堤(陡坡:当填料或基底均为不宜风化的岩石时,地面横坡等于或陡于1:2,其他情况的地面横坡等于或陡于1:2.5)。

③修筑在特殊条件下的路基,例如:滑坡、软土、裂隙黏土(膨胀土)、冻土、盐渍土、河滩、水库等地区的路基。

④有关路基的防护加固及改移河道工程。

⑤采用大爆破或水力冲填法施工的路基。

技能训练

- 设备及材料:线路平面图、线路纵断面图一套。
- 步骤:根据线路平纵断面图,查找绘制横断面图要素,按照1:200比例绘制断面图。
- 成果:读图报告一份。

任务 2　路　基　放　样

2.1　工作任务

1. 根据路基横断面图并结合现场地形,会进行路基放样;
2. 会计算路基土石方数量。

2.2　相关配套知识

2.2.1　路基施工概述

所谓路基施工,就是以设计文件和施工技术规范为依据,以工程质量为中心,有组织、有计划地将设计图纸转化成工程实体的建筑活动。路基施工包括路堑、路堤土石方,防排水设施,挡土墙等防护加固构筑物以及为修建路基而做的改移河道、道路等。路基施工时的基本操作是挖、装、运、填、铺、压。虽然工序比较简单,但其工程量大、地形复杂多变、施工条件差、施工质量难以控制等,通常需要使用大量的劳动力及施工机械,并占用大量的土地,尤其是重点的土石方工程,往往会成为控制工期的关键工程。修筑路基时常会遇到各种复杂的地形、地质、水文与气象条件,给施工造成很大的困难。因此,要得到满意的路基工程施工质量,必须严密组织,做到以下几点:①路基施工前,要做好排水的现场调查、施工图核对工作,审查施工图是否与现场一致,同时根据工程特点及季节性施工的特点,做好临时排水工程。②站场的大规模施工,要结合现场、施工图、路基、桥涵工程以及车站排水系统设计,认真做好关于排水施组安排和路基桥涵实施计划,才能保证路基等相关工程的施工顺利进行。

1)路基施工的基本方法

机械化施工和综合机械化施工是路基施工的发展方向。机械化施工是通过合理选用施工机械,将各种机械科学地组织成有机的整体,优质、高效地进行路基施工的方法,对于路基土石方工程来说,更具有适用性。所以,对于工程量大、技术要求高、工期紧的高速铁路和一级铁路路基工程,必须实现综合机械化施工,科学、严密地组织施工,这是路基施工现代化的重要途径,也是我国路基施工的发展方向。

2)路基工程的施工顺序

铁路工程的施工顺序,一般均为大中桥、小桥涵和隧道先行施工,接着是路基土石方,而土石方工程又常是先选择重点或填挖方较大的地段进行。小桥涵必须在路基施工前完成,以保证路基机械施工的效率和工程质量。特别是对重点土石方或工程量大起控制作用的涵洞,更要引起足够的重视。

3)路基施工的组织原则

(1)集中力量保证重点工程分期分段施工。对于重点工程还应编制个别的实施性施工组织计划,按铁道部规定的建设程序批准后据以施工。对于路基工程来说,这些重点工程包括:技术复杂和特殊土地区、特殊条件下的路基工程;一次用药量在 5t 以上的路基爆破工程;区段站路基工程;既有线站场改建、扩建工程和改线、改坡线路的路基工程;控制工期的数量大

于 $3 \times 10^5 m^3$ 的站场土石方工程。

(2) 实现机械化施工,推广应用新技术、新材料、新工艺、新机具、新测试方法。在施工中应认真作好原始记录、积累资料,不断总结经验,提高路基施工技术水平。

(3) 实现工厂化施工。

(4) 全体不间断施工。

(5) 流水作业施工。

(6) 积极推广经济数学方法的运用。

(7) 若在路基上埋设电缆、电杆,应保证路基的完整和稳定。因为在路基上挖槽、埋设电缆、电杆,不论是与基床、路基面同时施工或在其后施工,均可能对路基的外形、排水乃至稳定性产生不良影响。在土质基床上不应有沟槽、坑,以防渗水或其他因素危害路基。

4) 路基施工准备工作

路基施工前,必须根据工程的实际情况做好组织准备、物资准备和技术准备工作,使各项施工活动能正常进行。在施工过程中,所有的施工活动都必须严格按照有关施工规范进行,以确保工程质量,最后得到质量优良的路基实体。

(1) 组织准备

我国现行的铁路施工管理机构(表 2.2.1)。

铁路施工管理机构   表 2.2.1

属中国铁道工程总公司、建筑总公司管理	固定机构	工程局、工程公司
	临时机构	临时成立的指挥部、指挥所等
属地方管理	固定机构	地方铁路开发公司
	临时机构	临时成立的指挥部、指挥所等

工程局分为综合工程局和专业化工程局。工程局下设工程处、工程公司,以下设项目部等。

地方铁路管理机构,指由地方投资并修建的铁路。它的施工,一般由地方铁路管理机构负责。

临时机构一般指一个大的建设项目临时组成的指挥部、指挥所等,便于统一管理和协调。

(2) 开工前的施工准备

施工企业承接施工任务后,开工前的组织准备工作主要是建立健全工程管理机构和施工队伍,明确各自的施工任务,制定施工过程中必要的规章制度,确定工程应达到的目标等。组织各级施工管理机构、施工队伍、材料供应及运输管理部门,组织附属企业,进行劳动力培训,与其他单位签订各种协议合同等。组织准备是其他准备工作的开始。

路基施工要消耗大量的人工、材料和机具,因此开工前应进行所需材料的购进、采集、加工、调运和储备工作,同时要检修或购置施工机械,作好施工人员的生活、后勤保障准备。劳动力、机械设备和材料的准备工作是路基施工组织计划的重要组成部分。

(3) 施工调查及报告

施工调查完毕,应整理好资料,及时写出调查报告。

①工程概况:地形、地貌、水文、地质情况;重点工程情况;施工的有利条件和影响因素等。提出有关方案意见和施工措施。

②交通情况:简要说明沿线铁路、公路、水运状况,以及地方道路的改扩建计划,并提出方

案意见。

③材料供应:对当地材料的产地、储量、产量、质量及运输方法等详细列出;缺料地段提出供应措施;对外来料考虑如何进入施工地段,布置主要材料供应基地、预制厂、轨排基地等,并提出方案意见。

④沿线水、电、生活资料供应情况;提出供电、通信方案意见,以及对缺水地区提出解决措施。

⑤提出有关改善设计的建议。

⑥使用地方劳动力和向地方施工单位发包工程的意见。

⑦有关编制概预算的资料。

⑧有待进一步解决的问题。

⑨有关图表及说明。

(4) 技术准备

路基施工前的技术准备工作包括:核对设计文件、线路复测、清理施工场地以及试验段施工等工作,同时应做好施工防排水工作。

①接收施工图表及设计文件

施工图表是铁路施工单位进行铁路施工的重要依据,只有在接到施工设计文件和图表后才能照图开始施工。路基工程必须按照批准的设计文件施工;如需变更,应按铁道部现行的变更设计处理办法执行。

路基施工图表的内容见表2.2.2。

路基施工图表　　　　　　　　　表2.2.2

	内　容	用　途
路基施工图表	路基横断面图	路基施工应根据横断面进行
	填挖高度、路基面宽度;边坡表	了解路基填筑高度、开挖高度、路基面宽度和路基边坡坡度
	土石方数量表	了解路基土石方数量
	加固工程表	了解路基加固地段的地点、加固类型

需要特别指出的是,施工单位接到设计文件后,应组织有关技术人员进行审核,及时到施工现场核对。如发现误差,应与设计人员联系,更正设计错误。必要时,会同设计单位、建设单位(监理单位)进行图纸会审,共同解决设计文件中的差、错、漏等问题。会审会议必须做好相应的会议纪要,并尽快发放到参加会议的各方代表手中。会议纪要是竣工资料的重要组成部分,具有与施工图表一样的法律效力。

②交接桩及线路复测

施工单位接收任务后,应会同设计单位进行交接桩工作,然后进行线路复测。

a. 交接桩

由施工单位的技术人员及测工等组成的接桩小组,会同勘测设计部门的交桩小组,共同进行交接桩与补桩工作;施工单位按照有关图表文件,逐一接收水准基点桩、中线控制桩、站场的基线桩、三角网的主要控制桩、隧道及桥的导线网、重点工程中心桩、直线上的交点桩、副交点桩、缓和曲线和圆曲线的起、终点和中心桩等;交接双方按图表对桩位逐一交点,施工单位以仪器复核,做好记录,并检查桩的完好稳定程度,必要时加护桩;交接桩的验收标准按铁道部公布的《铁路测量技术规则》的有关规定办理。在交接中,如误差超过允许范围时,应由设计单位复核更正;交接完毕后,根据交接记录,说明交接情况、存在问题及解决办法,双方正式在记录上会签,视为线路交接完成。

b. 线路复测

交接桩后,施工单位应进行线路的复测和加钉桩号工作。这是施工前最后一次线路定测工作。其工作内容包括:测定中线位置;复核线路转向角;测设曲线;复核各转点间的直线方向;核对设计单位的水准基点,并联系水准基点进行全线纵向水准测量;横断面测量;桥隧等重点工程的位置和中心线的定测;临时设施如基地材料厂、附属企业、单位驻地等场地测绘等。

2.2.2 路基放样

线路中线是线路施工的平面控制系统,也是铁路路基的主轴线,在施工时必须保持定测时的位置。在线路施工开始之前,必须进行一次中线复测,把定测时的中线恢复起来;同时还应检查定测资料的可靠性,这项工作称为线路复测。它包括钉好百米标桩、边桩和加桩,钉好圆曲线和缓和曲线,核对地面高程和原有水准基点,并增设施工时需要的临时水准基点等。

设置加桩的目的是,由于在施工阶段对土石方的计算要求比设计阶段准确,横断面要求测得密些,所以需要设置加桩。

修筑路基以前,需要在地面上把标志路基的施工界线桩钉出来,作为线路施工的依据,这些标桩称为边桩。测设边桩的工作,称为路基边坡的放样。具体来说,就是要沿线路中线桩两侧用桩标志出路堤边坡坡脚和路堑边坡坡顶的位置,作为填土或挖土的边界。路基工程的填挖方都是根据边桩起坡的,因此,正确确定边桩的位置对整个施工都十分重要。边坡放样的方法很多,常用的有图解法和逐步接近法。

1) 图解法

图解法(图2.2.1)就是在路基横断面上,按图的比例尺量出路基坡脚或坡顶至中线桩的距离,并把它填在边桩位置表中(表2.2.3)。到现场即可根据此表,用方向架、皮尺直接量出边桩的位置,钉上木桩,并在各桩间标出界线(撒石灰或犁出沟槽)作为填挖方起坡的依据。为避免施工中毁坏、丢失,应在边桩外数米处(横断面方向线上)加钉断面控制桩,并注明距边桩的距离。

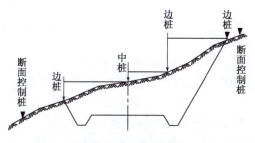

图2.2.1 路基桩点布置图

边 桩 位 置 表　　　　　　表2.2.3

里　程	填挖高(m)		边桩位置(m)		备　注
	填	挖	左	右	
DK7+540	1.8		4.8	5.5	
DK7+750		2.2	6.3	5.6	
DK7+900	2.0		5.9	6.7	

用图解法放边桩时，要核对表上的数字有无错误，以及横断面与实际地形是否符合。此法优点是手续简单，速度快，适用于地形变化不大的地段，但当地形变化很大，横断面测量误差较大。

2）逐步接近法

（1）平地上放边桩。当地面无横向坡度时，可根据路基面的宽度、边坡坡度、填挖高度，计算边桩距离，如图2.2.2所示。其计算公式如下：

$$D_1 = D_2 = \frac{b}{2} + mH \tag{2.2.1}$$

式中：D_1、D_2——线路中心至边桩的距离（m）；

b——路基顶面宽度（m）；

m——边坡坡率（%）；

H——路堤高度或路堑深度（m）。

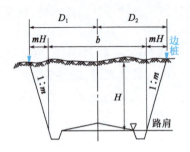
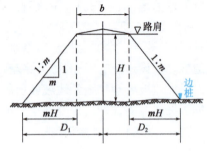

图2.2.2 平地上放边桩示意图

计算出 D 值后，用皮尺从线路中心桩，向垂直线路方向量出距离 D_1、D_2，即为边桩位置。

（2）坡地上放边桩。在有横向坡度的地面上放边桩，其 D_1、D_2 不等，因而只能采用试算的方法，如图2.2.3所示。其计算公式如下：

$$D_1 = \frac{b}{2} + mH - mh_1' \tag{2.2.2}$$

$$D_2 = \frac{b}{2} + mH + mh \tag{2.2.3}$$

式中：h——路堑中桩与上坡侧边桩试算点的高差（m）；

h_1'——路堑中桩与下坡侧边桩试算点的高差（m），其他符号同前。

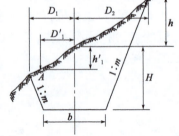

图2.2.3 坡地上放边桩示意图

此式用于路堤放边桩，则下坡侧用 D_1 式，上坡侧用 D_2 式。

具体做法是：先在断面图上量取边桩距离，或大致估计边桩位置，如图2.2.3中 A 点，测得中桩至 A 点的高差为 h_1'，水平距离为 D_1'，用公式2.2.2计算 D_1。若 D_1 不等于 D_1' 时，则需要重新移动边桩位置，每移动一次 A 点，就有一个新的 D_1'、h_1'，同时算出一个 D_1，直至 $D_1 = D_1'$。一般试算一两次即可定出边桩位置。

3）现场放样

路基工程一旦开工，路基填挖断面以内的桩点将遭到损坏，因此，在复测后，应将中线主要桩移到取土或弃土地点或者施工机械走行的范围以外，设置护桩，桩上应写明桩号及填挖高度，并在桩侧插立标杆。

定好各边桩后即在各桩间根据地形变化标出施工界线(撒石灰或犁出沟槽)(图2.2.4)作为填挖方起坡的依据。为避免施工中毁坏、丢失,应在边桩外数米处(横断面方向线上)加钉断面控制桩,并注明距边桩的距离。

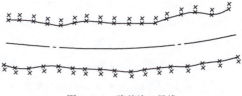

图2.2.4 路基施工界线

在边桩放样后,根据路堤边坡坡度确定出边坡的位置,具体方法见图2.2.5:

(1)当填土高度小于3m时,可用木桩、木板或竹杆标记填土高度,然后用细绳拉起,即为路堤外形。

(2)当路堤填土较高时,可采用分层填土、逐层挂线的方法进行路堤边坡放样。

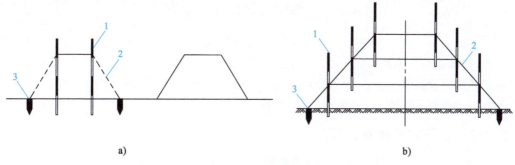

图2.2.5 路堤边坡放样
1-竹竿;2-麻绳;3-边桩
a)填土高度小于3m时放样;b)填土高度较大时放样

技能训练

- 设备及材料:小组自己完成的路基横断面图一组、全站仪、花杆、定位木桩、线绳、钢卷尺等。
- 步骤:根据线路横断面图,确定路基结构基本尺寸要素,进行路基坡脚、边桩的放样。
- 成果:读图报告一份。

任务3 土石方调配

3.1 工作任务

能计算出土石方的数量,指导现场土石方的调配工作。

3.2 相关配套知识

为了有成效地组织路基施工,首先要解决的是土石方的调配问题。所谓土石方调配就是要解决从路堑里挖出来的土应该运到哪里去,路堤上需要的土应该从哪里运来的问题。

3.2.1 路基横断面面积的计算

计算路基土石方数量必须先求出路基横断面的面积。通常采用两脚规量算法,可以较快地求出面积。如图2.3.1所示为按一定比例尺(1:200)绘制的路基横断面。从横断面的中心向两侧每隔 1m 画一竖线,如图中 a、b、c、$\cdots$、a_1 等(如用方格纸绘制横断面图,则可利用印好的格线),用两脚规逐次量其纵距并累计起来(可以逐渐张开两脚规的两脚求其总和),即得横断面图的面积。

由图 2.3.1 可知,纵距 a 及 a_1 为左右两侧小三角形的底边,同时 a、b、c、$\cdots$、a_1 等为中间各梯形的底边,由于这些纵距的间隔为 1m,即中间各梯形的高均为 1m。如两端小三角形的高均认为它是 1m(这样取近似值不会产生较大的误差,对于计算土石方数量来说精度已足够),则路基横断面的面积为

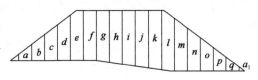

图 2.3.1　条分法计算图

$$F = \frac{a}{2} + \frac{a+b}{2} + \frac{b+c}{2} + \cdots + \frac{a_1}{2}$$
$$= a + b + c + \cdots + a_1 \tag{2.3.1}$$

可见,路基横断面的面积等于相隔 1m 的纵距之和。

利用两脚规量算路基横断面面积时,一般每个断面应量两次,取其平均值,并且两次数值的差不得超过断面面积的 2%,否则应重新量算。

3.2.2　土石方工程量计算

计算线路土石方工程量的方法通常有两种,即平均断面法和平均距离法。

1) 平均断面法

按照线路测量桩号分段计算。每段土石方的体积等于该段前后两个断面面积的平均数乘上该段的长度。如图 2.3.2 的土石方体积为

$$V = \frac{F_1 + F_2}{2} \times l \tag{2.3.2}$$

2) 平均距离法

如图 2.3.3,该段土石方的体积为

$$V = F_1 \times \frac{l_1}{2} + F_2 \times \frac{l_1 + l_2}{2} + F_3 \times \frac{l_2}{2} \tag{2.3.3}$$

由于施工现场的地形千变万化,路基横断面积的数值也随之不断变化,因此在实际工作中,常常采用平均距离法计算土石方工程量。

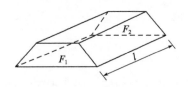

图 2.3.2　平均断面法计算图

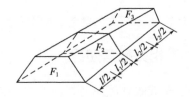

图 2.3.3　平均距离法计算图

3.2.3　土石方调配原则

从路堑挖出的土壤,一般应尽量用来填筑路堤,这叫移挖作填。这是路基工程的一个重要特点,在经济比较的前提下,争取最大限度的移挖作填,就能最大限度地降低施工工程量,土石

方调配就是解决这一问题的工作。

在这里先介绍两个术语:断面方和施工方。设计单位根据测量结果算出来的填挖方数量叫做断面方。例如,某段线路的路堑挖方是 56000m³,路堤填方是 30000m³,那么工程量是 86000m³ 断面方。施工时所做的挖运方数叫做施工方。这段线路如果采用横向运土,有 86000m³ 断面方就得做 86000m³ 施工方,即路堑里的 56000m³ 是挖出来弃掉的,而路堤上需要的 30000m³ 则另外从取土坑运来;如果移挖作填,作 1m² 施工方就可以完成 2m² 断面方,所以,如果采用纵向运土移挖作填可以利用 27000m³,其余 3000m³ 填方取土填筑,那么施工方就只有 29000(弃土) + 27000(利用) + 3000(取土) = 59000m³ 了。

应该特别引起注意的是,路基土石方工程的施工工程数量并不决定于路基建筑几何体积的计算,而是决定于路基土石方调配方案。因此在正式开工前做好最优的土石方调配工作,可以大大减少工程造价。

在进行土石方调配的规划时,以下原则是应该加以考虑的:

(1)铁路路基土石方的调配方案是安排配置施工人员与机械、划分施工作业区段、制定路基施工方案的基本工作,是对施工范围内路堤填料来源、开采、运输路径以及对路堑开挖体的利用、安置规划,隧道开挖弃砟也属于调配方案内容之一。

(2)根据设计图纸和现场地形等条件,进行路基土石方调配方案的比选,尽量满足填挖平衡,合理选择取土场和弃土场。

(3)移挖作填首先考虑挖方段的土质是否适合作填料,其次考虑挖方的工程量与填方工程量的对比,同时评估运距、施工机械对土石方单价的影响,然后计算具体数量和完成调配方案。

(4)如不适于移挖作填,挖方段选择弃土场,编制弃土方案;填方段选择取土场,编制借土方案。

(5)采取表格法平衡计算后确定进行移挖作填的,作出路基土石方的调配图。

(6)挖方段施工中的挖、运、弃,根据经济、环保等方面的要求确定弃土场地。运输工具根据弃方运距选用铲运机、挖掘机与自卸车。

如果挖方少于填方数量时,可以先横向取土填筑路堤底部,再纵向利用路堑的挖土填筑路堤的上部。如果路堤两侧取土有困难时,可采用放缓路堑边坡或扩大断面的方法取土。当挖方数量大于填方数量时,可先横向将多余土方丢弃,再纵向运输到路堤处填筑,如图 2.3.4 所示。

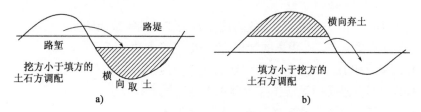

图 2.3.4 土石方调配示意图

(7)在调配土方平衡土源时,还应考虑以下因素:

①土石方经过挖掘、运输、填筑及压实后,其体积较原来有所变化。有的体积增加,有的却减少,可以用松散率或压缩率表示,其数值的大小与土石成分、性质、夯实密度、含水量和施工方法等有关。在调配时对土石方的数量,应根据其压缩率或松散率的经验数值进行调整。

②路堤基底的沉陷量约为路堤填土高度的 1% ~ 4%。

③土石在挖、装、运、卸过程中的损耗。

④用机械填筑路堤时,为了保证路基边沿部分的填土压实,施工时须将路堤每侧填宽约0.3m。

一般来说,可按填土的断面方数增加15%来规划取土土源,但计算所完成的工程量时,只能按设计的断面方数计算。

(8)土石方调配与施工方法密切相关。施工方法不同,土石方调配的方数和经济运距也不同。

要做好土石方调配工作,不能单靠设计文件和图纸,必须进行现场调查。只有结合现场的实际情况进行调配,才能使调配的方案具有实际的意义。

3.2.4 土石方调配方法

区间的路基是线形土石方建筑物,大型站场的路基是广场型土石方建筑物,在对两者进行土石方调配时,所采用的调配方法是不同的。通常对区间的路基土石方调配采用线法调配,而对大型站场的路基土石方调配采用面法调配。

1)线法调配

线法调配主要是借助于线路纵断面图和土积图来实现。所谓土积图是指在线路纵断面图下方,按照各桩号处的累计土石方数量(挖方为正、填方为负)所绘制的该段线路的土石方量累计曲线。通过线路纵断面图和土积图,可以确定区间路基土石方调配的最大经济运距,从而得出最合理的移挖作填方案。

采用线法调配通常有两个运土方向:纵向运土和横向运土。纵向运土是指从路堑运土到两端的路堤。横向运土是指从路堑运土到弃土堆或从取土坑运土到路堤。当从路堑挖一方土纵向运到路堤的费用,比起将路堑挖一方土横向运到弃土堆,再从取土坑挖一方土横向运土到路堤的总费用更低时,纵向运土是较为经济的。但随着纵向运土的距离增大,利用方的单价也随之增大。当纵向运土增加到一定的距离,使得从路堑挖运一方土到路堤的费用,比将土运到弃土堆,再从取土坑挖一方土运到路堤的总费用大时,则纵向运土应改为横向运土。这一运距叫做最大经济运距,它可以由下式算出:

$$L_E \leqslant \frac{a + b(L_c + L_f) + d}{b} \quad (2.3.4)$$

式中:a——挖装 $1m^3$ 土石方的费用,其值随施工方法和土的等级而不同;

b——$1m^3$ 土石方运送 $1m$ 距离的费用,其值随运输方法而不同;

d——$1m^3$ 弃土和 $1m^3$ 取土所占用土地的地亩费用;

L_c——$1m^3$ 土石方从路堑运送到弃土地点的运送距离;

L_f——$1m^3$ 土石方从取土坑运送到路堤的运送距离。

路基土石方的线法调配,是在较熟练地掌握调配原理和符合经济条件的前提下,在每百米的土石方数量图上进行的。现以实例说明,如图2.3.5所示。

土石方数量图的横坐标为距离(以百米标表示),纵坐标为每百米标的土石方数量,挖方画在上面,填方画在下面。按比例画成矩形,并在矩形内注明土石方数量。

当综合考虑了各种因素和确定了纵向调配的最大经济运距之后,即可在土石方数量上进行具体调配。由图2.3.5可看出DK120+500~DK121+400间为挖方,其余前后两段为填方。

该段挖方可调往前一段,也可调往后一段填筑路堤作为利用方,究竟怎样调,能调配多少方,主要取决于经济运距。

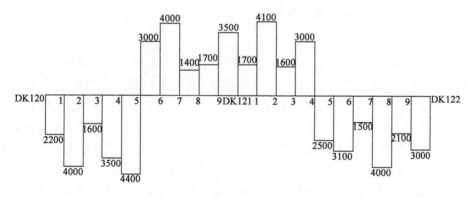

图 2.3.5 百米标土石方数量图(m^3)

在调配时,可由填挖交界处向两边进行土石方累计,每累计一次则计算一次纵向平均运距,同时观察其是否接近经济运距,经过几次试算后,至接近时即将两边累计的土石方数量(即挖与填的数量)调整到相等,并定出两端的桩号,这两个桩号之间的距离即为纵向调配范围。在此范围以外,则采取横向取、弃土。

本段线路处于荒野,取弃土不占农田,无青苗可损,从有关单价表中查得挖土单价 0.20 元/m^3,运 1m^3 土 0.05 元/m^3,L_c = 196m,L_f = 200m。根据公式(2.3.4)计算得

$$L_E = \frac{0.20 + 0.05(196 + 200)}{0.05} = 400m$$

根据以上所述,经过试算,就可以较容易地定出该段路基纵向移挖作填和横向取弃土的范围。调配结果是:

将 DK120+500~DK120+972 处挖方 12620m^3 纵向调至 DK120+122~DK120+500 处作填方是经济的。其纵向平均运距可以较精确地用各百米标内土石方数量与距离的加权平均值计算其填挖方各重心间的距离。即

平均运距 L_{cp} = {[3120×339 + 1600×250 + 3500×150 + 4400×50] + [2520×436 +

1700×350 + 1400×250 + 4000×150 + 3000×50]}/12620

= 395.9m < 400m

同理,将 DK120+996~DK121+400 处挖方 10540m^3 纵向调至 DK121+400~DK121+786 处作填方也是经济的。

其平均运距为 L_{cp} = {[140×402 + 1700×350 + 4100×250 + 1600×150 + 3000×50] +

[3440×343 + 1500×250 + 3100×150 + 2500×50]}/10540

= 399.5m < 400m

根据上述结果,从理论上讲,DK120+972~120+996 处挖方 840m^3 应作横向弃土,DK120+000~DK120+122 处所需填方 3080m^3 和 DK121+786~DK122+000 处所需填方 5660m^3 均需横向取土填筑。

应当指出,移挖作填的合理运距不能单纯从经济上考虑。在线路穿经城镇、工矿、森林、农

田、果园等地区时,必须尽可能压缩取、弃土用地宽度,适当加大移挖作填距离,这不仅在宏观上是合理的,而且随着运土机械的发展,也是可能的。而对于不可避免地必须占地的场合,则需要尽可能地不占好地,或通过施工改地造田,造地还田。

2) 面法调配

站场(区段站、编组站或较大站坪等)土石方调配与区间路基不同。其特点是施工范围广且施工场地宽;工程量大而集中,山区铁路尤为显著(如成昆铁路新建的 8 个区段站中,有普雄、金江、广通 3 个站的土石方都超过 $1.0 \times 10^6 m^3$,另外还有白石岩、尼波、泸沽、拉鲊 4 个中间站也都超过 $8.0 \times 10^5 m^3$);站内建筑物多且施工顺序先后不一,有时还要考虑分期施工并需满足扩建要求;取土、弃土受城市建设的限制(不能在站场范围或距站场较近地点挖坑取土或堆置弃土堆)。因此,站场土石方调配一般采用面法调配进行。

面法调配主要用于大型站场和重点高填深挖的大面积土石方调配。其运土方向无一定的规律性,只要能做到在站场范围内将土石方合理分配即可。

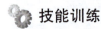 技能训练

- 设备及材料:小组绘制线路横断面图一组。
- 步骤:每人完成自己绘制横断面图断面面积的统计,之后小组分别计算该段路基土石方数量。
- 成果:路基断面面积计算表、土石方数量计算表。

任务4 路堤填筑施工

4.1 工作任务

1. 能为不同地质条件、不同施工区段合理地选用填料;
2. 路堤填筑施工中能进行堆填、摊铺、压实等工序的质量控制指导。

4.2 相关配套知识

路堤填筑方案主要涉及路基的基底处理、取土运输、填筑推平压实、过渡段填筑处理等几个方面,以及所采取的施工方法与施工机械。施工中一般采用机械化作业的方案施工。

4.2.1 基底处理

路基施工中要严格控制工后沉降和结构变形,以保证轨道的平顺性、稳定性和耐久性,满足设计寿命期限内正常运营的需要。因此,从地基处理开始,必须采取措施和加强质量控制,达到提高地基承载力和控制工后沉降的目的。

路基地基处理方法可分为置换、排水固结、注浆加固、振密或挤密、刚性桩等方法。各类方法处理原理及适用范围见表 2.4.1。基底处理所涉及到的因素很多,影响最大的是下面 4 个因素:基底土的土质、路堤高度、地下水、坡度。具体的地基处理方法及其适用范围见表 2.4.1。

处理后路基基底的外观应符合下列要求:基底无草皮、树根等杂物,且无积水;原地面基底密实、平整;坑穴处理彻底,无质量隐患。

地基处理方法及其适用范围 表2.4.1

类别	方法	简要原理	适用范围
置换	换土垫层法	将软弱土或不良土开挖至一定深度,回填抗剪强度较大、压缩性较小的土,如砂、砾、石渣等,并分层夯实,形成双层地基。垫层能有效扩散基底压力,提高地基承载力、减少沉降	各种软弱土地基
	挤淤置换法	通过抛石或夯击回垫碎石置换淤泥达到加固地基目的	厚度较小的淤泥地基
	振冲置换法	利用振冲器在高压水流作用下边振边冲在地基中成孔,在孔内填入碎石、卵石等粗粒料且振密成碎石桩。碎石桩与桩间土形成复合地基,以提高承载力,减小沉降	不排水抗剪强度不小于20kPa的黏性土、粉土、饱和黄土和人工填土等地基
	强夯置换法	采用边填碎石边强夯的强夯置换法在地基中形成碎石墩体,由碎石墩、墩间土以及碎石垫层形成复合地基,以提高承载力,减小沉降	人工填土、砂土、黏性土和黄土、淤泥和淤泥质土地基
	砂石桩(置换)法	在软黏土地基中采用沉管法或其他方法设置密实的砂桩或碎石桩,以置换同体积的黏性土形成砂石桩复合地基,以提高地基承载力。同时砂石桩还可以同砂井一样起排水作用,以加速地基土固结	软黏土地基
	石灰桩法	通过机械或人工成孔,在软弱地基中填入生石灰块或生石灰块加其他掺和料,通过石灰的吸水膨胀、放热以及离子交换作用改善桩周土的物理力学性质,并形成石灰桩复合地基,可提高地基承载力,减少沉降	杂填土、软黏土地基
排水固结	堆载预压法	在天然地基上填筑路堤,为保证工后沉降要求,除采用袋装砂井、塑料排水板和砂垫层在地基中设置竖向排水通道,加速土体沉降固结外,在路基达到设计高程后,将轨道结构和列车荷载换算成预压荷载,预加到路堤上。达到预压沉降要求后,卸载铺设轨道结构	软黏土、粉土、杂填土、冲填土、泥炭土地基等
	超载预压法	基本上与堆载预压法相同,不同之处是预压荷载大于轨道结构和列车的实际荷载。超载预压不仅可减少路堤结构物的工后固结沉降,还可消除部分完工后次固结沉降	同上
	真空预压法	在饱和软黏土地基中设置竖向排水通道(砂井或塑料排水板等)和砂垫层,在其上覆盖不透气密封膜。通过埋设于砂垫层的抽水管进行长时间不断抽气和水,使砂垫层和砂井中造成负气压,而使软黏土层排水固结,负气压形成的当量预压荷载一般可达85kPa	同上
	真空预压与堆载联合作用法	当真空预压达不到要求的预压荷载时,可与堆载预压联合使用,其堆载预压荷载和真空预压荷载可叠加计算	同上

续上表

类别	方法	简要原理	适用范围
灌入固化物	深层搅拌法	利用深层搅拌机将水泥或石灰和地基土原位搅拌形成圆柱状、格栅状或连续墙水泥土增强体，形成复合地基以提高地基承载力，减小沉降。深层搅拌法分喷浆搅拌法和喷粉搅拌法两种。也用它形成防渗帷幕	淤泥、淤泥质土和含水量较高、地基承载力标准值不大于120kPa的黏性土、粉土等软土地基。用于处理泥炭土或地下水具有侵蚀性时宜通过试验确定其适用性
	高压喷射注浆法	利用钻机将带有喷嘴的注浆管钻进预定位置，然后用20MPa左右的浆液或水的高压流冲切土体，用浆液置换部分土体，形成水泥土增强体。高压喷射注浆法有单管法、二重管法、三重管法。在喷射浆液的同时通过旋转、提升可形成定喷、摆喷和旋喷。高压喷射注浆法可形成复合地基以提高承载力、减少沉降。也常用它形成防渗帷幕	淤泥、淤泥质土、黏性土、粉土、黄土、砂土、人工填土和碎石土等地基。当土中含有较多的大块石，或有机质含量较高时应通过试验确定其适用性
	渗入性灌浆法	在灌浆压力作用下，将浆液灌入土中，充填孔隙，改善土体的物理力学性质	中砂、粗砂、砾石地基
	劈裂灌浆法	在灌浆压力作用下，浆液克服地基土中初始应力和抗拉强度，使地基中原有的孔隙或裂隙扩张，或形成新的裂缝和孔隙，用浆液填充，改善土体的物理力学性质；与渗入性灌浆相比，其所需灌浆压力较高	岩基或砂、砂砾石、黏性土地基。形成劈裂需要一定条件
夯压	表层原位压实法	采用人工或机械夯实、碾压或振动，使土密实。密实范围较浅	杂填土、疏松无黏性土、非饱和黏性土、湿陷性黄土等地基的浅层处理
	强夯法	采用重量为10~40t的夯锤从高处自由落下，地基土在强夯的冲击力和振动力作用下密实，可提高承载力，减少沉降	碎石土、砂土、低饱和度的粉土与黏性土、湿陷性黄土、杂填土和素填土等地基
振密挤密	振冲密实法	一方面依靠振冲器的强力振动使饱和砂层发生液化，砂颗粒重新排列孔隙减少，另一方面依靠振冲器的水平振动力，加回填料使砂层挤密，从而提高地基承载力，减小沉降，并提高地基土体抗液化能力	黏粒含量少于10%的疏松砂性土地基
	挤密砂石桩法	采用沉管法或其他方法在地基中设置砂桩、碎石桩，在成桩过程中对周围土层产生挤密，被挤密的桩间土和砂石桩形成复合地基，达到提高地基承载力和减小沉降的目的	疏松砂性土、杂填土、非饱和黏性土地基、黄土地基
	爆破挤密法	在地基中爆破产生挤压力和振动力使地基土密实以提高土体的抗剪强度，提高承载力和减小沉降	同上
	土桩、灰土桩法	采用沉管法、爆扩法和冲击法在地基中设置土桩或灰土桩，在成桩过程中挤密桩间土，由挤密的桩间土和密实的土桩或灰土桩形成复合地基	地下水位以上的湿陷性黄土、杂填土、素填土等地基

续上表

类别	方法	简要原理	适用范围
振密挤密	夯实水泥土桩法	通过人工挖孔或其他成孔方法成孔,回填水泥和土拌和料,分层夯实,制成水泥土桩并挤密桩间土,形成复合地基,可提高承载力和减小沉降	地下水位以上的各种软弱地基
	孔内夯扩桩法	通过人工挖孔、或螺旋钻钻孔、或振动沉管成孔、或柱锤冲击成孔,填入碎石、矿渣、灰土、水泥加土、渣土等,分层夯击,夯扩桩体,挤密桩间土,形成复合地基以提高地基承载力和减小沉降	同上,因地制宜采用适当的成孔工艺、回填料和夯扩工艺
刚性桩	低强度混凝土桩复合地基法	在地基中设置低强度混凝土桩,与桩间土形成复合地基。如水泥粉煤灰碎石桩复合地基、二灰混凝土桩复合地基等	各类深厚软弱地基
	钢筋混凝土筒桩复合地基法	通过振动沉管、现场浇注混凝土在地基中形成大直径钢筋混凝土筒桩,与桩间土形成复合地基	各类深厚软弱地基

4.2.2 填料选择及取土运输

1) 填料分类

路堤使用的填料分为:普通填料、级配碎石或级配砂砾石填料及改良土。

(1) 普通填料

路基普通填料按颗粒粒径大小分为3大类别:巨粒土、粗粒土和细粒土。具体分类见附表1。

①巨粒土、粗粒土填料应根据颗粒组成、颗粒形状、细粒含量、颗粒级配、抗风化能力等,按附表1分为A、B、C、D组。

②细粒土填料应按表2.4.2分为粉土、黏性土和有机土。粉土、粉质黏土应采用液限含水率ω_L进行填料分组:当$\omega_L<40\%$时,为C组;当$\omega_L\geq40\%$时,为D组。黏性土为D组,有机土为E组。

细粒土填料分组　　　　表2.4.2

一级定名			液限含水率	填料分组
细粒土	粉土		$I_p\leq10$,且粒径大于0.075mm 颗粒的质量不超过全部质量50%的土	$\omega_L<40\%$	C
				$\omega_L\geq40\%$	D
	黏性土	粉质黏土	$10<I_p\leq17$	$\omega_L<40\%$	C
				$\omega_L\geq40\%$	D
		黏土	$I_p>17$	—	D
	有机土			有机质含量大于5%	E

注:液限含水率试验采用圆锥仪法,圆锥仪总质量为76g,入土深度10mm。

③填料根据土质类型和渗水性可分为渗水土、非渗水土。A、B组填料中,细粒土含量小于10%、渗透系数大于10^{-3}cm/s的巨粒土、粗粒土(细砂除外)为渗水土,其余为非渗水土。

(2) 级配碎石或级配砂砾石填料

①级配碎石或级配砂砾石填料的粒径级配应分别符合表2.4.3、表2.4.4的规定,且

0.5mm 筛以下的细集料中通过 0.075mm 筛的颗粒含量应不大于 66%。

级配碎石的粒径级配范围 表 2.4.3

方孔筛边长(mm)	0.075	0.1	0.5	1.7	7.1	16	25	45
过筛质量百分率(%)	0~7	0~11	7~32	13~46	41~75	67~91	82~100	100

级配砂砾石的粒径级配范围 表 2.4.4

级配编号	通过筛孔(mm)质量百分率(%)								
	50	40	30	20	10	5	2	0.5	0.075
1	100	90~100		65~85	45~70	30~55	15~35	10~20	4~10
2		100	90~100	75~95	50~70	30~55	15~35	10~20	4~10
3			100	85~100	60~80	30~50	15~30	10~20	2~8

注:用圆孔筛时,采用 1~3 号级配;用方孔筛时,采用 2~3 号级配。

②级配碎石或级配砂砾石的质量应符合以下要求:

a. 大于 1.7mm 的集料的洛杉矶磨耗率不大于 50%;

b. 大于 1.7mm 的集料的硫酸钠溶液浸泡损失率不大于 12%;

c. 小于 0.5mm 的细集料的液限不大于 25%(级配砂砾石不大于 28%),塑性指数不大于 6;

d. 黏土团及其它杂质含量的百分率不大于 0.5%(级配砂砾石不大于 2%)。

③级配碎石或级配砂砾石与上部道床碎石及下部填土之间的颗粒级配应满足以下要求:

$$D_{15} < 4d_{85} \qquad (2.4.1)$$

式中:D_{15}——较粗一层土的颗粒粒径(mm),小于该粒径的质量占质总量的 15%;

d_{85}——较细一层土的颗粒粒径(mm),小于该粒径的质量占总质量的 85%。

当下部填土不能满足以上要求时,基床表层应采用颗粒级配不同的双层结构,或在基床底层表面铺设土工合成材料反滤层,当下部填土为改良土时,可不受此项规定限制。

(3)改良土

①对不符合要求的填料应采用物理或化学方法进行改良。

②物理改良的掺和料可采用砂、砾石、碎石等;化学改良的掺和料可采用水泥、石灰、粉煤灰等。

③填料改良应通过试验提出最佳掺和料、最佳配比及改良后的强度等指标。

2)填料选择

(1)路堤基床

①基床表层:Ⅰ级铁路应选用 A 组填料(砂类土除外),当缺乏 A 组填料时,经经济比选后可采用级配碎石或级配砂砾石;Ⅱ级铁路应优先选用 A 组填料,其次为 B 组填料,对不符合要求的填料,应采取土质改良或加固措施;填料的颗粒粒径不得大于 150mm。

②基床底层:Ⅰ级铁路应选用 A、B 组填料。否则应采取土质改良或加固措施;Ⅱ级铁路可选用 A、B、C 组填料,当采用 C 组填料时,在年平均降水量大于 500mm 的地区,其塑性指数不得大于 12,液限不得大于 32%,否则应采取土质改良或加固措施;填料的最大粒径不应大于 200mm 或摊铺厚度的 2/3。

(2)路堑基床

①基床表层土质同路堤基床要求,Ⅰ级铁路基床不满足应进行换填处理;Ⅱ级铁路基床表

层土应采取换填或土质改良等措施。

②基床表层土的天然密实度不应小于本规范表6.2.3压实标准的规定值,否则应采取压实措施。

③基床底层厚度范围内天然地基的静力触探比贯入阻力 Ps 值:Ⅰ级铁路不得小于1.2MPa,Ⅱ级铁路不得小于1.0MPa,或天然地基容许承载力 $[\sigma]$:Ⅰ级铁路不小于0.15MPa,Ⅱ级铁路不小于0.12MPa。否则应进行加固处理。

④不易风化的硬质岩石基床,路基面应设4%人字排水坡,凹凸不平处应以混凝土或级配砂砾石、级配碎石填平。

(3) 取土运输

取土运输根据工程量的大小和施工环境,一般采用挖装机械装车、汽车运输或铲运机运输,复线施工有时采取火车运输,运输困难地段也有采用马车或人力运输,需开采石料时还要设计爆破作业方案。在运输的过程中要考虑土的可松性。

天然土体或岩石在施工过程中的变化,一般可以概括为3种状态,即:开挖前的自然状态,挖掘、装运后的松散状态,压实后的密实状态。自然状态下的土,经过开挖以后,其体积因松散而增大,以后虽经回填压实,仍不能恢复成原来的体积,这种性质称为土的可松性。

由于土方工程量是以自然状态下土的体积计算的,所以在计算土方调配、土方施工机械及土方运输工具数量时,应考虑土的可松性。土的可松性程度可用松方系数、压缩系数和沉陷系数来表示,即:

松方系数: $$K_1 = \frac{土经开挖后的松散体积 V_2}{土在天然状态下的体积 V_1} \quad (2.4.2)$$

压缩系数: $$K_2 = \frac{土经回填压实后的体积 V_3}{土在天然状态下的体积 V_1} \quad (2.4.3)$$

沉陷系数: $$K_3 = \frac{土经回填压实后的体积 V_3}{土经开挖后的松散体积 V_2} \quad (2.4.4)$$

土的可松性与土质有关,根据土的工程分类,松方系数和压缩系数可参考表2.4.5。而由式(2.4.2)~式(2.4.4)可知 $K_3 = \frac{K_2}{K_1}$。

各种土的可松性参考值　　　　表2.4.5

序号	土 的 类 别	松方系数 K_1	压缩系数 K_2
1	(一类土)砂土、亚砂土	1.08~1.17	1.01~1.03
2	(一类土)种植土、泥炭	1.20~1.30	1.03~1.04
3	(二类土)亚黏土、黄土、砂土、混合卵石	1.14~1.28	1.02~1.05
4	(三类土)轻黏土、重亚黏土、砾石土、亚黏土混合卵石(碎石)	1.24~1.30	1.04~1.07
5	(四类土)重黏土、卵石土、黏土混卵(碎)石、压密黄土、砂岩	1.26~1.32	1.06~1.09
6	(四类土)泥灰岩	1.33~1.37	1.11~1.15
7	(五~七类土)次硬质岩石(软质)	1.30~1.45	1.10~1.20
8	(八类土)硬质岩石	1.45~1.50	1.20~1.30

4.2.3 土质路堤填筑

路堤本体各部分以及填筑的护道均应分层填筑并压实到规定的密度。"分层填筑"和

"压实达到标准"是对路堤填筑的基本要求,至于在不同条件下保证其实现的做法要求,则应根据不同的情况分别考虑。同时,压实层的铺填厚度和压实的遍数应通过试验合理确定。

1)填筑方法

铁路列车运行对线路平顺性的要求很高,路堤填筑质量的好坏直接关系到列车运行的舒适度和安全度。要保障路堤的填筑质量,应严格按照横断面、全宽度、逐层、水平铺填并夯实路基。

分层填筑时,原则上最好采用同一种类的填料,从下而上逐层填筑、碾压密实,如原地面不平,则由最低处分层填起,如图2.4.1所示。如果必须使用不同类土填筑路堤,不得将两种及两种以上填料混杂混填,因为采用混杂填筑不能保证填料种类的特征以及压实的均匀性,且易于在路堤内形成水囊,降低路基施工质量。故一般采用下列填筑方式:

(1)将渗水性较大的土,填于渗水性较小的土层上时,则在渗水性小的土层面,应做成向两侧1%~4%的横坡以利排水,如图2.4.2所示。

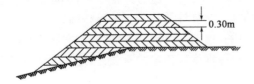

图2.4.1 水平分层填筑　　　　　　图2.4.2 水平分层填筑(渗水土在上)

(2)将渗水性较小的土,填于渗水性较大的土层上时,则在渗水性大的土层面,应保持水平坡面,或者做成凸形,如图2.4.3所示。如果两类填料的颗粒大小相差悬殊,则应在层间设置相应的垫层,以防止上层细粒土落入下层内,如图2.4.4所示。

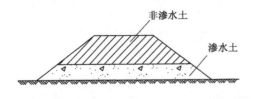
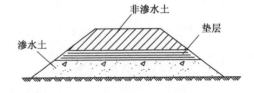

图2.4.3 水平分层填筑(非渗水土在上)　　　　图2.4.4 水平分层填筑(设置垫层)

(3)当分层填筑不适宜时,一般将渗水性较小的土层填在堤心部分,顶部及两侧填筑渗水性较大的土,通常称这种路堤为"包心路堤",如图2.4.5所示。当下层堤心部分为含水量较大的土,而以渗水性较弱的一般黏性土包在外层时,应在坡脚设置滤水趾,以促进堤心土体的固结,如图2.4.6所示。

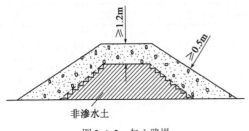
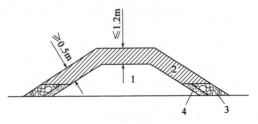

图2.4.5 包心路堤　　　　　　　　图2.4.6 包心路堤(设滤水趾)

1-含水量较大的土;2-非渗水土;3-干砌片石;4-垫层

2)路堤填筑施工工艺

填筑路堤宜按照3阶段、4区段、8流程的工艺组织施工,如图2.4.7所示。

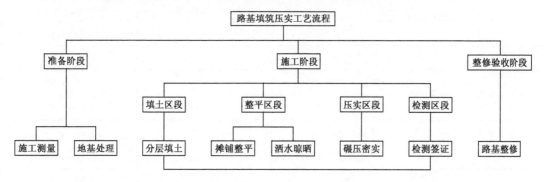

图2.4.7 基床以下路堤填筑施工工艺流程图

(1)路堤填筑采取横断面全宽、纵向分段进行分层填筑。为保证路基的压实度,松铺厚度必须按试验段路基填土厚度的90%来控制,且每层松铺厚度不大于30cm,压实后每层厚度约25cm。施工时在路肩位置竖立标尺杆,以控制摊铺厚度,每层填筑按松铺厚度一次到位,根据车厢容积和松铺厚度计算卸土间距,撒出摊铺网(图2.4.8),由专人指挥卸车。

(2)路基填料必须符合设计要求,同一作业区用不同填料填筑时,各种填料要分层填筑,每一水平层的全宽采用同一种填料,不得混填,以避免路基左右侧沉降不均。若采用不同填料填筑时,尽量减少不同填料层数,每种填料厚度不得少于50cm。每一填筑层必须满足设计要求的平整度和路拱,以保证雨天路基填筑面不积水。路拱应在第一层全断面填筑时设置完毕,第二层开始则均厚填筑。

图2.4.8 摊铺网格

(3)为了确保边坡压实与路堤全断面一致,边坡两侧要各超填0.4~0.5m,待路基防护施工前用人工配合挖掘机进行刷坡。每层路基填筑压实完毕均应测量放出边线,洒上石灰线,以控制上层填土,确保路基侧面边坡的坡率。

(4)摊铺整平:填筑段在卸土的同时,采用推土机或平地机整平,注意每层按要求设置路拱。推土机完成一个区段的推平后,采用平地机进行平整,平地机行驶路线为从两侧纵向行驶,逐步向路基中心刮平,同时用人工配合填平凹坑,以保证压实质量。

(5)洒水或晾晒:路堤填筑时,应随时检测填料含水量。对于细粒土、粘砂土,碾压前应控制填料含水量不超过试验段填筑试验中求得的最佳含水量的±2%。

①当含水量较低时,应在土场加水闷料,以保证填料的含水量达到最佳含水量,土的最佳含水量及密度见表2.4.6。

②当含水量超过规定值时,在路堤填料上用犁铧、旋耕犁翻晒,并适当减小填层松铺厚度,降低填料的含水量,使填料含水量始终控制在施工允许含水量的范围内,以保证最佳压实效果。

③在必要条件下,可用生石灰对土体进行改良来降低含水量,从而加快填筑速度。

土的最佳含水量、最佳密度参考数值   表2.4.6

顺 序	土 的 种 类	变 动 范 围	
		最佳含水量(%)	最佳密度(g/cm³)
1	砂土	8~12	1.80~1.88
2	粉土	16~22	1.61~1.80
3	亚砂土(黏砂土)	9~15	1.85~2.08
4	亚黏土(砂黏土)	12~15	1.85~1.95
5	亚黏土(砂黏土)	16~20	1.67~1.79
6	粉质亚黏土	18~21	1.65~1.74
7	黏土	19~23	1.58~1.70

(6)碾压夯实

①填土的压实方法有:碾压、夯实和振动(图2.4.9),路基的压实作业,在操作时应遵循"先轻后重、先慢后快、先边后中"的原则。

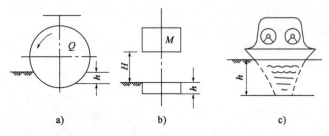

图2.4.9 填土压实方法
a)碾压;b)夯实;c)振动

②根据分层施工图和不同的填料情况,选择合适的碾压机械,填土压实作业采用重型振动压路机,各种压路机的最大碾压行驶速度不宜超过4km/h。

③碾压顺序由两边向中间进退式碾压,曲线地段先内侧后外侧,横向接头重叠0.5m以上或三分之一轮宽左右,前后相邻两区段重叠1m以上,上下两层填筑接头应错开不小于3.0m。

④根据填料种类、填土厚度和密实度标准,按试验段取得的数据控制压实遍数。先静压2遍,后振动压,一般情况下的振动压实遍数:路床表层6~8遍,路床底层5~6遍,路基本体4~5遍。

⑤对边坡附近的压实,先利用推土机对路肩进行初步压实,压到路肩不发生滑坡,然后再利用压路机碾压。压路机外轮缘距离超填路基的边线保持30cm左右,以保证压路机的安全。对压路机不宜碾压的地方,采用小型打夯机具夯实。

(7)检测签证

①压实度标准

碾压完成规定作业遍数后,按填料种类采用灌砂法、环刀法、核子密度仪、K30检测仪对压实土的含水量、压实系数、地基系数进行检测,K30试验每200m每填高约0.9m检查4点,中间2点,距路基边线2m处左右各1点。压实系数每100m每压实层检查6点,左右距路肩边线1m处各2点,中间2点。有反压护道地段每100m增加一个检测点。检测合格并经监理工程师签证后方可进行上层填筑。路基压实指标分别见表2.4.7~表2.4.9。

级配碎石或级配砂砾石的基床表层厚度及压实标准   表2.4.7

填料	厚度(m)	地基系数K_{30}(MPa/m)	孔隙率(%)	适用范围
级配碎石或级配砂砾石	0.6	≥150	<28	路堤
级配碎石或级配砂砾石	0.5	≥150	<28	易风化的软质岩、强风化硬质岩及土质路堑
中粗砂	0.1	≥130	<18	

基床土的压实标准   表2.4.8

填筑部位	压实指标	填料类别 细粒土、粉砂、改良土		砂类土（粉砂除外）		砾石类		碎石类		块石类	
	铁路等级	Ⅰ级	Ⅱ级	Ⅰ级	Ⅱ级	Ⅰ级	Ⅱ级	Ⅰ级	Ⅱ级	Ⅰ级	Ⅱ级
基床表层	压实系数K	—	(0.93)	—	—	—	—	—	—	—	—
	地基系数K_{30}(MPa/m)	—	(100)	—	110	150	140	150	140	—	—
	相对密度D_r	—	—	—	0.8	—	—	—	—	—	—
	孔隙率n(%)	—	—	—	—	28	29	28	29	—	—
基床底层	压实系数K	(0.93)	0.91	—	—	—	—	—	—	—	—
	地基系数K_{30}(MPa/m)	(100)	90	100	100	120	120	130	130	150	150
	相对密度D_r	—	—	0.75	0.75	—	—	—	—	—	—
	孔隙率n(%)	—	—	—	—	31	31	31	31	—	—

注：细粒土、粉砂、改良土一栏中，有括号的仅为改良土的压实标准，无括号的为细粒土、粉砂、改良土的压实标准。

基床以下部位填料的压实标准   表2.4.9

填筑部位	压实指标	填料类别 细粒土、粉砂、改良土		砂类土（粉砂除外）		砾石类		碎石类		块石类	
	铁路等级	Ⅰ级	Ⅱ级	Ⅰ级	Ⅱ级	Ⅰ级	Ⅱ级	Ⅰ级	Ⅱ级	Ⅰ级	Ⅱ级
不浸水部分	压实系数K	0.90	0.90	—	—	—	—	—	—	—	—
	地基系数K_{30}(MPa/m)	80	80	80	80	110	110	120	120	130	130
	相对密度D_r	—	—	0.7	0.7	—	—	—	—	—	—
	孔隙率n(%)	—	—	—	—	32	32	32	32	—	—
浸水部分及桥涵两端	压实系数K	—	—	—	—	—	—	—	—	—	—
	地基系数K_{30}(MPa/m)	—	—	(80)	(80)	(110)	(110)	(120)	(120)	(130)	(130)
	相对密度D_r	—	—	(0.7)	(0.7)	—	—	—	—	—	—
	孔隙率n(%)	—	—	—	—	(32)	(32)	(32)	(32)	—	—

注：细粒土、粉砂、改良土一栏中，有括号的仅为改良土的压实标准，无括号的为细粒土、粉砂、改良土的压实标准。

②质量检验方法、频率及标准（表2.4.10、表2.4.11）

检验方法：按《铁路工程土工试验规程》(TB 10102)规定的方法检验。

基床以下路堤填料复查项目及频次 表2.4.10

填料类别	试验项目及频次			
	颗粒级配	液塑限	击实试验	颗粒密度
细粒土	—	5000m³（或土性明显变化）	5000m³（或土性明显变化）	—
粗粒土、碎石土	10000m³（或土性明显变化）	—	—	10000m³（或土性明显变化）

注：表列数字为进行一次试验的填料体积。

压实度检验数量：沿线路方向每100m每压实层抽样检验压实度系数K（改良细粒土）或孔隙率n（砂类土或碎石土）6点。左、右距路肩边线1m处各2点，路基中部2点，有反压护道地段每100m增加1个检测点；每100m每填高约90cm抽样检验地基系数K_{30}4点，其中：距路肩边线2m处左、右各1点，路基中部2点。

路堤中线到边缘距离、宽度、横坡、平整度的允许偏差、检验数量及检验方法 表2.4.11

序号	检验项目	允许偏差	施工单位检验数量	检验方法
1	线到边缘距离	±50mm	沿线路纵向每100m抽样检验5处	尺量
2	宽度	不小于设计值	沿线路纵向每100m抽样检验5处	尺量
3	横坡	±0.5%	沿线路纵向每100m抽样检验5个断面	坡度尺量
4	平整度	不大于15mm	沿线路纵向每100m抽样检验10处	2.5m长直尺测量

(8) 路基整修

①路堤按设计高程填筑完成后，进行修整和测量。恢复中线，每20m设一桩，进行水平高程测量，计算修整高度，施放路肩边桩，修筑路拱，并用平碾压路机碾压一遍，使路基面光洁无浮土，横向排水坡符合要求。

②路基刷坡宜采用机械刷坡。机械刷坡时应根据路肩线用坡度尺控制坡度。人工刷坡时应采取挂方格网控制边坡平整度和坡度，方格网桩距以10m控制。并用坡度尺（图2.4.10）随时检测实际坡度。当锤球垂线与坡度尺上的对准线重合时表示坡度符合要求，当锤球垂线与对准线不重合时表示坡度不符合设计要求。

③整修包括路基面的排水横坡、平整度、边坡等整修内容，路基整修应严格按照设计结构尺寸进行，达到技术标准要求。边坡修整放出路基边线桩，按设计规范要求，对于加宽部分人工挂线刷去超填部分，修整折点，修整后达到转折处棱线明显，直线平直，曲线圆顺。

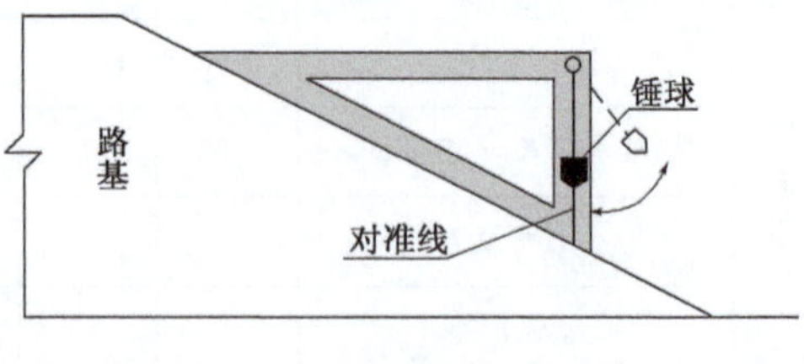

图2.4.10 边坡坡度尺检查示意

④施工过程中加强路基填筑几何尺寸的控制。基床表层路肩高程、中线至路肩边缘距离、宽度、横坡、平整度及厚度允许限差及检验数量、检验方法应符合表2.4.12规定。

基床表层外形尺寸允许限差 表2.4.12

检查项目	中线高程	路肩高程	中线至路肩边缘距离	宽度	横坡	平整度	厚度	
							级配碎石（砂砾石）	砂垫层
允许限差	±10mm	±10mm	0, +20mm	≤设计值	±0.5%	≥10mm	−20mm	不小于设计值

4.2.4 过渡段填筑

1) 路基与桥台过渡段

一次铺设无缝线路的Ⅰ级铁路,路堤与桥台连接处应设置路桥过渡段,路基与桥台过渡段截面为正梯形,并应按图2.4.11确定过渡段填筑长度和范围。

过渡段长度按下式确定:

$$过渡段长度 L = 2 \times (H - 0.7) + a \qquad 且不小于20m \qquad (2.4.5)$$

式中:H——台后路堤高度(m);

a——常数3~5m,图示以5m显示。

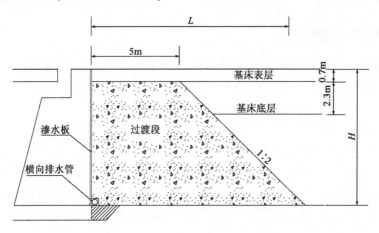

图2.4.11 路基与桥台过渡段示意图

2) 路堤与路堑过渡段

(1) 当路堤与路堑连接处为坚硬岩石时,在路堑一侧应顺原地面纵向开挖台阶,台阶高度为0.6m。并应在路堤一侧设置过渡段,如图2.4.12所示,过渡段应采用级配碎石填筑。

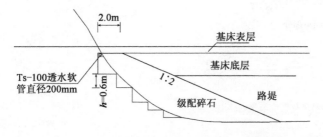

图2.4.12 路堤与坚硬岩石路堑过渡段示意图

(2) 当路堤与路堑连接处为软质岩石或土质路堑时,应顺原地面纵向挖成1:2的坡面,坡面上开挖,台阶高度为0.6m左右,如图2.4.13所示,其开挖部分应采用相邻路堤同样填料填筑。

3) 路堑与隧道过渡段

土质、软质岩及强风化硬质岩路堑与隧道连接地段,应设置长度不小于20m的过渡段,过渡段应采用渐变厚度的混凝土或掺入适量水泥的级配碎石填筑。

4) 路堤与横向结构物过渡段

路堤与横向结构物过渡段应采用级配碎石的处理措施，截面设置采用正梯形，如图2.4.14所示。

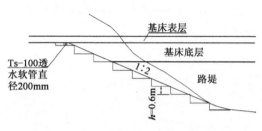

图2.4.13 路堤与软质岩石或土质路堑过渡段示意图

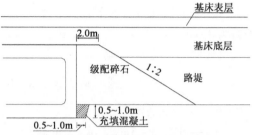

图2.4.14 路堤与横向结构物过渡段示意图

4.2.5 填石路堤施工

填石路堤施工一般采用边坡码砌分层填筑，用大型推土机摊铺，重型振动压路机进行碾压的施工方案，最好采用冲击式压路机；陡坡路基施工采用加筋挡土墙、浆砌石挡土墙、钢筋混凝土挡土墙等支挡结构形式的方案。

填石路堤的基底处理与土质路堤相同。在路堤靠近路基面部分，因受列车动力作用的影响大，路基面下0.3m内不得使用大于15cm的石块，以免轨枕受力不均被折断；在路基面以下1.2m以内应分层填筑，石块要整平、排紧，大面向下，石块间的空隙用小石块填塞，使之稳定密实；路基底部（路堤 $H/3$ 以下部分，一般采用 $3\sim5m$）分层铺填；其他部分则先码砌两侧边坡，然后在两侧码砌边坡之间，用倾填的办法进行填筑。填覆工作紧随着边坡的码砌进行，随码随填，如图2.4.15所示。

路堤边坡面层应以较大的石块码砌。码砌厚度下部为2m，自下而上逐渐减薄为1m，边坡码砌的方法有两种：台阶式和栽砌式，如图2.4.16所示。

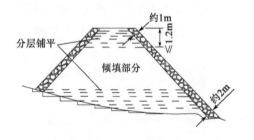

图2.4.15 不易风化石块填筑的路堤

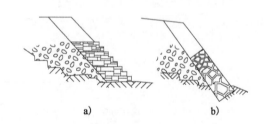

图2.4.16 边坡码砌形式
a) 台阶式；b) 栽砌式

4.2.6 路基沉降观测

1) 监控断面布设

地表变化、边桩位移观测、地面沉降观测、路肩沉降观测。每隔50m（过渡段及地质条件变化剧烈路段加密至每隔20m）布设一监控断面监测地基和路堤沉降变形，见图2.4.17，绘制沉降曲线进行路基工后沉降分析，控制填筑质量、指导路基施工。

2) 监测方法

(1) 人工巡回观察地表变化：由有经验的施工人员沿着线路巡回观察路堤外貌的微小变

形、微小裂缝及其发展情况,路堤坡脚附近地面的微小隆起和出水现象等。若有以上现象,则考虑缓填或停填。

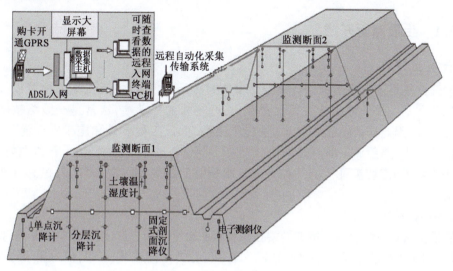

图 2.4.17 路基沉降监测断面布设

(2)地面沉降及边桩位移观测:采用沉降观测板配合观测桩的方法进行地面沉降及位移观测。

(3)沉降观测板及位移观测桩的布置原则

①路堤两侧坡脚各埋设一个混凝土观测桩,以观测路堤坡脚处地面的沉降。

②在路堤中心的地面处放置一处沉降板,以观测路堤中心处的地面的沉降。

③在路堤顶面埋设一处或二处混凝土观测桩,以观测路堤顶面的沉降。

④在路堤内有预埋设备时,与路基同步施工,减少对路基质量的影响。

(4)观测频率

①路堤填筑过程中每填一层进行一次监测,如果两次填筑间隔时间较长,则至少3天观测一次。

②在路堤分层填筑达到设计高程后,前期1~2个月内每天观测一次,2个月后周观测一次,半年后一个月观测一次,一直观测到全线通车。观测后及时绘制"填高—时间—位移量"关系曲线图,沉降及位移结果分析,为后续的路基继续填筑、工后沉降分析和铺轨提供科学数据。

技能训练

- 设备及材料:现场施工案例一套、施工视频若干。
- 步骤:根据现场情况,确定路基施工方案,编写路堤填筑施工技术交底书,以图片形式展现施工工序。
- 成果:施工技术交底书一份,施工工序图一套。

任务5 路堑开挖施工

5.1 工作任务

清楚路堑开挖方法和施工工序,能进行路堑开挖施工指导。

5.2 相关配套知识

5.2.1 土质路堑开挖

1)开挖方法

路堑开挖是将路基范围内设计高程之上的天然土体挖除,并运到填方地段或其他指定地点的施工活动。深长路堑往往工程量巨大,开挖作业面狭窄,常常是一段路基施工进度的控制性工程,因此应因地制宜,以加快施工进度、保证工程质量和施工安全为原则,综合考虑工程量大小、路堑深度和长度、开挖作业面大小、地形与地质情况、土石方调配方案、机械设备等因素,制定切实可行的开挖方式。根据路堑深度和纵向长度,开挖时可按下列几种方法进行。

(1)单层横挖法

单层横挖法是从路堑的一端或两端按路堑横断面全高和全宽,逐渐地向前开挖,挖出的土石,一般是向两头运送,如图 2.5.1a)所示。这种开挖方法,因工作面小,仅适用于短而浅的路堑,可一次性挖到设计高程。

(2)多层横挖法

如果路堑较深,可以在不同高度上分成几个台阶同时开挖,每一开挖层都有单独的运土出路和临时排水措施,做到纵向拉开,多层、多线、多头出土。这种开挖方法称为多层横挖法,如图 2.5.1b)所示。这样能够增加作业面,容纳更多的施工机械,形成多向出土,以加快工程进度。

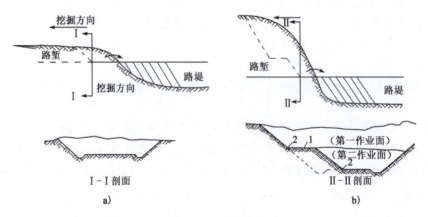

图 2.5.1 横挖法示意图
a)单层横挖法;b)多层横挖法
1-第一台运土道;2-临时排水沟

(3)分层纵向开挖法

分层纵向开挖法是开挖时沿路堑纵向将开挖深度内的土体分成厚度不大的土层,在路堑纵断面全宽范围内纵向分层挖掘,如图 2.5.2 所示。这种施工方法适宜于宽度和深度均不大的长路堑。

(4)通道式纵挖法

通道式纵挖法是开挖时先沿线路纵向分层,每层先挖出一条通道作为机械运行和出土的线路,然后逐步向两侧扩大开挖,直到设计边坡为止,如图 2.5.3 所示。这种施工方法为纵向运土创造了有利条件,适宜于路堑较长、较宽、较深而两端地面坡度较小的情况。

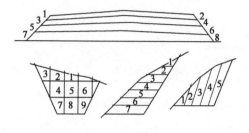

图 2.5.2 分层纵挖法
(图中数字为开挖顺序)

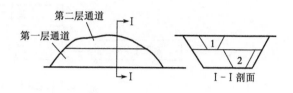

图 2.5.3 通道式纵挖法
1-第一次通道;2-第二次通道

(5)纵向分段开挖法

如果所开挖的路堑很长,可在一侧适当位置将路堑横向挖穿,把路堑分为几段,各段再采用纵向分层或纵向拉槽开挖的方式作业,这种开挖路堑的方法称为纵向分段开挖法,如图 2.5.4 所示。这种挖掘方式可增加施工作业面,减少作业面之间的干扰并增加出料口,从而大大提高工效,适用于傍山的深长路堑的开挖。

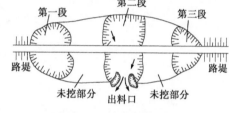

图 2.5.4 纵向分段开挖法

2)施工工序

(1)施工顺序

清除表土→测量放线→施工截水沟→挖运土方→清理边坡→重复挖运至设计高程→基床处理→检测。具体施工工艺框图见图 2.5.5。

(2)开挖施工

①开挖过程中经常放线检查宽度、坡度,及时纠正偏差,避免超欠挖,保持坡面平顺。

②湿陷性黄土路堑从上至下逐层顺坡(按设计坡率)采用挖掘机、推土机开挖,用挖掘机将土方装入自卸汽车运输,人工刷坡修整,并及时做好临时排水设施。

③路堑开挖要保证排水系统的畅通。

④开挖应自上而下纵向、水平分层开挖,纵向坡度不得小于4%,严禁掏底开挖。

⑤膨胀土、黄土路堑要避开雨季施工,基床换填、边坡防护封闭应与开挖紧密衔接。当不能紧跟开挖时,应预留厚度不小于 50cm 的保护层。

⑥设有支挡结构的路堑边坡应分段开挖、分段施工。设计要求分层开挖、分层防护的路堑边坡,应自上而下分层开挖、分层施工,支挡工程施工与开挖紧密衔接。如果防护不能紧跟完成的,应预留厚度不小于 50cm 的保护层。

⑦严格控制每层开挖深度在 1.5m 左右,每层开挖的边坡一次成型,刷坡工作紧跟开挖,形成开挖、刷坡多个工作面同时进行的流水线作业。每段开挖工作完成后,对边坡进行及时防护。开挖出的弃土运到弃土场堆放。种植土和其他用途的表土储存于指定地点用于复耕或种植植被。

⑧路堑短距离的土方,从路堑的一端或按横断面全宽逐渐向前开挖。

⑨对于距离很长的集中性土方,采用纵挖法施工,即沿着路堑纵向将高度分成不同的层次依次开挖。挖方挖至设计高程后,再超挖 30cm,而后按填方路基进行施工,以确保路基的平整度及压实度。

(3) 质量检验

①路堑开挖面要完整平顺、无坑穴,边坡坡面应平整且稳定无隐患,局部凹凸差不大于15cm。边坡防护封闭无变形、开裂。

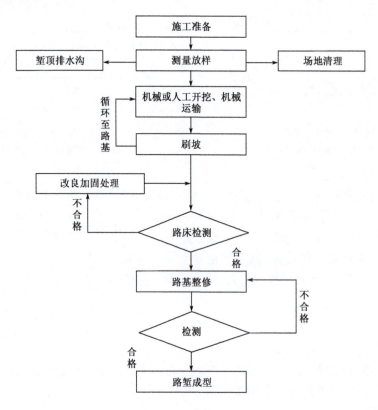

图 2.5.5 土方路堑施工工艺框图

检验数量:沿线路纵向每100m抽样检验5处。

②路堑开挖边坡坡率不得偏陡。

检验数量:沿线路纵向每50m单侧边坡施工单位抽样检验8点(上、下各4点)。

检验方法:吊线尺量或坡度尺量。

检验方法:观测、尺量。

③路堑开挖到设计高程后,核对路基面和边坡的水文地质和工程地质情况,当与设计不符时,要提出变更设计。

检验数量:施工、监理单位全部检验;当设计不符合时,勘察设计单位现场确认。

检验方法:对设计文件核对并详细记录。

④路堑边坡变坡点位置、边坡及侧沟平台施工的质量要求见表2.5.1。

路堑边坡变坡点位置、边坡及侧沟平台施工的允许偏差、检验数量及检验方法　表2.5.1

序　号	检验项目	允许偏差(mm)	施工单位检验数量	检验方法
1	变坡点位置	±100	沿线路纵向每100m单侧边坡各抽样检验	水准仪或尺量
2	平台位置	±100		水准仪或尺量
3	平台宽度	±5		尺量

注:变坡点按路肩以上高度计,平台位置以平台顶面高程计。

5.2.2 石质路堑开挖

1) 施工准备

(1) 施工前,仔细查明地上、地下有无管线,对标段中的照明、输电线路,施工时查明其平面位置和高度,对施工有影响的,将其提前拆除。

(2) 开挖前,首先测量放线,依据设计挖深及边坡率推算测出开挖边界,并及早完成路堑顶截水沟的修建,由高到低,从上而下,由里向外逐层开挖,最后刷坡至边坡线,严禁掏底开挖。

(3) 剥除开挖区地表植被、腐植土及其他不宜作填料的土层,弃运于指定的弃土场。

(4) 在路堑施工前,根据现场收集到的情况,核实的工程数量,工期要求,施工难易程度和人员、设备、材料,编制实施性施工组织设计,报监理审批。

(5) 根据测设路线中桩,设计图表定出路堑堑顶边线、边沟位置桩。在距路中心一定安全距离设置控制桩。对于深挖地段,每挖深2~5m,复测中心桩一次,测定其高程及宽度,以控制边坡的大小。

(6) 路堑开挖前,利用人工或推土机清除地表不宜用作填方的植被,修筑截水沟,施工最好避开雨季,及时做好排水工作。

2) 施工方法

对于石质破碎和较软的地段采用挖掘机开挖;对于石质较硬的地段,采用风枪钻孔、控制松动爆破方法进行施工,靠近边坡及路基面采用光面爆破方法。

运输则根据具体情况采用小型自卸运输车进行。控制爆破施工采用多台阶、小孔距、浅孔松动控制爆破方案,其特点:眼较浅、密打眼、少药量、强覆盖、间隔微差,在爆破中做到"松而不散、散而不滚、碎而不飞"。用不同方向上的抵抗线差别和起爆顺序控制爆破时的岩石移动方向,利用钢轨排架防护和"炮被"覆盖相结合的防护措施,抑制爆破飞石、滚石。

3) 质量检验

(1) 光面或预裂爆破要保证开挖面完整平顺、无危岩和坑穴。边坡面应平整且稳定无隐患,局部凹凸差不大于15cm。边坡防护封闭无变形、开裂。

检验数量:沿线路纵向每100m抽样检验5处。

检验方法:观测、尺量。

(2) 路堑开挖边坡坡率不得偏陡。

检验数量:沿线路纵向每50m单侧边坡施工单位抽样检验8点(上、下各4点)。

检验方法:吊线尺量或坡度尺量。

(3) 路堑开挖到设计高程后,核对路基面和边坡的水文地质和工程地质情况,当与设计不符时,要提出变更设计。

检验数量:施工、监理单位全部检验;当设计不符合时,勘察设计单位现场确认。

检验方法:对设计文件核对并详细记录。

(4) 路堑边坡变坡点位置、边坡及侧沟平台施工的质量要求见表2.5.1。

4) 施工工艺

施工工艺框图见图2.5.6。

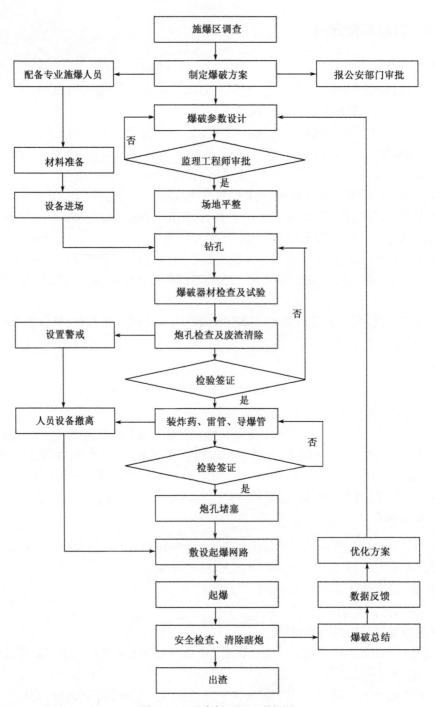

图 2.5.6 石质路堑施工工艺框图

5.2.3 路堑开挖注意事项

(1)根据以往经验,路堑中发生的问题,多数是水造成的,因此,在开挖路堑的施工过程中,无论采用哪种开挖方法,均应保证在开挖过程中及竣工后的顺利排水。

①路堑施工应做好堑顶截、排水,堑顶为土质或含有软弱夹层的岩层时,天沟应及时铺砌或采取其他防渗措施。

②开挖区应保持排水系统畅通,临时排水设施宜与永久性排水设施相结合。为了及时将水排除,开挖底面要经常保持一定的纵向排水坡度,这样做不但对排水有利,而且对运输也有利。保证纵向坡度的办法有:

a. 路堑设计有纵向坡度时,下坡端直接挖到底,使其纵向坡度与设计坡度一致;上坡端挖至能保持从线路纵向坡度反方向排水为限;剩余部分,再从下坡端开挖,如图 2.5.7a)所示。

b. 路堑设计为平坡时,两端都挖成向外的下坡,最后挖除剩余部分成平坡,如图 2.5.7b)所示。

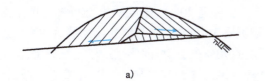 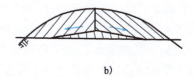

a)　　　　　　　　　　　　　b)

图 2.5.7　路堑开挖顺序

(2)路堑开挖时,要经常检查路堑边坡与设计边坡是否一致。每挖到一定深度或接近边坡点位置时,应恢复中线并抄平,及时掌握开挖底面的高程。尤其是当开挖深度接近路基面时,更应勤加检查,以免造成超挖欠挖现象。

(3)坡面应平整、无明显凹凸,无危石、浮土、碴堆、杂物。

(4)需设防护的边坡,应按设计及时防护;当不能紧跟开挖防护时,应预留一定厚度的保护层。

(5)路堑严禁掏底开挖。

(6)弃土堆的位置,应按有关规定,作好规划,严格按规划施工。要避免因弃土太近,增大坡顶压力,造成边坡坍塌现象,为此,要求弃土堆内侧坡脚至堑顶边缘之间,一般应留有 2~5m 距离(称为隔带)。

🔧 技能训练

- 设备及材料:路堑施工资料一套、路堑施工视频。
- 步骤:观看录像,学习相关内容,分析施工资料,确定路堑施工过程中的质量控制方法、要点及质量控制精度。
- 成果:小组完成 PPT 一套。

任务6　土方机械化施工

6.1　工作任务

清楚土方机械的使用条件和适用范围,在路基施工中能合理选配机械设备。

6.2　相关配套知识

6.2.1　推土机施工

推土机是以工业拖拉机或专用牵引车为主机,前端装有推土铲刀,依靠主机的顶推力对土石方或散状物料进行切削或搬运的铲土运输机械,其行走方式有履带式和轮胎式两种。通常适用于运距在100m以内的平土或移挖作填,尤其是当运距在20~70m之间,最为有效。

推土机横向运土填筑路堤时,一般有斜层填筑法和堆填法两种施工方法。

1) 斜层填筑法

对于一般的Ⅰ~Ⅲ级土常采用斜层填筑,其填筑顺序如图2.6.1所示。分层填筑的厚度为20~30cm。每次铺填完毕后,推土机应继续前进1.5~2m,使新铺土层得到碾压。每铺填0.5m高度后应进行一次纵向碾压(纵向延长至少要有20m),碾压前推土机先在填土面上拨土修补好路堤外侧边坡的缺土,然后纵向行驶碾压3~5次。当路堤外侧顶层达到高出施工高程20~30cm,并且宽度达到这个高程标准宽度的70%左右时,即停止从取土坑取土,而把护道上的积土(作上坡道用的多余土方)推进路堤,补足内侧路肩的缺土。路堤接近完成时,在路堤面上应多留些土,保证路拱和补足路堤的需要以及预留沉降量和超填边坡的需要。最后平整护道和取土坑,平整时应保证有足够的排水坡度。

图2.6.1 路堤斜层填筑

2) 堆填法

堆填法(图2.6.2)的特点是:推土机把土推进路堤后不作散土而是成堆地向前推挤,等到路堤在一定长度内(20m以上)布满土堆时,再进行纵向平整与碾压,施工速度较快。土层厚度根据每次推土量和土堆的密集程度而定,一般使平整后的层厚为0.3~0.5m为宜。接近完成时的平整与碾压,与斜层填筑法相同。

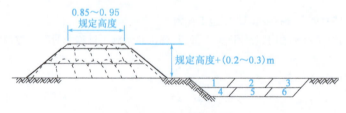

图2.6.2 堆填法填筑路堤

推土机横向运土开挖路堑的施工方法与横向运土填筑路堤基本相同。遇到地面横坡较陡时,应向下坡的一侧弃土。路堑的长度在100m以内时,常用推土机作纵向开挖,从路堑两端出土移挖作填或弃土。由于纵向出土能利用下坡推土,因此生产效率较高。

6.2.2 铲运机施工

它是一种能够独立完成铲土、运土、卸土、填筑、压实的土方机械,适用于平整场地,开挖基坑、管沟,填筑路基、堤坝等土方工程。在中长距离作业时,铲运机具有很高的生产率和良好的经济效益。

铲运机开挖路堑时,如果先铲靠近边坡的两边部分,后铲其余的中间部分见图2.6.3a),就比较容易掌握断面的尺寸,既可以避免超挖,又可以减少路基面边角的留土量。

路堤必须分层填筑,分层压实。填筑的次序,也要先两边、后中间,见图2.6.3b),这样机械在边上行驶时是向线路中心线倾斜,比较安全,而且易于保持准确的边坡,减少整修的工作量,靠近边坡的土也能得到压实。多雨时,则应使路堑的中间部分略低,路堤的中间部分略高,防止雨水冲刷路堑的边坡和路堤表面积水。

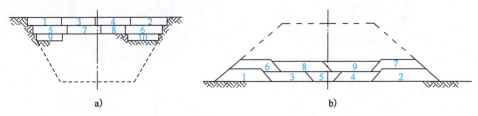

图2.6.3 铲运机开挖与填筑路堤的次序

6.2.3 单斗挖掘机

单斗挖掘机是与自卸汽车、运土拖车等运输工具配套使用的。单斗挖掘机主要用于挖土和装土,还可通过更换工作装置,完成起重、装载、混凝土浇筑、打桩、钻孔、夯土、破碎等作业。

1)单斗挖掘机的分类(图2.6.4)

(1)正铲挖掘机:铲斗向上挖掘停机面以上的工作面;

(2)反铲挖掘机:铲斗向下挖掘停机面以下的工作面;

(3)拉铲挖掘机:铲斗是由钢索悬吊和操纵的,铲斗在拉向机身时进行挖掘,适用于开挖停机面以下的工作面和抛掷卸土;

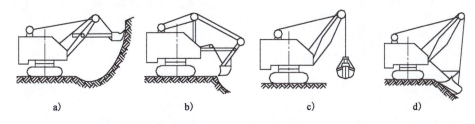

图2.6.4 单斗挖掘机工作装置的类型
a)正铲;b)反铲;c)抓铲;d)拉铲

(4)抓铲挖掘机:合瓣形的铲斗由钢索悬吊和操纵,适于开挖停机面以上和以下的工作面。

2)挖掘机的开挖方式

(1)正铲挖掘机

正铲挖掘机主要用来挖掘高出掘进机停留面的土堆。正铲挖掘机的开挖方式,可分为正向开挖和侧向开挖。正向开挖时,挖掘机在前,沿前进方向挖土,运输工具停在后面装土,见图2.6.5a);侧向开挖时,挖掘机沿前进方向挖土,运输工具停留在侧面装土,见图2.6.5b)。

(2)反铲挖掘机

反铲挖掘机的工作面(所谓工作面是指挖掘机在一个停点所能开挖的土方面),反铲挖掘机的开挖方式,可分为沟端开挖和沟侧开挖。沟端开挖时挖掘机停在沟端,向后倒退挖土,汽车停在两旁装土,开挖工作面宽,卸土时动臂只需回转40°~45°即可(图2.6.6a));沟侧开挖时挖掘机沿沟的一侧直线移动挖土,此法能将土弃于距沟较远处,但挖土深度受限制,卸土时动臂回转小于90°即可(图2.6.6b))。

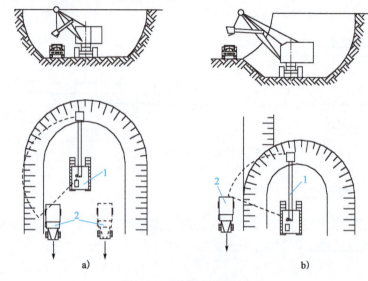

图2.6.5 正铲挖掘机开挖方式
a)正向开挖;b)侧向开挖
1-正铲挖掘机;2-自卸汽车

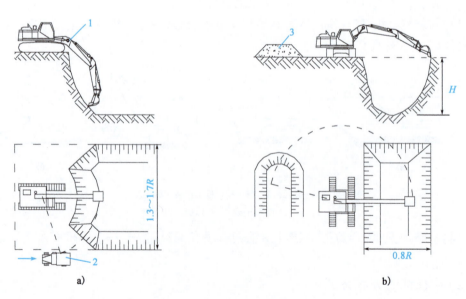

图2.6.6 反铲挖掘机开挖方式
a)沟端开挖;b)沟侧开挖
1-反铲挖掘机;2-自卸汽车;3-弃土堆

(3)拉铲挖掘机

拉铲挖掘机用于开挖停机面以下的一、二类土。其特点是:铲斗悬挂在钢丝绳下而不需刚性斗柄,土斗借自重使斗齿切入土中,开挖深度和宽度均较大,常用于开挖大型基坑和沟槽。拉铲挖掘机的开挖方式与反铲挖掘机相同,如图2.6.7所示。

(4)抓铲挖掘机

抓铲挖掘机是在挖掘机臂端用钢索装一抓斗而成,也可由履带式起重机改装。抓铲土斗工作示意,见图2.6.8。可挖掘Ⅰ、Ⅱ类土。

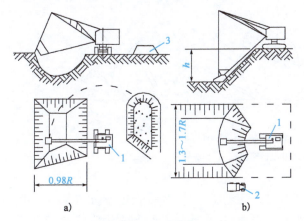
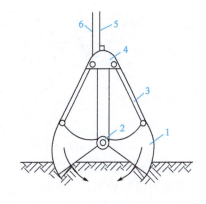

图2.6.7 拉铲挖土方式
a)沟侧开挖;b)沟端开挖
1-拉铲挖掘机;2-汽车;3-弃土堆

图2.6.8 抓铲土斗工作示意
1-斗瓣;2-中心铰;3-拉杆;4-顶铰;5-升降索;
6-取土索

3)正铲挖掘机配合汽车修筑路基

挖掘机开挖路堑时,如果路堑不深,挖掘机一次行程就能把路堑挖通,工作较为简单。汽车可以像正向开挖那样,在机后装车;或者地形条件许可时,在挖掘机的侧面装车。

如果路堑较深,不能一次挖通时,就要采用分层开挖(图2.6.9a)),或者分层分块开挖(图2.6.9b))。分层开挖时,每一层的高度可以取到最大挖土高度,第一个挖掘行程(图2.6.9a))中1)相当于正向开挖。正铲配合汽车填筑路堤时,在卸土处要配备推土机进行分层摊平、压实工作。

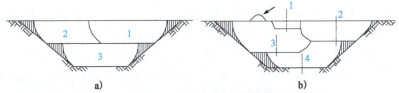

图2.6.9 正铲开挖路堑施工顺序
a)分层开挖;b)分层分块开挖
1~4-开挖顺序

6.2.4 单斗装载机

单斗装载机是在专用的拖拉机前面臂架上装有一个能升降和翻转的铲斗,主要用来铲、装、卸、运土与砂石一类散状物料的机械(图2.6.10)。也可对岩石、硬土进行轻度铲掘作业。装载机的作业对象主要是:各种土壤、砂石料、灰料及其他筑路用散粒状物料等。

1)装载机铲装作业方法

(1)对松散物料的铲装作业

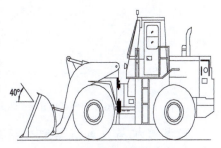

图2.6.10 轮胎铰接式装载机

首先将铲斗放在水平位置,并下放至与地面接触,然后以一挡、二挡速度前进,使铲斗斗齿插入料堆中,此后,边前进边收斗,待铲斗装满后,将动臂升到运输位置(离地约50cm),再驶离工作面。如装满有困难时,可操纵铲斗上下颤动或稍举动臂。其装载过程见图2.6.11。

图2.6.11 装载机铲装松散物料
a)边前进边收斗,装载后举升至运输位置;b)操纵铲斗上下颤动

(2)铲装停机面以下物料作业

铲装时应先放下铲斗并转动,使其与地面成一定的铲土角,然后前进,使铲斗切入土中,切土深度一般保持在150~200mm左右,直至铲斗装满,然后将铲斗举升到运输位置,再驶离工作面运至卸料处。铲斗下切的铲土角约为10°~30°。对于难铲的土壤,可操纵动臂使铲斗颤动,或者稍改变一下切入角度。其装载过程见图2.6.12。

图2.6.12 装载机铲装停机面以下土壤

(3)铲装土丘时作业

装载机铲装土丘时,可采用分层铲装或分段铲装法。分层铲装时,装载机向工作面前进,随着铲斗插入工作面,逐渐提升铲斗,或者随后收斗直至装满,或者装满后收斗,然后驶离工作面。由于铲装面较长,可以得到较高的充满系数,如图2.6.13所示。

如果土壤较硬,也可采取分段铲装法。作业过程是铲斗稍稍前倾,从坡角插入,待插入一定深度后,提升铲斗;当发动机转速降低时,切断离合器,使发动机恢复转速;在恢复转速过程中,铲斗将继续上升并装一部分土,转速恢复后,接着进行第二次插入,这样逐段反复,直至装满铲斗或升到高出工作面为止,如图2.6.14所示。

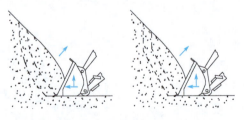

图2.6.13 装载机分层铲装法

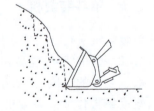

图2.6.14 装载机分段铲装作业

2)装载机与自卸汽车配合填筑路基

装载机与自卸汽车配合填筑路堤等施工中,最常用的施工作业有"V"形和穿梭式(图2.6.15)。

但在运距不大或运距与线路坡度经常变化的情况下,可单独采用装载机作为自铲运设备使用,整个铲、装运作业循环时间不超过3min,装载机作为自铲运设备使用,经济上是合算的。

"V"形作业方式是汽车停在一个固定的位置,与铲装工作面斜交,如图2.6.15a)所示。装载机装满斗后,倒车驶离工作面的同时转向30°~45°,然后向前对准汽车卸料。卸料后在驶离汽车时也同样转向30°~45°,然后对准工作面前进,进行下一次铲装;穿梭式作业方式是装载机只在垂直工作面的方向前进、后退,而汽车则在装载机与工作面之间象穿梭一样来回接装和驶离,如图2.6.15b)所示。

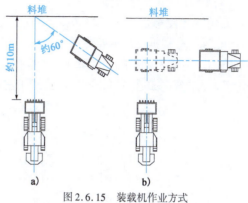

图2.6.15 装载机作业方式
a)"V"形作业方式;b)"穿梭"式作业方式

6.2.5 自行平地机

自行平地机是一种以铲土刮刀为主、配有其他多种辅助作业装置,进行土的切削、刮送和整平作业的工程机械。它可进行路基面的整形和维修,表层土、积雪或草皮的剥离,路堤、路堑、取土坑与弃土坑边坡的整修作业,以及排水沟和截水沟的开挖等工作。还可完成材料的混合、回填、推移、摊平作业。

1) 平地机施工作业方式

(1) 铲刀刮土直移

此种作业方式适合场地平整和整形作业。采用铲刀直移刮土,将刮刀回转角置为0°,即刮刀轴线垂直于行驶方向,此时切削宽度最大,然后操纵铲刀升降,油缸下降,将铲刀平置于地面。并适当控制铲刀切削深度,选用低挡向前推移作业。这样,铲刀即可在行进中完成切土、积土、铺散、整平和刮送等连续作业工序。

(2) 铲刀刮土侧移

铲刀刮土侧移常用于场地平整、路基整形、回填沟渠等。

作业前,应根据土壤的性质选择和确定铲刀的平面角和铲土角。铲刀平面角(回转角)越小,铲刀切削刃单位有效切削长度上的铲掘力也越大。通过调整铲土角,选用较大铲土角可减少铲刀刮土阻力,选用较小的铲土角则可提高地面平整精度。

铲刀刮土侧移应选用作业挡起步,在行进中将同步降下铲刀。由于铲刀斜置,铲刀刮削的土壤和物料可侧移卸出,形成一道土堤。改变铲刀左右侧的伸出量,即可改变铲刀卸土位置。实现铲刀机外卸土,或实现机内轮间卸土。

刮土侧移作业也常用于物料混合,将待混合的物料用刮刀一端切入,从刮刀另一端流出,这时应注意刮刀的回转角大小要适当,并要有较大的铲土角。但如果回转角过大,物料也得不到充分的滚动混合,影响混合质量。

(3) 铲刀机外刮土

修整路基、路堑、边坡或开挖边沟,通常采用铲刀机外刮土的方式作业。

刮坡作业时,应操纵铲刀摆动油缸偏摆牵引架,并将铲刀倾斜伸出机外,然后回转铲刀,将铲刀上端朝前。此时,平地机应以最低挡速度前进,同时落下铲刀开始刮坡。作业时,铲刀刮削的土屑则沿铲刀卸于平地机左右车轮之间,最后再清除轮间土堤。

调整铲刀机外伸出量,则可开挖边沟或刮边沟边坡。

(4) 铲刀刀角铲土侧移

刀角铲土侧移适用于开挖边沟,铲挖的土方可填筑路堤。也可用于路基面整形。

作业前,应根据土质调整好铲刀回转角和铲土角,然后以最低挡速度前进,同时在垂直面内倾斜铲刀。将铲刀朝前的一端降下入土切削,朝后的一端抬起,形成侧倾角开挖边沟。铲挖的土方则沿铲刀方向侧移卸土,或卸于边沟,或卸于左右车轮之间。图 2.6.16 为平地机基本作业示意图。

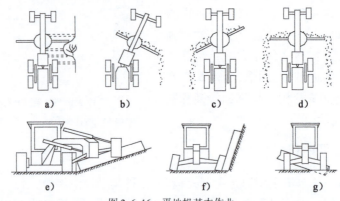

图 2.6.16 平地机基本作业

a)躲避障碍物;b)斜行作业;c)刮刀回转角运用;d)刮刀直行作业;e)编置行驶刮坡;f)前轮倾斜作业;g)刀角铲土作业

6.2.6 土方施工机械的选择

1) 土方机械使用范围

在土方工程施工中合理地选择土方机械,充分发挥机械效能,并使各种机械在施工中配合协调,这对于加快施工进度、保证施工质量以及降低工程成本具有十分重要的作用。常用的土方施工机械适用范围见表 2.6.1。

土方施工机械适用范围　　　　　表 2.6.1

机械名称	适用的作业项目		
	施工准备工作	基本土方作业	施工辅助作业
推土机	1. 修筑临时道路; 2. 推倒树木,拔除树根; 3. 铲除草皮,消除积雪; 4. 清理建筑碎屑; 5. 推缓陡坡地形; 6. 翻挖回填井、坟、陷穴	1. 高度 3m 以内的路堤和路堑土方工程; 2. 运距 100m 以内的土方挖运、铺填与压实; 3. 傍山坡的半挖半填路基土方	1. 路堤缺口土方的回填; 2. 路面的粗平; 3. 取土坑及弃土堆的平整; 4. 土层的压实; 5. 配合挖掘机和铲运机松土; 6. 斜坡上挖台阶
拖式铲运机	1. 铲除草皮; 2. 移运孤石	运距 60~700m 以内的土方挖、运、铺填与压实	1. 路基面及场地粗平; 2. 取土坑及弃土堆的平整
自动平地机	1. 铲除草皮; 2. 消除积雪; 3. 疏松土层	修筑高 0.75m 以内路堤及深 0.6m 以内路堑,挖填结合路基的挖、运	1. 开挖排水沟、截水沟; 2. 平整场地及路面; 3. 修刮边坡
拖式松土机	1. 翻松旧道路的路面; 2. 清除树根、树墩和灌木丛		1. 疏松含有砾石的普通土及硬土; 2. 破碎 0.5m 以内的冻土层
挖掘机		1. 半径 7m 内的土方挖掘及卸弃; 2. 用于配合自卸汽车的装土远运	1. 开挖沟槽及基坑; 2. 水下捞土

2) 土方施工机械的选用条件(表 2.6.2)

土方施工机械的选用条件　　　　　表 2.6.2

路基种类及施工方法	填挖高度（m）	土方运距（m）	主要施工机械	辅助机械	机械施工运距（m）	最小工作段长度（m）
1. 路堤							
路侧取土	<0.75	<15	自动平地机			300~500
路侧取土	<3.00	<40	58.9kW 推土机		10~40	—
路侧取土	<3.00	<60	73.6~103kW 推土机		10~60	—
路侧取土	>6.00	20~100	6m³ 拖式铲运机		80~250	50~80
路侧取土	>6.00	50~200	6m³ 拖式铲运机	58.9kW 推土机	250~500	80~100
远运取土	不限	500~700	9~12m³ 拖式铲运机		<1000	>50~80
远运取土	不限	>500	9m³ 自动铲运机		>500	>50~80
远运取土	不限	>500	自卸汽车		>500	(5000m³)
2. 路堑							
路侧弃土	<0.6	<15	自动平地机			300~500
路侧弃土	<3.00	<40	58.9kW 推土机		10~40	—
路侧下坡弃土	<4.00	<70	73.6~103kW 推土机		10~70	—
路侧弃土	<6.00	30~100	6m³ 拖式铲运机	58.9kW 推土机	100~300	50~80
路侧弃土	<15.0	50~200	6m³ 拖式铲运机		300~600	>100
路侧弃土	<15.0	>100	9~12m³ 拖式铲运机		<1000	>200
纵向利用	不限	20~70	58.9kW 推土机	推土机	20~70	—
纵向利用	不限	<100	73.6~103kW 推土机		<100	—
纵向利用	不限	40~600	6m³ 拖式铲运机	58.9kW 推土机	80~700	>100
纵向利用	不限	<80	9~12m³ 拖式铲运机		<1000	>100
纵向利用	不限	>500	9m³ 自动铲运机		>500	>100
纵向利用	不限	>500	自卸汽车		>500	(5000m³)
3. 半挖半填路基							
横向利用	不限	<60	73.6~103kW 斜角推土机		10~60	—

注：本表适用于Ⅰ、Ⅱ类土,如果土质坚硬,应先用推土机翻松。

机械化施工不能仅局限于用机械施工替代人的劳动或人工无法完成的施工作业,而是要不断提高机械化施工水平,即不断提高机械化程度和施工管理水平。根据工程实际情况合理选用各种机械,并用先进、科学的管理方法将各种机械有机地组织起来,优化施工组织计划,以便充分发挥各施工机械的生产效能。

6.2.7 冬季和雨季施工

1) 冬季施工技术措施

(1) 路堤填筑不使用掺有冻土的填料填筑。

(2) 冬季施工路堤时,清除冰雪,疏干积水,坑洼处用与基底同类的未冻土填筑压实。

(3) 选用级配良好的渗水土适用填料。如确有困难、不得不使用非渗水土时,其含水量宜低塑限,并采取加大压实功能的措施。

(4) 采取以下防冻措施

①施工地段的积雪,在临动工前清除。

②随挖、随运、随填、随压实。

③已铺土层未压实前,不得中断施工。

④保证开挖、运填的周转时间小于土的冻结时间。

⑤取土场、路堤的外露土层用松土或草袋覆盖。

⑥分层填筑铺土厚度按一般规定减薄 20%～25%,不得铺成斜层。

⑦施工中遇大雪或其它原因不得不中途停工时,整平填层及边坡并加以掩盖;继续施工前,将表面冰雪清除。

2) 雨季施工技术措施

(1) 开工前要先做好临时排水设施,包括临时排水沟、截水沟及横向排水沟、排水管等,以利雨期排水、排洪;对可提前做永久性排水设施的排水工程提前进行施工。

(2) 填土施工选择在无雨时进行,并及时摊平、碾压,同时向两侧做好排水坡,以保持填土面无积水现象,并采取防雨篷布或加厚薄膜遮盖路基及边坡。

(3) 及时疏通边沟,并搞好施工地段的排水系统,防止雨水冲刷浸泡路基。

(4) 下雨时指派专人巡视,发现积水或阻塞的地方及时疏通放水;必要时可采用抽水机及时排除坑中集水。

(5) 路基雨季施工可安排开挖高度小、运距短的土质路堑施工,并做好横、纵向排水坡,及时碾压,避免积水。雨天要封闭路基施工段的交通,禁止一切车辆在路堤上行驶。雨后路基填层表面经过晾晒、碾压达到质量要求后,方可进行路基填筑。

(6) 雨季施工时,严格控制路基填料的含水量,对含水量偏高的填料进行晾晒,符合要求后再分层摊铺碾压。

(7) 合理规划取土场,旱季先取较低处,雨季取高处,并做好取土坑的排水设施。

(8) 各路基附属工程构造物基底防止雨水浸泡而降低承载力,同时防止山体滑坡,对基底隐蔽工程及时报检,经监理工程师检查合格后及时封底。

技能训练

- 设备及材料:现场施工案例一套、施工视频若干。
- 步骤:根据施工现场概括和路基施工方案,合理选配土方机械设备。
- 成果:机械设备选用及机械施工基本工序图一套。

复习思考题

1. 路基横断面面积及土石方数量如何计算?
2. 何谓断面方、利用方、弃方、借方、施工方?
3. 土石方调配的原则及要点是什么?
4. 线法调配的方案有几种?如何确定合理的调配方案?
5. 最大经济运距和实际运距如何确定?

6. 路基施工前后应做好哪些准备工作?
7. 路基放样有哪几种方法?各适用于什么条件?
8. 简述渐进法放边桩的步骤。
9. 绘图说明不同填料时路堤填筑要求。
10. 绘图说明桥涵缺口及桥台背后填筑要求。
11. 简述路堤填筑前的基底处理要求。
12. 填土路堤为什么要设预加沉落量?预加沉落量的设置原则是什么?
13. 填石、填土路堤施工有何要求?
14. 土方机械生产率指什么?如何计算?
15. 推土机的适用范围是什么?横向填筑路堤施工方法有哪些?
16. 铲运机的适用范围是什么?横向施工时有几种走行路线?
17. 挖掘机、单斗装载机的适用范围是什么?
18. 路基土石方施工机械有哪些?
19. 填土路堤密实度及含水量控制标准及措施是什么?
20. 路基施工中高和宽的允许误差是多少?
21. 路基施工中方向、高度、宽度及边坡坡度在施工中如何控制?
22. 某一设计路堤横断面,顶宽 $B=6.7\mathrm{m}$,高 $h=8\mathrm{m}$,边坡坡率为 1.5,属填土路堤,预留沉落量为 $0.2\mathrm{m}$,求:

(1)路肩设计高程处的实际路基宽度是多大?

(2)当因顺坡困难只填筑沉落量为 $0.12\mathrm{m}$ 时的路基宽度应为多大?

23. 路堑施工控制计算:

某断面中心里程 K25+070 的渗水土路堑。已知路基面左宽 3.2m,右宽 2.7m,边坡设计坡度 1:0.5;侧沟底宽 0.4m,深 0.6m,内侧坡度 1:1;路肩设计高程 302.20m。施工一段时间后,测得路基断面中心高程为 305.7m,收方(断面)记录如下:

B	C	A	D	E
+1.5	−1.0		−0.5	+1.0
———	———	DK25+070	———	———
4.0	3.0		4.0	3.5

步骤:(1)绘制草图。

(2)计算侧沟上口宽。

(3)计算各点路基宽度并确定刷坡厚度。

项目 3
路基附属建筑物施工

项目描述

水的危害是路基发生病害的重要原因之一,因此在铁路线路两侧必须设置排降水设备,使线路上的降水能顺利排走,同时可以阻止路基范围外的水进入路基;为了防止路基边坡表面受自然浸蚀和其他破坏,还需要设置防护结构;同时为了保证路基边坡稳定或节约用地,通常需要在路基边坡设置挡土墙、抗滑桩等加固设备,这些共同构成了铁路路基附属加固建筑物。

学习目标

知识目标

- 掌握路基地表排水设备的结构组成及施工工序;
- 了解路基地下排水设备的结构组成及主要几种排水设施的施工工序;
- 掌握常见路基防护结构物及施工工序;
- 掌握重力式挡土墙放样和施工方法;
- 清楚轻型挡土墙结构和施工工序。

能力目标

- 识读路基排水加固设备结构图,确定其施工工序;
- 确定排水结构图砌筑工程量;
- 能进行路基排水建筑物和挡土墙放样;
- 根据路基病害,选定路基防护建筑物结构类型。

相关案例

巴达铁路某标段,起讫里程 IDK190+445.11~IDK252+657,该段属侵蚀低山区地貌。线路右侧为一深切冲沟,沟深30~50m,左侧为山体,山坡陡峭,自然坡度大,无完全清方条件,需进行边坡防护支挡加固相结合的工程措施。边坡防护中第一、二级边坡采用锚索框架梁护坡,框架梁内采用灌草护坡、间植灌木。路基防护施工前应先清刷坡面浮土,填补坑凹,使坡面大体平整,泄水孔的位置、布置形式、孔径尺寸及泄水孔背反滤层的材料、设置应符合设计要求,且排水畅通。挡土墙结构背后填料及压实度应符合设计要求,支挡结构端部伸入路堤或嵌入地层部分应与墙体一起施工。

任务 1 路基排水建筑物施工

1.1 工作任务

1. 识读路基排水加固设备结构图,确定其施工工序;
2. 确定排水结构图砌筑工程量。

1.2 相关配套知识

地球上存在的自然水可分为两种情况,一是蓄积在地面上的叫地面水,如河水、海水、湖水、塘水等,他们均有不同程度的冲刷和侵袭作用。当其冲刷、侵袭路基时,路基将遭到不同程度的破坏。二是渗入地层中的叫地下水,如上层滞水、潜水、承压水等,它们亦有浸湿和剥蚀作用。当其在路基范围内活动时,可逐渐浸湿或剥蚀部分路基土体。一般黏性土及泥质岩石的强度随其湿度的增加而降低。当路基受水浸泡后,湿度增大、强度减小,在外力(列车载重或其他自然的或人为的)作用下,会发生严重变形。例如,水浸湿路基基床,将引起路基翻浆、冒泥、冻胀、鼓起等病害；水冲刷、侵袭、浸湿路基边坡土，将引起边坡崩塌、滑动等病害；水浸湿路基下部土或路基基底，将引起路基长期稳定。为保证其正常工作，必须使其经常处于干燥、坚固的状态之下，做好排水工程，排除危害路基的水。

路基排水，是排除路基本体及其附近的地面水和地下水，是修建排泄或拦截建筑物使地面水和地下水能顺畅流走以及疏干其土体或降低其水位。

路基排水要根据各个地区的实际条件统一规划，使各种排水建筑物适应地形、地质和水文的要求，合理布置，互相衔接和协调，构成一个完整的排水系统，迅速宣泄地面水和地下水，确保路基稳定。

路基排水设备的设计应与桥涵、隧道、车站等排水设备衔接配合，有足够的过水能力，并且应与水土保持和农田水利的综合利用相结合，同时还应遵守以下原则：

1. 设计前必须进行充分的调查研究，使排水系统的规划和设计做到正确合理。

2. 与线路平、纵断面设计密切配合，在线路勘测时，注意路基排水问题。在设计纵断面时要注意路基侧沟排水通畅，不致发生淤积及浸泡路基。

3. 要照顾农田灌溉的需要。设计线路时，应注意地区灌溉系统，尽量少占农田，并与水利规划和土地使用规划等相配合进行综合规划。一般情况下，不应利用边沟做农田灌溉用，不得已时，应采取加固措施以防水流危害路基。

4. 在不良地质地区，要结合地质构造、山体破碎情况、岩层深度等情况，进行单独排水系统设计；在枢纽站，由于场地宽广、地形平坦，汇水面积大、水源多，排水较困难，应结合该类站场设计，统一布置单独的排水设备，在不淤不冲的前提下，顺畅排走一切来源的水。

5. 排水设施的设计，应贯彻因地制宜、就地取材的原则，减少造价。要能迅速有效地排除"有害水"，以免影响路基的强度和稳定性，保证铁路运输的安全。

1.2.1 地面排水

排除地面水要将路基范围内所有地面水，尽可能循最短通路顺畅排至路基范围以外，防止其漫流或停积。在地质不良地段还应防止其下渗，以免加重病害的发展。对山坡泉水湿地要进行引水疏干。要防止路基以外的地面水流入路基范围。

在细粒土地基中，为使路基经常处于干燥、坚固稳定的状态，必须及时修建好地表水排水设施，使地表水迅速排离路基范围，防止地表水停滞下渗和流动冲刷而降低路基的稳定。

1) 地面水对路基稳定性的影响

地表水渗入路基土体，会降低土的抗剪强度；地表水的流动可造成路基边坡面冲刷和坡脚冲刷；地表水渗入含易溶盐的土(如黄土)中会产生溶蚀作用形成陷穴；在气温下降时，地面水也常成为寒冷地区产生冻害的一个重要因素。由此说明了地表水对路基稳定性的严重危害。此外，地表水还给施工及运营造成许多困难和危害。

路基排除地表水的设施有：排水沟、侧沟、截水沟(天沟)、跌水、急流槽和缓流井等。

2) 地面排水设备

(1) 侧沟

如图3.1.1所示，侧沟设置于路堑的路肩外侧，用以汇集、排除路堑边坡面及路基面范围内的地表水。在线路不挖不填地段亦需设置侧沟。

侧沟边坡一般应与线路纵坡相同，但在线路纵坡缓于2‰的平缓地带，当排水出口无困难时,侧沟纵坡应建成2‰,此时在路堑内的分水点处的侧沟深度可减为0.2m;当排水出口高程受到限制时,侧沟纵坡亦不缓于1‰。在较长隧道洞口路堑的反坡排水地段,其长度不宜过长,侧沟纵坡应与线路纵坡一致,并在反向变坡处或其附近开挖一道横向排水盲沟将水排出路堑;对较短隧道洞口路堑的反坡排水,可不开挖横向排水盲沟,在不影响隧道内水沟排水流量时,可将侧沟水引入隧道排出;对天沟水或山上水渠水,一般不准引入路堑侧沟,仅在无其他渠道可通时,需个别设计吊沟并加深或加宽侧沟排水。在填挖交界处侧沟的出口部分,应向山侧弯曲偏离路基排水,以防冲刷路堤,如图3.1.2所示。

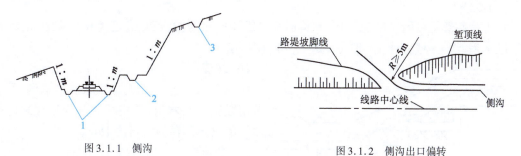

图3.1.1 侧沟
1-侧沟;2-截水沟;3-天沟

图3.1.2 侧沟出口偏转

(2)天沟、截水沟

天沟位于堑顶边缘以上适当距离处,用以截排堑顶上方流向路堑的地表水。截水沟是用来辅助天沟的不足,设在天沟的上方,设置一道或几道,视天沟距上方分水岭距离而定。

一般情况下,天沟或截水沟的纵坡选择应尽可能适应水沟延伸方向的地形地势,使实际挖深约等于沟的需要深度,避免过深的挖方或较高的填堤。若山坡覆盖层不够稳定时,应将水沟底部放在较稳定底层内,沟的纵坡既不缓于2‰,又不陡于所在地层的不冲流速的坡度。当沟的长度较长时,可采用自上游至下游逐渐增加陡度的纵坡,即每一下游坡段不缓于其上游坡度,但相邻坡段的坡度差不宜太大,使流速自上游至出口逐渐缓慢增加,从而使水流迅速地排出而不发生淤积。在水沟引入桥涵或天然沟谷处,应使沟底高程略高于桥涵入口或天然沟底的高程。

在陡于1:1的山坡上,一般不设置天沟,但有时为导引两端山坡上天沟水流或拦截上方地面径流,亦常采用陡坡排水槽排水。设置此项排水槽时,其断面大小根据流量决定,并注意其稳定性及做好断面的加固工作。

(3)排水沟

排水沟位于路堤护道外侧,用以排出路堤范围内的地面水及截排自田野方面流向路堤的地面水。一般当地面横坡明显时设置于路堤上方一侧(图3.1.3a),地面横坡不明显时,设置于路堤的两侧(图3.1.3b)),如当条件适宜时,可利用紧靠路堤护道外侧的取土坑,适当控制其断面及深度作为排水沟或排水通道。

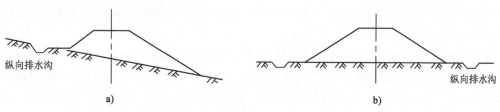

纵向排水沟   纵向排水沟
        a)   b)

图3.1.3 排水沟

排水沟纵坡、平面设计对出口的高程以及是否需要加固等注意事项,基本上与天沟或截水沟相同。但在平坦地带的出口高程受到限制时,其纵坡不缓于1‰。

(4) 矩形水槽

在土质或地质不良地段,水沟易于变形且不能保持稳定,以及受地形、地物或建筑限界的限制,不能设置占地较宽的梯形水沟时,均宜采用矩形水槽。例如位于潮湿松软土层或易发生病害地段的水沟,采用矩形水槽可以保持稳定并防止渗漏;又如个别设计较深的侧沟及位于横坡较陡的山坡上的天沟或截水沟,因受水沟顶宽控制,也宜采用矩形水槽。

(5) 跌水

指主槽底部呈台阶状的急流槽,其构造有单级和多级两类,每级高差为0.2~2.0m,利用台阶跌水消能。一般应作铺砌防护,如图3.1.4所示。

(6) 缓流井

如图3.1.5所示,沟底纵坡较陡的水沟,可设计成两段较缓的水沟,并将缓流井连接起来。两段水沟的落水高差最大可达15m。

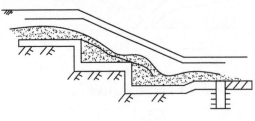

图3.1.4 跌水

(7) 急流槽

如图3.1.6所示,用片石、混凝土材料支撑的衔接两段高程较大的排水设施。主槽纵坡大,水流急,出口设有消力池、消能槛等消能装置,沟底纵坡可达1∶2。设在路堑边坡上的急流槽又称吊沟。

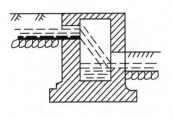

图3.1.5 缓流井

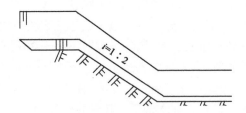

图3.1.6 急流槽

排水沟、侧沟、天沟、边坡平台截水沟等各类排水沟的出口,应将水引排至路基以外,以防止水流冲刷路基。地面横坡明显的地段,排水沟、天沟可在上方一侧设置。若地面横坡不明显,宜在路基两侧设置。排水沟、侧沟、天沟的横断面,应有足够的过水能力。除需按流量计算外,可采用底宽0.4m,深度0.6m。干旱少雨地区或岩石路堑中,深度可减少至0.4m。位于反坡排水地段或小于2‰线路坡道的路堑侧沟,其分水点的沟深可减少至0.2m。边坡平台截水沟尺寸,可采用底宽0.4m,深度0.2~0.4m。需按流量设计的排水沟、侧沟、天沟,其横断面应按1/25洪水频率的流量进行计算,沟顶应高出设计水位0.2m。下列情况的排水沟、侧沟和天沟应采取防止冲刷或渗漏的加固措施,必要时可设置垫层:位于松软土层影响路基稳定的地段;流速较大,可能引起冲刷的地段;路堑内易产生基床病害地段的侧沟;有集中水流进入天沟、排水沟的地段。

路堑顶部无弃土堆时,天沟内边缘至堑顶距离不宜小于5m。当沟内进行加固防渗时,不应小于2m。地面排水设备的纵坡,不应小于2‰。地面平坦或反坡排水地段,在困难情况下,可减少至1‰。天沟原则上不应向路堑侧沟排水。当受地形限制需修建急流槽向侧沟排水时,应在急流槽进口处进行加固,出口处设置消能设备及防止水流冲刷道床的挡水墙。急流槽下游的侧沟应加大断面,应按1/50洪水频率流量确定。侧沟靠线路一侧边坡可采用1:1,外侧边坡与路堑边坡相同。当有侧沟平台时,外侧边坡可采用1:1,在砂类土中,两侧边坡可采用1:1~1:1.5。天沟、排水沟的边坡应根据土质及边坡高度确定,黏性土可采用1:1~1:1.5。在深长路堑和反坡排水困难的地段,宜增设桥涵建筑物,将侧沟水尽快引排至路基外。路堑侧沟的水流不得流经隧道排出。当排水困难且隧道长度小于300m,洞外路堑的水量较少,含泥量少时,经研究比较可经隧道引排。

3)排除路基地面水设计的一般原则

排水设备的作用是排除路基本体范围内的地面水及自田野方向流向路基的水,并将水导引至铁路过水建筑物或自然沟渠中排走。由于汇水面积一般不大,流量不多,故除特殊情况外均不作个别水力计算,直接采用规范规定的断面尺寸和有关规定(纵坡和加固等)。

排水沟常采用梯形断面,如图3.1.7所示。根据需要,有时也可采用矩形断面。为避免水流冲刷或淤积,水沟纵坡最大不得超过8‰,最小不得小于2‰,困难地段不得小于1‰。水沟纵坡大于8‰的地段,应对水沟的沟身进行加固,防止冲刷破坏。在水沟纵坡变化段、水沟弯曲段尤应注意。

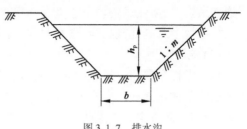

图3.1.7 排水沟

排水设计应首先做好排水规划,规划排水设施平面布置的原则是使地面水尽快通过水沟汇集排除,水沟应尽可能设在距路基本体较近位置,使流向路基的水和降落在路基内的雨雪水均可由此排出。水沟的长度应取短为宜,但如地形起伏,可按最大纵坡顺地形绕行。水沟的排水能力,在不允许漫溢的情况下(如路堑段的水沟、滑坡地区水沟),若流量较大,应进行水力计算检算。

1.2.2 排降地下水

1)地下水对路基稳定性的危害

在路基中,地下水对路基稳定性的危害是指在路基设计和施工中,由于地下水存在的形式和数量可使工程设计与施工产生一定的困难,因而应采取措施,使地下水的形式或数量改变,以确保路基的稳固和工程的实施。同样,对已修建成的路基,地下水的变化如果造成路基稳定性下降,也应采取必要的措施,将其变化调节到允许的限度内。例如,在饱和的软黏土地基上填筑路堤,当堤高形成的荷载大于地基的承载力时,就会造成一定的困难,如能使地基土排水固结,就可提高软土地基的强度,提高地基承载力并减少工后沉降。

在路堤堤身的稳定中,也常受到地下水的危害,如地下水位高,路堤填料为黏性土,在毛细作用下,水可升至路堤内,使填料含水量增大,强度下降;在严寒地区,水是路堤出现冻害的重要因素。在路堑地段,如果路堑开挖到地下水位以下,若路堑边坡土为细粒土,则边坡的稳定性可受到地下水渗出的动力水压影响;当堑体为破碎的岩块时,地下水从裂隙中或含水层中流出时,也会使原有的胶结物质及沉淀的碎屑被带出而使边坡失去稳定。

地下水的存在形式常可因其补给来源的变化而变化,它对路基稳固性的影响还可因各种其他因素的作用而不同。例如在路堤中,当路堤的填筑高度在地基承载力允许的范围内,若在堤底铺设渗水土垫层,则地下水的存在和变化对路堤的影响可以忽略不计,在路堑中也可作相似的分析。所以,关于地下水的降低与排除仅是指地下水的存在形式和数量可以对路基的稳固造成危害时而设置的一种重要的工程措施。在地下水对路基稳定造成危害时,降低和排除地下水常可取得良好的效果,所以应当十分重视。

2) 地下水的处理措施

处理地下水所采取的措施,可归纳为:拦截地下水、疏干地下水、降低地下水及封闭地下水。

(1) 拦截地下水

实践证明,采用隔断地下水补给来源,拦截地下水流,以疏干土体,是比较有效而彻底的办法。特别是修筑在滑坡体裂缝范围外的截水渗沟及截水隧洞,效果更为显著。

这类截水工程最适于设置在地下水埋藏不太深,在含水层下有不透水岩层,沟底直接置于不透水层内,把所流过的地下水流全部截断排除。

拦截地下水的建筑物有:截水明沟、槽沟、隧洞及截水渗沟等。

(2) 疏干地下水

疏干工程主要用以排除山坡上层滞水而达到稳定边坡的作用。在滑坡或堆积体上,地下水埋藏的形式常是一窝一窝的水囊,并沿着地层内含碎石等透水性较强的地带流动,时而露出地表,时而渗入土中。在这些地方只有修筑各种疏干工程,把水引出,才能达到疏干土体及稳定边坡的目的。特别是在滑动面积大、土壤又松散的地区,单靠修筑拦截地下水工程往往不能完全解决问题,因此必须在滑动体内同时修筑疏干工程。

疏干设备与拦截设备的不同点是,它有更多的渗水面,没有隔水层。一般在地下水无压的地层内,渗沟做成三面进水,在地下水有承压的地层内,渗沟做成四面渗水(即沟两侧、底部及沟末端)。所有渗水面均应做滤层。

常用的疏干设备有:边坡渗沟、支撑渗沟、渗水隧洞、集水渗井、渗管等。

(3) 降低地下水位

当地下水位很高时,由于土被水浸泡,可能引起土体坍滑或基底软化,造成翻浆、冻害、隆起等病害。通常采用降低地下水位的办法来处理。

常用的有:槽沟、渗沟(包括纵向渗沟及横向渗沟)、隧洞或带渗井及渗管的隧洞等。

(4) 封闭地下水

当地下水位较高,或地下水具有承压性,使路基受到地下水的浸泡,在采取截水、疏干、降低地下水等措施均有困难或不经济时,可采用封闭措施处理地下水。

3) 路基地下水降低与排除的主要设备

地下水可大致分为承压水和无压水(如潜水、上层滞水);又可据其存在环境分为列隙水和孔隙水;在岩溶地区还有活动于溶洞、地下河等岩溶构造中的溶洞水;多年冻土地区的层上水、层间水和层下水等。降低路基地下水及排除地下水设备的选择,应根据不同类型的地下水及工程具体条件、要求确定。常用的降低和排除地下水的设备主要有:

(1) 明沟及排水槽

明沟是兼排地面水及地下水的排水设备。沟底一般应挖至不透水层(图3.1.8a))。若不透水层太深,沟底置于透水层内(图3.1.8b)),则沟底及水沟边坡应用不透水材料做护层,以免沟中水渗入土中。明沟通常采用梯形断面,底宽0.4~1.0m,沟壁边坡按所在土层选用,并用厚约0.3m的M5浆砌片石铺砌。

排水槽经常采用矩形断面(图3.1.8c)),底宽0.6~1.0m,用M5或M7.5浆砌片石砌筑。明沟和排水槽与含水土层相接触的沟壁上需设置向沟内倾斜的渗水孔或缝隙;沟壁与含水土层之间应设置反滤层;沿纵向每隔10~15m应设伸缩缝(兼沉降缝)一道。

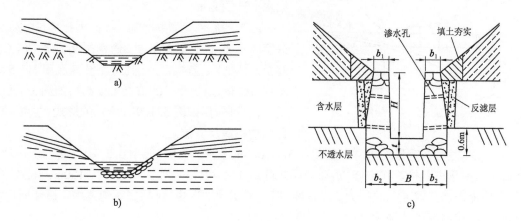

图3.1.8 明沟及排水槽
a)沟底为不透水层的深水沟;b)沟底进入透水层的深水沟;c)排水槽

(2)渗水暗沟

渗水暗沟又称盲沟,是一种地下排水设备,用于拦截、排除较深含水层的地下水,疏干滑体中的水或降低地下水位,通常采用明挖法施工。

渗水暗沟可分为有管渗沟和无管渗沟两种。埋设预制管节而成的渗沟称为有管渗沟;就地砌筑的矩形断面渗沟称为无管渗沟。深埋的渗沟为便于检查、修理,其断面应较大,便于工作人员进出。渗沟较长时还应每隔适当距离设置检查井。沟顶应回填夯实,以免地面水渗入。按渗沟作用和设置部位,又可分为截水和引水渗沟、无砂混凝土渗沟、边坡渗沟和支撑渗沟等。

①截水和引水渗沟

截水和引水渗沟按其深度分为浅埋渗沟和深埋渗沟,浅埋渗沟深度一般为2~6m,深埋渗沟的深度一般大于6m。

浅埋渗沟可以引出低洼湿地、泉水出露地带和地下凹槽底层处的地下水,并使其循着最短通路排出,以疏干其附近土体中的水或降低地下水位。位于路堑侧沟下或侧沟旁的浅埋渗沟可以降低路堑范围内的地下水和疏干附近的土体,视需要布置在路基一侧或两侧,如图3.1.9a)和图3.1.10所示。

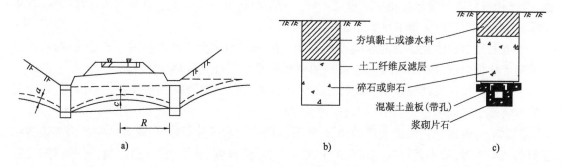

图3.1.9 设置在侧沟下的渗沟

图 3.1.9a)中,c 表示两条渗沟之间地下水位降低的高度,按所要求降低地下水位的高度确定。

图 3.1.10 中,e 表示冻结面至毛细水上升曲面间的距离,可取 $e=0.25\sim0.5m$,a 表示毛细水上升的高度。

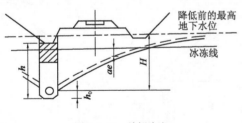

图 3.1.10 单侧渗沟

渗沟的底部设置排水通道,排水孔应设在冻结深度以下不小于 0.25m 处,通常采用圆管(用 C15 混凝土预制)或盖板矩形沟(边墙及其底用 M7.5 浆砌片石砌筑,盖板用 C15 混凝土预制),如图 3.1.9c)所示,也可采用如图 3.1.9b)所示的形式,并用土工合成材料做反滤层。

对于浅埋渗沟,矩形沟尺寸一般用 $0.3m\times0.4m$,圆管内径一般用 $0.3\sim0.5m$。对于深埋渗沟,为了便于进入检查和维修,矩形沟尺寸可用 $0.8\sim1.2m$,圆管内径可用 $1.0m$,盖板上或圆管上所流进水缝隙或孔眼的大小及间距,以及反滤层的选择,可根据渗沟集水流量和所用填充材料的颗粒组成计算确定。

截水渗沟只需在渗流上游一侧沟壁进水,下游侧沟壁应不透水,可用黏土或浆砌片石做成隔渗层,如图 3.1.11 所示。截水的渗水暗沟的基底宜埋入隔水层内,且不小于 0.5m。

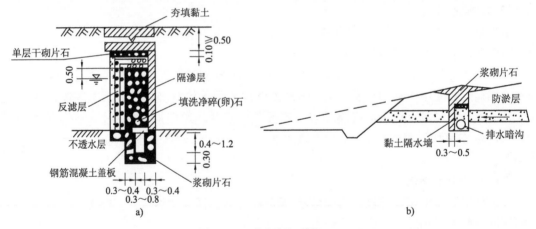

图 3.1.11 截水渗沟(单位:m)

渗沟顶部覆以单层干砌片石,表面用水泥砂浆勾缝,其上再用厚度大于 0.5m 的土夯填到与地面齐平。

渗水暗沟的渗水部分可采用砂、砾石、无砂混凝土、土工合成材料做反滤层。反滤层的层数、厚度和颗粒级配要求应根据坑壁土质和反滤层材料经计算确定。砂砾石应筛选清洗,其中小于 0.15mm 的颗粒含量不得大于 5%。

无砂混凝土块板反滤层的厚度可采用 $10\sim20cm$。当坑壁土质为黏性土或粉细砂时,在无砂混凝土块板外侧,应加设 $10\sim15cm$ 厚的中粗砂或土工合成材料反滤层。

土工合成材料反滤层可采用无纺土工织物。当坑壁土质为黏性土或粉细砂时,可在土工织物与坑壁土之间增铺一层 $10\sim15cm$ 厚的中砂。

渗水暗沟内应采用筛选洗净的卵石、碎石、砾石、粗砂或片石填充;倾斜式钻孔内应设置相应直径的渗水管,渗水管可选用带孔的 PVC、PP/PE 塑料管、钢管、软式透水管、无砂钢筋混凝土管或混凝土管等。

渗水暗沟每隔 30～50m,渗水隧洞每隔 120m 和在平面转折、纵坡变坡点等处,宜设置检查井。检查井的井壁应设置反滤层,检查井内应设检查梯,井口应设井盖。当深度大于 20m 时,应增设护栏等安全设备。

渗沟的出水口一般采用端墙,其下部留出与渗沟排水管孔径一致的排水孔。端墙基础应埋入当地冻结深度以下的较坚实稳定的底层内。在端墙以外,应紧接一段有铺砌的排水沟,其长度由设计确定。

②无砂混凝土渗沟

无砂混凝土渗沟由无砂混凝土壁板、钢筋混凝土横撑、钢筋混凝土盖板和普通混凝土基础等组成。无砂混凝土用水泥、粗集料(砾石或角砾)及水拌制而成。用无砂混凝土制作的各种圬工体均具有透水孔隙,在排水渗沟中用无砂混凝土做沟壁,以代替施工困难的反滤层和渗孔设备,具有透水性能和过渡能力好,施工简便及节省材料等优点。无砂混凝土具有一定的强度,可以省去渗沟内部的填充料,使用时应注意其所处的地层条件及制作工艺。无砂混凝土渗沟断面如图 3.1.12 所示。

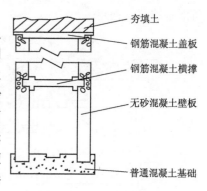

图 3.1.12 无砂混凝土渗沟

③边坡渗沟

边坡渗沟用于疏干潮湿的边坡和引排边坡局部出露的上层滞水或泉水,并起支撑边坡的作用,适用于边坡不陡于 1:1 的土质路堑边坡,也可用于加固潮湿地容易发生表土坍滑的土质路堑边坡。边坡渗沟的平面形状可做成条带形、分岔形和拱形等。对于较小范围的局部湿土或泉水出露处,宜采用条带形布置;对于较大范围的局部湿土,宜采用分岔形布置,如图 3.1.13a)所示。当边坡表土普遍潮湿时,宜用拱形与条带形相结合的布置,如图 3.1.13b)所示。一般其宽度大于 1.3～1.5m。

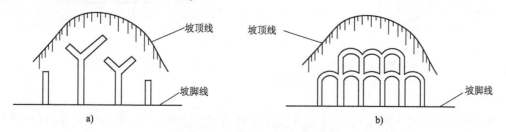

图 3.1.13 边坡渗沟的平面形状图

边坡渗沟应垂直嵌入边坡,渗沟基底埋置在边坡潮湿土层以下较干燥而稳定的土层内,按潮湿带的厚度做成具有 2%～4% 泄水坡的阶梯形,边坡渗沟纵断面如图 3.1.14a)所示。

边坡渗沟横断面通常采用矩形(图 3.1.14b)),其宽度 b 不宜小于 1.2m。其外周设置反滤层,渗沟内用筛洗干净的小颗粒渗水材料填充。渗沟顶部一般用单层干砌片石覆盖,其表面大致与边坡平齐。必要时可在干砌片石表面用水泥砂浆勾缝。边坡渗沟下部的出水口,一般采用干砌片石垛,其作用是支挡渗沟内部的填充料并将渗沟集引的土中水或地下水排入路堑的侧沟或路堤排水沟内。

④支撑渗沟

支撑渗沟主要起支撑作用,兼有排除地下水和疏干土壤中水的作用。支撑渗沟通常采用成组的条带形布置,横断面采用矩形,宽度一般为 2～3m,各条渗沟之间的距离一般为

8～15m。一般深度为数米到十几米,应布置在地下水露头和土壤中水发育的地方,并顺滑动方向修筑。沟底必须置于滑面以下的稳定土层或基岩内,可以顺滑面的形状做成阶梯形,最下面一个台阶的长度宜较长,以增加其抗滑能力,基底应铺砌防渗。支撑渗沟的填充部分宜用容重较大的石块干砌。填充料与沟壁之间可视沟壁土层的性质设置或不设反滤层。渗沟顶部可用单层干砌片石覆盖,其表面用水泥砂浆勾缝,以防止地面水流入。支撑渗沟的纵断面如图3.1.15所示。支撑渗沟可视地下水及土质条件布置成多种形式,支撑渗沟可单独使用,也可和抗滑挡墙联合使用。

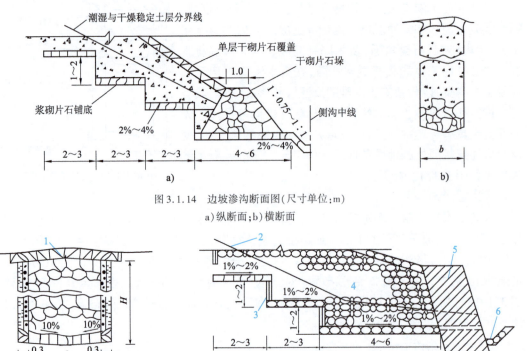

图3.1.14 边坡渗沟断面图(尺寸单位:m)
a)纵断面;b)横断面

图3.1.15 支撑渗沟纵断面图(单位:m)
1-单层干砌片石表面勾缝;2-表层滑动面线;3-反滤层;4-干砌片石;5-挡墙;6-侧沟
b-渗沟宽度;H-渗沟深度

(3)渗水隧道

渗水隧道又称泄水隧洞,它用于截排或引排埋藏较深的地下水,或与立式渗井(渗管)群配合使用,以排除具有多层含水层的复杂地层中的地下水。

设置渗水隧洞时,必须掌握详细的水文地质材料,查明地下水的层次、分布及流量,以便准确地定出隧洞位置。渗水隧洞的断面形式可分为直墙式和曲墙式。直墙式适用于裂隙岩层、破碎岩层及较密实的碎石类土层。曲墙式适用于松散的碎石类土层或有少量卵石、碎石的黏性土层。隧洞应埋入稳定地层内,在穿过不同的地层分界处时应设沉降缝。隧洞穿过路基时,按铁路拱涵考虑。隧洞出水口底部宜高出当地天然河沟的设计洪水位,高差不小于0.5m,并至少高出洞门外铺砌的排水沟沟底0.2m。隧洞断面及构造如图3.1.16所示。

渗水暗沟、渗水隧洞的横断面尺寸应根据埋置深度、施工和维修条件确定,结构尺寸应由计算确定。渗水暗沟和渗水隧洞的纵坡不宜小于5‰,条件困难时亦不应小于2‰。

(4)平孔排水

平孔排水或称水平钻孔排水,是用平卧钻机向滑体含水层打倾斜角不大的平孔,然后在钻

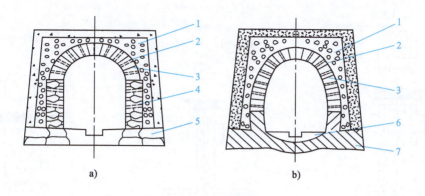

图 3.1.16 渗水隧洞断面图
a) 直墙式；b) 曲墙式

1-反滤层；2-C13 混凝土拱砖；3-M10 水泥砂浆灰缝 1cm；4-M10 浆砌片石边墙；5-M10 浆砌片石底板；6-C8 混凝土；7-C13 混凝土

孔内插入带孔的钢管或塑料管，用以排除地下水而疏干土体。里面可布置成一层或多层。单层平孔布置如图 3.1.17 所示。平孔位置必须在地下水位以下，隔水层顶板之上，尽量扩大其渗水疏干范围。平孔的间距视含水层渗透系数和要求疏干水位程度而定，一般采用 5~15m 为宜。

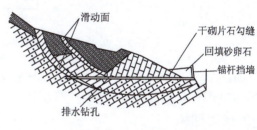

图 3.1.17 单层平孔排水布置图

（5）集水渗井

当滑体中地下水埋藏较深或有多个含水层时，可用大口径竖井（直径可达 3.5m）和水平钻孔或与渗水隧洞配合使用，以降低地下水和疏干其附近的土体，如图 3.1.18、图 3.1.19 所示。

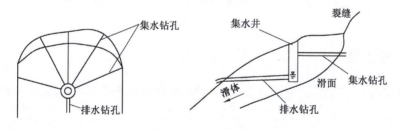

图 3.1.18 集水渗井

集水渗井或渗管的顶部应用隔渗材料覆盖，以防淤塞，圆形集水渗井也可采用无砂混凝土结构以代替设置反滤层和填充渗水材料。

地下各种排水渗沟、渗水隧洞及渗井等设备中，常用反滤层以防止含水地层中的细粒土被渗流带走，淤塞排除地下水设备。目前常用的反滤层有卵砾石（或砂）反滤层、无砂混凝土块板反滤层及土工织物反滤层。土工织物具有一定的强度、柔韧性和连续性，它是直接铺设在需要设置反滤层的地方，如支撑渗沟、边坡渗沟的两侧和基底台阶部分，使用时，可根据墙后土层的情况在路基手册中查得。

当地下平式排水建筑物（如深、浅埋渗沟或渗水隧洞等）延伸较长时，一般每隔一定距离设检查井一个，供维修人员下去对排水设施进行检查和维修。

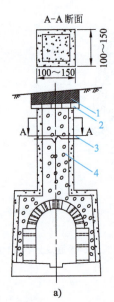 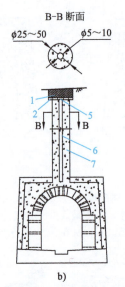 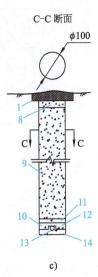

图 3.1.19　集水渗井与平孔排水设备的配合示意图(尺寸单位:m)
a)渗井与隧洞配合;b)渗管与隧洞配合;c)渗井与水平钻孔配合
1-夯填土;2-单层干砌片石;3-反滤层;4-填卵石;5-圆形铁盖;6-钢滤管;7-填卵石;8-填细砂;9-填粗砂;10-泄水盖板;11-填砾石;12-填碎石;13-平式排水钻孔;14-C13 混凝土封底

技能训练

- 设备及材料:线路排水施工图一套。
- 步骤:根据排水施工图,确定排水结构砌筑工程量。
- 成果:工程量计算表。

任务2　路基防护建筑物施工

2.1　工作任务

清楚主要路基防护建筑物的适用条件和结构,根据路基施工概况,选定路基防护建筑物结构类型。

2.2　相关配套知识

2.2.1　路基边坡病害

路基边坡由于裸露在自然中,除受到所处的地质及水文条件的影响外,还不断受到风化和雨水的冲刷破坏以及人类活动的影响,因而往往会出现不同情况的边坡变形,进而发展成严重的路基病害。常见的路基边坡病害有边坡溜塌、边坡坍塌、风化剥落和坡面冲刷4种类型。

边坡溜塌是黏土质边坡的常见病害,主要有两种表现形式:一是黏土质边坡在长期阴雨和暴雨后,雨水沿边坡上的裂隙下渗,致使边坡表层土的含水率增大,抗剪强度降低,失去稳定,沿着下部未软化的土层发生溜塌;二是边坡表层为黏土质覆盖层,下部为倾斜岩层,表层的黏土受地表水下渗和地下水的影响,产生沿基岩面的溜塌。边坡溜塌,轻者堵塞侧沟,重者掩埋线路,病害继续发展将会造成整个边坡的破坏。

边坡坍塌常发生于边坡坡度陡于天然休止角的节理发育、岩层破坏、风化严重的石质路堑或土质路堑。这种病害发展过程时间较长,开始在堑顶附近出现裂纹,并缓慢地逐渐扩大,当扩大到一定程度时,在坡面水或地下水等自然因素以及列车振动等的配合下,突然顺边坡坍塌下来。在大坍塌之前,常有小的局部坍塌发生。每次坍塌都不按固定的面移动,但坍塌体的下缘均在临空面以上,一直坍塌到边坡坡度接近岩层或土层的休止角为止。由于这种变形具有突然大量塌落的性质,常易造成行车事故。

风化剥落是指整个边坡比较稳定,但边坡表层由于风化作用,边坡表面的土层或岩层从坡面上剥离下来的变形现象。风化剥落常发生于易风化的岩质边坡、黄土路堑边坡的空面下部或软硬互层的软硬层。这种病害,初期对行车影响不大,仅增加路基的养护维修工作量,但继续发展将会影响边坡的稳定。

较高的土质边坡和风化严重的石质边坡,在地面水冲刷作用下会形成冲沟、冲坑,边坡下部尤为严重。它不仅破坏了坡面的完整,暴雨时还往往堵塞侧沟,形成泥流漫道并影响边坡。

2.2.2 路基防护

1) 路基坡面防护

为防止路基坡面病害的形成和发展,对较严重的坡面病害应立即整治,对具有一般坡面变形及有可能发生坡面变形的边坡,如容易风化和易受雨水冲刷的石质和土质边坡及严重破碎的岩层边坡,应及时、及早地加以防护。

路基坡面防护的作用在于加固坡面,防止和减轻坡面径流和风化的破坏,以达到稳定坡面的目的。常见的坡面防护有以下类型:

(1) 植物防护

植物防护是指直接在路基边坡上种草、树或铺种草皮来防护边坡的方法。边坡上的植被能固结土壤,调节土的湿度,防止裂隙产生和风化剥落,缓慢地表水的冲刷。植被防护适用于不陡于 1:1(种草时不陡于 1:1.25),边坡土壤和当地气候适宜植物生长的地区。

采用种草防护时,应选用根系发达,生长力强,适应当地气候、土质的草种。当边坡土质不适宜种草时,可在边坡上铺一层种植土(厚 5~10cm)。种草成活后,可抵御流速为 0.4~0.6m/s 的冲刷作用。种草时草籽应均匀分布,一般应在春季、秋季播种,播种后应加强管理。

铺种草皮的作用及适用条件与种草相同,但抵抗冲刷的能力更强一些,可抵御 1.8m/s 的冲刷作用。铺设前应先平整坡面,铺设时要紧贴边坡拍平,错缝铺种。在旱季铺种草皮后应经常洒水,使坡面湿润。此外为保证成活率,草皮应随采随用。

植树以灌木为好,应选择根系发达易于成活的树种栽种,如紫穗槐,除保护边坡外,还有很大的经济价值。一般按梅花形布置,当边坡上有不利于灌木生长的砂石类土时,应在栽种的坑内填种植土。植树与种草也可配合进行。

(2) 抹面捶面

对于不宜采用植物防护的边坡,如炭质页岩或浅变质的泥岩等易风化的岩质边坡,可采用抹面、喷浆、勾缝、灌浆、喷射混凝土等方法,一方面防止坡面水流的洗蚀,另一方面防止风化剥落。

抹面是将二合土(石灰、炉渣)、三合土(水泥、石灰、炉渣)或水泥砂浆均匀地摊在路基边坡上,经压实、提浆、抹光后形成的一种防护层。它适用于各种易风化但尚未严重风化的岩石边坡,其坡度不限,但要求无地下水且坡面干燥。如图3.2.1所示。

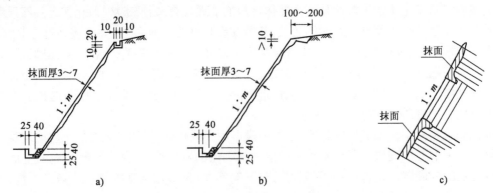

图3.2.1 抹面护坡示意图(尺寸单位:cm)
a)堑顶截水沟;b)顶部凿槽式嵌入;c)软硬岩石衔接处抹面嵌入

在对坡面进行抹面施工时应注意以下几个方面:
①抹面前应清除坡面风化岩及松动石块、浮土、杂草并凿毛坡面。
②若边坡上有个别地下水露头,应采用措施引排,切忌堵塞。
③如果边坡较陡,应将坡面挖出承托灰泥的平台。
④抹面周围均需凿槽,防止地表水渗入基岩,造成膨胀,破坏抹面。
⑤在大面积坡面上做抹面时,每15~20m长设伸缩缝一条,内填沥青麻筋。抹面厚3~7cm,由于抹面容易开裂脱落,应经常检查维修,发现裂纹或脱落要及时灌浆修补,一般使用期限为6~8年。

捶面是将四合土、三合土分层铺在立于坡面上的模板内进行捶实,再经提浆、抹光后形成的一种坡面防护层。它适用于比较干燥的易受冲刷的土质边坡和易风化剥落的岩石边坡,其坡度不宜陡于1:0.5。

捶面通常采用等截面厚,一般厚度为10~15cm,当边坡高时可采用上薄下厚的变截面形式。防止坡面渗水,保持坡面干燥是延长捶面寿命的重要措施,其施工注意事项与抹面相同。一般使用寿命为10~15年。

(3)喷浆

对坚硬易风化,但尚未严重风化的岩石边坡,为防止进一步风化,可在坡面上喷射一层水泥砂浆,形成保护层。喷浆可用于高而陡的边坡,但所防护的坡面必须干燥和坚硬,地下水发育或成岩作用差的泥岩边坡不宜使用。

喷浆防护施工中应注意下列几点:
①喷浆前应清刷坡面不稳定的土、石,清扫碎屑、浮土和杂物。
②喷浆的次数及厚度应根据山体风化、表面破碎情况而定,一般喷2~3次,厚度1~3cm。
③喷射要周到均匀,喷后2~3h要进行养生。
④边坡顶部和周围要注意封闭,防止水渗入。

(4)锚杆铁丝网喷浆及锚杆铁丝网喷射混凝土

当坡面岩石已遭严重风化,岩石破碎时,可采用锚杆铁丝网喷浆或喷射混凝土,使坡面一定深度内的岩石得到加固并承受松散岩体产生的侧压力。

锚杆铁丝网喷浆或喷射混凝土防护如图3.2.2所示。首先在坡面上锚固锚杆,焊上预制好的带铁丝网的框架,再把各框架捆绑在一起,并用预制好的铁丝网补满未铺网的空白区,使砂浆或混凝土、锚杆铁丝网与坡面形成一个整体。

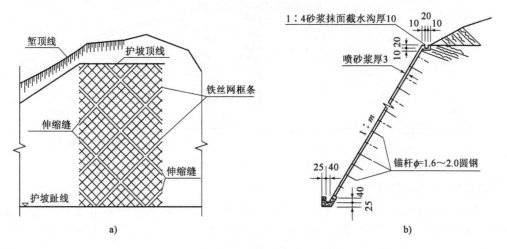

图3.2.2 锚杆铁丝网喷浆示意图(尺寸单位:m)
a)正视图;b)横断面图

锚杆用$\phi 16\sim 20mm$的圆钢制成,锚固深度视岩石性质和风化程度而定,一般为0.5～1.0m左右。喷浆厚度不少于3cm,喷混凝土的厚度不少于5cm。喷射厚度要均匀,注意勿使铁丝网及锚杆外露,其他施工技术要求与喷浆相同。

(5)灌浆勾缝

灌浆是将较稀的水泥砂浆或混凝土灌入较坚硬的、裂缝较大较深的岩石路堑边坡,借助砂浆或混凝土的黏聚力把裂开的岩石黏结成一个整体,从而防止岩石进一步风化。勾缝是用较稠的砂浆填塞岩石的细小裂缝。它适用于较坚硬、不易风化的、节理多而细的岩石路堑边坡。灌浆和勾缝还可用于修补原有圬工裂缝。

(6)干砌片石护坡

当边坡为缓于1:1.25的土质或土夹石边坡,受地表水冲刷产生冲沟或坡面经常有少量地下水渗出而产生小型溜塌等病害时,可采用干砌片石护坡。

干砌片石护坡一般采用单层栽砌,厚度约0.3m。当边坡为粉土质土、松散砂或黏砂土等易冲蚀的土时,片石下设厚度不少于0.1m的碎石或砂砾垫层。

护坡应砌过边坡破顶不少于0.5m,基础应选用较大的石块砌筑,并埋至侧沟沟底以下,基础埋深和顶面宽度均不应小于0.5m。当基础与侧沟相连时,应采用M5浆砌片石砌筑。

(7)浆砌片石护坡

在缓于1:1的各类岩石和土质边坡上,因风化剥落、地表水冲刷而发生泥流、冲沟和边坡溜塌时,可采用浆砌片石护坡。

护坡采用M5浆砌片石,其厚度视边坡坡度及高度而定,一般为0.3～0.5m。高边坡的浆砌片石护坡宜分级设置,每级高度不大于20m,各级之间设宽度不小于1m的平台。当护坡面积较大且边坡较陡或坡面变形严重时,为保证护坡本身的稳定,可采用肋式护坡。

浆砌片石护坡上应设泄水孔。泄水孔间距2～3m,孔径10cm,上下左右交错布置。土质边坡泄水孔后面,在0.5m×0.5m范围内设置反滤层。每10～20m设伸缩缝一道,缝宽2cm,内填沥青麻筋或沥青木板。为方便检查和维修,大面积的护坡上还应在适当位置设置宽0.6m

的踏步，如图3.2.3所示。

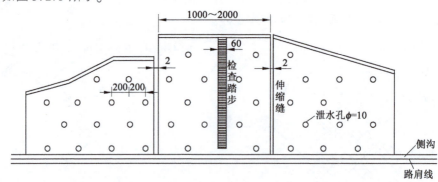

图3.2.3　浆砌片石护坡示意图(尺寸单位：cm)

(8)浆砌片石骨架护坡

在易受冲刷的土质边坡和风化较严重的岩石边坡上，当坡面缓于1∶0.5且边坡潮湿、坡面溜坍及冲刷较严重，单纯使用草皮护坡或捶面护坡易冲毁脱落时，可采用M5浆砌片石骨架护坡，骨架内可采用草皮或捶面护坡，也可在骨架内栽砌卵石。

浆砌片石骨架的常用结构形式有方格形、人字形、拱形等，如图3.2.4所示。

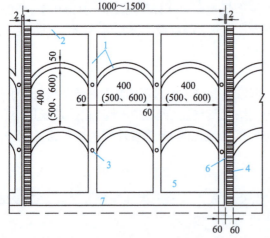

各类骨架的厚度和嵌入坡面的深度视边坡岩性和草皮、捶面厚度而定，通常厚0.4～0.5m，嵌入边坡0.3～0.4m，骨架顶面与骨架内护坡平齐。

(9)护墙

对于各类土质边坡及易风化剥落的岩石边坡，为防治较严重的坡面变形，或堑顶上有局部探头危石需做支顶时，可修筑浆砌片石护墙。

护墙适用于不陡于1∶0.3的堑坡防护。护墙有实体护墙、窗式护墙、拱式护墙等多种形式，分别根据不同的边坡高度、坡度及岩层破碎情况来确定。当边坡为土质或破碎岩石时，采用实体护墙；当边坡不陡于1∶0.75时，为节省圬工采用窗式护墙；当边坡下部岩层较

图3.2.4　浆砌片石拱形骨架护坡示意图(单位：cm)
1-浆砌片石骨架；2-镶边；3-泄水孔；4-踏步；5-草皮；6-伸缩缝；7-侧沟流水

完整，仅需防护上部边坡时，可采用拱式护墙，如图3.2.5所示。

实体护墙墙壁有等截面和变截面两种。墙高6～10m时采用等截面，厚度0.4～0.5m；墙高超过10m时，采用变截面，顶宽0.4m，底宽为

$$B = 0.4 + 0.1H \quad 或 \quad B = 0.4 + 0.05H \tag{3.2.1}$$

式中：H——护墙墙高，单层高度不宜超过20m；

B——护墙底宽，一般当边坡陡于1∶0.5时，采用0.1H；边坡为1∶0.5～1∶0.75时，采用0.05H。

各类护墙，应符合下列要求：

①除拱式护墙的拱圈需采用C15混凝土或M10浆砌片石外，其余各类护墙均采用M5浆

砌片石砌筑,严寒地区应适当提高圬工标号。

②若为土质地基,护墙基础应埋入冻结线以下,并要求基础埋于路肩下,且不少于1.0m。

③为增加护墙的稳定性,当其高度超过8m时,应于墙背中部设耳墙一道;高度超过13m时,设耳墙两道,间距4~6m。耳墙宽度,当墙背坡陡于1:0.5时,为0.5m;墙背坡缓于1:0.5时,为1.0m。

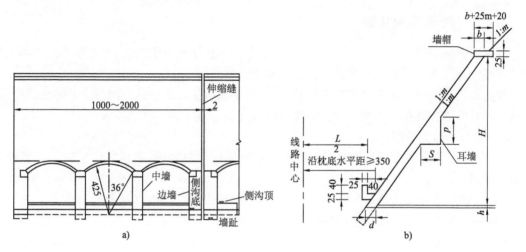

图3.2.5 护墙示意图(单位:cm)
a)拱式护墙立面示意图;b)单级护墙横断面示意图

④墙顶设置厚25cm的墙帽,并嵌入边坡20cm,以防雨水灌入。

⑤双级或多级护墙的上、下墙之间应设宽度不小于1.0m并带流水坡的平台。

⑥每隔10~20m设伸缩缝一道,不同地层交界处设沉降缝。

⑦护墙设孔径10cm的泄水孔,孔距2~3m并呈梅花形布置,泄水孔后设反滤层。

⑧护墙高度等于或大于6m时,墙面应设查梯。多级护墙还需在上下检查梯的错台设置安全栏杆。

⑨护墙背与边缘紧贴。施工前清除松土,破面凹陷部分用与墙体同高程上浆砌片石嵌补。

⑩顶撑与嵌补

当路堑上部有探头危岩,下部有条件设置基础时,可在危岩下设置浆砌片石支顶墙;若上坡陡峻,无法用浆砌片石支顶,又不宜采用刷方清除,而危岩坚硬、节理较少时,则可用钢轨或钢筋混凝土柱、浆砌片石柱支撑。

当边坡上的凹陷较深,且凹陷上部有突出的危岩时,可将较深凹陷表面的风化层凿除,并在内部以浆砌片石或混凝土嵌补处理。

2)坡面防护的选用及其基本技术要求

在选用坡面防护类型时,如果当地的气候和土壤条件适宜草木生长且边坡较缓,宜优先采用植物防护;无此条件时,则应根据边坡上土(或岩石)的性质、边坡坡度和高度,结合就地就近取材的原则,选用其他适合的防护类型。

对于稳定性不足的边坡,则应采取清刷、支挡等措施,使之达到稳定状态。

各种坡面防护均应满足以下基本要求:

(1)下部基础要牢固可靠,并与护面本体很好地衔接。

(2)顶部及两侧边缘要妥善处理,适当嵌入边坡内,并修整得与坡面平齐,防止雨水从裂隙渗入。

(3) 坡面本体要紧贴边坡,背后不留空隙。

(4) 整个坡面要按照材料的伸缩性质、边坡的地质情况设伸缩缝和沉降缝。

(5) 要设法引出边坡内的地下水,边坡外要有完整的地面排水系统。

(6) 高而陡的防护结构应有便于维修、检查的安全设施。

2.2.3 路基冲刷防护

路基冲刷防护,是为防止路堤边坡和路基下各种岸壁所受水流方向、水流速度大小和波浪袭击的高低与流水冲击的大小修建不同类型的建筑物。

常见的路基冲刷防护方法有直接防护、间接防护和改河三类。这三类方法常综合使用,以期达到较好的防护效果。各类冲刷防护建筑物一般均应满足以下基本要求:

(1) 应有足够的稳固性。

(2) 防护范围应包括所有可能被水流冲刷和波浪作用的地段,并按其受影响的程度给予不同的处理。

(3) 必须加强基础处理,以防止由于水流的淘蚀而使基础外露,影响建筑的稳定。

(4) 防护高度应保证被防护的路基不致受到水流和波浪的侵袭。

1) 直接防护

直接防护是直接对路基边坡进行加固,以抵抗水流的冲刷和淘蚀。它适用于水流流速不大,流向与河岸基本平行,水流破坏作用较弱或由于地形、地质条件受限制不得不采用直接防护的地段。其特点是对原来水流的干扰小,对防护地段的上下游及其对岸影响小。但由于这类建筑物直接修在受冲河岸或路堤边坡上,一旦破坏,将直接威胁铁路安全,因而必须具有足够的稳固性。

常见直接防护有以下几种类型:

(1) 植物防护

植物防护是指直接在边坡上铺草皮或种植防护林、挂柳。它适用于水流流向与线路大致平行,边坡不受主流冲刷且适宜于植物生长的地段,其容许流速为 1.2~1.8m/s。草皮护坡一般采用台阶式或竖直式的叠砌方法。如图 3.2.6 所示。浅滩地段一般种植防水林、挂柳。

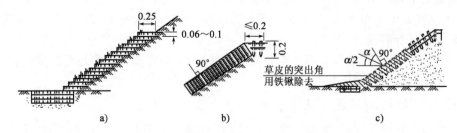

图 3.2.6 叠铺草皮示意图(尺寸单位:m)
a) 水平层式;b) 垂直于边坡式;c) 与水平成 α/2 角式

(2) 干砌片石护坡

干砌片石护坡适用于水流比较平顺的流岸滩地边缘,不受主流冲刷的周期性浸水的路堤以及波浪作用不太强烈的水库边岸防护。干砌片石护坡的容许流速为 2~3m/s,容许浪高在 1m 以内。因其抵抗力较差,在有流水、滚石及有漂浮物的河段,一般不宜采用。

干砌片石护坡通常采用等厚截面。单层干砌片石时厚约30cm；双层干砌时，上层用较大石块，厚25～35cm，下层厚约25cm。边坡为砂类土时，在护坡和边坡间铺设砂砾垫层。边坡为黏性土时，垫层下尚需铺设10cm的杂粒砂。

护坡基础应埋置于最大冲刷深度下。当冲刷深度小于1.0m时，可采用墁石铺砌基础，如图3.2.7所示。冲刷深度大于1.0m时，宜采用浆砌片石脚墙基础，埋深宜在冲刷深度下0.5～1.0m，并置于冻结深度下不少于0.25m，墙体在非寒冷地区用M7.5浆砌片石砌筑，严寒地区用M10浆砌片石砌筑。

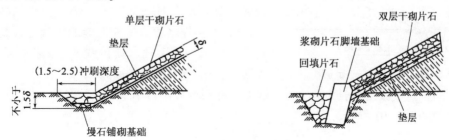

图3.2.7 干砌片石护坡示意图

(3) 浆砌片石护坡

浆砌片石护坡除可用于周期性浸水的路基边坡防护外，还适用于经常浸水的、受主流冲刷或受强烈波浪作用或有封冰、流水的路基边坡以及河岸和水库边岸的防护，其容许流速一般为4～8m/s，容许浪高大于1.5m。

护坡通常采用等截面厚，厚度不小于35cm。当流速较大或波浪作用十分强烈时，厚度可达60cm，并采用双层砌筑。护坡在非严寒地区用M7.5浆砌片石砌筑，在严寒地区用M10浆砌片石砌筑。对可能发生冻结变形的土层边坡，必须设置垫层。当护坡较厚时，可采用15～25cm厚的级配砂砾卵石垫层，或采用由10cm厚的粗中砂和15cm厚的卵砾石组成的垫层；当护坡较薄时，可采用10～15cm厚的级配砂砾卵石垫层。

护坡沿纵向每10～15m设伸缩缝一道，缝宽2cm，用沥青麻筋或沥青木板填塞。为排泄护面层背后可能的积水，一般在护坡的中下部设交错排列的泄水孔，孔径10cm，间距2～3m，呈梅花形交错设置，孔后设反滤层。

护坡基础多用脚墙形式。当冲刷深度在3.5m以内时，基础一般直接埋置在冲刷深度线以下0.5～1.0m，并使其底面低于河槽最深处。当冲刷深度更深时，基础可埋置在冲刷深度线以上，但需在基础脚前采取适当的平面防淘措施，如图3.2.8所示。

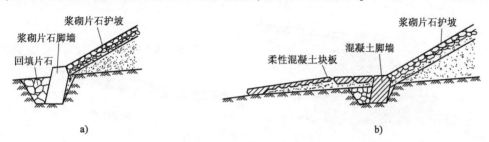

图3.2.8 浆砌片石护坡示意图
a) 基础脚墙埋设在冲刷深度线以下；b) 柔性混凝土块板防护基础

(4) 混凝土板护坡

混凝土板护坡用C13～C18混凝土预制成边长不少于1.0m，厚度为8～20cm的板块，并配置一定数量的构造钢筋,如图3.2.9所示。用来代替浆砌片石砌筑成混凝土板护坡,其适用范围与浆砌片石护坡相同。

(5) 抛石防护

抛石防护是选用一定粒径的坚硬、耐冻、不易风化的岩石,按照一定的断面形式抛掷或堆砌于路基边坡、坡脚或河床内,用以防止路基或岸坡冲刷的建筑物。它适用于水流方向稳定、无严重局部冲刷且河床地层承载力较高的路基边坡下部及河岸的防护。此外,它还常用作水库边岸和海岸的防浪建筑物和防洪抢险的临时加固工程。其容许流速由抛投石块的粒径而定,一般不宜超过3m/s。

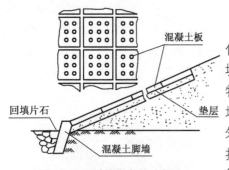

图3.2.9 混凝土板护坡示意图

抛石防护护坡坡度一般为1:1.5~1:3.5,抛石厚度不得小于石块粒径的2倍。既有路基抛石防护如图3.2.10所示。

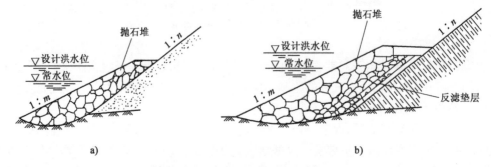

图3.2.10 既有路基抛石护坡示意图
a)不设垫层;b)设置垫层

(6) 石笼防护

石笼防护是将装满石块的铁丝笼,按照一定的断面形式抛掷或堆砌在路基边坡、坡脚或河床内,用以防止路基或岸坡被冲刷的建筑物。它有较高的强度和柔性,不需用较大的石块,适用于受洪水冲刷但无滚石的河段和大石料缺少的地区。其容许流速可达4~5m/s,容许浪高1.5~1.8m。石笼内的填充石料宜选用浸水不崩溃、密度大、未风化的石块。

石笼用于防护岸坡时一般应垒砌(图3.2.11a)),只有当边坡坡度不陡于1:2时才平铺(图3.2.11b))。平铺一般与坡脚线垂直,其铺设长度不宜小于冲刷深度的1:5~2倍。

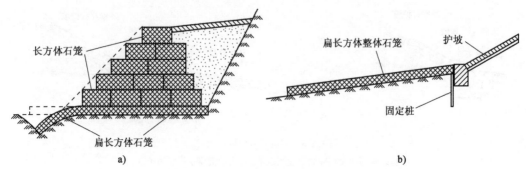

图3.2.11 石笼防护断面布置示意图
a)垒砌式;b)平铺式

铺设石笼的基底用 0.2~0.4m 的砾石或碎石垫平。底层石笼用旧钢轨或直径不小于 20mm 的钢筋锚固入基底地层中,若其前端需自由下弯时,只锚定靠岸边的一侧,石笼之间可用直径为 6mm 的钢筋穿连在一起,也可将笼盖与笼体连接绑在一起形成一个整体。

(7) 浸水挡土墙

在需要设置坚强防护的地段,或因地形限制不宜设置其他类型冲刷防护建筑物的峡谷急流和冲刷严重的河段,采用浸水挡土墙比较经济合理。其容许流速 5~8m/s,容许浪高大于 2m。

浸水挡土墙通常采用重力式或衡重式,用 M10 浆砌片石砌筑,石料应具有一定的耐水能力。墙的端部与河岸要圆顺连接,切不可挤压河道,以免造成严重的局部冲刷。

浸水挡土墙的基底应埋置在冲刷深度线下不少于 1.0m,最好埋在不致被冲刷的完整的基岩上。如冲刷深度很深,则可根据河床及地质情况采用桩基或沉井基础,或者在采用浅基的同时,采用其他平面防淘措施。

2) 间接防护

间接防护是在路基或河岸的外围设置导流或阻流建筑物以改变水流(如改变主流流向、减缓流速、改变冲刷或淤积部位等),从而间接地防护路基或河岸的一种方法,如挑水坝、顺坝、潜坝等等。这种方法的特点是防护建筑物都要或多或少地侵占一部分河床,不同程度地压缩和扰乱原来的水流,因而其首当其冲的部位会受到特别强烈的冲刷和淘蚀,必须采取相应的措施进行加固。间接防护方法适用于河槽较宽,冲刷和淤积大致平衡、河性易改变且有条件顺河流之势设置导流建筑物的地段。当被防护地段较长时尤其适宜。挑水坝、顺坝和路坝的平面布置见图 3.2.12、图 3.2.13。

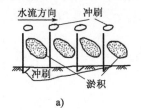 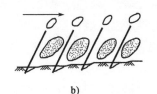 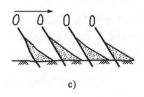

图 3.2.12 挑水坝的平面布置示意图
a)垂直布置形式;b)下挑布置形式;c)上挑布置形式

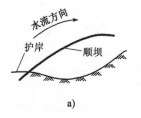 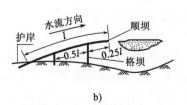 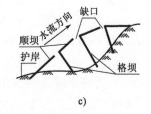

图 3.2.13 顺坝和格坝的平面布置示意图

路基不宜过多侵占河床。遇有水流直冲、威胁路基安全时,除应做好冲刷防护外,必要时可局部改移河道。改河是将水流引入新的河道而避免其对路基、坡岸冲刷的一种措施。改河时必须掌握河流的性质及其演变规律和河床形成的特点,因势利导,防止硬性改动。改河的起终点要与原河床平顺相接。为防止水流重归故道,一般应在旧河道上设置拦河坝。同时,还要注意改河后对附近农田、水利和居民点等的影响。

技能训练

- 设备及材料:施工现场概况一套。
- 步骤:根据工程概况,选择路基施工防护建筑物类型,编写相关施工交底书。
- 成果:防护建筑物施工技术交底书一份。

任务3 路基加固建筑物施工

3.1 工作任务

(1)清楚挡土墙的结构,能进行重力式挡土墙的放样。
(2)清楚轻型挡土墙结构的组成,掌握几种常用的轻型挡土墙的施工工序。

3.2 相关配套知识

3.2.1 挡土墙分类

1)挡土墙的概念及应用

挡土墙是支撑天然斜坡或人工边坡保持土体稳定的建筑物。挡土墙的各部分名称如图3.3.1所示。墙的顶面部分称为墙顶;墙的底面称为墙底;与填土接触的面称为墙背;与墙背对应的另一面称为墙胸(墙面);墙胸与墙底的交线称为墙趾;墙背与墙底的交线称为墙踵;墙背与竖直线的夹角称为墙背倾角,一般用 α 表示;墙踵到墙顶的垂直距离称为墙高,用 H 表示。

路基在遇到下列情况时可考虑修建挡土墙:

(1)陡坡和高填方地段,下方设置挡土墙,可防止路堤沿基底滑动,保证路基稳定,同时又可收缩坡脚,减少填方和少占农田。

(2)岩石风化的路堑边坡地段,设置挡土墙可支撑开挖后不能自行稳定的边坡。

(3)为避免大量挖方及降低边坡高度的路堑地段。

(4)可能产生塌方、滑坡的不良地质地段。

(5)水流冲刷严重或长期受水浸泡的沿河路基地段。

(6)为保护重要建筑物、生态平衡或其他特殊需要的地段。

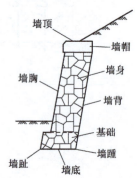

图3.3.1 挡土墙各部分名称

在考虑挡土墙设计方案时,应与其他工程方案进行技术经济比较。例如,采用路堤或路肩挡土墙时,常与栈桥或填方等方案进行比较;采用路堑或山坡挡土墙时,常与隧道、明洞或缓边坡等方案作比较,以求工程技术经济合理。

2)挡土墙的类型

(1)根据挡土墙在路基横断面上的位置分类

根据挡土墙在路基横断面的位置分为路肩式、路堤式和路堑式三种,如图3.3.2所示。

(2)按墙背形式分类

当墙背为一平面时,称为直线形墙背挡土墙。当墙背由一个以上平面组成时,称为折线形墙背挡土墙。

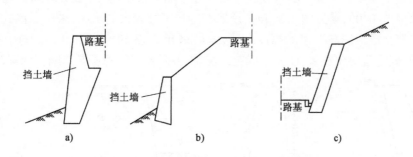

图3.3.2 挡土墙在路基横断面上的位置示意图
a)路肩式;b)路堤式;c)路堑式

根据墙背的倾斜方向,又可将挡土墙分为俯斜式、仰斜式和竖直式3类,如图3.3.3所示。

(3)按结构形式分类

按挡土墙的结构形式可分为重型结构挡土墙和轻型结构挡土墙两类。重型结构挡土墙主要依靠本身自重来维持稳定,如我国目前常用的重力式和衡重式挡土墙(图3.3.4)。重型结构挡土墙一般由片石砌筑而成。这种结构形式的挡土墙具有结构简单、施工方便、易于就地取材等优点,因而得到普遍使用,但这种挡墙墙身断面较大,不易于实现施工的机械化和工厂化。

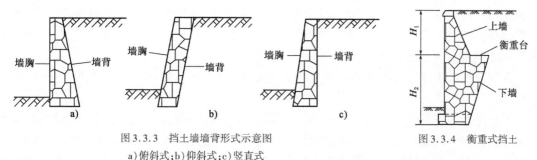

图3.3.3 挡土墙墙背形式示意图
a)俯斜式;b)仰斜式;c)竖直式

图3.3.4 衡重式挡土

轻型挡土墙主要有:锚杆挡土墙、加筋土挡土墙、锚定板挡土墙、钢筋混凝土悬臂式和扶壁式挡土墙、桩板式挡土墙、对拉式挡土墙等。

3.2.2 重力式挡土墙的构造及施工

1)重力式挡土墙的构造

重力式挡土墙的构造必须满足强度与稳定性的要求,同时应考虑就地取材,经济合理,施工养护的方便和安全。

(1)墙身构造

重力式挡土墙的仰斜墙背坡度一般采用1:0.25,如图3.3.5a)所示,不宜缓于1:0.30。俯斜墙背坡度一般为1:0.25~1:0.40,如图3.3.5b)所示。衡重式或凸折式挡土墙墙背坡度多采用1:0.25~1:0.30仰斜,上墙墙背坡度受墙身强度控制,根据上墙高度,采用1:0.25~1:0.45俯斜,如图3.3.5c)所示。墙面一般为直线形,其坡度应与墙背坡度相协调。同时还应考虑墙趾处的地面横坡,在地面横向倾斜时,墙面坡度影响挡土墙的高度,横向坡度愈大影响愈大。因此,地面横坡较陡时,墙面坡度一般为1:0.05~1:0.20,矮墙时也可采用直立;地面横坡平缓时墙面可适当放缓,一般不缓于1:0.35,如图3.3.5d)所示。

仰斜式挡土墙墙面一般与墙背坡度一致或缓于墙背坡度,参见图3.3.5a);衡重式挡土墙墙面坡度采用1:0.05,参见图3.3.5c);所以在地面横坡较大的山区,采用衡重式挡土墙较经济。衡重式挡土墙上墙与下墙的高度之比,一般采用2:3较为经济合理。对一处挡土墙而言,其断面形式不宜变化过多,以免造成施工困难,并且应当注意不要影响挡土墙的外观。

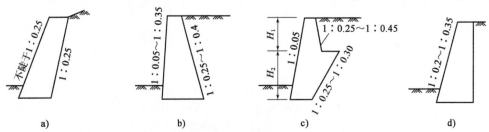

图3.3.5 挡土墙墙背和墙面坡度

混凝土块和石砌体挡土墙的墙顶宽度一般不应小于0.5m,混凝土墙顶宽度不应小于0.4m。路肩挡土墙墙顶应以粗料石或C15混凝土做帽石,其厚度不得小于0.4m,宽度不小于0.6m,突出墙外的飞檐宽应为0.1m。如不做帽石或为路堤墙和路堑墙时,应选用大块片石置于墙顶并用砂浆抹平。

在有石料的地区,重力式挡土墙应尽可能采用浆砌片石砌筑,片石的极限抗压强度不得低于30MPa。在一般地区及寒冷地区,采用M7.5水泥砂浆;在浸水地区及严寒地区,采用M10水泥砂浆。在缺乏石料的地区,重力式挡土墙可用C15混凝土或片石混凝土建造;在严寒地区用C20混凝土或片石混凝土。

为保证列车正常运行和线路养护及行人的安全,路肩挡土墙在一定条件下,应设置防护栏杆。

为避免因地基不均匀沉陷而引起墙身开裂,根据地基地质条件的变化和墙高、墙身断面的变化情况,需设置沉降缝。在平曲线地段,挡土墙可按折线形布置,并在转折处以沉降缝断开。为防止圬工砌体因收缩硬化和温度变化而产生裂缝,应设置伸缩缝。设计中一般将沉降缝和伸缩缝合并设置,沿线路方向每隔10～25m设置一道,如图3.3.6所示。缝宽为2～3cm,自墙顶做到基底。缝内沿墙的内、外、顶三边填塞沥青麻筋或沥青木板,塞入深度不小于0.2m。当墙被为岩石路堑或填石路堤时,可设置空缝。

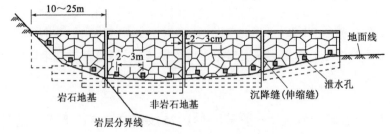

图3.3.6 沉降缝与伸缩缝

(2)排水设施

挡土墙排水设施的作用在于疏干墙后土体中的水和防止地表水下渗后积水,以免墙后积水致使墙身承受额外的静水压力;减少季节性冰冻地区填料的冻胀压力;消除黏性土填料浸水后的膨胀压力。

挡土墙的排水措施通常由地面排水和墙身排水两部分组成。

地面排水主要是防止地表水渗入墙后土体或地基,地面排水措施有:
①设置地面排水沟,截引地表水。
②夯实回填土顶面和地表松土,防止雨水和地面水下渗,必要时可设铺砌层。
③路堑挡土墙趾前的边沟应予以铺砌加固,以防止边沟水渗入基础。

墙身排水主要是为了排除墙后积水,通常在墙身的适当处布置一排或数排泄水孔,如图 3.3.7 所示。泄水孔的尺寸可视泄水量的大小分别采用 $0.05m \times 0.1m$、$0.1m \times 0.1m$、$0.15m \times 0.2m$ 的方孔或直径为 $0.05 \sim 0.1m$ 的圆孔。孔眼间距一般为 $2 \sim 3m$,干旱地区可以增大,多雨地区则可减小。浸水挡土墙则为 $1.0 \sim 1.5m$,孔眼应上下左右交错设置。最下一排泄水孔的出水口应高出地面 $0.3m$;如为路堑挡土墙,应高出边沟水位 $0.3m$;浸水挡土墙则应高出常水位 $0.3m$。在特殊情况下,墙后填土采用全封闭防水,一般不设泄水孔。干砌挡土墙可不设泄水孔。

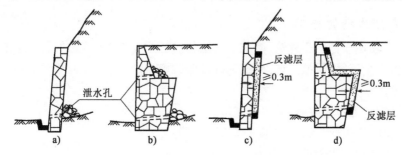

图 3.3.7 挡土墙泄水孔和反滤层

若墙后填土的透水性不良或可能发生冻胀时,应在最低一排泄水孔至墙顶以下 $0.5m$ 的高度范围内,填筑不小于 $0.3m$ 厚的砂加卵石或土工合成材料反滤层,既可减轻冻胀力对墙的影响,又可防止墙后产生静水压力,同时起反滤作用。反滤层的顶部与下部应设置隔水层。

(3)防水层

为防止水渗入墙身形成冻害及水对墙身的腐蚀,在严寒地区或有浸水作用时,常在临水面涂以防水层:
①石砌挡土墙,先抹一层 M5 水泥砂浆($2cm$),再涂以热沥青($2 \sim 3mm$)。
②混凝土挡土墙,涂抹两层热沥青($2 \sim 3mm$)。
③钢筋混凝土挡土墙,常用石棉沥青及沥青浸制麻布各两层防护,或者加厚混凝土保护层,一般情况下可不设防水层,但片石砌筑挡土墙需要用水泥砂浆抹成平缝。

(4)基础埋置深度

挡土墙一般采用明挖基础。当地基为松软土层时,可采用加宽基础或填换桩基础。水下基础挖基有困难时,可采用桩基础或沉井基础。

基础埋置深度应按地基的性质、承载力的要求、冻胀的影响、地形和水文地质等条件确定。
挡土墙基础置于土质地基上时,其基础埋深应符合下列要求:
①基础埋置深度不小于 $1m$。当有冻结且冻结深度小于或等于 $1m$ 时,应在冻结线以下不小于 $0.25m$(不冻胀土除外);当冻结深度超过 $1m$ 时,可在冻结线下 $0.25m$ 内换填弱冻胀土或不冻胀土,但埋置深度可不小于 $1.25m$。不冻胀土层(例如碎石、卵石、中砂或粗砂等)中的基础,埋置深度可不受冻深的限制。
②受水流冲刷时,基础应埋置在冲刷线以下不小于 $1m$。
③路堑挡土墙基础底面应在路肩以下不小于 $1m$,并应低于侧沟砌体底面不小于 $0.2m$。

挡土墙基础置于硬质岩石地基上时,应置于风化层以下。当风化层较厚,难以全部清除时,可根据地基的风化程度及其相应的承载力将基底埋于风化层中。置于较软质岩石地基上时,埋置深度不小于1.0m。

挡土墙基础置于斜坡底面时,其趾部埋入深度和距地面的水平距离应符合表3.3.1的要求。

斜坡地面趾部埋入的最小尺寸(单位:m)　　　表3.3.1

地 层 类 型	埋入深度 h	距斜坡地面的水平距离 L
较完整的硬质岩层	0.25	0.25～0.50
一般硬质岩层	0.60	0.60～1.50
软质岩层	1.00	1.00～2.00
土层	≥1.00	1.50～2.50

2)重力式挡土墙的施工

重力式挡土墙是一种圬工建筑,其施工方法和施工质量要求与普通圬工建筑有许多相似之处,主要包含三个工序:明挖基坑、砌筑基础及砌筑墙身。

(1)明挖基坑

①开挖前,应在上方做好截、排水设施。

②基坑开挖时应采取临时支护措施保持边坡稳定。

③复查核对基础地质条件。

④基坑开挖过程中应避免对墙趾处持力岩土层的扰动,并应避免雨水浸泡基坑。

⑤墙基位于斜坡地面时,其趾部符合要求。

⑥采用倾斜基底时,应准确挖凿,不得用填补方法筑成斜面。

⑦基坑开挖完成后,首段基坑地基承载力应经设计、施工、监理三方共同检验合格后,方能进入下道工序施工。

(2)挡土墙的放样

挡土墙的施工要采取挂线施工,一般在沉降缝的桩号上进行挡土墙的放样,施工时在放样断面之间挂线,水平砌筑。

①在基坑两侧搭设支架,使横杆底面为墙顶高程。

②根据路肩高程、路基面宽度、边坡坡度、墙顶高程计算出挡土墙控制点距中桩的平距,在横杆上画出标记,系紧拉线。

③在横杆上根据墙顶尺寸,在基础和墙背位置系紧拉线,如图3.3.8a)所示。

④根据墙胸坡度运用铅锤、水平尺将墙胸拉线固定于基底。

⑤同样方法将基础、墙背拉线固定于基底。

⑥在扩大基础的位置作好标记,如图3.3.8b)所示。

为保证砌筑精度,一般在所有的沉降缝断面都需进行挂线放样。

当墙顶墙底连续无突变、线路处于直线地段时,在挡土墙起终点断面放样后,中间放样断面可采取目视办法进行放样(图3.3.9),既提高放样速度又能满足精度要求。

(3)砌筑基础

①砌筑前,应将基底表面风化、松软土石清除。

②砌筑基础的第一层砌块时,如基底为岩层或混凝土基础,应先将基底表面清洗、湿润,再坐浆砌筑,这样可使第一层砌块与基底黏结牢固;如基底为土质,可直接坐浆砌筑。

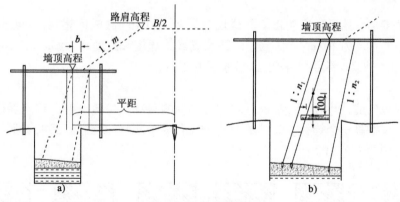

图3.3.8 挡土墙放样

③雨季在土质或易风化软石基坑中砌筑基础,应于基坑挖好后,立即铺满砌筑一层。

④基础砌筑应采用挤浆法,确保灰缝饱满。砌块应大面朝下,丁顺相间,互相咬接,上下错缝,不得有通缝和空缝(图3.3.10)。

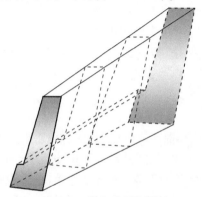

图3.3.9 挡土墙目视放样

图3.3.10 挡土墙基础施工

⑤采用台阶式基础时,台阶转折处不得砌成竖向通缝;砌体与台阶壁间的缝隙应插浆塞满。

⑥砌筑基础时,应保证砌体砂浆不受水冲刷。

⑦在岩层破碎、土质松软或有水的地段,宜择旱季分段集中施工。

⑧基础完成后,应立即回填,以小型压实机械分层夯实,并在表面留3%的向外斜坡,防止积水渗入基底。

(4)砌筑墙身

①砌筑出地面后应立即分层夯填密实,并做好其顶面排水、防渗设施。

②设计无特殊要求时,基础及墙身应一次砌筑。

③伸缩缝与沉降缝两侧壁应平齐无搭叠。接缝中填塞的材料当为胶泥时,应沿墙壁内、外、顶三边填塞并捣实;当填缝材料为沥青麻筋或沥青木板时,可贴置在接缝处已砌墙段的端面,也可在砌筑后再填塞,但均需沿墙壁内、外、顶三边填满、挤紧。不论填哪种材料,填塞深度均不得小于15cm,以满足防水要求。

④泄水孔应在砌筑墙身时留置,严禁倒坡。做泄水孔时,应同时做好墙背反滤、防渗隔水设施。

⑤衡重式挡土墙的下墙与上墙接合部应有接搓,严禁砌成水平通缝。挡墙与填土的接触面宜留有一定的糙度。衡重台顶面应严格按设计要求设置排水孔。

(5) 墙顶处理

路肩式浆砌挡土墙墙顶宜用粗料石或现浇混凝土(C15)做成顶帽,其厚度通常为40cm,顶部帽檐悬出的宽度为10cm;不做墙帽的路肩墙或路堤墙和路堑墙,墙顶层应用较大块石砌筑,并以M5以上砂浆勾缝且抹平顶面,砂浆层厚2cm。

(6) 勾缝

圬工表面应勾缝,以防雨水渗漏,并增加结构物的美观。勾缝一般采用水泥砂浆,其强度等级比砌筑砂浆提高一个等级。勾缝的形式一般有平缝、凹缝及凸缝三种,其形状有方形、圆形、三角形等,如图3.3.11所示。

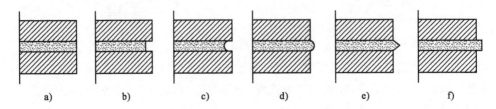

图3.3.11 勾缝类型及形状
a)平缝方形;b)凹缝方形;c)凹缝圆形;d)凸缝圆形;e)凸缝三角形;f)凸缝方形

设计有勾缝时,最好在安砌石料时预留2cm深的凹槽,以备勾缝之用;未预留凹槽时,应在勾缝前用扒钉或凿子开缝,开出凹槽,并以钢丝刷用水刷去砌石面上的流浆和湿润凹槽。如原有的底浆不足,应先用砂浆填满,然后再勾缝,使勾缝均匀一致。

(7) 砌体养生

对浆砌砌体应加强养生,以便砌体砂浆强度的形成和提高。养生时,应注意以下几点:

①不可在砌体上抛掷或凿打石块。已砌好但砂浆尚未凝结的砌体,不可使其承受荷载。

②如所砌石块在砂浆凝结后有松动现象,应予拆除,刮净砂浆,清洗干净后,重新安砌。

③新砌圬工告一段落或收工时,须用浸湿的草帘、麻袋等覆盖物将砌体盖好。一般气温条件下,在砌完后的10~12h以内,炎热天气在砌完后2~3h以内即须洒水养生。养生时间一般不少于7~14d。

④养生时须使覆盖物经常保持湿润,在一般条件下(气温在15℃及以上),最初的3d内,昼间至少每隔3h浇水一次,夜间至少浇水一次;以后每昼夜至少浇水3次。

⑤新砌圬工的砂浆,在硬化期间不应使其受雨水冲刷或水流淹浸。

⑥在养生期间,除抗冻砂浆外,一般砂浆在强度尚未达到设计强度的70%以前,不可使其受力。

3.2.3 轻型挡土墙构造及施工

1) 锚杆挡土墙

锚杆挡土墙是铁路基建工程的一种轻型支挡形式,适用于墙高较大、石料缺乏、地基不良以及挖基困难地区。具有锚固条件的路基挡土墙和岩石路堑,一般多用路堑挡土墙。

(1) 锚杆挡土墙的构造

锚杆挡土墙由于锚固地层、施工方法、受力状态以及结构形式等的不同,有各种各样的形式。按墙面的结构形式可分为:柱板式和壁板式锚杆挡土墙(图3.3.12)。通常多采用柱板式锚杆挡土墙。

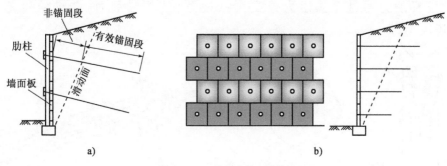

图 3.3.12 锚杆式挡土墙构造
a)柱板式锚杆挡土墙；b)壁板式锚杆挡土墙

柱板式锚杆挡土墙由肋柱、挡板和钢锚杆三部分组成。肋柱和挡板承受土的侧压力，同时利用锚杆与土的抗拔作用维持挡土墙的垂直稳定。

①锚杆

锚杆挡土墙所使用的锚杆主要有普通灌浆锚杆(图3.3.13)、预压锚杆、预应力锚杆、扩孔锚杆(图3.3.14)和楔缝式锚杆。

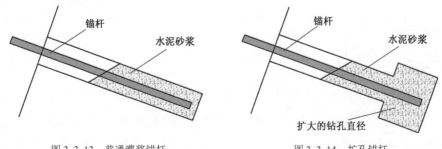

图 3.3.13 普通灌浆锚杆　　　　　图 3.3.14 扩孔锚杆

a. 普通灌浆锚杆施工时首先由钻孔机钻孔，钻孔的深度和孔径按锚杆拉力和地层情况决定，然后插入锚杆，并灌注水泥砂浆，经过一定时间养生，即可承受拉力。

b. 预压锚杆施工是在灌浆时对水泥砂浆施加一定的压力，水泥砂浆由于压力作用而压入孔壁四周的裂隙并在压力下固结，从而使这种锚杆具有较大的抗拔力。

c. 预应力锚杆施工是将稳定地层中的锚固段先用速凝的水泥砂浆灌填，然后将锚杆与结构物连接并施加张拉应力，最后再灌注锚孔其余部分的砂浆。这样的锚杆可使其所穿过的地层和砂浆都受有预应力。

d. 扩孔锚杆施工是利用扩孔钻头或爆破等方法扩大锚固段的钻孔直径(一般可扩大3~5倍)，从而提高锚杆的抗拔能力，这种扩孔方法主要用于软弱地层中。

以上四种锚杆又称大锚杆，直径一般为100~150mm，间距不小于2.0m。要用钻机钻孔，锚杆插入锚孔后再灌注不低于300号的水泥砂浆，使其锚固于稳定的地层内。

e. 楔缝式锚杆，俗称小锚杆，是对锚杆施加一定压力后，使杆端楔缝的楔子张开，从而将锚杆卡紧在岩石中。锚孔一般直径为38~50mm，深度为3~5m，用普通风钻即可施工。孔内压注水泥砂浆，用来防锈和提高锚杆抗拔力(图3.3.15)。

锚杆通常由锚头(或称外锚头)、拉杆及锚面体(或称内锚头)三个基本部分组成。锚头是结构物与拉杆的连接部分，其作用是将来自结构物的力有效地传给拉杆。拉杆即非锚固段，其作用是将来自锚头的拉力传递给锚固体。锚固体在锚杆的尾部，与土体紧密相连，它的作用是将来自拉杆的力通过摩擦阻力或支撑抵抗力(统称锚固力)传递给稳定的地层(图3.3.16)。

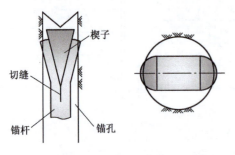

图3.3.15 楔缝式锚杆

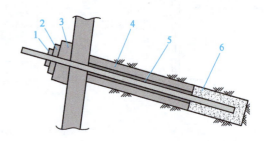

图3.3.16 锚杆结构示意图
1-紧固器;2-承压板;3-台座;4-套管;5-拉杆;6-锚固体

②墙面板

墙面板一般采用钢筋混凝土槽形板、矩形板和空心板,有时也采用拱形板,大多为预制构件(图3.3.17)。

墙面板厚度不应小于15cm,宽度视吊装设备的能力而定,但不应小于30cm,一般采用50cm。预制墙面板的长度考虑到锚杆与肋柱的连接,一般较肋柱间距短10~12cm,或将锚杆处的挡土板留有缺口。墙面板与肋柱的搭接长度不小于10cm,板的两端1/4板长处,宜设吊装孔。

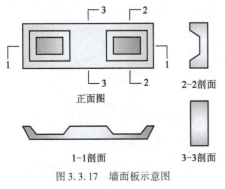

图3.3.17 墙面板示意图

墙面板以肋柱为支点,当采用槽形板、矩形板和空心板预制构件时,墙面板可按简支板配筋;当采用拱形板预制构件时,墙面板可按双铰拱板配筋;在现浇结构中,墙面板常做成与肋柱连在一起的连续板,应按连续梁进行配筋。

③肋柱

肋柱一般采用矩形或T形截面,沿墙长方向肋柱宽度不宜小于30cm,肋柱的间距由工点的地形、地质、墙高以及施工条件等因素确定,考虑工地的起吊能力和锚杆的抗拔力等因素,一般为2.0~3.0m。肋柱可采用整体预制,亦可分段预制拼装或现场浇筑,采用预制时,肋柱上应预留锚定孔。肋柱一般垂直布置,也可向内(填土一侧)仰斜,但倾斜度不应大于1:0.05。

肋柱与地基的嵌固程度与基础的埋置深度有关,它取决于地基的条件及结构的受力特点。一般采用自由端或铰支端。

(2)锚杆挡土墙施工

锚杆挡土墙的主要施工工序包括:基坑开挖、基础浇(砌)筑、锚杆制作、钻孔、锚杆安放与注浆锚固、肋柱和墙面板预制、肋柱安装、挡土板安装、墙背填料填筑与压实等。

①边坡开挖

锚杆挡土墙一般要求跳槽开挖,如要全面开挖,除尽量缩短施工工期外,还应根据情况考虑设置临时支撑,以免引起山坡坍塌,影响锚杆抗滑力。

②施工放线及钻孔

在施工前应确定锚杆钻孔的孔位、钻孔方位,打入标桩,注明钻孔编号。

钻机安装应做到"正、平、稳、固"的要求,确保钻机受力后不摇摆、不移位。钻机安装好后,应进行全面质量检查,并用测量方法检查钻机方位、倾角、水平度和开孔钻头落点差。测量检查合格后再进行试车检查。

钻进方法主要根据地层岩土性质兼顾钻机性能选定。目前在岩土钻孔施工中的钻进方法有:长螺旋杆钻、冲击回转挤密钻进、常规冲洗液全面钻进和风动潜孔锤冲击回转钻进等几种。

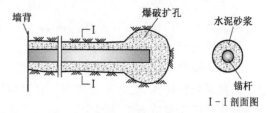

图3.3.18 爆破扩孔锚杆

当采用扩孔锚孔时,扩孔施工方法比较多,如使用钢粒钻进时,可以多投钢粒磨扩锚固孔;在土层中可采用爆破法(图3.3.18)、水射法、伞形钻头扩孔法和离心扩孔法。

采用爆破法施工时,将锚固部分或接近锚孔端部处,用小药量爆破扩孔成葫芦状。

③洗孔

在岩石地段钻至要求的深度后,锚杆孔的孔壁周围留有的岩粉和碎屑,应在压浆前先行用压力水进行洗孔。冲洗完毕后用风管送入压缩空气将孔内积水吹干。

对于锚杆挡土墙锚孔质量标准为:

a. 锚孔位置用经纬仪或尺量误差不应大于±50mm;

b. 锚孔直径较设计值大;

c. 锚孔倾角较设计值不大于±3%;

d. 锚孔深度及锚杆长度误差不大于±50mm;

④锚杆安装及防锈处理

洗孔完毕后应及时把预制好的锚杆钢筋和灌浆管同时放至钻孔底部。预制的锚杆钢筋应保持顺直,同时要进行防锈处理。

在锚固段部分一般用水泥砂浆防护,在锚固段以外的部分目前采用在钢筋表面涂防锈底漆(可采用富锌漆或船底漆),再包扎沥青麻布两层或塑料套管及化学涂料等方法进行防锈,一般情况下能起到防锈的良好效果。如防锈层局部遭到破坏,应及时加以补救。

若钻孔时使用套管,则在插入钢筋后再将套管拔出,然后灌浆。

⑤灌浆

灌浆工作是锚杆挡土墙的关键工作,压浆用的砂子以中粗砂为宜,砂浆的配合比一般采用1:1(重量比),水灰比0.4~0.5,用C42.5号普通硅酸盐水泥配制,有条件时尽可能采用膨胀水泥。砂浆需经过滤网倒入压浆泵。

灌浆时应将灌浆管插入离孔底约0.05~0.1m的距离,开动压浆泵将搅拌好的砂浆注入,使砂浆在压力下自孔底向外充满,灌浆压强一般为0.2MPa。随着砂浆的灌入,逐渐向外抽出灌浆管,但必须保证拔管过程中灌浆管口始终埋在砂浆内,以保证砂浆的密实度,提高灌浆质量。

砂浆锚杆安装后,不得敲击、摇动。普通砂浆锚杆在3d内,早强砂浆锚杆在12h内,不得在杆上悬挂重物。

⑥基础工程

锚杆挡土墙肋柱基础大多采用杯形基础(图3.3.19),墙面板基础可采用条形基础。

肋柱采用杯形基础时,杯形基础模板的顶部设杯芯模板,杯芯侧模板需刨光,采用直板拼钉,以便于拆模时拔除。

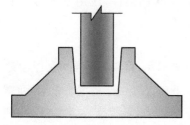

图3.3.19 杯形基础

浇筑基础混凝土时,要采取锚施,固定杯芯模板,防止其向上浮升或向四面偏移。安装基础模板前,应复查地基高程及中心线位置,弹出基础边线和基础底面、顶面高程。

⑦安装肋柱及墙面板

待锚杆孔内砂浆达到设计强度的70%后,即可进行肋柱和墙面板安装工作。肋柱和墙面板在安装之前应正确标注正反面标识。

a. 肋柱吊装

肋柱吊装可采用独立扒杆或汽车吊安装就位。肋柱是否需要支撑,要看基础设计情况而定。如果采用杯形基础,可不设支撑,将肋柱插入杯口后,对准肋柱与肋柱间的中心线,然后对所有肋柱进行调整达到设计要求后,杯口四周用木模塞紧,肋柱即可自立。待全部填土完成后才可打掉木模并按设计要求填封杯座。如果支座设计为铰支点,则应用沥青砂浆填封。

为防止肋柱向外倾斜,在吊装过程中,严禁肋柱前倾,一般多做成肋柱向填土一侧仰斜,仰斜度不宜超过1∶0.05。

b. 肋柱与锚杆连接

当肋柱为现场浇筑时,必须将锚杆钢筋伸入肋柱内,其锚固长度应满足钢筋混凝土结构的要求。当采用预制的肋柱时,锚杆与肋柱的连接形式有三种:螺母锚固、弯钩锚固、焊短钢筋锚固(图3.3.20)。外露金属部分用砂浆包裹加以保护。

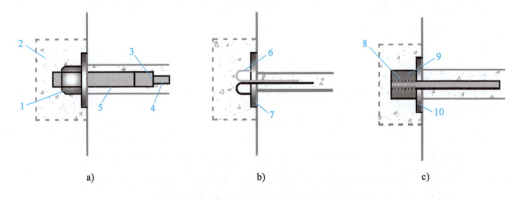

图3.3.20 锚杆与肋柱的连接形式
a)螺母锚固;b)弯钩锚固;c)焊短钢筋锚固
1-螺母;2-砂浆包头;3-对焊或贴焊;4-锚杆;5-螺丝端杆;6-弯钩;7-∩形钢垫板;8-短钢筋;9-贴角焊缝;10-钢垫板

为了锚杆的穿越和固定,肋柱部分的锚杆预留孔位置应正确。穿越过程中,应防止碰伤锚杆丝扣。螺母、垫板与肋柱、锚杆连接时,开始螺母不宜拧得太紧,以便最后统一拧紧调整。

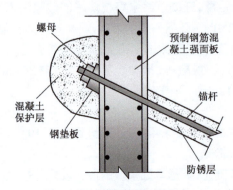

图3.3.21 外露部分用砂浆包裹

对于壁板式锚杆挡土墙,在锚杆插入预留锚孔后浇筑混凝土,并采用钢筋混凝土锚帽增强连接处的强度。连接构造的外露钢构件,应用水泥砂浆包裹保护(图3.3.21)。

c. 墙面板安装

墙面板安装应竖向起吊,两头挂有绳索,以手牵引,对准桩柱两边划好的放样线,将墙面板正确就位,必要时在两侧和中间设以斜撑支承,以确保墙面板的稳定。

板后防、排水设施及墙背填料反滤层,应与墙面板安装同步进行。墙面板之间的上下安装缝宜小于10mm,当较大时可用水泥砂浆堵塞或沥青软木板衬垫。两相邻同层墙面板的接缝,应基本顺直一致,高差不应大于5mm。同一肋柱上两相邻跨的墙面板的搭接处的净间距(间隙)不小于3cm,并按施工缝处理。

墙面板安装时应防止与肋柱相撞以免损坏角隅或开裂。安装缝应均匀、平顺、美观。当墙面板顶面不整齐时,可用水泥砂浆或作顶面调整。锚杆施工应逐层由下向上进行,当同层锚杆完成后,即可填土碾压。

⑧墙背回填

卸料摊铺时,卸料机具与挡土板距离不应小于1.5m,在1.5m的范围内应用人工摊铺、小型机械压实。回填时,必须防止压弯锚杆钢筋。填筑区应设有明显的禁行标志,防止在未覆盖填料的锚杆钢筋上行驶或停车。

(3)施工注意事项

①锚杆挡土墙施工过程中,应经常观测锚固区山体变化情况及滑动面的深度,以保证锚杆有足够的锚固深度。

②锚杆挡土墙在施工前,应采用与正式施工相同的施工方法施作试验锚杆。实验的锚杆数为工作锚杆数的3%且不少于3根。施工中使用的水泥、砂子应按设计规定的配合比做砂浆强度试验。

③锚杆的焊接、锚固及防锈应严格要求,按施工工艺操作,其对焊或帮焊均需做钢筋焊接强度试验,验证能否满足设计要求。

④挡板与肋柱搭接部分接触面应平整或填入少量砂浆,避免产生集中受力。

⑤锚杆挡土墙的肋柱间距要求尺寸正确,最好用卡尺固定,以使挡板与肋柱搭接部分尺寸符合设计要求。

2)锚定板挡土墙

(1)锚定板挡土墙的构造

锚定板挡土墙是我国铁路系统首创的一种新型支挡结构形式,它是由钢筋混凝土墙面、钢拉杆、锚定板以及其间的填土共同形成的一种组合结构(图3.3.22)。

它借助于埋在填土内的锚定板的抗拔力,平衡挡土墙墙背水平土压力,从而改变挡土墙的受力状态,达到轻型的目的。

锚定板挡土墙的结构形式和受力状态与锚杆挡土墙基本相同,都是依靠钢拉杆的抗拔力来保持墙身的稳定。它们的主要区别是:锚杆挡土墙的抗拔力来源于灌浆锚杆与孔壁地层之间的黏结强度,而锚定板挡土墙的抗拔力主要来源于锚定板前的填土的被动抗力。

锚定板挡土墙根据墙高的不同,可设置为单级墙或多级墙,单级锚定板挡土墙的高度通常不大于6m。分级时,上下两级墙之间可留有平台,平台宽度一般不小于1.5m。平台应用厚度不小于15cm的C15混凝土封闭,并设置向墙外倾斜的横坡,坡度为2%。为了减少因上级墙肋柱下沉对下级墙拉杆的影响,上级墙与下级墙的肋柱应交错布置(图3.3.23)。

①肋柱

肋柱间距视工地的起吊能力和锚定板的抗拔力而定,通常为1.5~2.5m,截面多采用矩形、T形、工字形等,截面宽度不小于35cm,厚度不小于30cm,肋柱高一般为3.5m,可整体预制,也可分节预制。

肋柱上设置拉杆处需要留安装拉杆的椭圆形或圆形孔道。椭圆形孔道的宽和圆形孔道的直径应该大于拉杆的螺丝端杆直径(螺母锚固)或拉杆直径(弯钩、焊短钢筋锚固),以便于在填土以前填塞沥青(水泥)砂浆用来防锈,如果采用压浆方法封孔,则需要预留压浆孔。

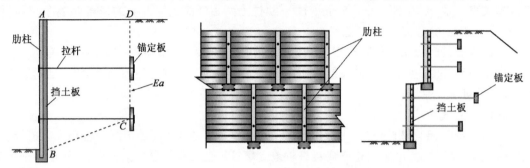

图 3.3.22 锚定板挡土墙构造　　　　图 3.3.23 锚定板挡土墙肋柱安装

肋柱与基础(地基)的连接状况视地基承载力、地基的坚硬情况及埋深确定,一般可做成自由端、铰支端,如填置较深且岩石坚硬,便可视为固定端。肋柱严禁前倾,应适当后仰,其倾斜度宜为 1∶0.05。

②拉杆

拉杆为连接肋柱和锚定板的受拉杆件,通常是在拉杆两端分别焊接螺丝端杆与肋柱和锚定板相连接。

拉杆一般采用热轧螺纹钢筋,直径不小于 22mm,但也不宜大于 32mm,其截面积由计算确定,拉杆计算直径尚需增加 2mm 作为预防钢材锈蚀的安全储备。拉杆应尽量采用单根钢筋,如果单根钢筋不能满足设计拉力的需要,也可以采用两根钢筋共同组成一根拉杆。考虑到上层锚定板的埋置深度对其拉拔力的影响,要求最上层拉杆至填土顶面的距离不应小于 1m。

③锚定板

锚定板一般采用方形钢筋混凝土板,竖直埋置在填土中,一般忽略不计拉杆与填土之间的摩擦阻力,锚定板承受的拉力即为拉杆拉力。锚定板受压面积根据拉杆拉力及锚定板容许抗力来确定,除此以外,还应满足下列构造要求:柱板拼装式墙的锚定板面积不应小于 $0.5m^2$,壁板式墙的锚定板面积不应小于 $0.2m^2$,一般采用 $1m \times 1m$ 的锚定板,且锚定板前后面应双向布置钢筋。锚定板与拉杆连接处的钢垫板,可按中心有支点的单向受弯构件进行设计。锚定板预制时中心应预留拉杆的孔道,其要求同肋柱的预留孔道。

④挡土板

其构造要求与锚杆挡土墙挡土板一样,但矩形板的最小厚度可采用 15cm,板宽一般为 50cm,挡土板上应留有泄水孔(吊装孔可作泄水孔使用),板后应设置反滤层。壁板式墙的墙面板,可采用矩形、十字形或六边形等钢筋混凝土板,截面形式有矩形和槽形之分。墙面板上一般设置一根拉杆,按单支点双向悬臂板计算其内力并配筋。置于墙身最下部的墙面板应按偏心受压构件验算混凝土的抗压能力。墙面板的中部应预留拉杆孔,便于穿过拉杆和安装紧面件。为方便拼装墙面板和确保墙面平顺稳固,地面板周边宜设置企口或预留锚孔。

(2)锚定板挡土墙的施工

锚定板挡土墙施工包括肋柱、挡板、拉杆和锚定板的预制加工及锚定板挡墙安装两大工序。预制及安装质量的好坏直接关系到锚定板挡土墙的稳定和安全。

①基础施工

基础施工包括基坑开挖和基础施工。锚定板挡土墙的基础宜采用杯形基础、分离式垫块基础和条形基础。为使肋柱吊装过程减少支撑工作量,肋柱基础常采用杯形基础。

②安装肋柱

基础施工好以后,就可以在基座上安装肋柱。肋柱安装前应注意:基础的杯口应打扫干净;铺设一层沥青砂浆,清除预制构件上的污染物;清扫和平整吊机及车辆的运行道路;测定控制各构件就位的定位线;预备一定数量的垫木和木楔等。

肋柱是否需要支撑,应视基础设计情况而定。杯形基础一般可不设支撑,将肋柱插入杯口后,先对准肋柱与肋柱间的中心线,在杯口用木楔塞紧,然后,用钢钎作临时地垄、以倒链葫芦方式进行肋柱的调整。当所有肋柱都调整到设计要求后,杯口四周用木楔塞紧,肋柱即可自立,待全部填土完成后,方可打掉木楔,并按设计规定的材料封填杯口。如支座设计为铰支点,宜用沥青砂浆填封;若设计为固定端,则用水泥砂浆填封。

③进行第一次填土夯实

肋柱安装就位后,方可进行墙后的填土,根据施工需要填土通常分为两次进行。第一次夯填只宜高出需要安设的该层拉杆的顶面0.2m。填土过高,在安装拉杆和锚定板时,开挖沟槽较深,浪费劳力;填土过浅,在拉杆、锚定板安设后,易被机械车辆行驶时压坏。

④安装锚定板、拉杆及挡板

在填土高度达到设计的拉杆高程时,沿拉杆位置挖出一条安放拉杆的沟槽和锚定板坑。锚定板前方超挖部分应用混凝土或灰土回填夯实,挖槽时,宜使锚定板比设计位置抬高3~5cm,以免因填土沉降引起拉杆下垂。锚定板(一般与地面成垂直的状态)放在坑内后,用拉杆将锚定板和肋柱连接就位。拉杆与肋柱的连接,一般用垫板上套双螺帽拧紧(即螺母锚固),也可采用弯钩锚固和焊短钢筋锚固。

拉杆就位后,螺帽的松紧应适度,在安装整个墙面系的过程中,应经常检查螺帽是否松动,使其随时处于受力状态;待填土基本稳定后,再一次普遍检查拧紧,使各拉杆处的螺帽受力一致、均匀。拉杆安装完毕后,拉杆槽用石灰土回填,回填土可轻轻夯平,当上部填土下沉时,拉杆上的回填土尚有压缩的余地,可减小拉杆上的次应力,且可使拉杆不致弯曲,为拉杆提供良好的受力状态。

拉杆与锚定板的连接,可采用螺栓、锻粗的端头及焊接的锚具等多种形式。为防止连接系统锈蚀而失去其效用,都应在锚定板安装完毕后,用干硬性水泥砂浆封闭其锚固部分以及填充锚定板上预留拉杆孔的空隙(图3.3.24)。

锚定板周围的土方回填工作,应注意夯填质量,若回填土上开挖的锚定板坑较小,锚定板就位后不易保证回填压实质量时,可用素混凝土回填锚定板周围的空隙。

挡土板的安装,随着填土高度增加,随时用小车推入,配以适当的吊装机具,人工安装就位,主要应使挡土板与肋柱尽可能密贴,必要时可在肋柱与挡土板搭接处抹一层水泥砂浆,以保证其受力均匀,不致产生局部挤压填土破坏。

挡土板背后最好填一层级配良好的砂砾石反滤层,以利墙背排水。

对于外形无明显差异的单向配筋构件,预制后应在构件表面设置方向标志,以保证构件安装时可正确就位,避免构件装反。

⑤填筑程序

基底按规定处理后,墙后的填土应按规定的顺序进行填筑(图3.3.25)。为发挥锚定板在填土过程中的抗拔能力,减少肋柱的支撑工程,双层锚定板挡土墙一般可按下图所示的顺序进行填筑。

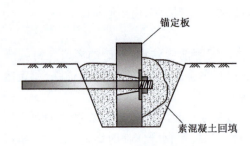
图 3.3.24 锚定板预留孔填充

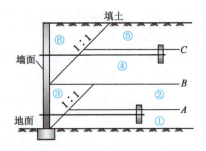
图 3.3.25 锚定板挡土墙填筑施工

a. 从基底开始,由肋柱根部向上,以 1:1 坡度摊铺填土并压实,此时墙面系完全不受土压力,待填至下层拉杆以上 20cm 处,完成了顺序①,即停止填土。压实后,开挖下层拉杆及锚定板坑,安装下层拉杆及下层锚定板,然后用石灰土回填槽坑。当锚定板前的超挖部分不易保证质量时,可用素混凝土回填。

b. 填筑顺序②的填土层,层厚约 1m 左右,拧紧肋柱下层拉杆的螺帽,以便使下层锚定板能承受一定的抗拔力。

c. 顺序②完成后,安装挡土板,并填筑墙后的砂砾反滤层及填土,即顺序③,此时墙面系开始承受水平土压力。

d. 填筑顺序④的填土层,此时墙面系土压力逐步增大,但锚定板能提供的抗拔能力也同时加大,填至上层拉杆以上 20cm 处停止填土,做上层拉杆槽及锚定板坑,安装上层拉杆及锚定板,此时,上层锚定板尚不能起作用。

e. 上层拉杆及锚定板安装后,即可填筑顺序⑤的填土层,直至墙顶(或路基顶面),并拧紧肋柱上层拉杆螺帽。随着填土的增加,上层拉杆及锚定板也参加工作,这时肋柱内力又开始变化。

f. 填筑顺序⑥三角部分的填土并压实,至此,双层锚定板挡土墙填土工作已经完成。

3) 加筋土挡土墙

(1) 加筋土挡土墙的构造

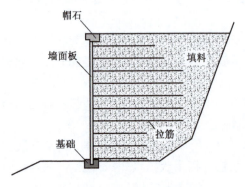
图 3.3.26 加筋土挡土墙构造

加筋土挡土墙(图 3.3.26)是由填土及在填土中布置的拉筋条和墙面板三部分组成。它主要是通过填土与拉筋间的摩擦作用把土的侧压力传给拉筋,从而达到稳定土体的目的。

加筋土挡土墙属柔性结构,结构简单,对地基变形适应性大,建筑高度大,适用于填土路基,在日本及欧美国家已被广泛采用,在我国正在逐步推广。

① 墙面板

墙面板的作用是防止筋带间填土侧向挤出、传递土压力以及便于拉筋固定布设,并保证填料、拉筋和墙面板构成具有一定形状的整体。

墙面板应满足坚固、美观、运输方便和安装简便等要求。按其材料分有金属面板、水泥混凝土面板或钢筋混凝土面板。国内通常采用水泥混凝土面板和钢筋混凝土面板,其外形有十字形、六角形、槽形、矩形、T 形和弧形等(图 3.3.27)。

类型	简图	高度(cm)	宽度(cm)	厚度(cm)
十字形		50~150	50~150	11~25
槽形		30~75	100~200	14~20
六角形		60~120	70~180	8~25
L形		30~50	100~200	8~12
矩形		50~100	100~200	8~25
Z形		30~57	100~200	R~25
框形		40~60	100~150	50~80
C形		80~120	100~200	30~40

图 3.3.27 墙面板类型

墙面板四周应设企口、上下装置,以使各块面板相互连接形成整体。墙面板与筋带间的连接形式与面板、筋带的类型有关,但连接必须坚固可靠,且连接处应与筋带有相同的耐腐蚀性能,通常用连接构件来实现。对于十字形、六角形、矩形等厚面板,当采用钢带或钢筋混凝土带时,连接构件可以采用预埋钢锚板;采用聚丙烯土工带时可采用预埋钢拉环,拉环采用直径不小于 10mm 的钢筋;槽形、L 形面板,当用聚丙烯土工带时,采用在面板上预留穿筋孔(图 3.3.28)。

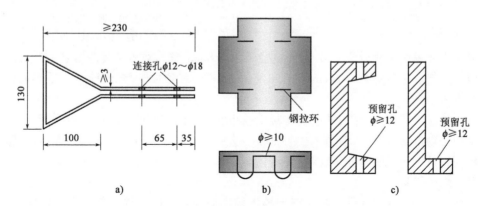

图 3.3.28 面板与筋带的连接方式(尺寸单位:mm)
a)钢锚板;b)钢拉环;c)预留孔

无论采用何种方式连接,外露在混凝土外部的钢环和钢板等部分均应做防锈处理,与聚丙烯土工带接触面处应做隔离处理,可用涂刷聚氨酯或两层沥青两层布作为防锈和隔离措施。埋于土中的接头,施工前可用浸透沥青的玻璃丝布绕裹两层防护。

②拉筋

拉筋(筋带)的作用是通过拉筋与填料之间的摩擦作用,承受垂直力和水平力,从而使加筋体稳定。筋带材料应具有较高的抗拉强度;受力后变形小,不易产生脆性破坏;与填料产生足够的摩擦力;耐腐蚀性和耐久性好;具有一定柔性、韧性,加工、接长和与墙面板的连接简单、牢固可靠。常用的筋带有镀锌薄钢带、铝合金、钢筋混凝土带、聚丙烯土工带和钢塑复合带等。

a. 钢带

钢带通常采用3号软钢轧制,分光面带和有肋带,其横断面为扁矩形,宽度不小于30mm,厚度不小于3mm(图3.3.29)。

有肋钢带与土的摩擦力大于无肋钢带,而且可以减短筋带锚固长度,减少筋带用量,因此一般均选用有肋钢带。当采用光面带时,也可用6mm圆钢筋焊在钢带上作肋。

如需接长,应考虑搭接部分长度,当用插销或螺栓连接时,须在钢带上冲孔。

钢带的特点是拉力大、变形小、使用寿命长,但由于价格较高、加工制作量大、连接不方便,以及热喷涂防腐工艺较复杂等,使其应用并不普及。因此,目前钢带尚未得到大量采用。

b. 钢筋混凝土带

钢筋混凝土带强度高、变形小,由于表面粗糙、与填料之间的摩擦力大,具有抗拉拔能力大的特点,在工程中使用效果较好。但其造价比聚丙烯土工带高出一倍以上,且制作与安装复杂,接头的防腐工作量也较大(图3.3.30)。

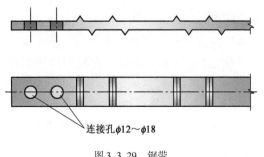

图3.3.29 钢带

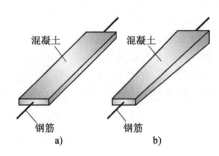

图3.3.30 钢筋混凝土带
a)矩形带;b)楔形带

混凝土强度等级不宜低于C20,主筋直径不小于8mm,筋带可做成等厚等宽的矩形断面或变宽的楔形断面。带宽为10~25cm,厚为6~10cm,在同等条件下,楔形筋带比矩形筋带与填料之间的摩擦力大。

为防止或减少混凝土断裂,通常在混凝土中布设钢丝网。钢筋混凝土带可采用分节预制,分节长度视工地搬运条件,一般为2.0~3.0m。筋带的接头处应用焊接或螺栓连接,外露钢筋表面应用沥青纤维布做防腐处理,以减缓锈蚀。

c. 聚丙烯土工带

聚丙烯土工带(P-P带)是国内加筋土挡土墙中应用较多的一种筋带(图3.3.31)。它具有弹性模量低、变形大,抗腐蚀、抗酸碱和耐疲劳性能好,施工操作简便、速度较快,使用费用低等特点,但在拉力作用下延伸率和蠕变量大,加之强度低,在光照下衰减快、易老化。因此,在施工中使用应慎重,尤其在含有硬质尖棱的碎石中,为防止应力集中禁止使用。施工时应采用专业工厂定型生产的防老化聚丙烯土工带。断面一致,带宽应大于18mm,厚度应大于0.8mm。

d. 钢塑复合带

钢塑复合带是用高强钢丝与聚丙烯塑料复合而成,它集刚性与柔性筋带的优点,即强度高、变形小,耐腐蚀性好,使用寿命长,造价低(图3.3.32)。

钢塑复合带制作加工简单,接长或与面板连接方便。通常其宽度大于30mm,厚度大于1.5mm,断裂伸长率不大于2%,表面有粗糙花纹。抗拉强度由钢丝承组,聚丙烯塑料对钢丝起防腐作用,设计强度应考虑接头处或破损处的钢丝锈蚀的影响而折减。

图3.3.31 聚丙烯土工带

图3.3.32 钢塑复合拉筋带

(2)加筋土挡土墙施工

加筋土挡土墙施工一般包括下列工序:基槽(坑)开挖、地基处理、排水设施、基础浇(砌)筑、构件预制与安装、筋带铺设、填料填筑与压实、墙顶封闭等,其中现场墙面板拼装、筋带铺设、填料填筑与压实等工序是交叉进行的。

①基础工程

加筋土挡土墙基础分为加筋体基础和墙面板基础。

a. 加筋体基础

加筋体基础实际上就是墙后填料的基础。加筋体基础一般不需要做专门处理,这是加筋土挡土墙与其他重力式结构相比的另一个显著特点。施工时,均应按设计要求进行。对不同土质进行开挖时、应采用明挖、跳槽开挖等不同方式。遇有特殊水文地质情况加地基软弱或土质不良地段,应进行基底处理。墙址地面纵坡较大,当为岩层时,可在纵向做成台阶,台阶尺寸随地形变动而定,宽度一般不小于50cm,高宽比不宜大于1:2;当为土质时,基底可分段落做成不大于5%的纵坡。

b. 墙面板基础

加筋土挡土墙的基础(图3.3.33)主要是指墙面板下的基础,其作用是便于安砌墙面板,起支托和定位作用。因此,基础可以做得很小,一般设置宽度为30~50cm,厚度为25~40cm的条形基础。其断面视地基、地形条件而定,通常为矩形断面,顶面做成一凹槽,以便于底层面板的安装与固定,按设计要求预留伸缩沉降缝,从基础底面一直到顶面应严格控制高程。

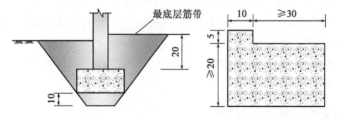

图3.3.33 墙面板基础(尺寸单位:cm)

条形基础一般采用C20现浇混凝土或预制块件及片(块)石砌筑,由于现浇与预制块相比有两个不足:一是成型期较长;二是在荷载作用下,一旦地基稍有变形,现浇基础极易折断,导致连锁反应,引起面板破坏。因此,对于一般石质地基宜用前者,土质地基则宜用后者。

对于土质地基,应先铺设一层10~15cm的砂砾石作垫层,以改善基底整体性,然后再支模现浇或砌筑。

如果地基土质较差,承载力不能满足要求,应进行地基处理,如采用换填、土质改良以及补强等措施。当地基为出露岩石时，一般可在基岩上打一层素混凝土找平层，然后在其上砌筑加筋土挡土墙墙面。

c.面板安装

a) 面板的运输与堆放

混凝土面板在运输过程中，应轻搬轻放，堆放时一般可以采用竖放和平放两种方式，堆放时要防止插销和扣环的变形、角隅的损坏。平放时，面板堆积一般不宜超过5块，板块间可用方木衬垫，上下垫木要求应位于同一垂线上，以防止由于面板产生弯曲和剪切而出现裂纹。

b) 面板的安装放样

面板放样一般可与基础放样同时进行，测定挡土墙基础轴线时，即在墙趾两端基础轴线桩位置上沿横断面方向埋设混凝土放样板，板宽30cm，长度根据墙高确定，一般应较最大墙高的水平投影长度长60cm，放样板应埋入地面以下10cm以上，露出地面5cm左右。

放样时，用经纬仪过基础轴线点作基础轴线的垂线，并将垂线用墨斗打印在放样板上。这时，从基础轴线点起，按每层面板水平投影宽度依次在墨线上画出各层面板顶面外缘基线点，钉上元钉或打上墨线，用红漆标明层次编号，即告完成（图3.3.34）。

另一种放样是在清洁的条形基础顶面，准确画出面板外缘线，在确定的外缘线上定点并进行水平测量，放样板、挂线杆和基础轴线在施工期间应妥善保护，避免撞压。

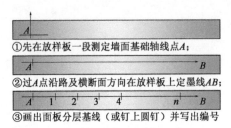

图3.3.34 面板安装放样

c) 面板的安装

当挡土墙的基础强度达70%以上时，即可安装第一层墙面板。安装面板可以从墙端和沉降缝两侧开始，配以适当的吊装设备，即可吊线安装就位。面板在起吊升降定位时要求平稳，慢速轻放，切忌碰撞。所有面板在安装前必须仔细检查，若有裂纹或其他缺陷者，一律弃之不用。

当有必要时，底座处可用低标号砂浆嵌填调整高程，一般情况下，同层相邻面板水平误差不应大于10mm，轴线偏差每20延米不应大于10mm。同时可用垂线法控制单块面板的倾斜度，内倾度一般可允许在2%~5%范围之内。

为防止相邻面板错位和确保面板的相对稳定，第一层面板的安装宜用斜撑固定，以上各层宜采用夹木螺栓固定（图3.3.35）。

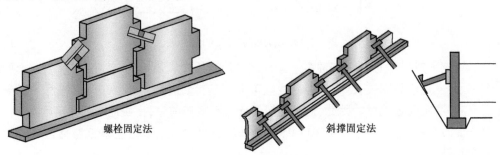

图3.3.35 面板固定

当两端墙面板初步安装好后,即可挂线安装中间块件,以后各层面板的安装均在面板中心画上中心线,挂线控制中心线对齐安装缝中心以保证安装整齐。第一层次块件全部初步安装完成后,即可按下列工序施工:填料→压实→铺设筋带→覆盖填料→校正面板→填料→压实→校正面板→安装另一层面板。

每层面板的填料碾压稳定后,应对面板的水平和垂直方向位置用垂球或挂线检查,不能将误差累积几层后进行总调整。不允许在未完成填土作业的面板上安装上一层面板,以防止面板插销孔和板块翼缘损坏。

d) 面板外倾及内倾的处理

当面板外倾时,需先挖去墙面板后局部填土至露出锚固带,用长约15cm的细木棒或钢筋头绞紧锚固带,使面板恢复至正确位置,然后将土回填,并连同绞棒一起埋入夯实,再在筋带尾部将其收紧拉直;当面板内顿时,可用一很长约60~80cm的短木棒,使之一端顶住夯实土体,一端顶住面板背面中部位置,用手锤轻轻捶打木棒,使面板徐徐外倾,直到准确位置,校正后的墙面应平整、顺适。

d. 筋带运输与堆放

a) 筋带的运输、堆放及裁料时应注意安全;钢筋混凝土带运输时应轻装轻卸。堆放时应平放,上下层之间应相互垂直,堆放高度一般不宜超过10层。钢筋混凝土带应进行表面检查、清理、补修,按各层筋带的设计长度准备相应节数,并调直连接钢筋。

b) 钢带应堆放在垫木上,垫木高度离地面不宜小于20cm。钢带首先进行调直,然后按各层筋带的设计长度裁料,如需接长则应考虑搭接部分所需长度,若采用插销或螺栓连接,还应按设计要求在钢带上冲孔。

c) 聚丙烯土工带和钢塑复合带在光照下易老化,故其储存要求严格避光,应堆放在通风遮光的室内,并且与汽油、柴油、酸、碱等腐蚀性材料隔绝。施工时应随裁随用,及时铺设,及时掩埋,以保证工程质量。聚丙烯土工带的下料长度应为分层设计长度加上穿孔和绑扎长度,因在施工中多采用穿过面板预埋的拉环扎成一束,故下料长度一般为2倍设计长度加上穿孔所需长度。

e. 筋带的连接、铺设

a) 钢筋混凝土带

钢筋混凝土带与面板拉环的连接以及每节钢筋混凝土带之间的钢筋连接,可采用焊接、扣环连接或螺栓连接。筋带底面的填料应平整密实,但为了保证填料压实度的均质性,避免压路机直接或在填料覆盖过薄的筋带上碾压,造成筋带损伤破碎,钢筋混凝土带可在压实的填料达到设计标高后,按设计位置挖槽铺设,并用原土回填夯实,必要时可用石灰土或贫混凝土加强回填。当开挖达不到底面平整要求时,也可直接铺设于平整压实的填料上,然后再填筑压实,但必须保证其位置的正确性。

b) 钢带

钢带与面板拉环(片)的连接和钢带的接长,可用插销连接、焊接或螺栓连接。钢带应平顺铺设于已压实整平的填料上,不得有弯曲或扭曲,然后将其连接在面板拉环处。敷设时筋带与面板背面垂直,再将少量填料从拉环处向筋带尾部铺压,注意不能使筋带扭转,并从尾部张拉一次。铺设时应小心操作,不可推移或带起筋带,填料整平后,即可按压实程序进行碾压。

c) 聚丙烯土工带

聚丙烯土工带与面板的连接,一般可将土工带的一端从面板预埋拉环或预留孔中穿过,折回与另一端对齐。土工带可采用单孔(环)穿过、上下孔(环)穿过或左右孔(环)合并穿过,并在拉环处用短筋带绑扎牢固(图3.3.36)。

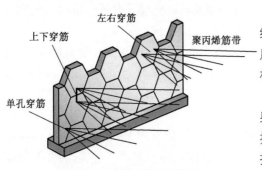

无论哪种方法均应避免土工带在环(孔)上绕成死结,否则会使聚丙烯材料超过其抗弯折强度,影响筋带的使用寿命,绑扎时应绑紧,防止松动。

敷设时使筋带与板背面垂直,并略呈扇形辐射状铺设在压实平整的填料上,再将少量填料从拉环处向筋带尾部铺压,不得使筋带重叠、卷曲或折曲,铺压结束后从尾部将筋带张拉一次,并用小杵子固定局部,即可铺筑填料。聚丙烯土工带不得与硬质、棱角填料直接接触,拉环与筋带之间应予隔离处理。

图3.3.36 钢筋混凝土筋带布设

d) 钢塑复合带

在摊铺压实的填料上,人工找平、铲坡,并在筋带设计长度尾部处挖一浅槽,埋入10cm×10cm×300cm方木,用定位栓固定,拉环处的筋带用扣销固定成辐射状。

先粗穿筋带,然后逐根理顺调正,用夹具逐根张紧后,钉在方木上,并使筋带紧贴填料,仔细查看,以确保松紧程度一致,达到受力均匀,不得有折曲、卷曲和重叠,验收合格后摊铺填料。

f. 增强筋带的布设

筋带一般应水平铺设,并垂直于墙面板,如图3.3.37所示。加筋土挡土墙的拐角处和曲线部位,布筋方向也应与墙面垂直。在弯道上的加筋土挡土墙在平面上成折线,则角隅处应采用角隅布设增强筋带。

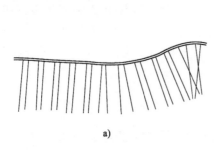 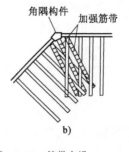 

图3.3.37 筋带布设

g. 筋带的防锈和隔离

a) 钢件的防锈

由于钢带、钢筋混凝土带的外露钢筋以及混凝土面板的钢拉环和螺栓等部件,长期埋于土中而易产生锈蚀,从而影响有效断面和使用寿命,在施工中必须进行防锈处理,其处理方法有:钢带镀锌、涂刷防锈漆、裹镀三油二布、覆盖沥青砂、涂塑。

b) 拉环与聚丙烯土工带的隔离

当聚丙烯土工带绕在面板钢拉环之前,拉环宜采用三油二布、橡胶包裹或涂塑等,保护拉环并使土工带与拉环隔离,避免聚丙烯土工带与钢拉环的铁离子直接接触,以减小土工带的老化和溶解。

② 填料施工

加筋土挡土墙是依靠拉筋与填料之间的摩擦力以维持结构的稳定。填料应优选渗水性好的材料,当用不透水填料时,宜在墙背50cm范围内采用砂砾石类土,以便墙后积水溢出。粒径不应大于10cm,不得采用膨胀土。

a. 面板安装、筋带铺设和埋地下排水管完成到位并检查验收合格后,用准备充足的合格填料进行填料施工。

b. 卸料机具和摊铺机械与面板距离不应小于1.5m,以防止施工机械在卸料时撞动已安装好的面板。施工时距面板1.5m以外机械摊铺时,应设明显标志,易于司机观察。

c. 填筑时,距面板1m范围内先不予回填,只填筑1m范围以外的填料并压实(图3.3.38)。在铺设上层筋带之前,再回填此预留部分,并用人工或小型压实机具压实后,铺设上层筋带。如此逐层预留,逐层摊铺压实,循环作业。

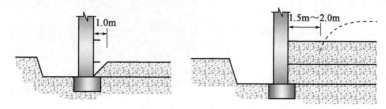

图3.3.38 填料填筑

压实厚度除按规定外,应考虑筋带的竖向间距,适当调节,但每层厚度不得大于20cm。而钢筋混凝土筋带顶面以上填料一次摊铺厚度不应小于20cm,以防机械作业时直接撞动(或碾压)已铺设好的钢筋混凝土带。

d. 所有机械的行驶方向应与筋带垂直,并不得在未覆盖填料的筋带上行驶(图3.3.39)。机械碾压禁止使用羊角碾。不得在填料上急转弯和急刹车,以免破坏筋带。填料摊铺、碾压应从筋带中部开始平行于墙面碾压,先向拉筋尾部逐步进行,然后再向墙面方向进行,严禁平行于拉筋方向碾压。

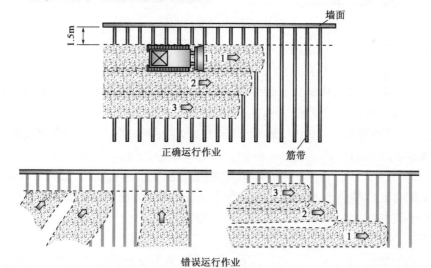

图3.3.39 填料运行路线

③其他工程施工

a. 加筋土的排水管、反滤层及沉降缝等设施应同时施工。为使墙背反滤层的实际效果良好,防止淤塞,应做到各层反滤层材料筛洗干净,并严格按设计图规定的级配、尺寸和层厚进行施工。排水设施施工应注意水流通道,不得有碍水流或积水(如反坡)等。

b. 压顶(帽石)一般用 C15 混凝土现浇,厚度 20~50cm,目的是封固边口,防止外界作用造成面板松动脱落。加筋土挡土墙更注重外观,所以压顶应线条平整、与墙体一致。

c. 错层施工应有明显停顿,一层完工后,再进行第二层施工。

4)薄壁式挡土墙

(1)薄壁式挡土墙的构造

主要包括悬臂式挡土墙和扶臂式挡土墙(图 3.3.40 和图 3.3.41)两种。

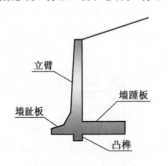 

图 3.3.40 悬臂式挡土墙

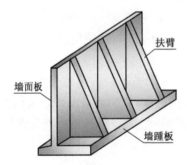 

图 3.3.41 扶臂式挡土墙

悬臂式挡土墙是由立臂和底板组成,具有三个悬臂,即立臂、趾板和踵板,同时固定在中间夹板上。墙的稳定性依靠墙身自重和踵板上的填土重量来保证,而趾板的设置又显著增加了抗倾覆力矩的力臂,因此结构形式比较经济。为增加挡土墙的抗滑稳定性,减少墙踵板的长度,通常在墙踵板的中部位置设置凸榫。

悬臂式挡土墙构造简单,施工方便,能适应较松软的地基,墙高一般不宜超过 6m,超过 4m 时,宜在立臂前设置加劲肋。

当墙高大于 6~8m 时,立臂下部的弯矩大,钢筋与混凝土用量剧增,影响这种结构形式的经济效果,此时可在墙的延长方向隔一段距离增设一道肋板(扶臂)连接墙面板及踵板,则变成扶臂式挡土墙,如图 3.3.41 所示。扶臂式挡土墙高度不宜大于 10m。

(2)薄壁式挡土墙施工

悬臂式与扶臂式挡土墙均应设置伸缩缝,沉降缝、伸缩缝的间距不应大于 20m。沉降缝、泄水孔的设置与重力式挡土墙的要求相同。

墙身混凝土标号不宜低于 C20,受力钢筋直径不应小于 12mm。墙趾板、墙踵板、墙面板及扶臂的钢筋应一次绑扎、安装,宜一次完成混凝土灌注。墙面板、扶臂的模板应支架稳固、接缝紧密、具有足够的强度和刚度。墙后填土应在墙身混凝土的强度达到设计强度的 70% 后方可进行。填料应分层夯实,反滤层应随填筑及时施工。

立臂的混凝土是在墙底部分混凝土凝固以后才进行灌注的,因而在立臂底面形成一施工缝。较好办法是把立臂下部几寸高的混凝土与墙底板部分同时灌注。混凝土灌注后,将层面上的残渣除去,并将此层面凿毛,露出粗骨料,这一小部分立臂可以作为立臂的模板底部定位之用。

3.2.4 抗滑桩

抗滑桩又称锚固桩。抗滑桩埋于稳定滑床中,依靠桩与桩周岩(土)体的相互嵌制作用把滑坡推力传递到稳定地层,利用稳定地层的锚固作用和被动抗力,使滑坡得到稳定。桩可改善滑坡状态,促使滑坡向稳定转化。抗滑桩的埋置情况如图3.3.42所示。

从桩的材料和施工方法上看,抗滑桩与一般用于基础的桩并无显著区别。目前,我国铁路部门所采用的抗滑桩大多是人工挖孔就地灌注的钢筋混凝土矩形桩。

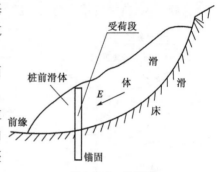

图3.3.42 抗滑桩

按桩的变形条件,抗滑桩可分为刚性桩、弹性桩两种。刚性桩在侧向推力作用下,桩身的挠曲变形很小,可忽略不计,桩在土中产生整体转动位移,桩的侧向位移随离转动中心的距离而成直线增加。弹性桩在侧向推力作用下,它的变形以桩身的挠曲变形为主,而桩整体转动所引起的变形可略而不计。

按桩的埋置情况和受力状态,抗滑桩可分为全埋式和悬臂式两种。全埋式桩即是桩前桩后均受外力作用,如桩前滑动面以上部分对桩不产生作用力时称为悬臂桩。

抗滑桩应用于整治滑坡有如下一些优点:与抗滑挡土墙比较,它的抗滑能力大,圬工小;设桩位置比较灵活,可集中设置,也可分级设置,可单独使用,也可与其他支挡工程配合使用;桩施工时破坏滑体范围小,不致改变滑坡稳定状态;施工简便,采用混凝土护壁后施工安全;由于分段同时施工,劳力易于安排,工期可缩短;成桩后能立即发挥作用,有利于滑坡稳定,而且施工不受季节限制;施工开挖桩孔过程中易于校对地质资料,如有出入可及时修改设计;采用抗滑桩处理滑坡时,可不做复杂的地下排水工程。因此,抗滑桩在滑坡整治中得到了广泛应用。

抗滑桩除用于稳定滑坡外,还可用于路基边坡加固,防止填方沿基底滑动,加固已成建筑物,如挡土墙及隧道防止开裂扩大等等。

抗滑桩一般设置在滑坡前缘抗滑段上,并垂直于滑坡主滑方向成排布置。

抗滑桩设计计算包括桩截面尺寸及合理间距的确定、桩的长度及锚固深度的确定、作用与桩身的外荷载计算。推力在桩上的分布,可根据滑体的性质来确定。当滑体为黏聚力较大的黏土、土夹石、较完整的岩层时,滑体系均匀向下蠕动,或整体向下移动,故推力可按矩形分布考虑;当滑体为松散体或堆积层时,可按三角形分布考虑;当滑体不属上述情况,而介乎两者之间时,可按抛物线形或简化为梯形分布考虑。

推力在桩上的分布,实际上还与桩的变形性质、桩前滑体产生抗力的性质、滑体面性质与倾角大小及滑动的速度有关,是一个比较复杂的问题,所以,精确的计算方法还需进一步研究。

桩的截面形式和施工方法有关。挖孔桩采用矩形断面,其长边顺滑动方向布置,最小边长不宜小于1.25m,长边一般用2~4m。桩的间距,应根据不使上方滑体从桩间滑走,又不致过密的原则来确定。有滑体试验资料时,应根据试验资料确定,无试验资料时,可参照经验数据确定。一般滑体较完整的,土质较密的,桩的间距可大一些。

桩的长度和锚固深度需要经过计算确定。当桩的位置确定后,桩的全长等于滑体厚度加上桩的锚固深度。桩的锚固深度不足时,桩就有被推倒的危险,锚固太深既施工困难又不经济。一般锚固深度约为桩全长的1/2~1/3。

抗滑桩承受的荷载除了滑坡推力之外,还有地基抗力。抗滑桩所承受的滑坡推力经过桩的传递,为地基抗力所平衡,但是,地基抗力是一个未知量,它的大小、分布与地基的性质、桩的变形量的大小等有关。当桩周地基的变形处于弹性阶段时,抗力按弹性抗力计算;当变形处于塑性阶段时,按地基侧向允许承载力计算;处于变形范围较大的塑性阶段时,则采用极限平衡法计算岩、土层的抗力值。在一般条件下,若不产生塑性变形时,均可按弹性抗力考虑。

实践证明,抗滑桩用于整治滑坡是有效的。设计中所应用的理论和计算方法在不断地完善,结构形式也在不断改进。为增强支挡斜坡的稳定性,防止受荷段桩间土体下滑,在桩间增设挡土板,构成桩和板组成的桩板式抗滑桩(墙),如图3.3.43所示。承台式抗滑桩是由若干根桩的顶端用混凝土板或钢筋混凝土板连成一组共同抗滑的桩体。承台在平面上呈矩形、T形和拱形,可分别连接三根或四、五根桩共同抗滑。它抗滑能力很强,设置简便。当承台上增设有挡土墙和拱板时,就构成椅式桩墙。排架式抗滑桩是由两根竖桩与两根横梁连接成的整体桩体,它刚度大、抗滑能力强,设置简便,受力条件较排式单桩有明显改善。

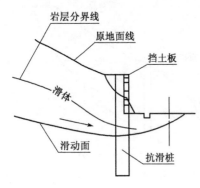

图3.3.43 桩板式抗滑桩

技能训练

- 设备及材料:全站仪(经纬仪)、花杆、线绳、垂球、坡度尺、1米长板尺、定位木桩。
- 步骤:根据挡土墙结构图,进行挡土墙基础、墙身放样。
- 成果:延长10米挡土墙放样定位桩(线)。

复习思考题

1. 路基的附属工程包括哪些?
2. 路基排水系统设计的原则是什么?
3. 路基排水有哪两种? 各有哪些设备? 设置位置在何处?
4. 地面排水设备的标准断面尺寸如何? 加固类型有哪几种?
5. 地下水的处理措施有几种? 各适用于什么情况?
6. 路基防护类型有哪几种? 各适用于什么情况?
7. 边坡渗沟、支撑渗沟的构造和作用有何不同?
8. 防护、加固设备的作用有何不同?
9. 铁路工程中常用的挡土墙类型有哪几种? 重力式挡土墙构造有何要求?
10. 何谓沉降缝及伸缩缝? 其构造要求是什么?
11. 路基边坡的其他加固类型有哪些?

项目 4

轨道铺设施工

📂 项目描述

铁路轨道包括有砟轨道和无砟轨道,轨道要确保高速运营的安全,需要足够的平顺度,因此就必须清楚轨道结构组成及其施工标准,加强对轨道施工过程质量的控制。本项目内容从轨道结构入手,介绍有砟轨道和无砟轨道结构组成及轨道状态标准,重点学习有砟轨道铺设施工工艺、道岔铺设施工工艺及质量检测,培养学生识读轨道结构图、使用小型设备检测轨道状态、识读轨排铺设计划图、正确计算轨道施工配件量、检测道岔的铺设质量等能力。

📂 学习目标

知识目标

- 正确描述有砟轨道的结构组成和适用条件;
- 简述有砟轨道的连接方式、轨枕的安装要求,道床的结构形式;
- 简述无砟轨道的类型及结构组成;
- 简述板式无砟轨道的结构构造;
- 简述双块式无砟轨道的结构构造;
- 正确描述无砟轨道的扣件类型及构造;
- 正确描述轨道状态的五个要素和基本检测标准;
- 简述道岔的结构及分类;
- 简述轨排铺设计划的基本步骤和方法;
- 正确描述有砟轨道铺设施工基本工序;
- 正确描述道岔铺设施工基本工序;

能力目标

- 能用道尺对有砟轨道结构的轨道状态进行检查;
- 能识读有砟轨道和无砟轨道结构图;
- 能正确选用不同轨道结构的扣件并进行安装;
- 能用道尺对轨道结构的轨道状态进行检查;
- 能用塞尺对有砟轨道轨缝和无砟轨道结构的扣件进行检查;
- 能用道尺、支距尺对道岔进行检查;
- 能正确进行轨道结构配件数量的计算;
- 能进行轨道轨向和高低的检查;
- 会进行曲线轨排的布轨计算,能编写简单的轨排铺设计划;
- 能识读轨排计划图,指导轨排组拼施工;
- 能识读道岔施工图,指导道岔铺设施工,清楚道岔检测的部位和标准。

📂 相关案例

任务 1 有砟轨道结构

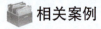
工作任务

1. 能识读有砟轨道和无砟轨道结构图;
2. 能正确选用不同轨道结构的扣件并进行安装。

1.2 相关配套知识

轨道是铁路线路的组成部分,这里所指的轨道包括钢轨、轨枕、连接零件、道床、防爬设备和道岔等(图4.1.1)。作为一个整体性工程结构,轨道铺设在路基之上,起着列车运行的导向作用,直接承受机车车辆及其荷载的巨大压力(垂直压力、横向水平力、纵向水平力、温度附加力)。在列车运行的动力作用下,它的各个组成部分必须具有足够的强度和稳定性,结构要合理,尺寸及材质要相互配合,等强配套,保证列车按照规定的最高速度,安全、平稳和不间断地运行。

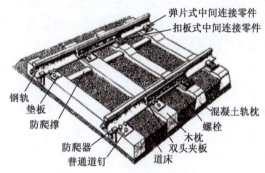

图4.1.1 轨道的基本组成

1.2.1 钢轨及轨缝

1) 钢轨的功用、性能和断面

(1) 钢轨的功用

不管铁路交通采用何种类型、何种形式的轨道结构,钢轨都是铁路轨道的主要部件。钢轨与机车车辆的车轮直接接触,钢轨质量的好坏直接影响到行车的安全性和稳定性。为了使线路能按照设计速度保证列车运行,钢轨必须具备以下几方面的功能:

①为车轮提供连续、平顺和阻力最小的滚动面,引导机车车辆前进。车辆要求钢轨表面光滑,减小轮轨阻力;而机车要求轮轨之间有较大的摩擦力,以发挥机车的牵引力。

②钢轨要承受来自车轮的巨大垂直压力,并以分散的形式传给轨枕。在轨面要承受极大的接触应力。除垂直力外钢轨还要承受横向力和纵向力。在这些力的作用下,钢轨要产生弯曲、扭转、爬行等变形,轨头的钢材还要产生塑性流动、磨损等;因此要求钢轨有足够的强度、韧性、耐磨性。

③兼做轨道电路,为轨道电路提供导体。

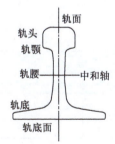

图4.1.2 钢轨截面形状

(2) 钢轨的断面

从构件截面的力学特性可知,工字型截面的构件具有较好的抗弯曲性能。可把钢轨看成是连续弹性地基梁,或连续点支撑地基梁。根据钢轨的功能要求,一般将钢轨截面设计成工字形,如图4.1.2所示。钢轨截面由轨头、轨腰和轨底3部分组成,相互之间用圆弧连接,以便安装钢轨接头夹板和减少截面突变引起的应力集中。钢轨的3个主要尺寸是钢轨高度、轨头宽度、轨底宽度。根据钢轨的受力特点,对轨头、轨底、轨腰的要求如下。

①轨头宜大而厚,并具有与车轮踏面相适应的外形,以改善轨轮接触条件,提高抵抗压陷的能力,同时具有足够的支撑面积,以备磨耗。钢轨顶面在具有足够宽度的同时,为使车轮传来的压力更集中于钢轨中心轴,顶面形状为隆起的圆弧形。

②轨腰必须有足够的厚度和高度,具有较大的承载能力和抗弯能力。轨腰的两侧或为直线,或为曲线,而以曲线最常用,以有利于传递车轮对钢轨的冲击力作用和减少钢轨轧制后因冷却而产生的残余应力。我国设计的标准50kg/m、60kg/m和75kg/m钢轨的轨腰圆弧半径分

别采用350mm、400mm、450mm。轨腰与钢轨头部和底部的连接,必须保证夹板能有足够的支承面,并使截面的变化不致过分突然,以免产生过大的应力集中。

③轨底直接支承在轨枕顶面上,为保持钢轨稳定,应有足够的宽度和厚度,并具有必要的刚度和抗锈蚀能力。轨底顶面可以做成单坡或折线坡的斜坡。

钢轨高度要保证有足够的惯性矩和截面系数来承受车轮的竖直压力,并要使钢轨在横向水平力作用下具有足够的稳定性。钢轨身高与轨底宽度之间应有一个适当的比例,一般地,$H/B = 1.15 \sim 1.20$。

为使钢轨轧制冷却均匀,轨头、轨腰及轨底的面积应有一个最适当的比例。根据上述要求,我国的60kg/m和75kg/m钢轨标准截面尺寸如图4.1.3所示,其余部分的截面尺寸及特征如表4.1.1所示。

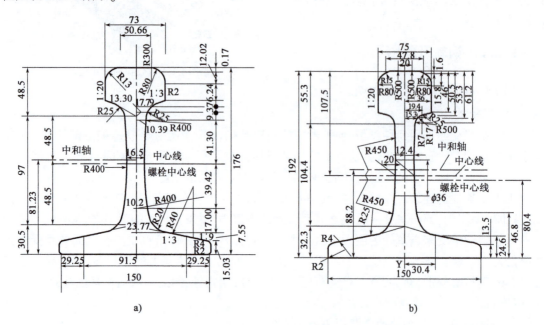

图4.1.3　60kg/m、75kg/m钢轨断面形状(尺寸单位:mm)
a)60kg/m钢轨;b)75kg/m钢轨

钢轨截面尺寸及特性参数　　表4.1.1

项　目	钢轨类型/(kg/m)			
	75	60	50	45
每米质量 kg/m	74.114	60.64	54.514	44.653
截面面积 F/cm²	95.073	77.45	65.8	57
重心距轨底面的距离 y/mm	88	81	71	69
对水平轴的惯性矩 J_x/cm⁴	4490	3217	2037	1489
对竖直轴的惯性矩 J_y/cm⁴	665	524	377	260
底部截面系数 W_1/cm³	509	396	287	217
头部截面系数 W_2/cm³	432	339	251	208
轨底横向挠曲截面系数 W_3/cm³	89	70	57	46
钢轨高度 H/mm	192	176	152	140

续上表

项　目	钢轨类型/(kg/m)			
	75	60	50	45
钢轨底宽 B/mm	150	150	132	111
轨头高度 h/mm	55.3	48.5	42	42
轨头宽度 b/mm	75	73	70	70
轨腰厚度 t/mm	20	16.5	15.5	14.5

2) 钢轨的类型

世界上铁路所用的钢轨类型通常按取整后的每延米质量来分,在轴重大、运量大和速度高的重要线路上采用质量大的钢轨,在一般次要线路上使用的钢轨质量相对要小一点。我国铁路所使用的钢轨类型有 45kg/m、50kg/m、60kg/m 和 75kg/m。目前我国标准钢轨的长度有 25m、12.5m 和 100m 定尺轨三种,还有比 25m 缩短 40mm、80mm、160mm 的标准短轨。

3) 钢轨的伤损

钢轨伤损是指钢轨在使用过程中发生裂纹、折断、磨耗以及其他影响和限制钢轨使用性能的病害。其伤损的原因,既有钢轨在冶炼过程中出现的缺陷,又有在运输、使用过程中出现的破损。因此,及时发现钢轨的伤损,摸清钢轨伤损规律,进而加强对钢轨的管理工作,这对铁路工务部门是极为重要的。钢轨伤损分为:锈蚀、折断、磨耗。

(1) 锈蚀

钢轨的锈蚀多出现在隧道、盐渍土地区,故决定钢轨使用寿命的主要因素是折断和磨耗。

(2) 折断

钢轨因折断而更换的数量,虽然一般不超过更换总数的 1%～2%,但它是在行车中突然发生,对行车安全威胁很大,因此钢轨的折断是一个重要问题。造成钢轨折断的主要原因是疲劳伤损,除因钢轨材质外,在气候寒冷季节更为突出,重载情况下钢轨折断更为严重。

(3) 磨耗

钢轨磨耗分轨顶垂直磨耗、轨头侧面磨耗和波浪形磨耗。不管在直线还是在曲线上都存在垂直磨耗。垂直磨耗与轮轨之间的垂直力和轮轨之间的蠕滑、摩擦等因素有关,随着线路通过总质量的增大,垂直磨耗也相应的增大。当垂直磨耗量增加到一定值的时候就得更换钢轨。在正常情况下决定钢轨使用寿命的两项依据是:钢轨强度下降和车轮轮缘不与接头夹板上缘碰撞。

钢轨侧面磨耗主要发生在曲线轨道的外股钢轨。随着电力、内燃机的应用和机车牵引功率的增大,钢轨侧磨的情况更加严重。钢轨侧磨直接影响到曲线钢轨的使用寿命,特别是在半径 800mm 以下的曲线,这一情况更加严重。在直径为 600mm 的曲线上,运量达到 1 亿 t 就要更换,仅为其使用寿命的 1/7。

钢轨侧磨使得轨头宽度变窄,钢轨在侧磨过程中轨头下侧钢材产生塑性变形,产生裂纹,严重时形成核伤等病害。工务方面减缓曲线钢轨侧磨的措施有:合理调整轨道结构参数,如轨距、轨底坡、超高等;改善轨道结构的动力性能,如改变轨道结构动力弹性;钢轨侧面涂油等。

钢轨波浪形磨耗简称波磨,是指钢轨投入运行后在钢轨表面上出现的有一定规律的周期性磨损和塑性变形。钢轨波磨的问题一直是制约铁路高速重载发展的主要因素,其发生和发展规律的机理相当复杂,至今未被人们所掌握。根据波长可将波磨分成两大类:波长在 30～

80mm,波深0.1~0.5mm,波峰亮,波谷暗,规律明显,此类波磨称为波纹磨耗;波长为150~600mm及以上,波深0.5~5mm,波峰波谷都发亮,波浪界限不规则,此类波磨称为长波磨耗。

波磨一般出现在曲线地段,在半径为300~4500m的曲线上都可能发生波磨。列车制动地段的波磨出现概率和磨耗速率都较大。直线地段出现波磨的情况很少。波磨的成因十分复杂,有钢轨材质原因,也有机车车辆动力性能的原因,还有列车运行工况的原因。防止和减缓钢轨波磨的措施有:提高轨道结构的弹性;合理设置曲线轨道参数;钢轨表面打磨等。

4)轨缝

钢轨与钢轨之间留有一定的缝隙(称为轨缝),通过夹板和接头螺栓将钢轨夹紧而连接起来。随着轨温的变化,钢轨要伸缩,这个伸缩量是由钢轨螺栓孔、夹板螺栓孔与螺杆之间的间隙来提供的,我们把它们之间在构造上能实现的轨端最大缝隙称为构造轨缝。在铺轨施工时,也需要预留一定的轨缝,称为预留轨缝。预留轨缝要适当,能保证冬天不超过构造轨缝,以防止拉弯接头螺栓及增大车轮冲击;使夏天轨缝不顶严,以防温度压力太大而胀轨跑道。《铁路线路维修规则》(以下简称《修规》)规定普通线路预留轨缝计算公式为

$$a_0 = \alpha L(t_z - t_0) + \frac{1}{2}a_g \qquad (4.1.1)$$

式中:a_0——更换钢轨或调整轨缝时的预留轨缝(mm);

α——钢轨线膨胀系数,为0.0118mm/m℃;

L——钢轨长度(m);

t_0——更换钢轨或调整轨缝时的轨温(℃);

a_g——构造轨缝,38kg/m、43kg/m、50kg/m、60kg/m、75kg/m 钢轨 a_g 均采用18mm;

t_z——更换钢轨或调整轨缝地区的中间轨温(℃);

$$t_z = \frac{1}{2}(T_{max} + T_{min}) \qquad (4.1.2)$$

其中 T_{max}、T_{min}——当地历史最高和最低轨温(℃)。

最高、最低轨温差不大于85℃的地区,在按上式计算以后,可根据具体情况将轨缝值减小1~2mm。

25m 钢轨铺设地段,在当地历史最高轨温与最低轨温的差大于100℃时应个别设计。

12.5m 钢轨铺设地段,更换钢轨或调整轨缝时的轨温不受限制。25m 钢轨铺设地段,更换钢轨或调整轨缝时的轨温限制范围为((t_z-30℃)~(t_z+30℃));最高与最低轨温差不大于85℃的地区,如将轨缝值减小1~2mm,轨温限制范围相应地应降低3~7℃;特殊情况下,在轨温限制范围以外更换的25m 钢轨,必须在轨温限制范围以内时调整轨缝,使其符合上述规定。

1.2.2 轨枕

轨枕是轨下基础的部件之一,它的功能是保持钢轨的位置、方向和轨距,并将它承受的钢轨力均匀地分布到道床上。轨枕要有一定的坚固性、弹性和耐久性,并能便于固定钢轨,抵抗轨道框架结构的纵向和横向位移,并且应具有价格低廉、制造简单、易于铺设养护的特点。

世界铁路有砟轨道所用的轨枕主要有木枕、钢枕和混凝土枕。混凝土枕由于原料充分、轨道结构稳定、弹性均匀,是目前高速和重载铁路的首选轨枕类型。

1) 混凝土枕

(1) 优缺点

混凝土全称是预应力混凝土轨枕。混凝土轨枕结构形式有整体式、组合式和短枕式3种，见图4.1.4。

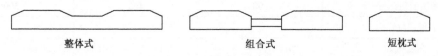

图4.1.4 混凝土枕的结构形式

钢筋混凝土轨枕材源丰富,尺寸统一,使轨道弹性均匀,从而提高轨道的稳定性。不受气候、腐朽、虫蛀及失火的影响,使用寿命长,养护工作量小,损伤率和报废率比木枕要低得多。但是钢筋混凝土轨枕弹性差、连接零件复杂、绝缘性较差、更换困难;道床受到较大的压力和冲击力,要求道床材料较好,断面厚度较大。

(2) 外形主要尺寸

各类混凝土轨枕的截面采用上窄下宽的梯形,这是为了增加轨枕的支撑面积,用以抵抗正弯距。对于标准轨距轨道,世界各国混凝土轨枕长度一般为2.2~2.7m,一般承轨台的宽度在185~190mm之间,枕底宽度在250~330mm之间。如图4.1.5所示。

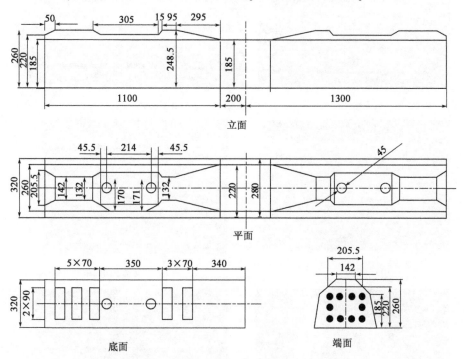

图4.1.5 Ⅲ型混凝土轨枕的外形和截面尺寸(单位:mm)

(3) 混凝土枕类型

目前我国使用的混凝土轨枕有Ⅰ、Ⅱ、Ⅲ型(图4.1.6)。其中Ⅰ型目前已经停止生产,在一级干线上也不得使用;Ⅱ型轨枕主要用于一般轨道,轴重为23t,客车行车速度在160km/h以下;Ⅲ型轨枕主要用于速度在160km/h以上,轴重为25t的提速重载线路。我国3种类型轨枕的主要设计参数见表4.1.2。

我国各类混凝土轨枕的主要设计参数　　　　　表4.1.2

轨 枕 类 型	Ⅰ 型		Ⅱ 型		Ⅲ 型	
轨枕长度/mm	2500		2500		2600	
轨枕质量/kg	250		251		320,340	
轨枕底面积/cm²	6588		6588		7720	
端头面积/cm²	490		490		590	
截面位置	轨下	中间	轨下	中间	轨下	中间
高度/mm	201	175	201	201	230	185
表面宽度/mm	165	155	165	165	170	200
底面宽度/mm	275	250	275	250	300	280
设计承载弯矩/(kN·m)	14.9	−8.0	13.3	−10.5	19.05	−17.30
抗裂弯矩/(kN·m)	17.7	−14.9	19.3	−14.0	27.90	22.50
扣件类型	70型扣板式,弹条Ⅰ型		弹条Ⅰ型		(a)弹条Ⅱ型 (b)弹条Ⅲ型	

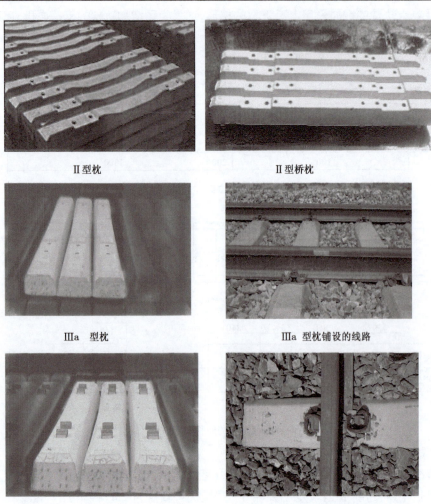

Ⅱ型枕　　　　　　　　　　Ⅱ型桥枕

Ⅲa 型枕　　　　　　　　　Ⅲa 型枕铺设的线路

Ⅲb 型枕　　　　　　　　　Ⅲb 型枕铺设的线路

图4.1.6　混凝土轨枕类型

2)混凝土宽枕

混凝土宽枕如图4.1.7所示。目前我国铁路上使用的宽枕主要为弦76、筋76、筋82、弦82等几种型号,过去也曾用弦65A、筋65A、筋65B、弦72等。

由于混凝土宽枕薄而宽,在使用时是连续密排铺设,它与普通混凝土枕比较,具有下列优点:

(1)支承面积比普通枕增加1倍,因而有效地降低了道床应力和变形,使线路更加稳定,行车平稳;

(2)因为是连续密排(1760根/km)铺设,而且在宽枕底边之间用沥青之类的封闭层封闭,所以能持久、有效地保持道床清洁,延长了道床清筛周期,减少了维修工作量(为普通枕的1/3~1/2);

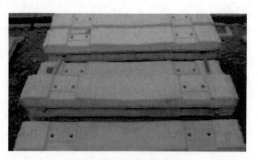

图4.1.7 混凝土宽枕

(3)重量大,轨道框架相对地稳定,道床阻力增加80%以上,有利于铺设无缝线路;

(4)外观整洁美观。

因此,混凝土宽枕特别适用于下列地段:

(1)运输繁忙,行车密度大,列车间隔时间短的线路上铺设宽枕后,大大减少了维修工作量,缓和了维修与运输的矛盾;

(2)在隧道内的线路维修条件差,铺设宽枕后可以有效地减少维修工作量,尤其在一些地质条件差,不能铺设整体道床的隧道,更加适合;

(3)在大桥桥头,大型客站正线、到发线的道床易脏污,为了减少养护工作,也宜采用。

由于宽枕重而宽,不便起道捣固,现在是采用起道垫砟和枕上垫垫板相结合的形式,要求垫砟的材料应是粒径为8~20mm的火成岩碎石,垫砟要均匀、准确。

3)轨枕的铺设数量及布置

(1)轨枕的铺设数量

每公里轨枕铺设的数量与运量、轴重及行车速度有关,每公里数量多,轨枕布置得密,传递到道床上的单位面积压力相对地减少,但是轨枕间隔窄了,也不便捣固。因此规定:混凝土枕每公里最多为1840根;每公里轨枕最小为1440根。在1440~1840根/km之间,轨枕的级差为80根/km,分别有1840、1760、1680、1600、1520、1440根/km。每公里采用哪种数量来铺设,是与线路等级有关,在既有线上,线路标准略有提高,每公里混凝土枕的数量与木枕相同。在站内的到发线、驼峰溜放线,木枕线路不小于1600根/km,混凝土枕不小于1520根/km;其他站线及次要站线一律不小于1440根/km。混凝土宽枕一律为1760根/km。

在下列地段条件之一者,正线轨道应加强,对于混凝土枕增加80根/km,木枕增加160根/km,当条件重合时,只增加一次,当然不能超过允许最大铺设数量。

①在混凝土枕轨道$R \leqslant 600m$的曲线(包括缓和曲线和圆曲线)或木枕轨道、电力牵引线路$R \leqslant 800m$的曲线地段;

②坡度大于12‰的下坡制动地段;

③长度等于或大于300m的隧道内线路。

(2)轨枕的布置

钢轨接头处车轮的冲击动荷载大,接头处轨枕的间距应当比中间的小一些,并且从接头间距向中间间距过渡时,应有一个过渡间距,以适应荷载的变化。如图 4.1.8 所示,每节钢轨下轨枕间距应当满足:$a>b>c$。接头轨枕间距一般是给定的:对于采用 50kg/m、60kg/m 钢轨,接头木枕间距为 440mm,接头混凝土枕间距为 540mm;对于 43kg/m、38kg/m 钢轨,不分轨枕类型,接头轨枕间距为 500mm。由图 4.1.8 可知:

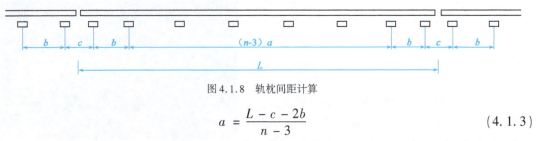

图 4.1.8 轨枕间距计算

$$a = \frac{L - c - 2b}{n - 3} \tag{4.1.3}$$

式中:L——标准轨长,并考虑轨缝为 8mm;

n——节钢轨下轨枕的根数,由每公里铺设的轨枕数换算过来;

a——中间轨枕间距;

c——接头轨枕间距;

b——过渡轨枕间距。

对于相错式接头、非标准长度钢轨的轨枕配置根数和间距,可以通过上式计算。使用大型养路机械的线路,为了捣固机械的机械化工作,轨枕间距可适当调整成均匀布置。无缝线路长轨节下轨枕间距要均匀,铝热焊缝应距枕边 70mm 以上。

线路上轨枕位置应用白油漆标在顺公里方向左股钢轨内侧轨腰上,曲线地段标在外股钢轨内侧轨腰上。轨枕应按标记位置铺设,并应与线路中线垂直。

1.2.3 连接零件

轨道连接零件分为连接钢轨与钢轨的接头扣件和连接钢轨与轨枕的中间扣件(简称扣件)。

1)钢轨接头扣件

(1)接头连接零件

钢轨接头的连接零件由夹板、螺栓、螺母、弹簧垫圈组成。

①钢轨夹板

接头夹板的作用是夹紧钢轨。夹板以双头对称式最常用。接头夹板分斜坡夹板支承型和圆弧支承型,如图 4.1.9 所示。我国目前标准钢轨接头用斜坡支承型双头对称式夹板。这种夹板的优点是在竖直荷载作用下具有较大的抵抗弯曲和横向位移的能力。夹板上下两面的斜坡能楔入轨腰空间,但不贴住轨腰。这样当夹板稍有磨耗,以致连接松弛时,仍可重新旋紧螺栓,保持接头螺栓的牢固。接头夹板有 4 孔和 6 孔,在我国铁路使用的夹板上有 6 个螺栓孔,圆形与长圆形孔相间布置。圆形螺栓孔的直径较螺栓直径略大,长圆形螺栓孔的直径较螺栓头下长圆形短柱体的直径略大,当夹板就位后螺栓头部的长圆形

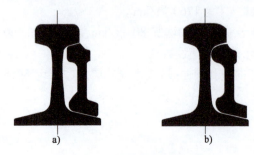

图 4.1.9 接头夹板的支承形式
a)斜坡支承型;b)圆弧支承型

柱体部分与夹板的长圆孔配合，拧螺母时螺栓就不会转动。依靠钢轨圆形螺栓孔直径与螺栓直径之差，以及夹板圆形螺栓孔直径与螺栓直径之差，就可以得到所需的预留轨缝。夹板的6个螺栓头部交替布置，以免列车脱轨时，车轮轮缘将所有的螺栓剪断。我国使用的接头夹板和接头螺栓如图4.1.10所示。

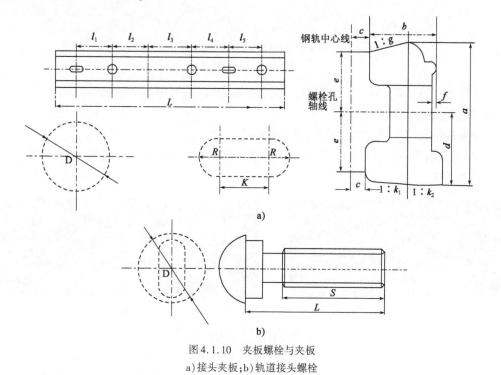

图4.1.10 夹板螺栓与夹板
a)接头夹板；b)轨道接头螺栓

②接头螺栓

接头螺栓、螺母是在钢轨接头处用以夹紧夹板和钢轨的配件，使夹板连接牢固，阻止钢轨部分伸缩。螺栓由螺栓头、径、杆组成，与夹板长孔相对应。螺杆长度、直径与钢轨型号相适应。垫圈是为了防止螺母松动，普通线路用弹簧垫圈，其断面形状有圆形、矩形两种。

（2）接头连接形式

①钢轨接头类型按照左右股钢轨接头位置来分，有相对式（轨缝对接）和相互式（轨缝错接）两种，如图4.1.11所示。对接式可减少车轮对钢轨的冲击次数，使左右钢轨受力均匀，旅客舒适，也有利于机械化铺设，被世界各国广泛采用。对于错接式接头，《线规》规定：直线上钢轨接头容许最大错开量为40mm，曲线上最大错开量为40mm加所用缩短轨缩短量的一半。

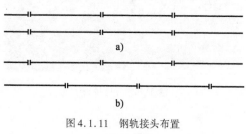

图4.1.11 钢轨接头布置
a)对接；b)错接

②按钢轨接头与轨枕的相对位置，有悬空式、双枕承垫式，如图4.1.12所示。目前我国广泛采用的是悬空式，即将轨缝悬于两接头轨枕之间，当车轮通过时钢轨挠曲，轨端下落，弯矩增大，为了减少挠曲和弯矩，采用较小的接头轨枕间距。双枕承垫式可保证稳定性，但又有刚度大、不易捣固的不足。一般为了加强木枕地段钢轨接头，只在正线绝缘接头处，采用双枕承垫式。

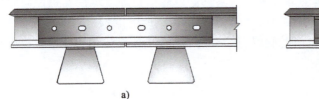 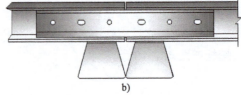

图4.1.12 钢轨接头的承垫方式
a)悬空式;b)双枕承垫式

③按照接头连接的用途及工作性能来分,有普通接头、导电接头、绝缘接头、异型接头、尖轨接头、冻结接头。

a.普通接头用于前后同类型钢轨的正常连接。

b.异型接头(图4.1.13)则用于前后不同类型钢轨的连接,由于异型接头较易损坏,现多用异型钢轨代替。

 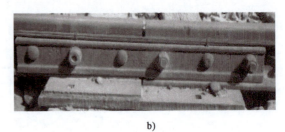

图4.1.13 异形接头
a)异形钢轨;b)异形接头

4.1.14 导电接头

c.导电接头(图4.1.14)和绝缘接头(图4.1.15)是用于自动闭塞区段上的两种接头。

将钢轨作为导电体的自动闭塞区段,为了确保和加强导电性,要在接头处锚上或焊上一根导线,称为导电接头。使信号电流不能从一个闭塞分区传到另一个闭塞分区的接头,称为绝缘接头。它在钢轨与夹板之间、夹板与螺栓之间、两轨端之间都应用绝缘材料填充,加以严格绝缘,防止漏电。在无缝线路上,还采用了胶接绝缘接头,轨缝也用胶填满,其抗剪荷载可达1700kN以上,是一种较为理想的绝缘接头。

 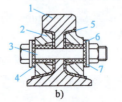 

图4.1.15 绝缘接头
a)普通绝缘接头;b)绝缘接头结构图;c)胶结绝缘接头
1-钢轨;2-接头夹板;3-螺栓;4-绝缘套管;5-槽型绝缘板;6-高强绝缘垫圈;7-钢平垫

d. 尖轨接头(图4.1.16,又称伸缩接头或温度调节器)是将接头以尖轨的形式连接。尖轨接头用于一些轨端伸缩量大的线路,如无缝线路长轨节、温度跨度大的桥梁。

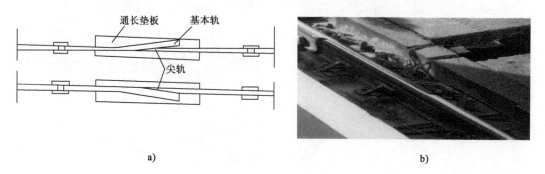

图4.1.16 尖轨接头
a)尖轨接头结构图;b)尖轨接头

上述几种接头结构允许轨端伸缩,也有一种接头不允许钢轨伸缩,称为冻结接头。一般用于道口、明面小桥等不适于设钢轨接头的地方。

2)中间扣件

扣件是连接钢轨和轨枕的中间连接零件。其作用是将钢轨固定在轨枕上,保持轨距和阻止钢轨相对于轨枕的纵、横向移动。在混凝土轨枕的轨道上,由于混凝土轨枕的弹性较差,扣件还要提供足够的弹性。为此,扣件必须具有足够的强度、耐久性和一定的弹性,并能有效地保持钢轨与轨枕之间的可靠连接。此外,还要求扣件系统零件少,安装简单,便于拆卸。这里主要介绍普通混凝土枕上使用和高铁使用的扣件。

(1)普通混凝土轨枕扣件

普通混凝土枕扣件,我国铁路使用过的主要有拱形弹片式扣件(图4.1.17)、扣板式扣件(图4.1.18)、Ⅰ型弹条扣件(图4.1.19)、Ⅱ型弹条扣件和Ⅲ型弹条扣件。随着运量和速度的提高,扣板式扣件和拱形弹片式扣件已不能满足使用要求,逐渐被淘汰。

Ⅰ型弹条扣件由ω弹条、螺旋道钉、轨距挡板及橡胶垫组成。Ⅰ型弹条分A、B两种,A型用于50kg/m钢轨,B型用于60kg/m钢轨。轨距挡板的作用是传递横向力和调整轨距,所以也有多种号码,以满足轨距调整的需要。

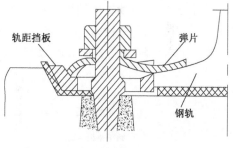

图4.1.17 拱形弹片式扣件

Ⅱ型弹条扣件除采用新材料(优质弹簧钢60SiCrVA)重新设计外,其余部件与Ⅰ型弹条扣件通用。Ⅱ型弹条扣件具有扣压力大、强度安全储备大、残余变形小等优点。适用于Ⅱ型和Ⅲ型混凝土枕的60kg/m钢轨线路。

Ⅲ型弹条扣件为无挡肩扣件,适合于重载大运量、高密度的运输条件。Ⅲ型弹条扣件由弹条、预埋铁件、绝缘轨距块和橡胶垫组成。Ⅲ型弹条扣件具有扣压力大(不小于11kN)、弹性好(弹性变形不小于12mm)等优点,特别是取消了混凝土挡肩,消除了轨底在横向力作用下发生横位移导距扩大的可能性,因此有较强的保持轨距能力,又由于该扣件采用无螺栓连接,大大减小了扣件的维修养护工作量。

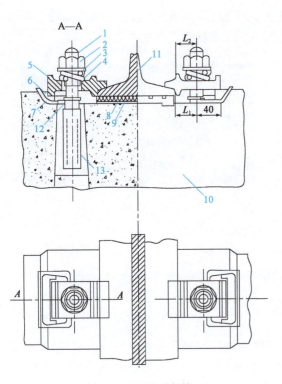 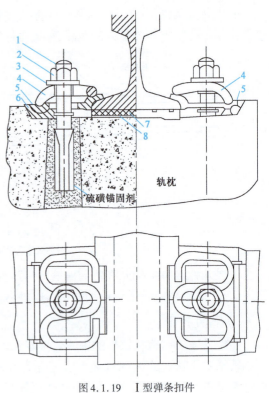

图4.1.18 扣板式扣件

1-螺纹道钉；2-螺母；3-平垫圈；4-弹簧垫圈；5-扣板；6-铁座；7-绝缘缓冲垫片；8-绝缘缓冲垫板；9-衬垫；10-轨枕；11-钢轨；12-绝缘防锈涂料；13-硫磺锚固剂

图4.1.19 Ⅰ型弹条扣件

1-螺旋道钉；2-螺母；3-平垫圈；4-弹条；5-轨距挡板；6-挡板座；7-绝缘缓冲垫板；8-垫片

（2）客专用WJ-8型扣件系统（图4.1.20）

①WJ-8型扣件系统特点：

扣件系统为带铁垫板的弹性不分开式扣件，混凝土轨枕或轨道板承轨槽设混凝土挡肩，由钢轨传递而来的列车横向荷载通过铁垫板传递至轨距挡板，从而由混凝土挡肩承受横向水平力，降低了水平荷载的作用位置，使结构更加稳定；

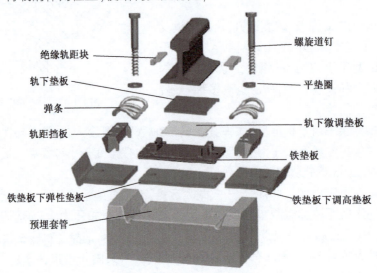

图4.1.20 WJ-8C型扣件系统

铁垫板上设挡肩,挡肩与钢轨之间设置工程塑料制成的绝缘块,不仅可以缓冲钢轨对铁垫板的冲击,而且大幅提高扣件系统的绝缘性能,尤其是提高系统在降雨时的绝缘电阻;

铁垫板与混凝土挡肩间设置工程塑料制成的轨距挡板,用以保持和调整轨距,同时起二次绝缘作用;

扣件组装紧固螺旋道钉时,以弹条中肢前端接触轨底为准,避免了在钢轨与铁垫板间垫入调高垫板时弹条扣压力不足或弹条应力过大。

②技术要求:

配套轨枕或轨道板接口控制要点:

a. 承轨槽尺寸——决定扣件安装情况;

b. 大钳口间距——决定轨距情况;

c. 预埋套管埋设位置和精度——决定弹条受力位置;

d. 轨枕或轨道板设轨底坡——决定扣件安装后受力情况。

1.2.4 道床

1)道床的功用

道床是轨道框架的基础,它的功用是:

(1)机车车辆的荷载通过钢轨、轨枕传递给道床、道床将荷载扩散,然后传给路基,从而减小路基面上的荷载压强,起到保护路基顶面的作用;

(2)提供抵抗轨道框架纵、横向位移的阻力,保持轨道稳定和正确的几何形位,保证行车安全;

(3)道床具有良好的排水作用,减少轨道的冻害和提高路基的承载能力;

(4)提供轨道弹性,起到缓冲、减振降噪的作用;

(5)调节轨道框架的水平和方向,保持良好的线路平纵断面,为轨道几何尺寸超限的维修保养提供便利条件。

2)道床材料

为了满足以上道床功能,道砟应质地坚硬,有弹性,不易压碎和捣碎,排水性能良好,吸水性差,不易风化,不易被风吹走或被水冲走。道砟材料有碎石、筛选级配卵石、天然级配卵石、粗砂和中砂以及熔炉矿砟等。目前我国铁路的道砟分面砟和底砟。

面砟(包括预铺道砟)杂质含量。每次取样35kg拌和均匀进行试验,其针状指数、片状指数均不得大于50%;杂质含量的质量百分率不得大于0.5%;粒径级配应符合表4.1.3的规定。

面砟级配标准 表4.1.3

方孔筛边长/mm	16	25	35.5	45	56	63
过筛质量百分率/%	0~5	5~15	25~40	55~75	92~97	97~100

底砟杂质含量。每次取样25kg拌和均匀,进行试验,其杂质含量的质量百分率不得大于0.5%。其粒径级配应符合表4.1.4的规定。

底砟颗粒级配 表4.1.4

方孔筛边长/mm	0.075	0.1	0.5	4.7	7.1	16	25	45
过筛质量百分率/%	0~7	0~11	7~32	13~46	41~75	67~91	82~100	100

3)道床断面

道床断面(图4.1.21)包括道床厚度、顶面宽度和边坡坡度3个主要特征。

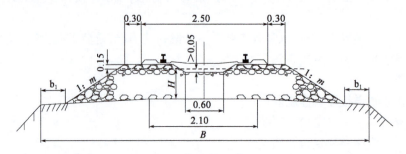

图4.1.21 道床断面(单位:m)

(1)道床厚度

道床厚度是指在直线上钢轨或曲线上内股钢轨中心线与轨枕中心线相交点处的轨枕底面至路基顶面的距离。道床厚度应根据作用在道床顶面上的轨枕压力在道床内部的传递特性及路基的承载力来决定。我国铁路的道床厚度为 250~350mm。

(2)道床顶面宽度

道床顶面宽度取决于轨枕长度和轨道类型。其伸出轨枕端的部分称为道床肩宽,一般情况下的道床肩宽为 200~300mm,在无缝线路上定为 400~500mm,为提高道床的横向阻力,还需要将砟肩堆高 150mm。

(3)道床边坡

自道床顶面引向路基顶面的斜坡称为道床边坡,其大小对道床的稳定性有十分重要的意义。道床边坡的大小与道砟材料的内摩擦角和黏聚力有关。我国铁路的道床顶面宽度和边坡坡度如表4.1.5所示。

道床顶面宽度及边坡坡度　　　　　表4.1.5

线路类别		顶面宽度/m	曲线外侧道床加宽		砟肩堆高	边坡坡度
			半径/m	加宽/m		1:1.75
正线	无缝线路	3.4	>600		0.15	1:1.75
		3.5	≤600		0.15	1:1.75
	普通线路	3.1	≤800	0.10		1:1.75
	年通过总重密度小于(8Mt×km/km)	3.0	≤600	0.10		1:1.75
站线		2.9				1:1.50

1.2.5 道岔

从一条线路转向另一条线路时所用的设备叫做道岔。通过它可以起到连接两条及两条以上线路的作用。道岔由转辙部分、辙叉部分、连接部分及岔枕和连接零件等组成。

1)道岔的种类

铁路轨道的连接和交叉是通过道岔来实现的。道岔的功能是保证机车车辆以规定的速度,安全可靠地从一股轨道转入另一股轨道。我国习惯上把道岔和交叉设备统称为道岔,这些设备包括各种道岔、交叉及道岔和交叉的组合。我国铁路上铺设和使用的标准形式的道岔有:

普通单开道岔、单式对称道岔、三开道岔、交叉渡线和交分道岔(图4.1.22)。

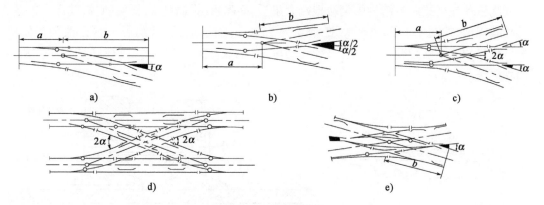

图4.1.22 道岔的种类
a)普通单开道岔;b)单式对称道岔;c)三开道岔;d)交叉渡线;e)交分道岔;
a-道岔前长;b-道岔后长;α-辙叉角

我国铁路上使用最多的道岔形式是"普通单开道岔",简称单开道岔,其数量占各类道岔总数的90%以上。这种道岔的主线为直线方向,侧线由主线向左(称左开道岔)或右(称右开道岔)侧分支。

单开道岔又以它的钢轨每米重量及辙叉号数来分类。目前我国的钢轨有75、60、50、45和43kg/m等类型,标准道岔号数(用辙叉号数来表示)有6、7、9、12、18、24、30号等。其中6、7两个号仅用于厂矿企业内部铁路或驼峰下,其他各号则用于铁路正线和站线,并以9号和12号最为常用;用于侧向通过列车,速度80~140km/h的单开道岔,不得小于30号;用于侧向通过列车,速度50~80km/h的单开道岔,不得小于18号;用于侧向通过列车,速度不超过50km/h的单开道岔,不得小于12号;对于高速铁路等过岔速度高的道岔应采用消除了有害空间的18号可动心道岔。

2)道岔的构造

单开普通道岔由引导列车的轮对沿原线进入或转入另一条线路运行的转辙部分、为使轮对能顺利地通过两线钢轨的连接点而形成的辙叉部分、使转辙部分和辙叉连接的连接部分以及岔枕和连接零件等组成,如图4.1.23所示。

(1)转辙器

单开道岔的转辙器由两根基本轨、两根尖轨、各种连接零件和道岔转辙机构组成。

①基本轨是用一根12.5m或25m标准断面的普通钢轨制成,主股为直线,侧股按转辙器各部分的轨距在工厂事先弯折成规定的折线。基本轨除承受车轮的垂直压力外,还与尖轨共同承受车轮的横向水平力。

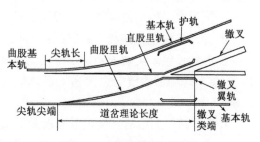

图4.1.23 道岔的各组成部分

②尖轨是转辙器的主要部分,机车车辆进出道岔靠它引道。为使转辙器能正确引导列车的行驶方向,尖轨尖端必须与基本轨紧密贴靠。尖轨与基本轨的贴靠方式通常有两种,一种是爬坡式(图4.1.24),一种是藏尖式(图4.1.25)。

尖轨与导曲线钢轨连接的一端称尖轨跟端。我国的道岔主要采用间隔铁鱼尾板式和弹性可弯式跟端结构。

间隔铁鱼尾板式跟端结构由尖轨根端大垫板、间隔板、跟端夹板、跟端轨撑、防爬卡铁及连接螺栓等组成,如图 4.1.26 所示。在钢轨为 75kg/m 型的道岔中,防爬卡铁已改为内轨撑。间隔铁鱼尾板式跟端结构,零件较少,结构简单,尖轨扳动灵活;但稳定性较弹性可弯式差,容易出现病害。

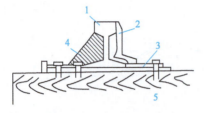

图 4.1.24 爬坡式尖轨
1-基本轨;2-尖轨;3-滑床板;4-轨撑;5-岔枕

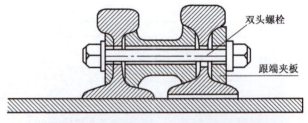

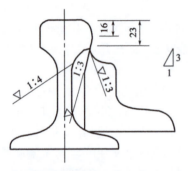

图 4.1.25 藏尖式尖轨(尺寸单位:mm)

图 4.1.26 间隔铁鱼尾板式跟端结构

③在转辙器上的零、配件及其作用:

a. 在整个尖轨长度范围内的岔枕面上,有承托尖轨和基本轨的滑床板。滑床板有分开式和不分开式两类。不分开式用道钉将轨撑、滑床板直接与岔枕连接;分开式是轨撑由垂直螺栓先与滑床板连接,再用道钉或螺纹道钉将垫板与岔枕连接;

b. 用以防止基本轨倾覆、扭转和纵横向移动的轨撑,安装在基本轨的外侧。它用螺栓与基本轨相连,并用两个螺栓与滑床板连接。轨撑又分为双墙式和单墙式;

c. 铺设在尖轨之前的辙前垫板和之后的辙后垫板;

d. 铺设在尖轨尖端和尖轨跟端的通长垫板;

e. 道岔顶铁。尖轨的刨切部位紧贴基本轨,而在其他部位则依靠安装在尖轨外侧腹部的顶铁,将车轮施加的横向力传递给基本轨,以防止尖轨受力时弯曲,并保持尖轨部分的轨距正确;

f. 为保持导曲线的正确位置而设置的支距垫板;

g. 道岔拉杆和连接杆。道岔拉杆是连接两根尖轨,并与转辙设备相连,以实现尖轨的摆动,故又叫转辙杆。连接杆为连接两根尖轨的杆件,它的作用是加强尖轨间的联系,提高尖轨的稳定性。

尖轨尖端非作用边与基本轨作用边之间的拉开距离叫作道岔的尖轨动程,规定在距尖轨尖端 380mm 的第一连接杆中心处量取。

道岔转换设备必须具备转换(改变道岔开向)、锁闭(锁闭道岔、在转辙杆中心处尖轨与基本轨之间,不允许有4mm以上的间隙)和显示(显示道岔的正位或反位)3种功能。

(2)辙叉及护轨

辙叉是使车轮从一股钢轨越过另一股钢轨的设备,它设置于道岔侧线钢轨与道岔主线钢轨相交处。辙叉由心轨、翼轨、护轨及连接零件组成。按平面形式分,辙叉有直线辙叉和曲线辙叉两类;按构造分,又有固定式辙叉和可动辙叉两类。在单开道岔上以直线式固定辙叉最为常用。直线式固定辙叉分两种,即整铸辙叉和钢轨组合式辙叉。

整铸辙叉是用高锰钢浇铸的整体辙叉(图4.1.27)。由于心轨和翼轨同时浇铸,整体性和稳定性较好,可以不设辙叉垫板而直接铺设在岔枕上。这种辙叉还具有使用寿命长,养护维修方便的优点。

钢轨组合式辙叉是用钢轨及其他零件经刨切拼装而成的。它由长心轨、短心轨、翼轨、间隔铁、辙叉垫板及其他连接零件组成(图4.1.28)。辙叉心是由长、短心轨拼装而成,长心轨应铺设在正线或运量较大的线路方向上。为尽可能保持长心轨断面的完整,而将短心轨的头部和底部刨去一部分,使短心轨轨底叠盖在长心轨轨底上,以保持辙叉心的坚固稳定。

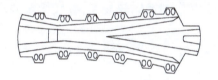

图4.1.27 高锰钢浇铸的整体辙叉

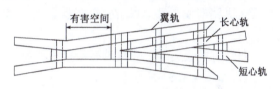

图4.1.28 组合式辙叉

叉心两侧作用边之间的夹角叫辙叉角α。辙叉心轨两个工作边延长线的交点称为辙叉理论中心(理论尖端)。由于制造工艺的原因,实际上的叉心尖端有6~10mm的宽度,此处称为心轨的实际尖端。

翼轨由普通钢轨弯折刨切而成,用间隔铁及螺栓和叉心连接在一起,以保持相互间的正确位置,并形成必要的轮缘槽,使车轮轮缘能顺利通过。两翼轨工作边相距最近处称辙叉咽喉。从辙叉咽喉至心轨实际尖端之间的轨线中断的距离叫做"有害空间"(图4.1.29)。道岔号数越大,辙叉角越小,这个有害空间就越大。车轮通过有害空间时,叉心容易受到撞击。为保证车轮安全通过有害空间,在辙叉两侧相对位置的基本轨内侧设置了护轨,借以引导车轮的行驶方向。道岔号数是以辙叉号数N来表示的。辙叉号数越大,辙叉角越小。辙叉号数的计算方法如图4.1.29所示,为:

$$N = \cot\alpha = \frac{OB}{AB} \quad (4.1.4)$$

辙叉角的计算方法为:

$$\alpha = arcot\frac{1}{N} \quad (4.1.5)$$

我国道岔号数与辙叉角的对应值见表4.1.6。

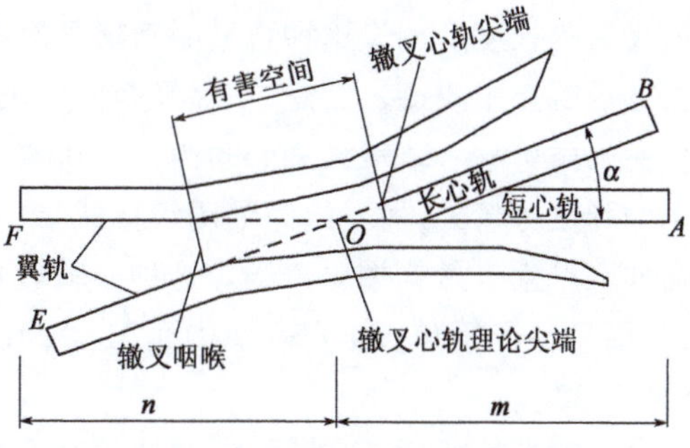

图4.1.29 有害空间

道岔号数与辙叉角的关系 表4.1.6

道岔号数	6	7	9	12	18	24
辙叉角	9°27′44″	8°07′48″	6°20′25″	4°45′49″	3°10′47″	2°23′09″

在单开道岔中,因辙叉角小于90°,所以将这类辙叉又称之为锐角辙叉。

护轨设于固定辙叉的两侧,用于引导车轮轮缘,使之进入适当的轮缘槽,防止于叉心碰撞。护轨可用普通钢轨或特种断面的护轨钢轨制作。

护轨的防护范围,应包括辙叉咽喉至叉心顶宽50mm的一段长度,并要求有适当的余裕。辙叉护轨由中间平直段、两端缓冲段和开口段组成,如图4.1.30所示。护轨平直段是实际起防护作用的部分,缓冲段和开口段起着将车轮平顺地引入护轨平直段的作用。缓冲段的冲击角应与列车允许的通过速度相配合。

可动辙叉是指辙叉个别部件可以移动,以保证列车过岔时轨线的连续,消除了固定辙叉上存在的有害空间,并可取消护轨,同时辙叉在纵断面上的几何不平顺也可以大大减少,从而显著地降低了辙叉部位的轮轨相互作用力,提高运行的平稳性,延长辙叉的使用寿命。

可动辙叉有3种形式:

①可动心轨式,即心轨可动,翼轨固定。这种辙叉结构的优点是车辆作用于心轨的横向力能直接传递给翼轨,保证了辙叉的横向稳定。由于心轨的转换与转辙器同步联动,不会在误认进路时发生脱轨事故,故能保证行车安全。缺点是制造比较复杂,并较固定式辙叉长。

可动心轨式辙叉的心轨跟端有铰接式和弹性可弯式两种。心轨跟端为铰接式的又称为回转式心轨,如图4.1.31所示。

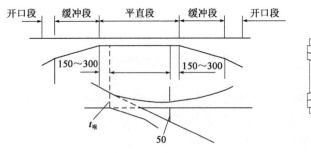

图4.1.30 护轨(尺寸单位:mm)

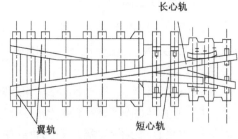

图4.1.31 回转式心轨

铰接式心轨可为整铸或用特种尖轨钢轨制作,通过高强螺栓固定在翼轨上的间隔铁能保证心轨与翼轨的相对位置,并传递水平力。这种辙叉便于铸造,转换力较小,可以保持原有固定式辙叉的长度。铺设这种可动心轨辙叉时不致引起车站平面的变动,因此,尤其适用于既有线大站场的技术改造。但是,在辙叉范围内出现活接头,不如弹性可弯式结构稳妥可靠。

另一类可动心轨辙叉的心轨为弹性可弯式。心轨用特种断面钢轨制成,心轨的一肢跟端可以为弹性可弯式,另一端为活动铰接式;或是心轨的两肢均为弹性可弯式,转换时长短心轨接合面上产生少量的相对滑动。这种心轨较长,并且转换力要求较大。前一种方式不仅连接可靠,而且构造简单,辙叉转换力也较少,我国研制的可动心轨辙叉选用的就是这种形式(图4.1.32)。

②可动翼轨式,即心轨固定,翼轨可动。又分单侧翼轨可动或双侧翼轨可动两种形式。这类辙叉可以设计成与既有固定式辙叉互换的尺寸,铺设时可以避免引起站场平面的变动,同时又满足了消灭有害空间的要求。缺点是可动翼轨的横向稳定性较差,翼轨的固定装置结构复杂。

③其他消灭有害空间的辙叉型式,如德国的UIC60型钢轨道岔,就是用滑动的滑块填塞

辙叉轮缘槽。

(3) 连接部分

连接转辙器和辙叉的轨道称为道岔的连接部分,它包括直股连接线和曲股连接线,直股连接线与区间直接线路的构造基本相同,曲股连接线又称导曲线,导曲线的平面形式可以是圆曲线、缓和曲线或变曲率曲线。我国目前线路上铺设的道岔导曲线均为圆曲线,当尖轨为曲线型时,尖轨本身就是导曲线的一部分。导曲线由于长度及限界的限制,一般不设超高和轨底坡,但在构造及条件容许的情况下,可设置少量超高。我国在钢筋混凝土岔枕上铺设的导曲线设置了6mm的超高,两端用逐渐减薄厚度的胶垫进行顺坡。

连接部分一般配置8根钢轨,直股连接线4根,曲股连接线4根。配轨时要考虑轨道电路绝缘接头的位置和满足对接接头的要求,并尽量采用12.5m或25m长的标准钢轨。连接部分使用的短轨,一般不短于6.25m,在困难的情况下,不短于4.5m。

我国标准的9、12及18号道岔连接部分的配轨如图4.1.33所示,尺寸见表4.1.7。

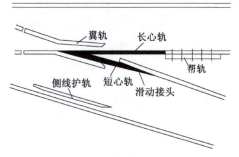

图4.1.32 弹性可弯式心轨

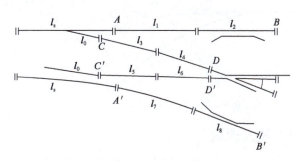

图4.1.33 配轨示意图

标准道岔的配轨尺寸(mm)　　　　　　表4.1.7

N	9	12	18	N	9	12	18
l_1	5324	11791	10226	l_5	6838	12500	16574
l_2	11000	12500	18750	l_6	9500	9385	12500
l_3	6894	12500	16903	l_7	5216	11708	10173
l_4	9500	9426	12500	l_8	11000	12500	18750

(4) 岔枕

在我国铁路现在主要使用钢筋混凝土岔枕(图4.1.34)。钢筋混凝土岔枕最长者为4.90m,级差为0.10m。混凝土岔枕与Ⅲ型混凝土枕具有相当的有效支承面积,采用无挡肩形式,岔枕顶面平直,岔枕中还预埋有塑料套管,依靠扣件摩擦及旋入套管中的道钉承受横向荷载,按7mm配筋。

岔枕的间距不应大于区间线路上的轨枕间距,通常为0.9~1倍的区间轨枕间距。

(5) 普通单开道岔主要尺寸

单开道岔主要尺寸见图4.1.35。单开道岔的直线轨道中心线与侧线轨道中心线的交点称为

图4.1.34 钢筋混凝土岔枕

道岔中心。从道岔中心到基本轨前端的距离称为道岔前长(定型图一般用 a 表示);从道岔中心到辙叉尾端的距离称为道岔后长(定型图一般用 b 表示);从基本轨前端至辙叉尾端的距离称为道岔全长。

根据机车限界的要求,为保证行车安全,在道岔后部距离两股轨道中线各 2m 的地方设置警冲标。禁止机车车辆在警冲标内停放,以免另一股道上通过列车时发生撞车事故。警冲标的位置可近似地从道岔中心沿直线轨道中心线量 4 倍于道岔号数的长度找到一点,再从这一点往侧线方向垂直量 2m 的距离求得,如图 4.1.36 所示。在自动闭塞区段的警冲标,应满足钢轨绝缘接头 3.5m 的要求。

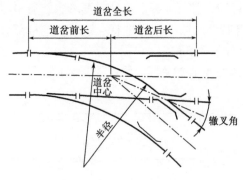

图 4.1.35　单开道岔尺寸图

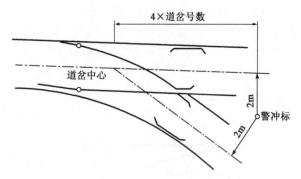

图 4.1.36　道岔与警冲标关系

技能训练

· 设备及材料:塑料彩色软管、细铁丝、小木棍等材料。

· 步骤:识读道岔施工布置图,按比例在纸板上绘制草图,将以上材料分别制作成钢轨、轨枕进行道岔组拼。

· 成果:小组完成道岔模型一套。

1.2.6　防爬设备

1) 线路爬行及防止

列车运行时产生纵向水平力,使钢轨沿着轨枕或轨道框架沿着道床顶面纵向移动,这种现象称为线路爬行。使钢轨产生爬行的纵向水平力称为爬行力。

一般情况下,钢轨爬行是沿着列车运行方向。当轨枕扣件扣压力不足,扣件阻力小于轨枕下道床纵向阻力时,则钢轨沿轨枕顶面爬行;如果扣件阻力大,而道床纵向阻力小,则钢轨——轨枕框架(简称轨道框架)沿着道床顶面爬行。

影响线路爬行的因素有:

(1) 在长大下坡、进站地段,列车减速、限速、制动;

(2) 运量大,爬行量也大,爬行方向与列车运行方向一致;

(3) 列车轴重大、速度高,则沿着运行方向爬行也大;

(4) 线路状态不良,扣件松弛,道床松散,爬行加大。

线路爬行时引起钢轨轨缝的挤严或拉大,轨枕歪斜,间距不一致,使线路动力的不平顺加剧,增加了维修工作量。如果是在无缝线路、道岔前后、桥梁两端处的线路爬行,会产生更加严重的后果。

为了防止线路爬行,必须提高线路的纵向阻力,一是提高扣件阻力,采用弹性扣件,加大扭矩,防止螺栓松动,保持一定的扣压力;二是加强道床的捣固、夯实,以提高轨道下道床的纵向阻力。在正常情况下,混凝土枕线路的每根轨枕下,道床的纵向阻力为10000N左右。

对于木枕道钉扣件、混凝土枕扣板式扣件,一股轨下的扣件阻力分别为500N、4000N(扭矩为80N·m),都比道床纵向阻力小,因此,必须采取补充措施,加强钢轨的锁定,防止沿轨枕面爬行。

这些补充措施,就是设置防爬设备。防爬设备有两种:一种是弹簧防爬器;另一种是穿销式防爬器。我国广泛应用穿销式防爬器。

穿销式防爬器由轨卡、挡板和穿销组成(图4.1.37),挡板紧贴在轨枕侧面,通过穿销使轨卡紧紧地卡在轨底,这样,当钢轨爬行时,带动防爬器一起前进,而挡板又贴靠轨枕,因此又带动轨枕一起爬行,发挥了穿销防爬器的防爬作用。在线路上使用时,在3~5根轨枕之间安装防爬木撑(或石撑),将轨枕连成整体,充分发挥防爬作用,我们把防爬器和木撑组成一起称为防爬设备。

防爬器随着安装位置不同,在复线、道岔区的防爬器分正向(又称顺向)防爬器和反向(逆向)防爬器两种,所谓正向防爬器是指阻止列车向运行方向爬行的防爬器,反之为反向防爬器。

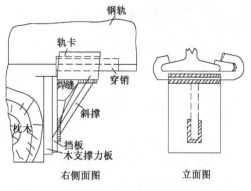

图4.1.37 穿销式防爬器

2)曲线加强

在线路曲线地段,尤其是小半径曲线地段,列车通过时,横向水平力比直线段大,可使轨距扩大,轨道框架横移,平面位置歪曲,轨枕挡肩损坏,养护维修工作量增加。因此,必须对小半径曲线段予以加强,加强办法有:

(1)增加轨枕配置,提高轨道框架横向稳定性。对于混凝土枕轨道R≤800m的曲线(包括缓和曲线),每公里增加轨枕根数分别为80、160根。

(2)安装轨撑或轨距杆,提高钢轨水平方向的稳定性,防止轨距扩大。

轨撑是安装在钢轨外侧以顶住轨下颚和轨腰,防止钢轨外倾(图4.1.38)。轨距杆是一端扣住外轨轨底,另一端扣住里轨轨底的拉杆(图4.1.39),防止钢轨位移,保持轨距。实践证明,轨撑、轨距拉杆都是比较有效地防止轨距扩大、车轮脱轨的重要手段。

图4.1.38 轨撑

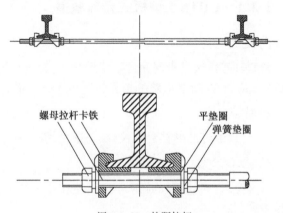

图4.1.39 轨距拉杆

技能训练

- 设备及材料:轨道结构图、塑料彩色软管、细铁丝、小木棍等材料。
- 步骤:识读轨道结构图,绘制有砟轨道结构示意图或者制作有砟轨道结构模型,需要表现出不同轨枕形式、接头连接零件、中间连接零件、轨撑、轨距拉杆等要素。
- 成果:小组完成轨道结构示意图或者有砟轨道结构模型一套。

任务 2　无砟轨道结构

2.1 工作任务

1. 掌握无砟轨道结构组成,识读无砟轨道结构图。
2. 清楚 CRTS Ⅱ 型板式无砟轨道与 CRTS Ⅰ 型双块式无砟轨道结构。

2.2 相关配套知识

目前,我国无砟轨道结构形式主要有双块式和板式两种(表 4.2.1)。板式无砟轨道主要有 CRTS Ⅰ 型板式无砟轨道、CRTS Ⅱ 型板式无砟轨道;双块式无砟轨道主要有 CRTS Ⅰ 型双块式无砟轨道、CRTS Ⅱ 型双块式无砟轨道。道岔地区无砟轨道分为岔区轨枕埋入式无砟轨道、岔区板式无砟轨道。

我国客运专线无砟轨道类型　　　　　　　　表 4.2.1

轨道结构类型	应用线路
CRTS Ⅰ 型板式	遂渝试验段、石太、广州新客站、广深港、广株、沪宁城际等
CRTS Ⅱ 型板式	京津城际、京沪、京石、石武、津秦、沪杭、合蚌等
CRTS Ⅰ 型双块式	武广、合武、温福、福厦、襄渝、太中银等线路的长大隧道内
CRTS Ⅱ 型双块式	郑西客专
岔区无砟轨道	轨枕埋入式:京津城际、武广客专、郑西客专等板式:京津城际、武广客专、京沪等

2.2.1　CRTS Ⅰ 型板式无砟轨道

1)定义

预制轨道板通过水泥沥青砂浆调整层,铺设在现浇的具有凸形挡台的钢筋混凝土底座上,并适应 zpw-2000 轨道电路的单元轨道板无砟轨道结构形式(图 4.2.1)。

2)特点

单元板,通过凸形挡台限位,板与板之间不纵连,不设横向挡块。

3)施工工艺

底座施工→凸型挡台施工→轨道板粗铺→轨道板粗调→CA 砂浆灌注→长钢轨铺设→无缝线路施工。

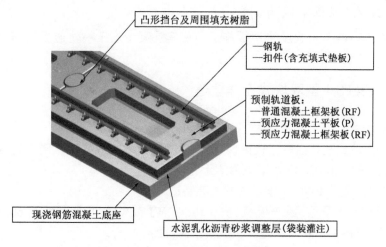

图4.2.1　CRTS Ⅰ型板式无砟轨道结构

2.2.2　CRTS Ⅱ型板式无砟轨道

1) 定义

预制轨道板通过水泥沥青砂浆调整层,铺设在现场摊铺的混凝土支承层或现场浇注的钢筋混凝土底座(桥梁)上,并适应zpw-2000轨道电路的无砟轨道结构形式(图4.2.2、图4.2.3)。

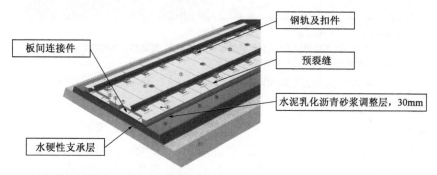

轨道板纵向设计：与Rheda、Zublin型相同,弹性地基梁
轨道板横向设计：按65cm宽的轨枕设计

图4.2.2　路基、隧道地段的CRTS Ⅱ型板式轨道结构

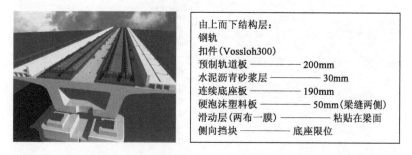

图4.2.3　桥梁地段CRTS Ⅱ型板式板式轨道结构

2) 特点

板与板之间要纵连,设有横向挡块。引进德国博格板技术。

3)施工工艺(以桥梁段为例)

桥面系施工→两布一膜及挤塑板施工→底座混凝土施工→轨道板粗铺→轨道板粗调→CA 砂浆灌注→长钢轨铺设→无缝线路施工。

2.2.3 CRTS Ⅰ 型双块式无砟轨道

1)定义

将预制的双块式轨枕组装成轨排,以现场浇注混凝土方式将轨枕浇入均匀连续的钢筋混凝土道床内,并适应 zpw-2000 轨道电路的无砟轨道结构形式。

(1)路基及隧道段 CRTS Ⅰ 型双块式无砟轨道

主要由混凝土支承层、道床板、双块式轨枕、WJ-7、WJ-8 扣件系统及 60kg/m 钢轨组成。路基直线地段 CRTS Ⅰ 型双块式无砟轨道横断面(图 4.2.4)。

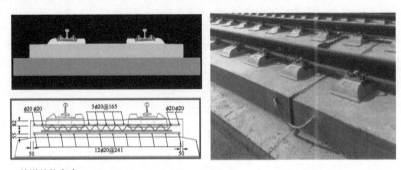

轨道结构高度:815 mm
自上至下为刚度递减的层状结构(包括道床板、支承层、防冻层、基床底层、地基等)
道床板采用纵向连续的混凝土结构,双层配筋

图 4.2.4　路基地段、隧道内路基直线地段 CRTS Ⅰ 型双块式无砟轨道结构

(2)桥上 CRTS Ⅰ 型无砟轨道

主要由桥面保护层、抗剪凸台(或凹槽)、道床板、双块式轨枕、WJ-8 扣件系统及 60kg/m 钢轨组成。其中道床板部分包括了中间层、弹性垫板和道床板。中间层采用的材料是聚丙烯纤维土工布,铺设在保护层上和抗剪凸台的上表面;弹性垫板安装在抗剪凸台的四个侧面,有两种垫板形式,即硬质垫板(a 板)、软质垫板(b 板)。桥梁直线地段 CRTS Ⅰ 型双块式无砟轨道横断面(图 4.2.5)。

轨道结构高度:725mm
桥上混凝土道床板分块设置,桥上道床板长度5~7m
道床板之间设最小宽度为100mm的横向断缝
道床板与底座或保护层间设隔离层,以实现特殊情况下的道床板可修复

图 4.2.5　桥梁地段 CRTS Ⅰ 型双块式无砟轨道结构

2）特点

埋入式。引进德国雷达2000(Rheda)无砟轨道技术。如图4.2.6所示为施工所用主要设备。

散枕装置

纵、横向模板

粗调机组

组合螺杆调节器

图4.2.6　CRTS Ⅰ型双块式无砟轨道制造和施工主要设备

3）施工工艺

水硬性混凝土层施工→轨枕散布→轨排组装→轨排粗调→钢筋绑扎→轨排精调→立模灌注混凝土→混凝土养护→长钢轨铺设→无缝线路施工。

2.2.4　CRTS Ⅱ型双块式无砟轨道

1）定义

以现场浇注混凝土的方式，将预制的双块式轨枕通过机械振动嵌入均匀连续的钢筋混凝土道床内，并适应zpw-2000轨道电路的无砟轨道形式（图4.2.7、图4.2.8）。CRTS Ⅱ型无砟轨道结构由下至上由以下几部分组成：在路基上是基床表层，然后是30 cm厚的水硬性支承层，最上面是24 cm厚、无伸缩缝的混凝土道床板，并且轨枕和道床板浇筑在一起。

2）特点

振动压入式，引进德国旭普林轨道技术。如图4.2.9所示为施工所用主要设备。

3）施工工艺

底座板施工→隔离层施工→道床板钢筋绑扎→支脚、模板轨道安装→支脚调整→道床板混凝土浇筑→轨枕嵌入施工→道床板抹面→轨枕装配→固定架拆除→混凝土养护→长钢轨铺设→无缝线路施工。

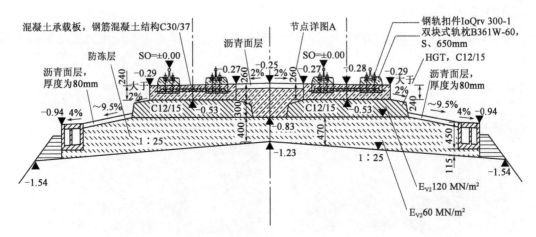

图4.2.7 路基段CRTSⅡ型双块式无砟轨道结构

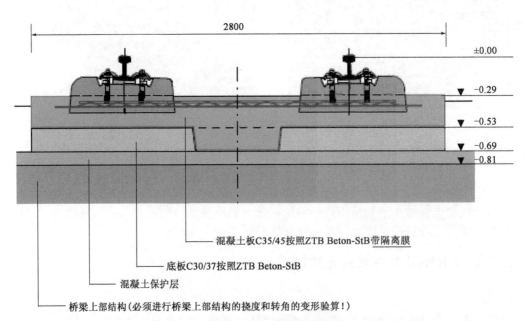

图4.2.8 桥梁段CRTSⅡ型双块式无砟轨道结构

固定架　　　　　　　　横梁　　　　　　　　支脚

图4.2.9 CRTSⅡ型双块式无砟轨道制造和施工主要设备

2.2.5 道岔区段无砟轨道

1）岔区轨枕埋入式无砟轨道

（1）结构组成：道岔及配件、道床板（含桁架式预应力混凝土岔枕）、混凝土底座等。

（2）施工方法：自上至下施工，道岔和岔枕现场组装、精调完成后，进行道床板混凝土的浇筑，见图4.2.10。

图4.2.10　岔区轨枕埋入式无砟轨道结构

2）岔区板式无砟轨道

（1）结构组成：道岔及配件、预制混凝土道岔板（厚度240mm）、自密混凝土调整层（厚180mm）及找平层（130mm）等。

（2）技术特点：

①轨道板为普通混凝土结构，分块设置，预设连接筋；

②轨道板厂内预钻扣件螺栓孔、测量棱镜孔（精度0.5mm）；

③板底充填自密混凝土砂浆；

④便于施工组织，不需带道岔钢轨件组装施工。

（3）施工方法：自下至上施工，先铺设轨道板，后安装道岔及配件，见图4.2.11。

铺设精度：高程及平面0.5mm，板接头错位0.2mm。

2.2.6 无砟轨道与有砟轨道过渡段

过渡段是高速铁路的一个薄弱环节，直接影响列车运行的舒适性和线路的养护维修工作。由于无砟轨道与有砟轨道的刚度和变形差异，必须设置过渡段，过渡段设置见图4.2.12。

无砟与有砟轨道结构过渡段设计的一般要求：

（1）过渡段范围的线下基础刚度均匀；

（2）过渡段范围不应设置联合接头和绝缘接头；

(3)设置 25m 辅助轨(有砟轨道 20m,无砟轨道 5m),与基本轨间距不影响大机养修作业。
(4)无砟轨道下部基础(如支承层、底座)向有砟轨道延伸至少 10m;
(5)过渡段有砟轨道范围,扣件胶垫刚度至少分 3 级过渡。

图 4.2.11　岔区板式无砟轨道结构

图 4.2.12　无砟轨道与有砟轨道过渡段

技能训练

- 设备及材料:无砟轨道结构图、视频、图片、细铁丝、塑料软管、双面胶、硬纸板等。
- 步骤:观看视频,识读轨道结构图,小组分别制作一种无砟轨道结构模型组件(可包含底座)。
- 成果:确定无砟轨道结构各工序施工精度要求,结合模型演示施工过程。

任务 3　轨 道 状 态

3.1　工作任务

1.用道尺对轨道轨距和水平进行检查;

2. 用弦绳进行轨道轨向和高低的检查。

3.2 相关配套知识

3.2.1 轨距

轨距为两股钢轨头部内侧与轨道中线相垂直的距离。因为钢轨头部外形由不同半径的复曲线组成,钢轨底面设有 1∶40 的轨底坡,钢轨向内倾斜,车轮轮缘与钢轨侧面接触点发生在钢轨顶面下 10~16mm 处,我国《铁路技术管理规程》规定轨距测量部位在钢轨顶面下 16mm 处。

1)直线轨距

目前,世界大多数国家铁路普遍采用 1435mm 轨距,称为标准轨距。轨距宽于 1435mm 称为宽轨距,常用的有 1542mm、1600mm 和 1676mm;轨距窄于 1435mm 为窄轨距,有 1067mm、1000mm 和 762mm。

轨距用道尺或轨检车进行测量。前者测得的是静态的轨距,后者可以测得列车通过时轨距的动态变化,这对高速运行的列车来说是非常重要的。我国静态的轨距容许偏差值见表 4.3.1。

线路、道岔轨距静态允许偏差　　　　　　　　表 4.3.1

线路允许速度(km/h)	$v \leq 120$	$120 < v \leq 160$	$160 < v \leq 200$
线路(mm)	+6 -2	+4 -2	±2
道岔(mm)	+3 -2	+3 -2	±2

轨距变化应和缓平顺,其变化率:正线、到发线、不应超过 2‰,站线和专用线不得超出 3‰,即在 1m 长度内的轨距变化值:正线、到发线不得超过 2mm,站线和专用线不得超过 3mm。

为使机车车辆能在线路上两股钢轨间顺利通过,机车车辆的轮对宽度应小于轨距。当轮对的一个车轮轮缘紧贴一股钢轨的作用边时,另一个车轮轮缘与另一股钢轨作用边之间便形成一定的间隙,这个间隙称为游间,如图 4.3.1 所示。游间可由下式确定:

$$\delta = S - q \quad (4.3.1)$$

式中:δ——游间(mm);
　　　q——轮对宽度(mm);
　　　S——轨距(mm)。

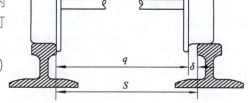

图 4.3.1　游间示意图

游间 δ 的大小对列车运行的平稳性和轨道的稳定性有重要的影响。如果太大,则列车运行的蛇形幅度增大,作用于钢轨上的横向力大,动能损失大,会加剧轮轨磨耗和轨道变形,严重时将引起列车脱轨,危及行车安全;如太小,则增加行车阻力和轮轨磨耗,严重时还可能楔住轮对、挤翻钢轨或导致爬轨事故,危及行车安全,因此必须对游间值进行限制,我国机车车轮轮轨游间最大值、正常值及最小值见表 4.3.2。

轮 轨 游 间 表　　　　表 4.3.2

车 轮 名 称	轮轨游间值 δ(mm)		
	最大	正常	最小
机车轮	45	16	11
车辆轮	47	14	9

2) 曲线轨距

为使机车车辆顺利通过小半径曲线地段,因此,轨距需要加宽。曲线轨距加宽的大小与曲线半径、机车车辆的固定轴距等有关。《铁路技术管理规程》(以下简称《技规》)规定的曲线轨距加宽值,是以固定轴距为 4m 的车辆顺利通过曲线为条件计算出来的。并按各类机车亦能顺利通过为条件加以检算。

曲线上的轨距为轮对宽度 q 与曲线矢距 f 之和,即 $s = q + f$,如图 4.3.2 所示。

为保证所有的车轮都能顺利通过曲线,计算曲线轨距时,q 值采用表 4.3.3 中的最大轮对宽度。

矢矩 f 则按几何原理(图 4.3.3)推导出的公式进行近似算出。

$$f = \frac{l^2}{2R} \times 1000 \, (\text{mm}) \tag{4.3.2}$$

式中:l——车辆固定轴距,我国采用 4m;

R——曲线半径(m)。

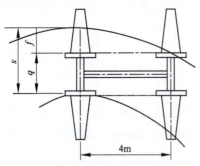

图 4.3.2　轨距与轮对和矢距的关系

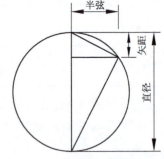

图 4.3.3　矢距计算原理

轮对主要尺寸(mm)　　　　表 4.3.3

车 轮 名 称	轮缘高度	轮缘厚度		轮对内侧距离			轮对宽		
		最大(正常)	最小	最大	正常	最小	最大	正常	最小
机车轮	28	33	23	1356	1353	1350	1422	1419	1396
煤水车轮	25	34	22	1356	1353	1350	1424	1421	1394
车辆钢轮	25	34	22	1356	1353	1350	1424	1421	1394

根据上述条件,曲线上的最大轨距可按下式计算:

$$S_{max} = q_{max} + \frac{8000}{R} \, (\text{mm}) \tag{4.3.3}$$

表 4.3.4 的数值是根据公式(4.3.3)计算所得。而表 4.3.5 的曲线轨距加宽值是根据表 4.3.4 的规定而得来的(即《规范》规定值)。

不同半径曲线使车辆顺利通过所需轨距　　　　　　　　　　表 4.3.4

曲线半径(m)	1000	800	650	600	550	500	450	400	350	300
矢距(mm)	8	10	12	13	15	16	18	20	23	27
最大轮对宽(mm)	1424									
需要轨距(mm)	1432	1434	1436	1437	1439	1440	1442	1444	1447	1451

曲线轨距加宽　　　　　　　　　　表 4.3.5

曲线半径(m)	$R \geqslant 350$	$350 > R \geqslant 300$	$R < 300$
轨距(mm)	1435	1440	1450
加宽值(mm)	0	5	15

曲线轨距加宽是把曲线的内轨向内侧移动。轨距加宽的递减,应在缓和曲线或直线(没有缓和曲线时)范围内进行,递减率不大于 1‰。

3.2.2 水平

水平是指线路左右两股钢轨顶面的相对高差。

1) 直线线路水平

为保持列车平稳运行,并使两股钢轨均匀受力,直线地段上两股钢轨顶面应保持同一水平。

水平可用道尺或轨检车进行测量。《技规》规定:两股钢轨顶面水平的容许偏差见表 4.3.6。两股钢轨顶面水平偏差沿轨道方向的变化率不可太大,要求在 1m 范围内,变化不大于 1mm,否则,即使两股钢轨顶面的水平偏差在允许范围内,也将引起机车车辆的剧烈摇晃。实践中有两种性质不同的钢轨水平偏差,对行车的危害程度也不相同。一种是水平差,另一种称为三角坑。水平差是指在一段规定的距离内,一股钢轨的顶面始终比另一股钢轨的顶面高,高差值超过容许偏差值;三角坑是指在一段规定的距离内,先是左股钢轨高于右股,后是右股高于左股,高差值超过容许偏差值,而且两个最大水平误差点之间的距离不足 18m,具体标准见表 4.3.6。

钢轨水平静态允许偏差　　　　　　　　　　表 4.3.6

线路允许速度(km/h)	$v \leqslant 120$	$120 < v \leqslant 160$	$160 < v \leqslant 200$
正线及到发线(mm)	4	4	3
道岔(mm)	4	4	3
其他线(mm)	6		

在一般情况下,超过允许限值的水平差,只是引起车辆摇晃和两股钢轨的不均匀受力,并不导致钢轨不均匀磨耗。但如果在延长不足 18m 的距离内出现水平差超过 4mm 的三角坑,将使同一转向架的 4 个车轮中,只有 3 个正常压紧钢轨,另 1 个形成减载或悬空。如果恰好在这个车轮上出现较大的横向力,就可能使悬浮的车轮只能以它的轮缘贴紧钢轨,在最不利条件下甚至可能爬上钢轨,引起脱轨事故。因此,一旦发现三角坑,必须立即消除。

2) 曲线外轨超高

列车在曲线上运行时,产生一个向外的离心力,这个力使外轨承受较大压力,钢轨磨耗加重,使旅客不舒适,严重时可使车轮脱轨、列车倾覆。因此,需要将外轨抬高(超高),使车体内倾来平衡这个离心力,达到内外两股钢轨受力均匀和垂直磨耗均等,满足旅客舒适感,提高线路的稳定性和安全性。

曲线外轨超高的数值,视离心力的大小而定,曲线半径愈小、速度愈高、离心力就愈大,需要用来平衡离心力的超高数值也愈大。超高按下列两种方法计算:

(1) 保证内外轨磨耗均匀

为保证内外轨磨耗均匀,列车通过曲线时,其加权平均速度所产生的离心力,应与外轨超高值所产生的向心力相等。外轨超高值(h)一般可按下列公式计算:

$$h = \frac{11.8V_p^2}{R}(\text{mm}) \tag{4.3.4}$$

式中:R——曲线半径(m);

V_p——通过曲线时列车的平均速度,新建铁路按下式计算:

$$V_p = \beta \cdot V_{\max}(\text{km/h}) \tag{4.3.5}$$

式中:β——速度系数,一般地段,$\beta=0.8$;上下行速度悬殊地段,$\beta=0.65$;

$V_{\max}$——最大行车速度(km/h)。

外轨超高值一般取 5mm 的整数倍,但当计算值小于 10mm 时,该曲线可以考虑不设超高。

(2) 保证旅客舒适

为保证旅客舒适,旅客列车以最大速度通过曲线时,未被平衡的离心加速度 α 不应超过允许值。这时,外轨的超高值 h 可按下列公式计算:

$$h = \frac{11.8V_{\max}^2}{R} - 153\alpha(\text{mm}) \tag{4.3.6}$$

式中:α——允许的离心加速度(m/s^2),一般地段 $\alpha=0.5$、困难地段 $\alpha=0.6$;

根据上述两种计算方法算出的超高应进行比较,选用最大值。但外轨的超高值一般不应超过以下规定:双线地段不超过 150mm;单线地段不超过 125mm。

3) 曲线外轨超高检算

由于列车实际速度常与计算超高时的平均速度不同,因此外轨超高不能与行车速度完全适应,必然产生未被平衡的离心力或向心倾覆力。为保证行车安全和旅客舒适,一般是把这些力换算成未被平衡的超高度来加以限制。因此《线规》采用值为:h_q 一般取 70mm,困难时取 90mm,既有线提速改造时可取 110mm;h_g 一般取 30mm,困难时取 50mm。《维规》采用值为:h_q 一般应不大于 75mm,困难情况应不大于 90mm;h_g 不得大于 50mm。

根据允许最大未被平衡超高度的规定,可按公式(4.3.7)、式(4.3.8)检算通过曲线的允许最高、最低行车速度:

$$V_{\max} = \sqrt{\frac{(h+h_q)R}{11.8}}(\text{km/h}) \tag{4.3.7}$$

$$V_{\min} = \sqrt{\frac{(h-h_g)R}{11.8}}(\text{km/h}) \tag{4.3.8}$$

式中:h_q——未被平衡的欠超高(mm);

h_g——未被平衡的过超高(mm)。

其他符号意义同前。

外轨超高值既不能太大也不能太小。小的程度要能保证列车以较高速度通过时不致发生脱轨和倾覆事故;大的程度要能保证列车以低速通过或在曲线上停车时,不致产生危及列车安全的向心倾覆力。

4）外轨超高设置办法

合理地设置外轨超高,可以减少曲线钢轨的磨损和压溃,延长钢轨使用年限。若外轨磨耗、内轨压溃、内轨切压枕木,说明超高过大;若轨道外闪、外轨垂直磨耗过大而有压溃、内轨侧面磨耗,则是超高太小。发现超高值不当时,可通过测速观察和计算,经过几次调整,找到合适的数值。

外轨超高应在整个缓和曲线内递减顺坡,未设缓和曲线者,则以不大于1‰的递减率在直线段顺接。其顺坡长度的计算式为:

$$l_0 \geq 10 \times h \times V_{\max}$$

困难时

$$l_0 \geq 7 \times h \times V_{\max}$$

(4.3.9)

式中：l_0——外轨超高顺坡长度(m)；

其余符号同前。

计算结果应取为10m的整倍数。

3.2.3 轨底坡

因车轮踏面的主要部分为1:20的斜坡,所以在直线上,钢轨不应竖直铺设,而要适当地向内倾斜,因而我们定义轨底坡为钢轨底面对轨枕顶面的倾斜度(也叫内倾度)。钢轨设计轨底坡可使其轮轨接触集中于轨顶中部,提高钢轨的横向稳定性,避免或减小钢轨偏载,减小轨腰的弯曲应力,减轻轨头不均匀磨耗,延长钢轨使用寿命。

我国铁路在1965年以前轨底坡定为1:20。但在机车车辆的动力作用下,轨道发生弹性挤开,轨枕产生挠曲和弹性压缩,加上垫板与轨枕不密贴,道钉的扣压力不足等因素,实际轨底坡与原设计轨底坡有较大的出入,另外车轮踏面经过一段时间的磨耗后,原来1:20的斜面也接近1:40的坡度。所以1965年以后,我国铁路的轨底坡统一改为1:40。在曲线地段,由于超高的存在,内股钢轨的轨底坡要有适当的调整才能保证其不向轨道外方倾斜,调整范围见表4.3.7。当轨顶面由于不均匀磨耗形成横向坡度时,轨底坡应按轨顶磨耗情况予以调整。在任何情况下,轨底坡不应大于1:12,或小于1:60。

内股钢轨轨底坡调整范围　　　　表4.3.7

外轨超高(mm)	轨枕面最大坡度	铁垫板或承轨槽面倾斜度		
		0	1/20	1/40
0~75	1:20	1:20	0	1:40
80~125	1:12	1:12	1:30	1:17

轨底坡设置的正确与否,可根据钢轨顶面有车轮踏面碾磨形成的光带位置判断(图4.3.4),一般情况下,要求光带宽度一致,并稍偏向轨头中心内侧。如光带偏向钢轨中心内侧较大,则说明轨底坡不足,如偏向外侧,说明轨底坡过大,所以在线路维修养护工作中,可根据轨顶面的光带判断轨底坡设置得正确与否。

3.2.4 轨向

轨向是指轨道中心线在水平面上的平顺性。

若直线不直则必然引起列车的蛇行运动。在行驶快速列车的线路上,线路方向对行车的平稳性具有特别重要的影响。

在无缝线路地段,若轨道方向不良,还可能在高温季节引发胀轨跑道事件(轨道发生明显的不规则横向位移),严重威胁行车安全。

《修规》规定:直线方向必须目视平顺(图4.3.5),用10m弦测量,正线上正矢不得超过允许值。

图4.3.4 根据光带判定轨底坡

图4.3.5 目测轨向

3.2.5 前后高低

轨道沿线路方向的竖向平顺性称为前后高低。

新铺或经过大修后的线路,即使其轨面是平顺的,但是经过一段时间列车运行后,由于路基不均匀沉陷、道床捣固密实程度、扣件松紧、枕木腐朽和钢轨磨耗的不一致性,就会产生不均匀下沉,造成轨面前后高低不平,即在有些地段(往往在钢轨接头附近)下沉较多,出现坑洼,这种不平顺,称为静态不平顺。线路轨道静态几何尺寸容许偏差管理值见表4.3.8。

线路轨道静态几何尺寸容许偏差 表4.3.8

项 目		$v_{max}>160$ 正线			$160≥v_{max}>120$ 正线			$v_{max}≤120$ 正线及到发线			其他站线		
		作业验收	经常保养	临时补修	作业验收	经常保养	临时补修	作业验收	经常保养	临时补修	作业验收	经常保养	临时补修
轨距(mm)		+2 -2	+4 -2	+6 -4	+4 -2	+6 -2	+8 -4	+6 -2	+7 -4	+9 -4	+6 -2	+9 -4	+10 -4
水平(mm)		3	5	8	4	6	8	4	6	10	5	8	11
高低(mm)		3	5	8	4	6	8	4	6	10	5	8	11
轨向(直线)(mm)		3	4	7	4	6	8	4	6	10	5	8	11
三角坑(扭曲)(mm)	缓和曲线	3	4	6	4	5	6	4	5	7	5	7	8

注:①轨距偏差不含曲线上按规定设置的轨距加宽值,但最大轨距(含加宽值和偏差)不得超过1456mm;
②轨向偏差和高低偏差为10m弦测量的最大矢度值;
③三角坑偏差不含曲线超高顺坡造成的扭曲量,检查三角坑时基长为6.25m,但在延长18m的距离内无超过表列的三角坑;
④专用线按其他站线办理。

有些地段,从表面上看,轨面是平顺的,但实际上轨底与铁垫板或轨枕之间存在间隙(间隙超过 2mm 时称为吊板),或轨枕底与道砟之间存在空隙(空隙超过 2mm 时称为空板或暗坑),或轨道基础弹性的不均匀(路基填筑的不均匀,道床弹性的不均匀等),当列车通过时,这些地段的轨道下沉不一致,也会产生不平顺,这种不平顺称为动态不平顺,随着高速铁路的发展,动态不平顺已广泛受到关注。

技能训练

- 设备及材料:万能道尺、支距尺、弦绳、塞尺等。
- 步骤:用万能道尺、支距尺、弦绳对直线地段轨道、曲线地段轨道及道岔地段进行轨距、水平、方向、高低及支距的检测。
- 成果:检测结果与标准进行比较,确定是否超限。

任务4 轨 道 铺 设

4.1 工作任务

1. 能正确进行轨道结构配件数量的计算;
2. 能识读轨排计划图,指导轨排生产、装运和铺设。

4.2 相关配套知识

4.2.1 轨排组装计划

1)准备工作

(1)铺轨施工文件

所谓轨道铺设是指将轨道铺设在已完成并达到设计强度的路基、桥梁、隧道等工程上的工作。轨道铺设按其性质可分为正常铺轨和临时铺轨。正常铺轨是在正常条件下,把正式轨道铺设在已完工的永久性路基及桥隧建筑物上;临时铺轨是为了满足工程运输的需要临时铺设的轨道,在工程竣工后予以拆除。

按照铺轨方向可分为单向铺轨和多向铺轨。单向铺轨是由线路起点一端循序向前铺轨至线路终点。这一线路起点既可以是新建铁路线与既有线路的接轨点,也可以是运送铺轨材料及机车车辆来源的通航港口或内河码头。多向铺轨是在工期紧迫和运输条件许可的情况下,全线分段、同时铺轨,即从两端或更多方向开展。

按照铺轨方法可分为人工铺轨和机械铺轨两种,包含轨排组装、运输及铺设等3个环节。人工铺轨是从材料基地将铺轨材料用工程列车或汽车运到铺轨现场并就地连接铺成轨道。机械铺轨是将基地组装好的轨排,用轨排列车运到铺轨前方,再用铺轨机械铺设于路基上。

轨道工程开始施工前,线下路基、桥涵、隧道等主体工程及线路复测应已完成,此时形成的资料包括了平、纵断面及建筑物变更设计的重要内容,是铺轨工程重要、可靠的指导文件,应在建设单位的主持下,向有关施工单位办理接受。施工单位所具备的施工设计文件和有关基础工程竣工资料,包括车站平面图、隧道表、桥梁表(含孔跨)、架梁岔线位置表、曲线表、坡度表、水准基点表、断链表及线路情况说明书等。根据设计文件要求及有关基础工程竣工资料、全线指导性施工组织设计规定的铺轨总工期、有关重点工程的施工方案以及施工单位自身的铺轨能力,编制实施性施工组织设计,指导施工。

(2) 筹建铺轨基地

铺轨基地是新建铁路的一项临时性工程,是铺轨材料的装卸、存放、轨料加工以及轨排组装、列车编组、发送的场所,是铺轨工程的后方基地。基地的布置,主要包括轨料存放场、轨排组装车间和轨排储备场3部分。这些场地内的料具应统一规划,合理安排,使轨排组装工作顺利进行。图4.4.1为基地平面布置的一个例子。

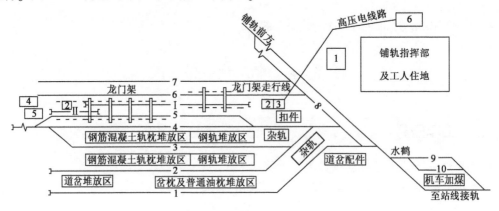

图4.4.1 轨排组装基地布置

图中方框1~方框6依次为材料库(80m²)、卷扬机棚两栋(32m²×2)、配电室(40m²)、硫磺水泥库(100m²)、熬硫磺砂浆棚(50m²)、发电机房(120m²);股道编号1为停留线,2、3为材料装卸线,4、5为材料供应线,6~10依次为轨排装车线、轨排储备线、调车线、机车停留线、煤水线。

①轨料存放场

布置轨料存放场时,应根据铺轨进度和铺轨基地距轨料来源的远近、运输状况来确定,一般应保证铺轨日进度的10倍左右或至少能满足1个区间的轨料。为便于轨料的装卸、搬运,场内应备有必要的吊车设备及其行走道路和进料卸车的股道。

②轨排组装车间

布置轨排组装车间时,应按照进料→轨排组装→轨排装车的次序考虑。一般都设有进料线、组装作业线和装车线。进料线与装车线分设于组装线两侧,进料线连接轨料场,应便于运出轨排和回送空车,按照计算编制的《配轨计算表》进行轨排的组装生产。

③轨排储备场

为了保证轨排的连续性生产与供应,必须具有轨排储备。轨排储备场的场地应平坦坚实,以免底层轨排变形或轨排垛倾倒。场地大小视计划的铺轨日进度与组装能力而定,一般应储存铺设2~3d所需的轨排。

④其他设施的布置

除了上述3个主要部分外,基地内还应根据场地条件、每日生产进度、轨排组装方式以及轨料供应数量等布置调车走行股道、机车加水股道以及停放车辆的股道等。所有这些股道均应使调车作业走行距离短,通过道岔少,迅速方便。另外,为了满足基地作业需要,还应设置动力、照明、机械维修等设备,修建必要的生产和生活房屋。

(3)其他准备工作

①路基整修

铺轨前15d应对已完工的路基进行全面检查,如果尚有过高或过低等凹凸不平、路面宽度不够等现象,必须进行整修,以符合设计要求。路基平面和纵、横断面的形状尺寸应符合设计要求。

如果路堤欠填高度或路堑超挖深度不足5cm时,可不作处理,铺砟时用道砟填平;超过5cm时,应用同类土壤填补、夯实。如果路堤超填高度(路堤的超填高度必须是考虑沉落量后的高度,如果路基沉落量尚未完全沉落,则应定出施工坡度,在铺轨前整修好)或路堑欠挖深度不足5cm时,可不作处理;超过5cm时,应铲除;路基面上的草皮、树根应彻底铲除;上面的污垢杂物应清除干净;整平坑洼及波浪起伏的路面。

②线路复测

在铺轨之前应取得线下施工单位线路测量资料、中桩、基桩和水准点,并进行铺砟前路基面检查,复测线路中桩、基桩、路基面高程以及临时线路标志的埋设情况,在铺轨前一个月,由施工单位从铺轨起点测设线路中桩。直线地段每隔50m、圆曲线上每隔20m、缓和曲线上每隔10m钉一个桩;在缓和曲线、圆曲线起讫点、道砟厚度变更点以及道岔交点等均须加钉永久中桩;正式线路标志未埋设时,应埋设简易的临时里程标、曲线标、坡度标等标志。

③预铺道砟

为了保证铺轨列车的行车安全,轨枕不致压断,路基不致损坏,铺轨之前应先铺设底层道砟。

一般先铺有垫层的底层道床,按垫层厚度铺足,铺砟厚度可较设计值偏差±50mm,半宽允许偏差$^{+50}_{0}$mm,并将顶面整平,采用压强不小于160kPa的机械碾压,压实密度不低于1.6g/cm³;正线道岔预铺道砟应分层碾压,预留起道量不得大于50mm,压实密度不低于1.7g/cm³;砟面平整度用3m直尺检查不得大于3cm,道岔前后各30m范围应做好顺坡并碾压。单层道床轨道或道砟供应困难地段,铺轨前每股钢轨下预铺厚度15~20cm、宽度不小于80cm的砟带。

桥梁两端各30m范围内应铺足道砟,预铺道砟面应比桥台端墙顶高5cm,并按5‰做好两端顺坡,如图4.4.2所示。

有砟桥面的全部道砟,应在桥头附近适当地点堆存备用。铺轨列车通过后,应尽快上足桥上的道砟。无论线路上采用何种道砟,道砟槽及桥面均应用碎石道砟。桥梁跨度在8m及以上的桥头,在架桥机吊梁运行地段,应预铺道砟,其厚度为15~25cm,宽度为3~4m。

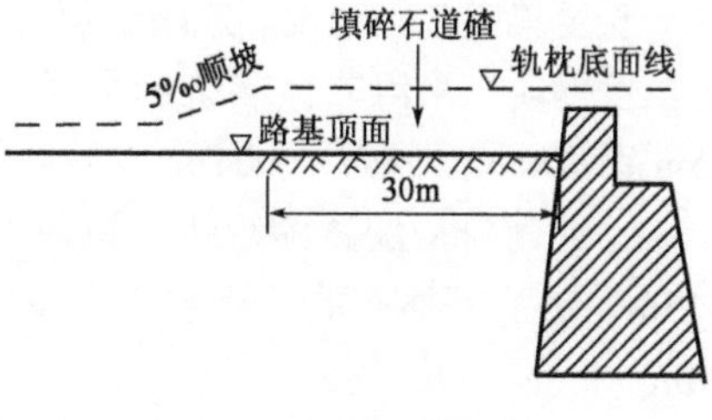

图4.4.2 桥头预铺道砟

④查勘线路

铺轨之前应按照计划做好沿线的施工调查,以保证铺轨工作的正常进行。其主要内容是:线路中心桩及标志的缺损情况,路基整修与预铺道砟是否符合规定;沿线道砟供应情况,车站、道口的地形地貌和交通等情况;限界内障碍物的拆迁情况(高压线、通信线路等)、隧道内侵入限界部分的处理情况以及施工困难地段如陡坡、小半径曲线、长隧道等的现场情况;机车用水、隧道照明、沿线公路交通、通讯线路和宿营地点等的情况。

2）轨排组装计划

（1）组装计划

轨排组装是在铺轨基地将钢轨、轨枕用连接零件连成轨排,然后运到铺轨工地进行铺设。它是机械化铺轨的重要组成部分。组装轨排应按铺设轨排计划进行。由于车站两端需要铺道岔,曲线内股铺设缩短轨,同时钢轨本身长度有公差,因此,组装轨排要按计划编列序号,铺设时按序号施工,才不致发生错误。

组装轨排前,必须调查曲线、道岔、道口、桥梁、隧道、信号机及站场设备等有关资料,以便按技术要求编制组装轨排计划。

同一类型的轨枕应集中连续铺设(不同类型钢轨接头处除外);半径小于300m的曲线,由于列车产生的横向力较大,需要对扣件和混凝土轨枕进行加强;不同类型轨枕的分界处,应保持同类型轨枕延伸至钢轨接头外5根以上。木枕与混凝土宽枕之间应用混凝土枕过渡,其长度不得少于25m。

在编制组装轨排计划时要注意以下位置不得有钢轨接头:

①明桥面小桥的全长范围内;

②钢梁端部、拱桥温度伸缩缝和拱顶等处前后各2m范围内;

③钢梁的横梁顶上;

④设有温度调节器的钢梁的温度跨度范围内;

⑤道口范围内。

在信号机处的两钢轨绝缘接头应为相对式,轨缝不得小于6mm,其位置应符合下列规定。

①出站(包括出站兼调车)信号机处绝缘接头可设在信号机前方1m至后方6.5m范围内;

②调车信号机处绝缘接头可设在信号机前方1m至后方1m范围内;

③安装在警冲标内方的钢轨绝缘接头除渡线外,应安装在距警冲计算位置不小于3.5m、距警冲标实际位置不大于4m的范围内;

④绝缘接头不得设异型接头。

组装轨排时,按照《配轨计算表》进行配轨。配轨之前先丈量新钢轨长度(精确至mm),将长度基本相同的两根钢轨配为一对(用于直线轨排),并标注长度和编列序号。非标准长度钢轨应同一长度集中成段铺设。成段长度:正线轨道不得小于500m,站线同一股道可集中铺设两种不同长度钢轨。采用非标准轨的最短长度:正线轨道,铺设12.5m钢轨地段不得小于11m;铺设25m钢轨地段,不得小于21m;到发线上不得小于10m;其他站线、次要站线不得小于8m。

曲线轨排应配置缩短轨。轨道上个别插入的短轨,正线轨道不得小于6m,站线不得小于4.5m。道岔间插入的短轨应符合设计规定。调正桥上钢轨接头位置时,短轨应铺在距桥台尾10m外。

（2）配轨

在曲线上,外股轨线比内股轨线长,如果曲线内外轨均用同样长度的钢轨铺设,则内股轨接头必将超前于外股钢轨接头,不能保证钢轨接头的对接要求。因此,为了保持内外股钢轨接头成对接式,必须在内股轨线上铺设必要数量的缩短轨。

由于线路上的曲线半径不同,要使曲线上每个接头均对齐,则钢轨长度种类将极为繁杂,使钢轨制造及轨道铺设和维修工作复杂化。因此允许内外两股钢轨接头有少量相错量。

一般规定:在正线上,曲线地段接头相错量不超过40mm加所用缩短轨缩短量的1/2;大修时,不超过20mm加所用缩短轨缩短量的1/2。

目前,我国地铁采用的标准缩短轨的缩短量,对12.5m标准轨为40,80,120mm三种(即标准缩短轨长12.46,12.42,12.38m),对25m标准轨为40,80,160mm三种(即标准缩短轨长24.96,24.92,24.84m)。同一曲线一般宜使用同一种标准缩短轨。

4.2.2 轨排组装作业

1)轨排组装作业方式

轨排组装的作业方式可分为活动工作台和固定工作台两种,活动工作台作业方式组装轨排又分为单线往复式和双线循环式两种。作业方式不同,使用的机具设备和作业线的布置也不同。因此,在轨排组装前,应根据具体情况确定作业方式。

(1)活动工作台作业方式

①单线往复式

单线往复式生产线(图4.4.3)是我国目前新线及运营线使用最多的一种轨排组装生产线。在组装中,工作台的往复移动,是由设在工作台两侧的起落架配合进行的。每完成一个工序,工作台就前移一个台位,并由起落架将轨排顶起,工作台退回至原位,然后下降起落架,轨排即留在下一工序的工作台上。这样,每完成一个工序,工作台车就前后往复一次,起落架也相应升降一次,保证了轨排组装的连续性。

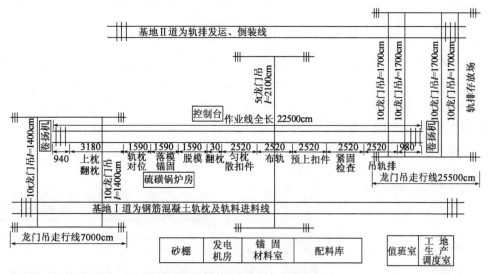

图4.4.3 单线往复式组装作业生产线

活动工作台由铁平车和钢轨连接而成。活动台及固定台的组成,如图4.4.4所示。外侧虚线表示固定台,起落架的升降由设在作业线一端的5t卷扬机控制。工作台应高出未升起时的起落架顶面5cm,以利工作台的移动。作业时固定台上升Δh,轨枕等全由固定台承托。实线表示活动台,高度不变,可沿轨道由设在作业线另一端的3t卷扬机牵引运行。前一个工序完成后,固定台下降Δh,轨枕落在活动台上,运至下一个工序,再由固定台抬高进行下一个作业。直到最后一个工序把轨排组装完毕。

单线往复式作业方式的作业线,布置在进料线和装车线之间,包括吊散轨枕、轨枕硫磺锚固、匀散轨枕、吊散钢轨、上配件并紧固、质量检查及轨排装车7个工序。按顺序包括散枕台→硫磺锚固台→散扣件台→上轨台等。如图4.4.5所示。

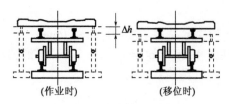 

图4.4.4 活动台及固定台示意　　　　图4.4.5 单线往复式流水作业线

由于轨枕硫磺锚固工作量大，作业时间较长，往往成为控制工序。为了平衡各工序间的作业时间，提高组装效率，在硫磺锚固工作台位一侧，另设长约80m的硫磺锚固作业线相配合，并在锚固作业线的端部附近，备有粉碎硫磺的碾子、炒砂子及熬制硫磺锚固浆液的锅灶等，以及为不受气候影响而保证锚固作业顺利进行的工棚。

单线往复式作业方式，既节省拼装作业场地，也节省拼装所需设备和劳动力，有利于实现轨排组装全面机械化，这对地形狭小、场地受限制时较为适宜。

②双线循环式

双线循环式组装轨排的过程是：轨排组装分设在两条作业线上完成。在第一作业线上完成其规定的几个工序后，经横移坑横移到第二作业线上，继续作业，直到轨排组装完毕，进行装车。空的工作台经另一横移坑再横移到第一作业线上，继续循环作业，每一循环完成一个轨排的组装。组装作业图如图4.4.6所示。

双线循环式作业方式，可将各工序组成循环流水作业线，从而改善工作条件，提高工作效率。但该作业方式要求场地比较宽阔，因而受一定的限制。

(2) 固定工作台作业方式

固定工作台作业方式，是将组装作业线划分为若干个作业台位，作业时，各工序的人员和所需机具沿各个工作台位完成自己工序的作业后依次前移，而所组装的轨排则固定在工作台上不动，并在这一台位上完成全部工序。当沿作业线组装完第一层轨排后，又在第一层轨排上面继续依次组装第二层轨排，到第三层轨排后，人员再转移到作业线Ⅱ的台位上，继续组装。组装过程如图4.4.7所示。

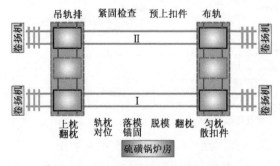 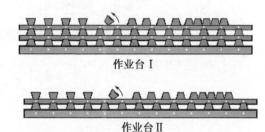

图4.4.6 双线循环式作业组装示意图　　　图4.4.7 固定工作台组装示意图

由于固定工作台作业方式所组装的轨排是固定不动的，仅仅是人员和机具沿工作台移动，所以作业线的布置比较简单，只需在组装作业线上划分一下固定工作台的台位，每一台位长26m，而台位的多少和作业线的长短，可根据铺轨任务和日进度的需要来决定。

2）轨排组装作业过程

(1) 组装轨排作业

混凝土轨排组装质量的好坏关键在于螺旋道钉的锚固。轨排组装的作业方法通常有正锚和反锚两种。传统的作业方法是采用正锚,其施工较为简便,易于掌握,但控制不好常出现质量问题。采用正锚时,很难控制预留孔内锚固浆灌注量,太少会影响锚固强度;太多使得道钉插入后浆液溢流,污染承轨槽面,带来较大的硫磺残渣清理工作量。而反锚作业是将轨枕底面向上,由轨枕底孔倒插入道钉,从轨枕底孔灌入锚固浆进行锚固,其劳动效率高、质量好,得到了更为广泛的应用。施工时,采用锚固板上的道钉模具控制形位,能保证组装质量,同时锚固浆液不污染承轨槽面,外形美观,且拼装作业场占地较少。

下面以活动工作台作业方式中的单线往复式作业方式组装轨排为例。对于固定工作台作业方式,除锚固工作需向各工作台位运送硫磺锚固砂浆外,其他工序与活动工作台的作业过程完全相同,不再详述。

① 吊散轨枕

采用移动式散枕龙门架所配备的 3~5t 电动葫芦吊散轨枕,每次自轨枕堆码场起吊 16 根轨枕。如移动式龙门架本身无动力时,可用卷扬机牵引或人力推动。若采用反锚作业进行组装,应将散开的轨枕翻面,使所有轨枕底面向上。此工序由人工用木棍配合撬棍撬拨,或用 U 型钢叉翻枕,如图 4.4.8 所示;或采用安装在锚固台前端的翻枕器,在移动台前进过程中进行翻枕。翻枕器翻转轨枕的转速要与移动小车的运行速度相匹配,以达到轨枕翻过去的间距刚好等于所需要的轨枕间距。翻枕器如图 4.4.9 所示。

图 4.4.8 吊散轨枕

② 硫磺锚固

轨枕由散枕台运到锚固台时,每侧一人须将轨枕与预先插好的螺旋道钉上下对孔,然后抬高固定台,将螺旋道钉插入轨枕孔内,灌注硫磺锚固液,冷却。经锚固后,由翻转机翻转轨枕,由活动台运至下一个散扣件台,如图 4.4.10 所示。

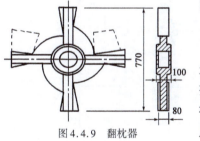

图 4.4.9 翻枕器

硫磺锚固就是用硫磺水泥砂浆将螺旋道钉固定在钢筋混凝土或混凝土枕的道钉孔中。硫磺水泥砂浆是将硫磺、砂、水泥以及石蜡按一定的配合比配置而成。锚固方法有正锚和反锚两种,如图 4.4.11 所示。

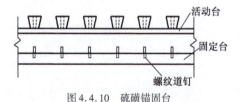

图 4.4.10 硫磺锚固台

图 4.4.11 硫磺锚固方式

a. 硫磺锚固砂浆配合比(表 4.4.1)

硫磺锚固砂浆配合比　　　　表 4.4.1

项　目	硫　磺	水　泥	砂　子	石　蜡
批量生产	1	0.3~0.6	1~1.5	0.02~0.03
少量生产	1	0.4	1.2	0.03
材料质量要求	含硫量不小于95%,干燥	普通硅酸盐水泥标号不限	泥污含量不大于5%,粒径不大于2mm,干燥	一般工业用石蜡

b. 熔制工艺

按选定的配合比称好各种材料,根据生产规模及熔浆器决定一次配制量。在工地锚固道钉时,一般用两个铁锅或熬浆锅炉轮流熔制。每锅熔量以不超过 50kg 为宜,先将砂子放入锅内,加热炒拌到 100～120℃ 时,将水泥倒入,继续炒拌到 130℃,最后加入硫磺和石蜡,继续搅拌,使硫磺熔液拌和均匀,并由稀变稠呈浓胶状蓝黑色液体,温度升高到 160℃,即可使用。

c. 锚固质量要求

为保证锚固质量,锚固时可用锚固钢模固定道钉于钢筋混凝土或混凝土枕预留孔中,然后灌入锚固浆液,经过 1min 左右的冷却凝固,即可利用起落架脱模。其质量要求如下:

a) 抗压强度不低于 0.4MPa,抗拉强度不低于 0.04MPa,每个道钉抗拔力应大于 6t;锚固完毕后要进行抗拔力检测(图 4.4.12)。

b) 道钉方(圆)盘底面应高出承轨槽面,使用扣板扣件时高出 0～5mm,使用弹条扣件时高出 0～2mm,道钉应与承轨槽面垂直,歪斜不大于 2°,道钉中心线偏离预留孔中心线不得超过 2mm。

c) 灌浆深度应比螺旋道钉插入深度多 20mm 以上,如图 4.4.13 所示。

采用反锚工艺时,脱模后的轨枕在台车前进的同时,应利用翻枕器使之顶面朝上。

图 4.4.12　锚固抗拔力检测

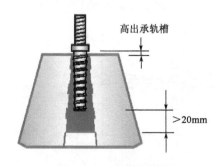

图 4.4.13　硫磺锚固深度

d. 锚固注意事项

a) 熔浆火力要能控制,火候不可过猛,熔浆过程应不断搅拌,不得有水或雨雪进入锅内。熔液温度不得超过 180℃。

b) 熔浆地点尽量放在下风处,与锚固作业距离不宜过远。操作人员须佩戴防护用品。

c) 锚固前,应将预留孔内杂物及螺旋道钉上的黏土等附着物清除干净。道钉温度应保持 0℃ 以上,低于 0℃ 时,应先予以加热。

d) 灌注时,送浆提桶不得过大,防止桶内熔浆离析,并应保持温度不得低于 130℃,一孔一次灌完。锚固浆顶面宜与轨枕承轨槽面齐平,不得低于承轨槽面。

e) 道钉锚固后,应将承轨槽面残渣清除干净。

③匀枕散扣件

图 4.4.14　匀枕散扣件

轨枕翻正后,应立即在轨枕承轨槽两侧散布配件,匀散扣板、缓冲垫片、弹簧垫圈及螺母等配件(见图 4.4.14)。散布前,应按零件类型整理堆码好。为便于匀散轨枕。调整轨枕间隔距离,在工作台两侧设有起落架,并将连接平车的钢轨改成槽钢,在槽钢上配置了匀枕小车。利用匀枕小车将大约 30cm 间距的轨枕调为标准间距,同时放好轨底板,如图 4.4.14 所示。

④吊散钢轨(图 4.4.15)

吊轨前应检查钢轨型号、长度是否与设计一致,并将钢轨长度正负误差值写在轨头上,以便配对使用。吊轨利用 3～5t 龙门吊一台及吊轨架一个来完成。按轨排计算表控制钢轨相错量,将钢轨吊到轨枕上相应的位置,然后再通过轨枕道钉纵向中心线的钢轨内侧,用白油漆画小圆点作为固定轨枕的位置。

吊散钢轨时,为保持钢轨稳定,两端扶轨人员应用小撬棍插入钢轨螺栓孔内或拴缆绳牵行,不得用手直接扶持。吊车吊重走行的范围内禁止走人。

⑤上配件、紧固

在作业线两侧应搭设工作台,以手工操作把配件放置于正确的位置上,将螺帽拧上,并用电动或风动扳手拧紧螺栓。紧固前要测定扳手的扭矩,扭矩应满足:a.70 型扣件 100～120N·m;b.Ⅰ型弹条扣件扭矩在半径大于 650m 时为 80～120N·m,在半径小于 650m 时应大于 120N·m;c.Ⅱ型弹条扣件扭矩为 100～140N·m,以确保达到设计要求。考虑到可能由于锈蚀或锚固组装不合,会出现扭矩虽然达标但扣压力仍然不足的假象,因此观察检查仍是有效的手段。如图 4.4.16 所示为 70 型扣板扣件双层弹簧垫圈应压平;Ⅰ、Ⅱ型弹条扣件的弹条中部前端下颚应靠贴轨距挡板等。

图 4.4.15 吊散钢轨

图 4.4.16 扣件组装图

⑥质量检查

排组装完后,应由质检员详细检查轨排是否按轨排生产作业表拼装、轨排成品质量是否符合要求,包括检查轨距、轨枕间隔、接头错开量、安装质量等。如果发现有不符合的地方,应加以修整,最后对合格轨排按轨排铺设计划用色泽醒目的油漆进行编号。

优质轨排应达到下列各项标准:

a. 无不符合使用技术条件的钢轨和轨枕。

b. 轨排组装钢轨接头错开量应与组装计划表相符,误差不得超过 5mm,缩短轨位置配置正确。

c. 由 12.5m 轨组成的 25m 轨排,轨缝预留正确,并插入轨缝片,接头上下左右错牙不超过 1mm,接头扣件涂油,并按规定要求拧紧。

d. 轨枕配置数量符合规定,轨枕方正,轨枕间距偏差及歪斜不得超过 20mm。

e. 轨排的轨距误差为 ±2mm,变化率:正线不大于 1‰,站线不大于 2‰。

f. 道钉锚固位置正确,高低合适,螺旋道钉丝杆涂油,螺帽拧紧后,螺杆顶仍有 5～10mm 外露。

g. 扣件齐全,位置正确密靠。扣扳或弹条不良者不超过 8%,胶垫歪斜者不超过 6%。

h. 按设计规定安装好防爬设备,并打紧密靠。

i. 轨排两端接头均须擦锈涂油,轨排前端摆好备用夹板、螺栓及垫圈,数量齐全并涂油。

⑦轨排装车

轨排装车是轨排拼装的最后一道工序，即将编号的组装完的轨排，用 2 台 10t 吊重、跨度 17m 的电动葫芦龙门架按铺设计划逐排吊装在滚轮平车上，同时作好编组及加固工作。装到车上的轨排应上下左右摆正对齐，不得歪斜。

至此，一个混凝土枕轨排组装完成，然后可以进行下一轨排的组装循环。

4.2.3 轨排铺设

1) 轨排运输

为了确保机械铺轨的速度，保证前方不间断地进行铺轨，必须组织好从轨排组装基地到铺轨工地的轨排运输。

(1) 滚筒车运输

滚筒车一般由 60t 平板车组成，车面上左右两侧各装滚筒 11 个，大约相距 1.0～1.2m 装一个，由两辆滚筒平板车合装一组轨排，每组 6～7 层。如用新型铺轨机铺轨，可装 8 层，已达到平板车的额定载重，滚筒车布置见图 4.4.17。

用滚筒车装运轨排，必须在滚筒上面安放拖船轨，以承受运输排垛的重量。为了避免轨排在运输过程中前后窜动，两辆平板车之间的车钩应设停止缓冲器，拖船轨的头部靠滚筒处设有止轮器。

(2) 平板车运输

用无滚筒平板车运送轨排时，每 6 个轨排为一组，装在两个平板车上，7 组编一列。在换装站或铺轨现场各设两台 65t 倒装龙门架，将轨排换装到有滚筒的平板车上，供铺轨机铺轨，平板车运输见图 4.4.18。

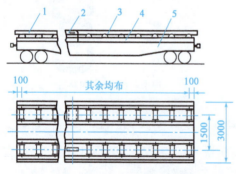

图 4.4.17 滚筒车组装示意图
1-拖船轨；2-锁定装置；3-滚筒；4-滚筒架；5-60t 平板车

图 4.4.18 平板车运输轨排

平板车运输轨排优点较多，无需制造大量滚筒，减少拖船轨轨距杆止轮器数量，捆扎工作量减少，运输速度可达 30km/h，节省人力和费用。

2) 轨排铺设

新建铁路的轨排铺设，大多采用铺轨机进行施工，少数情况下也有采用龙门架进行的。

(1) 悬臂式铺轨机铺设轨排

铺轨机在自己铺设的线路上作业和行走。随着轨排质量、长度的不断增长，铺轨机的性能也不断提高，由简易铺轨机发展到目前的 PG-28 型、PGX-15 型（东风Ⅰ）、PGX-30 型 3 种铺轨机，其技术性能见表 4.4.2。

高臂铺轨机技术性能　　　　　　　表 4.4.2

项　目	PG-28 型	PGX-30 型	PGX-15 型(东风Ⅰ)
起重量(t)	28	30	15
起升速度(m/min)	7.2	7.5	8
运行速度(m/min)	50	45	37
铺轨最小曲线半径(m)	300	300	300
能否架桥	能	能	否
轴向架轴数(根)	4	5	4
铺轨时最大轴重(kN)	330	300	313
主机自重(kN)	1300	1560	1100
外形尺寸(长×宽×高)(m)	45.8×3.56×6.55	46.5×3.5×6.4	47.3×3.6×5.7
装运轨排层数	7	7	8

铺轨机一般由车体、转向架、柴油发电机组、机臂、立柱、吊轨小车、扁担、起升与运行机构、轨排拖拉机构及驾驶室等组成。实体图如图 4.4.19 所示,其结构如图 4.4.20 所示。

施工单位在轨排铺设时所采用的机械,应根据本单位现有的设备能力及工程的工期要求合理选型。悬臂式铺轨机有高臂和低臂之分,但它的作业形式基本一致。其轨排铺设作业程序如图 4.4.21 和图 4.4.22。

图 4.4.19　PG28 型铺轨机实体

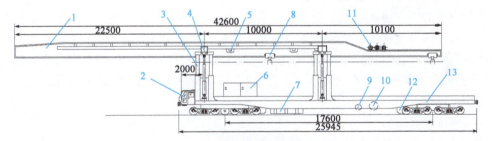

图 4.4.20　PG-28 型铺轨机外形图(尺寸单位:mm)

1-机臂;2-驾驶室;3-立柱;4-横梁;5-摆头机构;6-电气系统;7-柴油发电机组;8-吊轨小车;9-液压系统;10-轨排垛拖拉机构;11-吊轨运行机构;;12-牵引走行机构;13-车辆

① 喂送轨排

轨排列车进入工地后,当前面轨排垛喂进铺轨机后,需要将后面的轨排垛依次移到最前面的滚筒车或专用车上,这样才能保证作业的连续性。向前倒移轨排垛的方式主要有两种。

a. 拖拉方式

此种方式适用于使用滚筒列车。在铺轨机的后方选择一段较为平直的线路进行大拖拉作业。将滚筒列车最前面的一组轨排垛,用拖拉钩钩住第二层轨排的钢轨后端,用大小支架将 $\varPhi 28 mm$ 钢丝绳支离平板车,将底板钩等专用机具固定于线路上,然后缓慢地拉动列车。由于最前面的一组轨排垛被固定在线路上不动,所以在滑靴的引导下,这组轨排垛便依此移动到前面的滚筒车上。轨排垛到位后,撤去固定轨排垛的机具,再由机车推动整列车向前送到铺轨机的尾部。

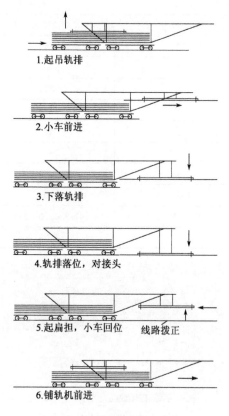

图 4.4.21　高臂铺轨机作业程序

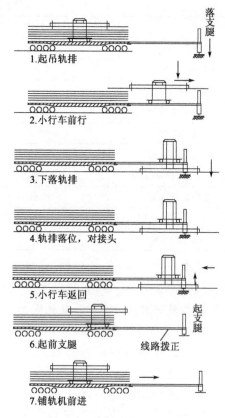

图 4.4.22　低臂铺轨机作业程序

b. 用二号车或专用列车倒运方式

这种方式必须在铺轨工地配备两台起重量 65t 以上的倒装龙门吊,再配有二号车或专用车。若倒装龙门吊能够让机车通过则可省去二号车。作业方式是:将两台龙门吊吊立在离铺轨机不远且较为平直的线路上,机车将轨排列车依次推送到龙门吊下,用龙门吊吊起整组轨排垛,倒装到装有滚筒的二号车或专用车上,再由二号车或机车推送到铺轨机的尾部。

② 铺设轨排

a. 将轨排推进主机

用铺轨机自身的卷扬设备挂千斤绳推进轨排组。

b. 主机行走对位

铺轨机自行走到已铺轨排的前端适当位置,停下对位。需要支腿的铺轨机,在摆头以后立即放下支腿,按要求支承固定。

③ 吊运轨排

开动可以从铺轨机后端走行到前端的吊重小车,在主机内对好轨排的吊点位置,落下吊钩挂好轨排,然后吊高轨排至离下面轨排 0.2m 高度,开始前进到吊臂最前方。

吊重小车的结构和吊挂小车的设施,对于高臂铺轨机,可以是两辆吊重小车(相距 2~3m)共同吊住一根 13.8m 长扁担,扁担两端各设挂钩可以挂住轨排送到前方;或不设纵向扁担,由两辆小车直接吊住轨排前后两个吊点(相距 13.8m)送到前方铺设。对于低臂铺轨机,采用一龙门式的、长 2.5m 左右的吊重台车,台车前后两端各吊住铁扁担中部(相距 2.0m 左右),在两条低臂式铺轨机的轨道上运行到吊臂前端。也可以用两台龙门吊架直接吊住轨排

(相距 13.8m),在长达 26m 以上的框架式吊臂上行走,框架前端用轮胎式台车托住,构成简支式长大框架,轨排在框架内落放到地面上。

④落铺轨排

吊重小车吊轨排走行到位时应立即停止,并开始下落轨排至离地面约 0.3m 时稍稍停住,然后缓缓落下后端,与已铺轨排的前端对位上鱼尾板。对位时间一般占铺一节轨排总时间的一半以上,成为铺轨速度快慢的关键。

在后端对位上鱼尾板后,可通过摆头设施使前端对立线路中线,并立即落到路基上。轨排落实以前,为使轨排保持所需的形状,一般需人工(或用拨道器)左右拨正。

⑤小车回位

铺好一节轨排后立即摘去挂钩,将扁担升到机内轨排之上,吊轨小车退回主机,准备再次起吊。有支腿的铺轨机应立即升起支腿,主机再次前进对位,并重复以上工序。待一组轨排全部铺设完了,立即翻倒拖船轨。拖入下一组,再按以上工序进行铺设。当一列轨排列车铺完后,利用拖拉方法,将拖船轨返回空平板车上,由机车将空车拉回前方站,并将前方站另一列轨排列车运往工地。

⑥补足夹板螺栓

为了提高铺轨的速度,铺设轨排时仅安装两个螺栓,在铺轨机的后面还要组织人员将未安装的夹板螺栓补足、拧紧。

(2)龙门架铺设轨排

铺轨龙门架是铁路铺轨半机械化施工机具之一,它主要用于铺设钢筋混凝土轨排、在旧线拆换轨排以及轨排基地装卸工作等。

铺轨龙门架的特点是,机身不在自己铺设的轨道上行走,而在预先铺设于线路两侧的轨道上吊重和走行。它的缺点是体力劳动较强,占用人员较多,要求地面较宽,现在管理局的一些施工单位仍在使用。

铺轨龙门架由 2~4 个带有走行轮的框架式龙门架组成,每个龙门架的吊重有 4t 和 10t 两种,其中有带运行机械和不带运行机械的两种形式,相互间用连接杆连接行动。龙门架的起重和运行依靠自带的发电机供电,发电机和拖拉用的卷扬机同放在一辆普通平板车上,挂在铺轨列车的后端,用电缆送电。铺 25m 混凝土轨排时一般用 4 台起重量 4t 的龙门架或 2 台起重量为 10t 的龙门架;铺 25m 混凝土轨枕板轨排用 3 台起重量为 10t 的龙门架;铺长轨排可根据轨排重量和龙门架的起重量适当配置多台龙门架一同使用。

铺轨时,应先铺设龙门架的走行轨道。目前铺设的方法主要是人力铺设和拖拉机拖框架式龙轨;然后将龙门架下到走行轨道上,并用滚筒车或托架车将轨排组运送到最前端,开动龙门架即可吊运轨排;把轨排运到铺设地点,降落轨排铺设在路基上。重复上述步骤,即可继续,如图 4.4.23 所示。

(3)轨排铺设的注意事项

①铺轨前预先铺设的砟带,左右高差不得大于

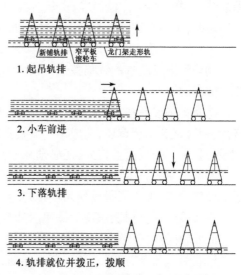

图 4.4.23 龙门架铺轨机作业程序(龙门架在预铺轨道上的走行)

3cm,砟带要按照线路中心桩铺设,不得偏斜。

②铺轨时,如果路基比较松软,在新铺轨排的前端,在落位之前,砟带应稍加垫高,以防铺轨机前端下沉,造成连接小夹板的困难。如果路基特别松软,前支腿垫木应加长加宽,增加承压面积,提高承压力。

③拖拉指挥人员与驾驶调车指挥人员要密切配合并明确拖拉速度,时时注意平板车上的作业情况,发现异常情况及时停车。机车推送前进时,速度以小于 5km/h 为宜,在最后 5~6m 时,速度应控制在 3km/h,并派有经验者放风,以防止意外。

④铺轨机及滚筒平车上的滚筒,应有专人负责保养注油,以减少拖拉时的摩擦阻力。

⑤在低于最佳铺轨轨温下限或高于最高允许铺轨轨温时不得安排铺轨,否则,在轨温恢复至最佳铺轨轨温范围 $\left(T_{max} - \dfrac{a_g + 2C}{0.0118L} \leq t \leq T_{max} - \dfrac{a_g + C}{0.0118L}\right)$ 后,必须重新调整轨缝。在最佳铺轨轨温范围内铺轨时,预留轨缝值按下式计算确定:

$$a_0 = 0.0118(T_{max} - t)L - C \tag{4.4.1}$$

式中:T_{max}——钢轨可能达到的最高温度(℃),其值采用当地历史最高气温加 20℃;长度大于 300m 的隧道内,最高气温可采用当地历史最高气温;

C——钢轨接头阻力和道床纵向阻力限制钢轨自由胀缩的数值(mm);钢轨长度≤15m 及长度≥15m 的 C 值分别为 2mm 和 4mm,但历史最高最低轨温差大于 85℃地区,铺设钢轨长度大于 20m 的轨道,C 值应采用 6mm。

实际预留轨缝,应根据铺轨时轨排对中的偏移程度和平顺状态,按上式的计算值略予加大,加大值不宜大于 2mm。钢轨绝缘接头在最高轨温时轨缝不得小于 6mm。

新铺的轨道,其预留的轨缝尺寸应当日检查,并将检查结果的总偏差量在继续铺轨时加以调整消除。

⑥轨排起吊和走行时要平稳,下落时不要左右倾斜,铺设时要注意中线及轨缝的控制。铺轨时轨道中线允许偏差为:普通轨枕 50mm,宽枕 10mm。当轨温未达到 $t \pm \dfrac{C}{0.0118L}$ 时,应按预留轨缝公式计算的 a_0 值为准;实际轨缝的平均值,为计算轨缝值 ±2mm;轨温小于当地历史最高轨温时,不得有连续 3 个及以上的瞎缝;不得出现最大构造轨缝(计算值等于最大构造轨缝时除外)。

钢筋混凝土轨枕的线路拨道比较困难,在铺设时严格掌握对中,一次铺好,可以大大提高工作效率。

⑦轨排铺设完毕后,常常会出现因轨头不够方正而影响轨缝和对中的现象。有时,轨缝对齐后,中线又会出现偏差,造成下一节轨排无法铺设。因此,为了确保轨排铺设的质量,除了在铺设过程中加强质量监控外,还必须从一开始就保证轨头的方正。

影响轨头方正的因素有很多,如丈量不准、方尺不方、钢轨本身有硬弯、吊装运送轨排时两股钢轨错动等,但主要是前面两项,即丈量不准、方尺不方。通过强化对基地作业的质量管理,可以大大降低这类情况出现的概率。其方法有:

a. 卸轨时严格防止摔弯。

b. 拼装轨排前,应对轨长重新丈量核对,严格控制两股等长,对于存在着公差的标准轨,在选配时,可允许长度差不超过 3mm,但在拼装下一轨排时,须将前一轨排的两股钢轨的长度差数补齐。

c. 制作准确的方尺,如铁质尺。

⑧安装螺栓时,要随时注意指挥信号,铺轨机行进前要迅速离开股道。后面补装螺栓,要随时注意轨排列车和铺轨机的动向,发现来车要迅速离开道心。禁止站在铺轨机和车辆底下作业。在线路上,禁止作业人员将工具和材料放在线路上休息,并随时注意行车安全。

技能训练

- 设备及材料:轨排布置图表、确定需要钢轨、中间连接零件、接头连接零件数量。
- 步骤:识读轨排布置图表,计算钢轨及扣减数量。
- 成果:每人的钢轨及扣减数量计算表。

任务5 道岔铺设

5.1 工作任务

识读道岔施工图,指导道岔铺设施工,并进行道岔铺设质量的检测。

5.2 相关配套知识

5.2.1 机械铺设道岔

道岔结构复杂,零件较多。技术要求严格,因此道岔的铺设是一项细致复杂的工作。要保证道岔的铺设质量,必须依照其铺设程序,严格进行事前、事中及事后质量控制。在铺设前,应详细审核图纸,全面掌握技术要求,详细检查轨料及其零件。在铺设时,要严格遵循铺设程序,严格各个部件的尺寸,对铺设质量时刻进行监控。在铺设后,要认真检查铺设质量,确定其是否能够满足规范的要求,如果达不到要求,应进行整改。

为了提高铺轨速度,使铺轨与铺道岔两不误,一般采用预铺道岔或预留岔位等方法铺道岔。预铺道岔,即在铺轨未到达车站之前,用汽车将道岔料全部运到岔位处,人工铺设道岔。预留岔位,即将道岔位置、长度丈量准确,在基地组装好岔位轨排。铺轨机铺到岔位处时将岔位轨排设在岔位处,使铺轨机继续向前铺轨。待铺轨机过去之后不影响铺轨作业时,将岔位轨排拆除,再铺设道岔。

按照铺设方法,道岔铺设可分为人工铺设和机械铺设两种方法,目前我国采用人工铺设还比较多。

为进一步提高道岔铺设的效率和质量,或者由于地区条件和劳动力等限制,可采用机械化铺设的方法进行。

机械铺设道岔就是把需要铺设的道岔,在轨排组装基地预先钉好,再根据3大部分拆开(即转辙器、连接部分及辙叉和护轨),分成3个块,装卸分块按道岔铺设的顺序装在轨排车上运到施工现场,然后利用起重设备或铺轨机机械铺设。对大号码号道岔,由于基本轨和导轨增长和重量增大,必须另行研究组拼办法。

1)道岔组装工作台布置

道岔组装工作台应尽量设在轨排组装作业线附近,以便利用机具设备。工作台的地面要夯实整平,并埋设道岔交点桩,或在地面上做成道岔组装模型。

工作台的台位数量根据基地轨排组装能力而定。基地每昼夜轨排组装能力小于4km时,设2个工作台;大于4km时设4个工作台。每个台位应分别按道岔型号标出道岔交点和各类岔枕的分界处和间隔。其布置如图4.5.1所示。

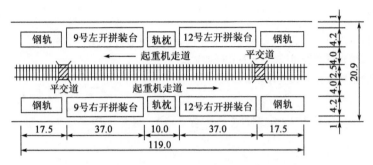

图4.5.1 道岔拼装工作台(尺寸单位:m)

2) 道岔的组装

道岔成品的组装是在铺轨基地内进行。一般分为转辙器、导曲线、辙叉和护轨3部分进行。每部分的搭接部位暂不钉联,以利于吊装、运输和铺设,其组装方式如图4.5.2所示。

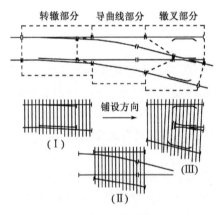

图4.5.2 道岔拼装示意图

其组装工序为:

(1) 根据组装计划,确定道岔号数、左开及右开;

(2) 按照岔枕的分界桩和间距桩散布岔枕,用模板打出道钉孔位置,并钻眼;

(3) 散布垫板、轨撑和钢轨等部件;

(4) 散布道钉、螺栓,并插入部分道钉和螺栓;

(5) 按先直股后曲股的次序打入道钉,搭接部位道钉暂不钉联;

(6) 将搭接部位未钉联的配件清点装包;

(7) 检查道岔成品、木枕规格、配件数量及组装质量是否符合规定,对不合格者加以整修合格后,则在辙叉上标明站名、编号及道岔类型。

3) 道岔的装运

道岔轨排的装运通常采用立装。立装是在平板车上安装2~3个用角钢、槽钢或旧钢轨弯制的装车架,组成专用的支架车,如图4.5.3所示。道岔可斜靠在装车架的两侧,每侧三层,每车可装道岔2付。

道岔轨排一般采用8~10t履带吊车吊装,吊装顺序为先装辙叉部分、次装导曲线部分、最后装转辙器部分。轨面一律朝内侧,以利吊装、铺设。由于道岔轨排不对称,重心不在中间,起吊时要注意挂钩位置,保持轨排平衡。

道岔装车后,应使用特制松紧螺栓拉杆进行固定,以免在运输过程中串动。

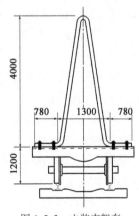

图4.5.3 立装支架车
(尺寸单位:mm)

4) 道岔的铺设

道岔的铺设一般采用吊车铺设,其作业顺序为:

(1) 列车在预留岔位处停车,逐一将道岔成品卸于正线的一侧。

(2) 拆除预留岔位处的轨排(一般是 3 个),吊装、卸在线路的另一侧。

(3) 按照转辙器部分、导曲线部分、辙叉部分的顺序,依次吊装、铺设、正位。每吊装、铺设一节,即连接夹板、钉联搭接部位的直股和曲股钢轨,抽换普枕、补齐长岔枕,安装临时转辙器。

(4) 检查道岔铺设质量,并进行整修。

5) 道岔铺设质量要求

(1) 道岔轨距的允许误差为 $^{+3}_{-2}$ mm,尖轨尖端有控制锁设备的道岔为 ±1mm。

(2) 任何情况下,道岔最大轨距不得超过 1456mm。

(3) 道岔各部分尺寸允许误差见图 4.5.4。

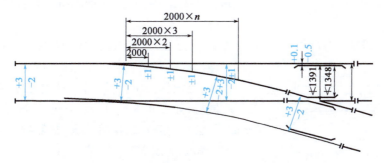

图 4.5.4 道岔各部尺寸允许误差(尺寸单位:mm)

6) 施工注意事项

(1) 在施工前及施工中应与电务、运输部门密切联系,积极配合,确保行车安全。

(2) 道岔施工前,应对站场控制测量进行复测,按设计铺设。困难条件下经统筹研究,可在不影响股道有效长度和不变更其他运营设备条件下,将道岔位置前后移动不得大于 0.5m。

(3) 应拨正出岔处及其前后线路的方向,并确定直线轨道中心位置。

(4) 与正线连接的道岔前后各 50 根、与站线连接的道岔前后各 15 根(含岔后长岔枕)轨枕的类型应与岔枕类型相同,每千米铺设根数及扣件应与连接线路标准一致。铺设无缝道岔时,直股前后线路过渡枕的型号、根数及间距,应符合铺设图的规定。

(5) 需铺道岔的前后线路,如轨缝有大缝时,应先调整和加强防爬锁定,防止拆开线路铺设道岔钢轨时,发生拨不进或连不上的情况。

(6) 顶换部分岔枕,根据已画好的岔枕间隔印,每隔 6 根枕木将原枕木换成岔枕,交错进行,并注意必须将每根岔枕下面的道床捣固密实。

(7) 当道岔轨型与连接线路轨型不一致时,道岔前后应各铺一节长度不小于 6.25m 与道岔同型的钢轨;困难条件下,长度可减少到 4.5m。前后两道岔间距小于 9m,且道岔轨型不一致时,应用异型轨连接。

(8) 再用道岔前后应铺设与道岔磨耗程度相近的钢轨,否则在接头 1m 范围内打磨接头处轨面高程差及轨距线错牙。更换新道岔时应同时更换前后引轨。

(9) 道岔各类螺栓丝扣均应涂有效期不少于 2 年的油脂。

（10）全部基本作业应在线路封锁期间内完成。如遇故障，也应保证直线线路开通，未完成部分在不封锁线路的条件下，利用列车间隙铺钉侧线，作业应遵循先直股后曲股的原则。

5.2.2 人工铺设道岔

铺道岔是按照一定的铺设程序和铺设要求进行的，兹以普通单开道岔的铺设方法和步骤为例，详述如下：

1）准备工作

为了顺利铺设道岔，下列各项准备工作，都必须事先认真做好。

（1）熟悉图纸。道岔的设计标准图，包括道岔布置图和道岔各组成部分的构造图，是铺设道岔最主要的依据。铺岔前，应认真学习。

（2）整理料具。道岔钢轨、道岔前后的短轨、配件、岔枕等，运到施工现场后，要详细清点、检查、整理，并丈量各部尺寸，编号、分类堆放好。若有尺寸、类型不符或缺损者，应立即更换补齐。

（3）测量。即测设道岔位置桩，根据车站平面图，定出道岔中心桩；按道岔图测量基本股道起点的位置；并量取从道岔中心到尖轨尖端的长度，定出岔头位置桩；再测量辙叉根的位置，定出岔尾桩，如图4.5.5所示。一般情况下，岔头与岔尾不会正好在钢轨接缝位置，故需要在道岔前或后插入短轨加以调整，该短轨应在《配轨计算表》中进行统筹考虑，拟插入的短轨长度宜大于计算值2m以上，并在铺设现场进行锯轨，以满足施工现场需要。

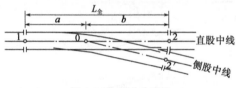

图4.5.5 道岔位置桩

0-岔中心桩；1-岔头桩；2-岔尾桩（直股）；2'-岔尾桩（侧股）

2）铺设方法

（1）铺岔枕

先把道岔前后线路仔细拨正，拆除岔位处的原有轨道，把岔枕间隔固定在岔位靠基本股道的一侧，按间隔绳散布岔枕，并使全部岔枕在基本股道的一侧取齐。图4.5.6为岔枕铺设方向示意。

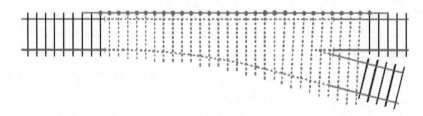

图4.5.6 岔枕铺设方向示意

（2）散布垫板及配件

垫板与各类配件必须严格按设计散布与安放，不允许随便互换，特别是辙后垫板与辙叉的护轨下垫板不得弄错。

（3）岔枕垫板定位

由于道岔垫板的形式、尺寸及位置不一样。根据支距及轨距画出垫板边线，正确摆放垫板。

(4) 铺设道岔钢轨

道岔钢轨的铺设顺序,通常都是先直股后弯股,先外股后里股,共分4步钉完,如图4.5.7所示。

① 铺钉直线上股钢轨和护轮轨

按编号顺序铺设直股基本轨和护轨1-1～1-4,并使得1-1的前端与岔头桩对齐。连接钢轨接头,并按直股轨距要求,铺设钢轨2-1～2-4和辙叉2-5。

② 铺钉直线下股钢轨、尖轨及辙叉

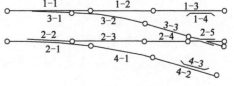

图4.5.7 道岔钢轨铺设顺序

以拨正的上股钢轨为准,根据各点的轨距要求,摆正垫板,钻好道钉孔,每块垫板先钉两个道钉,待全面钉完,拨正道岔直线方向使道岔与前后轨道方向顺直,经检查后再补钉其余的道钉。

③ 铺钉导曲线上股轨和尖轨

根据道岔布置图或查导曲线支距表上的导曲线支距,从轨根部接缝上即导曲线起点开始,按支距法铺钉3-1～3-3的钢轨,连接接头,铺好垫板后即可钉道钉。先钉支距点枕木上的道钉,用撬棍拨移钢轨,然后钉道钉。打钉时,应先钉外口后钉里口,以确保支距的正确。

④ 铺钉导曲线下股钢轨和护轮轨

以导曲线上股为准,按规定的轨距及递减距离(前三后四)铺钉4-1～4-3钢轨,连接钢轨接头,铺垫板,拨正钢轨,然后钉道钉。

(5) 安装连接杆

安装连接杆,尖轨摆动必须灵活,尖轨尖端与基本轨必须密贴,且摆度必须合乎规定(152mm)。

(6) 安装转辙机械

转辙机械应设在侧线一侧的两根长岔枕上,一般在安装信号时进行,对刚铺的道岔,可采取临时措施扳动。

3) 道岔铺设后检查整理

为了确保行车安全,道岔铺设完毕后,应立即进行检查,其主要内容有:

(1) 各个接头轨缝要符合标准;

(2) 基本轨正确顺直,导曲线圆顺。如不圆顺,原因一般有以下3种:支距尺寸不准;支距起、终点位置不对;未按支距铺钉。找出原因后,正确进行处理。

(3) 轨距容许误差:尖轨尖端为±1mm,其他各处为$^{+3}_{-2}$mm;

(4) 转辙机械是否灵活、牢固、尖轨与基本轨是否密贴,检查两个岔枕间隔尺寸是否符合规定的要求。

(5) 配件是否齐全,所有螺栓是否都拧紧,垫板位置是否正确;有无错置、倒放以及轨底未落槽等现象;

(6) 道钉与钢轨是否密贴,岔枕是否方正。

检查必须认真;仔细,发现不符合要求者,应立即加以改正,对于铺设完毕的道岔,应立即安排专业队伍及时进行分层上砟整道,并安排专人对该道岔及前后100m的线路进行维护,同时根据情况设置通过道岔车辆的速度值。

5.2.3 铺砟整道

线路的轨排铺设完成后,即可通行工程列车。这既包括铺轨列车,也包括铺砟列车,同一线路上通行两种列车,在施工过程中相互间的干扰特别大,影响工作效率。但是,如果不先铺轨,大量的道砟无法利用铺砟列车运到施工地点;如果铺轨后不迅速进行铺砟整道,也就无法提高线路质量,提高行车速度,保证行车安全。因此,在新建铁路进行铺轨后,应相应地抓紧铺砟整道工作。

所谓铺砟整道就是将道砟垫入轨枕下铺成设计要求的道床断面,并使轨道各部分符合《新建铁路铺轨工程竣工验收技术标准》的要求,主要包括采砟、运砟、卸砟、补砟、起道、拨道、捣固和动力稳定等作业。铺砟整道的工作量大,作业内容多,要求的标准高,而且多在有工程列车运行的情况下进行,干扰较大,因此必须严格按照铺砟整道的有关规定组织施工。

1) 施工准备工作

(1) 与线上工程有关的施工准备工作

① 测设起拨道控制桩

起拨道控制桩,是控制轨道中线和水平高程的依据,为使整道工作便于进行,通常把起道和拨道标记设置在同一桩位上。

起拨道桩的设置:直线地段每 50m 设置一个,圆曲线段每 20m 设置一个,缓和曲线段每 10m 设置一个。此外,圆曲线和缓和曲线的起讫点,线路纵断面的变坡点等,也应设置控制标桩。

起拨道桩的位置:直线地段应钉在线路前进方向左侧的道床坡脚处;曲线地段设在曲线内侧的道床坡脚处。桩距轨道中心一般控制在 2.3m 左右。桩的顶面应与设计轨顶等高,并标出道床顶面高度以便控制起道作业。

② 汇总技术资料

根据设计文件及测量所得数据,把各控制桩的里程与名称、线路、纵坡、曲线要素、起道高度、超高量、制动地段、曲线正矢及其他轨道标准等计算汇总成表,并按规定将整道的有关数据用铅油标在钢轨轨腰上,以便整道时使用。

③ 整平路基面

铺砟整道前应进行一次路基面检查,如有损坏(如冲毁、坑穴等)或路基顶面有轨枕压成的陷槽时,应用与路基同类土壤修补夯实,使路基面保持规定的横向坡度,以利排水,严禁用道砟填塞陷槽,以免积水,形成病害。

(2) 道砟的采备、装卸和运输

道砟生产是铺砟整道的一个重要环节,它涉及到确定道砟来源、砟场分布以及片石的开采、道砟加工、装车、运输等问题,必须统筹考虑,合理安排,做到经济合理,质量符合要求。

① 用砟量计算

铺砟整道所需的道砟数量,可根据道床横断面计算,再加运输、卸砟、上砟时的损失和捣固后道床挤紧及沉落等原因,其增加率一般为:碎石道砟 11.5%,卵石道砟 11%,砂子道砟 14%。

② 砟场选择原则

新建铁路道砟来源有三种:一是利用邻近新线的营业线既有砟场;二是沿线零星采集;三

是建立永久砟场或临时砟场。前两种砟源,在条件允许、经济上适宜时,必须优先选用,但常常不是新线道砟的主要来源。新建铁路所需道砟主要依靠自建永久砟场或临时砟场,其选择原则主要有:

a. 砟场的选择应考虑开采费用、施工难易程度以及运输的远近等。有条件时还应考虑配合生产片石等材料,以综合利用资源;

b. 建场前必须采集样品,试验其质量是否合乎道砟技术条件的要求;

c. 建场前必须进行钻探或挖探,计算其储量是否满足产量的要求;

d. 应考虑防洪、排水、冬季施工以及有适当弃土场地等因素。

③道砟的采备

道砟采备可用人工或机械钻眼,爆破法开采片石,并用机械化或半自动机械化方法加工,其工作流程如图4.5.8所示。

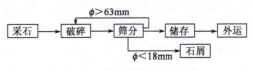

图4.5.8 采石场道砟生产流程图

④道砟装车与运输

道砟装车根据设备情况,可因地制宜地选用高站台、棚架溜槽、活门漏斗和机械装车等方法。

运砟宜采用风动卸砟车。图4.5.9为K13型风动卸砟车,由走行部分、钢结构车体、漏斗装置、启门传动装置以及工作室等组成。若没有风动卸砟车,宜用敞车或改装的平车运砟。在砟场离线路较近的情况下,可用汽车甚至畜力车运砟。

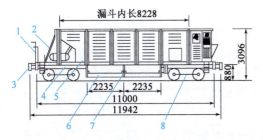

图4.5.9 K13型风动卸砟车(尺寸单位:mm)
1-风手制动装置;2-扶梯;3-车钩及缓冲装置;4-底座;5-侧墙;6-漏斗装置;7-启门传动装置;8-新转8型转向架

⑤卸砟

卸砟一般有风动卸砟车卸砟和人工卸砟(平板车)两种。

风动卸砟车车体下部的漏斗装置用以漏卸和散布道砟,它有4个外侧门和2个内侧门,通过启动传动装置,利用风压启闭不同的侧门,能使道砟按要求散布在轨道内外侧的不同部位。车内容砟量可达$36m^3$,外侧门全开时,40~50s就能卸空一车。

人工卸砟时,当运砟列车到达卸砟地段后,每辆车配备3~4人;将车门逐一打开,在列车徐徐前进中将砟卸于轨道两旁,车中部及两端的道砟用铁锹铲卸。

卸下的道砟在铺入轨道以前,可按图4.5.10所示堆在两轨道中间及路肩上。

(3)铺砟

按照在道床上的使用部位,道砟分为垫层和面砟两种。垫层一般是在铺轨前按设计的垫层厚度直接铺到路基面上的道砟。其作用:一是防止在铺轨时压断或损坏轨枕;二是防止铺轨后轨枕被压入路基面内,形成陷槽积水,造成路基病害;

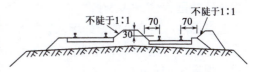

图4.5.10 道砟堆置限界示意(尺寸单位:cm)

三是铺轨时能将轨排摆平,便于钢轨接头的连接,并可便于铺轨后线路纵断面的调整。垫层材料一般使用粗砂、中砂、卵石、砂石屑或煤砟。面砟是在铺轨以后用卸砟列车将道砟均匀散布在轨道两侧的路肩上,再由人工或机械回填到道床内。面砟的作用:一是将机车车辆的荷载均匀地传递到路基上;二是增强轨道的弹性和稳定性;三是便于排水,使轨枕经常处于干燥状态;四是便于整正轨道。

单层道床厚度不大于25cm时可一次散布,大于25cm时应分两次散布,并分层捣固,第二次布砟须待前一层道砟铺好并经过5~10对列车碾压后才能进行。列车散布道砟时的速度不得超过5km/h,并按照需要量散布均匀。

目前铺砟作业大多采用不同程度的机械化施工,其机械化可分为单项机械作业和综合机械作业两大类。单项作业机械包括:QB-20型液压起拨道机、XYZ-ZC型捣固机、TYD-16型自动捣固机等;综合作业机械是将几种作业联合在一台机械上进行的一种大(中)型轨行式机械,其特点是设备自重较大,功率大,工作效率高,常见的有:SSP103型配砟整形机、SSP200型配砟整形车、YT-C269型电磁液压悬臂式铺砟机、VDM-800KS型夯实机等。

2)上砟整道

上砟整道是将卸在线路两侧的道砟铺到轨道内,并将轨道逐步整修到设计规定的断面形状,达到稳定程度。这项工作应跟在铺轨后一至两个区间进行,并应尽量缩短,但不得影响铺轨作业。铺砟整道到规定的高程,经过列车走压不少于50次后,或进行动力稳定车稳定,在交工前应按规定做一次全面的整道作业,使轨道的轨距水平、高低方向等都达到规定的技术标准。

(1)上砟整道

①整正轨缝

整正轨缝前应按区间进行现场调查,将轨长、轨缝及接头相错量按钢轨编号逐一列表计算作出全面的整正计划。施工前将计划好的钢轨移动量及其移动方向写在相应的钢轨上,使之符合要求。

轨缝整正工作量较大时,往往会牵动轨枕位置,使轨枕脱离捣实的道床,因此在轨缝整正后,应进行起道、方正轨枕及捣固等工作。

为保证轨缝整正作业中不间断行车,须配备各种长度腰部有长孔的短轨头,以便夹板连接。

②起道

新线起道时,先选择一个标准股,在预先用水准仪测设好的水平桩外,按要求的高度起好,并按轨枕下穿实道砟作为起道瞄视的基准点,如图4.5.11所示。每次至少起好两个基准点。人工起道瞄视方法与检查轨顶纵向水平的方法相同。当标准股连续起平30~40m后,使轨枕中线与轨腰的间隔印相一致并垂直线路中心线。

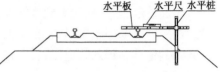

图4.5.11 起道基准点设置

起道后应将路肩处的道砟填入轨枕盒中,以便捣固。但应注意,在已起道与未起道的相接地段,应做成不大于5‰的顺坡,在末次起道时,为防止道床沉落和轨顶高程不足,可将起道高度适当提高3~5mm。

机械起道可用激光准直液压起拨道机,用激光准直仪控制轨顶高程。

道岔轨面高程应与连接的主要线一致,与另一线的轨面高差,应自道岔后普通轨枕起向站内顺坡。道岔咽喉区两相邻线路由于受路基面横向坡度和不同道床厚度的影响,会造成轨面不等高而需要顺坡,由于道岔全长范围内的轨面高度和坡度要求与主要连接线一致,因此顺坡

只能从岔后普通枕开始。当顺坡落差不够时,可根据具体情况采取以下办法调整:
①调整道床厚度顺坡;
②顺接坡道可适当伸入线路有效长范围内,但伸入段的坡度不得超过规定的站坪限坡。
③捣固

线路起道后必须进行捣固。人工捣固使用捣固镐,机械捣固可用液压捣固机。捣固范围:混凝土枕应在钢轨外侧50cm和内侧45cm范围内均匀捣固;木枕在钢轨两侧各40cm范围内捣固道床,钢轨下应加强捣固。此外对钢轨接头处和曲线外股,应加强捣实上述规定范围内的道床。人工捣固时,一般2人或4人为一组,同时捣固一根轨枕,打镐顺序先由轨底中心向外,然后再由外向内。根据起道高度分别捣18~28镐,相邻镐位应略有重叠,落镐位置应离枕底边10~30mm,以免打伤轨枕,并能把轨枕底部道砟打成阶梯形的稳固基础。

人工捣固时应做到:举镐高度够、捣固力量够、八面镐够、捣固镐数够及捣固宽度够。

机械捣固时,捣固质量取决于捣固时间的长短。其落镐次序及各镐位的捣固时间可参照表4.5.1所示。

机械捣固落镐次序及捣固时间表　　　　　　　　表4.5.1

镐窝顺序	1	2	3	4	5	6	7	8	镐窝位置示意图(mm)
捣固时间(s)	5	4	3	2	2	3	4	5	

路基与桥梁、桥梁与隧道、无砟道床与有砟道床、新筑路基与既有线路基连接地段30m范围及路基换填地段应加强捣固。

④拨道

新线拨道时,主要按经纬仪测设的中心桩进行,把钢轨及轨枕一起横移一定距离,使其符合线路中心线的位置要求。为了不妨碍铺砟整道工作,保护中线的准确位置,中线桩一般均自线路中心位置外移,与起道用的水平桩合并设置。人工拨道一般使用6~8个拨道器,均匀分布在两根钢轨的同侧,分布范围约3.5~4m,1人指挥,其他人用拨道器用力拨道。机械拨道则可用激光准直仪直接控制起拨道机拨道。

设计速度为120km/h以下的线路,人工铺砟整道至低于轨面设计高程50mm左右时,应用大型养路机械进行整道作业。随着养路机械的发展,我国新建铁路的铺砟整道作业正在逐步向大型机械化过渡。由配砟整形车、起拨道捣固车和动力稳定车构成的MDZ机组,能够高效率、高质量地进行道砟回填、起道、拨道、抄平、捣固、整形及稳定等综合整道作业。该机组进行整道作业,可以较大地提高线路质量,作业后线路的容许行车速度可以达到80km/h以上。目前,一个机组可由1台配砟整形车、2台捣固车、1台动力稳定车和一定数量的大型养路机械附属车辆组成,能够以1km/h的速度完成线路整道任务。

(2)施工注意事项
①轨道应逐步矫正。随着每次铺砟,都要做好相应的整道作业。
②不同种类轨枕的交接处应以道砟调整。当同种类轨枕铺设长度短于100m时,应将该段轨道抬高或降低到与两端轨道面齐平;大于100m时,应先将较低轨道的一个半轨排抬高,

与邻近轨道面齐平,然后再以不大于2‰的坡度向较低方向顺接。

③在卸砟过程中,应尽量做到两边同时卸,以免造成偏重而影响行车安全。装、卸砟人员必须在列车停稳后才允许上、下车。

④行车人员必须服从领车人员的指挥,特别在边走边卸时。道口、道岔、无砟桥面和整体道床地段严禁卸砟,对安装信号设备的处所应更加注意,以免压坏设备。

⑤砟车到达卸砟地点开车门时,车上人员应站到安全位置,以免随砟溜下伤人。开车门应从前进方向的前部开始依次向后开,以免发生事故。

⑥机械上道前必须设置防护,在未显示防护信号前不准上道作业。瞭望条件较差的地段应在车站设联络员。

⑦运砟列车必须在规定时间内返回车站,以免影响其他列车的正常运行。

⑧新线铺轨完毕第一趟列车通过后,按规定扭矩复拧一次接头螺栓,3天内每天复拧一次,初冬和入夏时应进行复拧。各接头螺栓的拧紧度应相等。

技能训练

- 设备及材料:石笔、轨距尺、支距尺、塞尺、钢板尺等。
- 步骤:在轨道实训基地,先用石笔确定道岔轨距检测点和支距检测点,对9号(12号)道岔进行轨距测定和支距量测。
- 成果:确定无砟轨道结构各工序施工精度要求,结合模型演示施工过程。

复习思考题

1. 轨距、水平、轨底坡、轨向、高低、三角坑的定义是什么?如何测定?
2. 标准轨距是多少?曲线轨距有何规定?
3. 曲线轨距加宽和外轨超高的设置方法是什么?超高值有何规定?
4. 钢轨的标准长度及标准缩短轨有哪几种?允许铺设的短轨长度是多少?
5. 轨道附属设备有哪些?什么叫轨道爬行?信号标志及线路标志的作用及设置位置如何?
6. 轨缝及钢轨接头位置有何要求?构造轨缝为多大?
7. 有砟轨道轨枕铺设有何要求?
8. 连接零件有哪几种?它们的作用分别是什么?
9. 绘图说明有砟轨道道床的尺寸三要素。
10. 绘出普通单开道岔的示意图,并标注以下部位及尺寸:
(1)岔头;(2)岔尾;(3)导曲线 R 头及 R 尾;(4)基本轨伸出长度;(5)开通方向;(6)辙叉理论尖端;(7)辙叉实际尖端;(8)道岔咽喉及有害空间;(9)辙叉角;(10)叉心;(11)道岔前长 a 及后长 b;(12)道岔全长 $L_全$。
11. 道岔号数理论及现场如何确定?道岔号数与侧向过车速度有何关系?
12. 警冲标的作用是什么?如何设置?
13. 简述 CRTS Ⅰ 型板式无砟轨道轨施工基本工序。
14. 简述 CRTS Ⅱ 型板式无砟轨道施工基本工序。
15. 简述 CRTS Ⅰ 型双块式无砟轨道施工基本工序。
16. 简述 CRTS Ⅱ 型双块式无砟轨道施工基本工序。

17. 机械铺轨的程序是什么?
18. 轨排定联场如何选点?活动工作台的优点是什么?
19. 现场铺轨前的准备工作及要求是什么?
20. 铺轨机铺轨是的快速作业要点及安全控制是什么?
21. 钢轨接头的最大错开量在直线、曲线上各为多少?曲线缩短轨配置的原则是什么?
22. 新线铺砟整道的作业程序是什么?如何进行?
23. 轨道状态检查的内容及方法是什么?
24. 单开道岔铺设的基本作业程序是什么?如何设置道岔标桩?

项目 5
无缝线路工作原理及铺设施工

📁 项目描述

无缝线路是用标准长度的钢轨焊接而成的长钢轨线路,又称为焊接长钢轨线路。它是轨道结构现代化的标志,是 20 世纪轨道结构最突出的改进与创新。在运营中,无缝线路与普通线路相比,由于消除了大量钢轨接头,消除了接头冲击力,减少了线路病害养护维修工作量,节省了钢轨连接零件的材料,提高了轨道电路的可靠性和导电性,列车运行也更加平稳。

📁 学习目标

知识目标

- 简述无缝线路的分类及其工作原理;
- 正确描述跨区间无缝线路施工工艺;
- 正确描述跨区间无缝线路施工质量标准;
- 简述无缝线路钢轨焊接的基本方法,简述现场铝热焊的基本工序;
- 正确描述长钢轨铺设的工序;
- 简述轨道精调的基本工序;
- 简述跨区间无缝线路应力放散施工工艺。

能力目标

- 能根据跨区间无缝线路锁定轨温的设置,计算温度力;
- 能指导长钢轨运输工作;
- 能指导长钢轨现场焊接作业;
- 能进行无缝线路铺设施工现场施工指挥,完成技术交底;
- 能判定跨区间无缝线路温度应力放散的条件,指导无缝线路应力放散;
- 能使用轨检小车采集轨道状态数据;
- 能看懂轨检图并能判定病害位置,提出轨道调整的方案。

📁 相关案例

在我国高速铁路(含客运专线)、快速客货共线铁路和城市轨道交通建设中,一些车站必须设置在大桥、特大桥或高架结构上,而且还需形成桥上跨越车站的无缝线路。在桥上铺设无缝道岔集成了无缝道岔、桥上无缝线路、桥梁及轨下基础对道岔的适应性等相关技术,既要考虑无缝道岔中钢轨受力和变形的复杂关系,又要考虑桥上无缝道岔的梁轨相互作用,其检测与养护也是关键的技术问题。

任务 1　无缝线路工作原理

1.1　工作任务

能根据跨区间无缝线路锁定轨温的设置,计算温度力。

1.2　相关配套知识

1.2.1　概念

1)无缝线路定义

无缝线路是由许多标准长度的钢轨焊接成为一定长度的长钢轨线路。通常是在焊轨厂将标准轨焊接成 250～500 m 的轨条,再运到现场焊接。与普通线路相比,无缝线路在其长钢轨段内消灭了轨缝,从而消除了车轮对钢轨接头的冲击,使得列车运行平稳,旅客舒适,延长了线路设备和机车车辆的使用寿命,减少了线路养护维修工作量,并能适应高速行车的要求。现在世界各国无缝线路已超过20万公里,约占世界铁路总长的20%。我国自1958年开始铺设,经过几十年的运营实践,在设计、施工和养护维修方面积累了不少经验。在国内外新线铺设跨区间无缝线路,高速、重载铁路多采用无缝线路,甚至是一些普通铁路也在使用。

《中国节能技术政策大纲》中指出,铁路线路要向重载和无缝线路发展,要积极创造条件,发展超长无缝线路,减少机车运行能耗。

无缝线路要求轨道具有较高的平顺性,对轨道的平顺性提出了新的要求,严格控制钢轨的平直性和焊头的平顺性是其关键之一。

轨道的高平顺性主要体现在以下几个方面:

(1) 钢轨的原始平直度公差要小;
(2) 焊缝的几何尺寸公差要小;
(3) 道岔区不能有接头轨缝、有害空间等不平顺;
(4) 高低、轨向、水平、扭曲和轨距偏差等局部孤立存在的不平顺幅值要小;
(5) 敏感波长和周期性不平顺的幅值要小;
(6) 轨道各种不平顺波长的功率谱密度值都要小。

2) 无缝线路分类

(1) 按钢轨内部温度应力的处理方式分类

①温度应力式(temperature stress type)

在运营过程中,随着轨温的变化,每段无缝线路除两端的伸缩区放散部分温度应力外,无缝线路中间部分的自由伸缩完全受到限制,通常不放散温度应力,它有固定的锁定轨温。

②定期放散应力式(periodically de-stressing type)

为减小无缝线路的最大温度应力值,应定期进行应力放散,通常每年春、秋季各放散一次,它有两个锁定轨温。

③自动放散应力式(automatic de-stressing type)

在无缝线路的中部或端部锁定一定长度,其余部分采用特制扣件,允许轨条随着轨温变化而伸缩,从而放散温度应力,它无固定的锁定轨温。

定期放散应力式和自动放散应力式无缝线路,曾在苏联和我国沈阳、哈尔滨铁路局试铺,但定期放散应力需耗费大量人力,而自动放散应力式则放散应力不均匀,且存在超伸超缩现象,因而两者均早已废弃不再使用。

目前,世界各国铁路广泛应用温度应力式无缝线路。温度应力式无缝线路是把钢轨焊成长轨节铺在线路上,通过拧紧扣件锁定线路,通过各种线路阻力共同约束长轨节使其不能自由伸缩。一年四季随钢轨温度变化,长轨节内承受着不断变化的温度拉力或压力。长轨节端部之间的连接大多采用接头夹板及螺栓,其特点是结构简单、铺设方便。

(2) 按钢轨长度分类

①普通无缝线路

长度一般为1000~2000m(图5.1.1)。普通无缝线路是由一根焊接长钢轨及其两端2~4根标准轨组成,并

图5.1.1 普通无缝线路

采用普通接头的形式(图5.1.2)。

②区间无缝线路

无缝线路长度小于区间长度。

③跨区间无缝线路

无缝线路长度大于区间长度并焊连无缝道岔(图5.1.3),即轨条与轨条、轨条与道岔直接焊接,轨条之间直接传递纵向力和位移量。

图5.1.2 普通无缝线路结构图

图5.1.3 跨区间无缝线路

在我国无缝线路分类中,普通无缝线路与区间无缝线路的基本原理相同,而跨区间无缝线路结构与计算则比较复杂。它有以下一些特点:

a.线路两端的处理为锚固式、缓冲式、伸缩调节器式;

b.绝缘接头采用胶接绝缘接头;

c.道岔焊成无缝道岔;

d.轨道采用重型轨道结构。

另外无缝线路按铺设位置、设计要求的不同,可分为路基无缝线路(有砟或无砟轨道)、桥上无缝线路、岔区无缝线路等;根据无缝线路轨条长度是否跨越车站,可分为普通无缝线路和跨区间无缝线路;根据长钢轨接头的连接形式,可分为焊接无缝线路和冻结无缝线路。

3)无缝线路的特点

(1)无缝线路的优点

①运行平稳,减少轮轨接头冲击,运行阻力减少10%～20%,并能适应高速行车的要求;

②延长线路设备和机车车辆的使用寿命。据调查,无缝线路较普通线路的钢轨使用寿命延长15%～30%;

③节约养护维修费用。据一些国家统计,仅从节约劳力和延长设备使用寿命方面计算,无缝线路比普通线路可节约线路维修费用20%～35%;

④长轨条贯通区间,并与道岔焊连,取消了缓冲区,彻底实现了线路的无缝化,全面提高了线路的平顺性与整体强度,适于高速行车,旅客舒适度提高;

⑤温度循环造成的温度力峰也随着伸缩区的消失而消失;

⑥提高了线路的防爬能力,线路的安全性和可靠性提高,振动与噪声降低。

(2)无缝线路的缺点

①钢轨承受温度变化造成的巨大温度力,从而会出现夏天胀轨、冬季断轨的现象。线路维修与施工受到限制;

②钢轨较长,运输、装卸、铺设方法与机具等都需要特殊考虑;

③焊接质量对线路影响大。

1.2.2 无缝线路工作原理

无缝线路基本理论是把长轨锁定(固定),使其不能随温度升降而伸缩;钢轨由温度变化产生的温度力与轨温成正比,与钢轨长度无关,但应小于或等于锁定轨道框架的阻力,才能使之在正常情况下保持良好状态。

1)钢轨的自由伸缩量和限制伸缩量

(1)钢轨的自由伸缩量

钢轨不受任何阻碍的伸缩叫自由伸缩。自由伸缩量同钢轨的长度和轨温变化度数成正比。钢轨自由伸缩量的计算公式为：

$$\Delta l = \alpha l \Delta t \tag{5.1.1}$$

式中：Δl——钢轨的自由伸缩量(mm)；

α——钢轨的线膨胀系数(0.0118mm/m·℃)；

l——钢轨长度(m)；

Δt——轨温变化度数(℃)。

【例5.1.1】 一根不受任何阻碍的钢轨，在早晨轨温为19℃时测定的长度是25.004m，中午轨温升高到49℃，钢轨的长度是多少？

【解】 $\Delta t = 49 - 19 = 30(℃)$

$\Delta l = \alpha l \Delta t = 0.0118 \times 25.004 \times 30 = 8.8 \approx 9(\text{mm})$

此时钢轨的长度为： $25.004 + 0.009 = 25.013(\text{m})$

【例5.1.2】 某无缝线路长轨条长1000m时的轨温是45℃，在轨温变化到12℃时，松开接头扣件、中间扣件和防爬器，钢轨应缩短多少毫米？

【解】 据题意，我们认为此时的长轨条处于自由缩短状态。

则长轨条缩短量 $\Delta l = \alpha l \Delta t = 0.0118 \times 1000 \times (45 - 12) \approx 389(\text{mm})$

这个缩短量是十分惊人的，它将使无缝线路完全丧失行车条件。

(2)钢轨的限制伸缩量

无缝线路钢轨在充分锁定状态下的伸缩叫限制伸缩，而锁定，则指钢轨扣件的锁固状态。由于已被强力锁定，自由伸缩量的相当一部分不能实现，故无缝线路钢轨的限制伸缩有如下特点：

①只有当轨温变化到相当程度才会产生限制伸缩。

②限制伸缩量比自由伸缩量小得多。

③限制伸缩量同长轨条的长度无关，即任何长度的长轨条的限制伸缩量，在轨温变化相同度数时都是一致的。

无缝线路未充分锁定或道床抵抗轨枕沿线路方向移动的阻力不够时，钢轨的限制伸缩量将会增大，甚至接近自由伸缩量，这将对无缝线路产生巨大的破坏性影响。

2)温度应力和温度力

(1)温度应力

无缝线路锁定之后，较大的自由伸缩量变成了较小的限制伸缩量。钢轨未实现的伸缩量，以温度应力的形式积蓄于钢轨内部。很明显，轨温变化越大，应力就越大。因此，我们把在无缝线路上，由于轨温变化引起的钢轨伸缩因受到限制而转化到钢轨内部的力叫温度应力。

夏天轨温上升，钢轨欲伸长时受到的温度应力是压应力。

冬天轨温下降，钢轨欲缩短时受到的温度应力是拉应力。

由胡克定律知，温度应力为

$$\sigma_t = E\varepsilon_t = E \cdot \alpha \cdot \Delta T \tag{5.1.2}$$

式中：σ_t——温度应力(MPa)；

ΔT——轨温变化度数(℃)；

E——钢轨的弹性模量，$E = 2.1 \times 10^5$ MPa $= 2.1 \times 10^7$ N/cm²；

α——钢轨的线膨胀系数，$\alpha = 0.0118$ mm/m·℃ $= 0.0000118/℃$。

$$\sigma_t = 2.48\Delta T \text{MPa} \tag{5.1.3}$$

分析上式可知，温度应力的大小只与轨温变化度数有关，与钢轨长度、钢轨断面面积大小和断面形状等因素无关。

(2)温度力

温度应力只表示每平方厘米钢轨断面上受到的力。我们把无缝线路钢轨全断面上受到的温度应力叫温度力。温度力的大小和钢轨长度无关。温度力的计算公式为

$$P_t = \sigma_t \cdot A = E\alpha\Delta t A = 2.48\Delta T A \tag{5.1.4}$$

式中：P_t——温度力(N)；

A——钢轨断面积(mm²)；

ΔT——轨温变化度数(℃)。

由上式可知，温度力的大小只与钢轨的断面面积和轨温变化度数有关，与钢轨长度无关。

夏天轨温上升，钢轨受到的温度应力是压应力，此时温度力为压力；冬天轨温下降，钢轨受到的温度应力是拉应力，此时温度力为拉力。

以60 kg/m钢轨为例，其断面面积为77.45 cm²。其轨温变化1℃所受的温度力为：

$$P_t = 77.45 \times 248 \times 1 = 19207.6(\text{N}) \approx 19.21(\text{kN})$$

【例5.1.3】 某无缝线路铺设60 kg/m钢轨，设其钢轨断面在25℃时受到的温度力为0(此时钢轨不产生伸缩)，试求当轨温升高至60℃时钢轨断面受到的温度力。

【解】 轨温升高至60℃时，轨温升高了60 - 25 = 35(℃)，故钢轨断面受到的钢轨温度力为

$$P_t = A \times \sigma_t = 19.2 \times 35 = 672.35(\text{kN})$$

由上述计算可知，无缝线路钢轨内的温度力和温度应力均与钢轨长度无关。因此，理论上无缝线路钢轨长度可以无限长，所以可以发展跨区间无缝线路。

无缝线路的钢轨，随轨温的变化要承受巨大的温度力，这是无缝线路区别于普通线路的一个非常重要的特点，也是无缝线路维修养护工作中必须考虑的一个特殊问题。

在长度固定的钢轨内产生的钢轨温度力，仅与轨温变化幅度Δt有关，而与钢轨本身长度无关；温度力随轨温变化而变化，但锁定轨温(一般是一个常量)是决定钢轨温度力的基准，因此，在无缝线路管理中，正确掌握锁定轨温是关键。

3)轨温、锁定轨温和轨温变化度数

(1)轨温

轨温是指实际测得的钢轨断面的平均轨温，亦称有效轨温。轨温必须使用专用仪器(如数字式钢轨测温计)测量确定，切忌根据气温表随意臆测，以免给施工带来不良影响。

轨温与气温不同，根据长期测定的规律，冬季轨温与气温较接近，夏季轨温较气温高，其差值可达18~25℃，一般最高轨温都出现在每日的12点到15点。

影响轨温的因素比较复杂，它不仅受气温、风力、风向、湿度和日照的影响，而且还与地形、线路方向、测量部位和测量条件有关。为了测得正确轨温，应进行长期观测。

①轨温与气温变化之间具有以下基本规律：

a.轨温、气温的高低与线路走向无关；

b. 气温在0℃以上,阳光下测得的轨温高于气温;

c. 轨温、气温最大差值未必出现在最高气温下,两者最大差值约为20℃;

d. 冬季无阳光照射下,钢轨受地温的影响,凌晨轨温低于气温,在北方尤为明显,测得最低轨温低于最低气温2~5℃。

目前《铁路无缝线路设计规范》规定,设计所用最高轨温等于历年最高气温加20℃,最低轨温等于最低气温。

②隧道内轨温变化规律

a. 长隧道距洞口45m左右,短隧道距洞口60m左右,顺沿隧道方向气温变化倾于稳定;

b. 炎热夏季,隧道洞口45m以内比洞口25m以外,气温至少低7~10℃,且隧道内有时轨温比气温低1~2℃,则隧道内外的轨温差可能达到27℃左右;

c. 严寒季节,隧道洞口45m以内比洞口25m以外,气温至少高2~5℃,且隧道内有时轨温比气温高2℃左右。

总的来说,长度为800~1000m的隧道,全年轨温变化幅度比一般线路上至少小30℃左右。

③桥上轨温变化规律

桥上轨温,在炎热夏季,桥上比桥头路基上的轨、气温要低,明桥面的情况更为明显。据实测资料显示,明桥面上较桥头100m以外线路上轨温低12℃,混凝土有砟桥上较桥头100m以外线路上轨温低3~5℃。建议桥上无缝线路设计最高、最低轨温的取值仍然与路基上无缝线路相同。

我国地域辽阔,轨温差异大,根据统计,列出了各地历年最高轨温和最低轨温,见表5.1.1。

最高、最低及中间轨温表　　　表5.1.1

地区	最高轨温(℃)	最低轨温(℃)	中间轨温(℃)	地区	最高轨温(℃)	最低轨温(℃)	中间轨温(℃)
北京	62.6	-27.4	17.6	宜宾	59.5	-3.0	28.3
天津	65.0	-22.9	21.1	昆明	52.3	-5.4	23.5
石家庄	62.7	-26.5	18.1	西昌	59.7	-6.0	26.9
承德	61.5	-23.3	19.1	贵阳	61.3	-7.8	26.8
张家口	60.9	-56.2	17.4	遵义	58.7	-7.1	25.8
唐山	63.3	-22.6	20.4	安顺	54.3	-7.6	23.4
运城	65.0	-18.9	23.1	济南	62.5	-19.7	21.4
呼和浩特	58.0	-36.2	10.9	德州	63.4	-27.0	18.2
满洲里	58.7	-46.9	5.9	青岛	56.6	-20.5	18.1
二连浩特	59.9	-40.2	9.9	南京	63.0	-14.0	24.5
佳木斯	56.4	-39.6	8.4	徐州	63.6	-22.6	20.4
牡丹江	57.2	-39.7	8.8	上海	60.3	-12.1	24.1
安达	59.5	-44.3	7.6	郑州	63.0	-17.9	22.6
嫩江	58.1	-47.3	5.4	开封	63.0	-16.0	23.5
加格达奇	57.3	-45.4	6.0	安阳	61.7	-21.7	20.0
包头	59.5	-32.8	13.4	许昌	61.9	-17.4	22.3
赤峰	62.5	-31.4	15.6	洛阳	64.2	-20.0	22.1

续上表

地区	最高轨温(℃)	最低轨温(℃)	中间轨温(℃)	地区	最高轨温(℃)	最低轨温(℃)	中间轨温(℃)
集宁	55.7	-33.8	11.0	南阳	63.2	-21.2	21.0
沈阳	59.3	-33.1	13.1	信阳	62.0	-20.0	21.0
本溪	57.3	-32.3	12.5	宜昌	63.9	-9.8	27.1
丹东	57.8	-31.9	13.1	武昌	61.3	-18.1	21.6
延吉	60.3	-37.1	11.6	西安	65.2	-20.6	22.3
通化	55.5	-36.3	9.6	延安	59.7	-25.4	17.2
哈尔滨	59.1	-41.4	8.9	汉中	58.0	-10.1	24.0
齐齐哈尔	60.1	-39.5	10.3	宝鸡	61.6	-16.1	22.8
兰州	59.1	-23.3	17.9	安康	61.7	-9.5	26.1
玉门	56.7	-28.2	14.3	格尔木	53.1	-33.6	9.8
酒泉	58.4	-31.6	13.4	银川	59.3	-30.6	14.4
天水	25.2	-19.2	19.5	中卫	58.5	-29.2	14.7
西宁	53.5	-26.6	13.5	乌鲁木齐	60.7	-41.5	9.6
塔城	61.3	-39.2	11.1	柳州	59.2	-3.8	27.7
克拉玛依	62.9	-35.9	13.5	河口	60.9	1.9	31.4
哈密	63.9	-32.0	16.0	拉萨	49.4	-16.5	16.5
库尔勒	60.0	-28.1	16.0	日喀则	58.2	-25.1	16.6
喀什	60.1	-24.4	17.9	台北	58.6	-2.0	28.3
资阳	59.2	-4.0	27.6	台南	59.0	2.0	30.5
内江	61.1	-3.0	29.1	香港	56.1	0.0	28.1
绵阳	57.1	-2.3	27.4	蚌埠	64.5	-19.4	22.6
长沙	63.0	-11.3	25.9	邵武	60.4	-7.9	26.3
南宁	60.4	-2.1	29.2	南昌	60.6	-9.3	25.7
桂林	59.7	-5.0	27.4				

(2) 锁定轨温

①锁定轨温的概念

度量无缝线路温度力的大小,是以无缝线路锁定时测得的钢轨温度为基准,此时无缝线路的温度应力为零,因此将无缝线路处于零应力状态测得的钢轨温度定义为实际锁定轨温,在长轨条铺设过程中取其始终端落槽时的平均轨温为施工锁定轨温。

②锁定轨温的性质

a. 锁定轨温是"零应力轨温"。

b. 锁定轨温是轨温变化度数的依据。离开了锁定轨温这个基数,轨温变化度数就无从谈起,温度力和钢轨限制伸缩量也就无从算起。

c. 锁定轨温和钢轨长度是相关统一的。设计无缝线路时,锁定轨温定下来了,钢轨长度也就随之定下来了。无缝线路铺设锁定之后,要想保持锁定轨温不变,就必须保持钢轨长度不变。如果钢轨伸长了,就意味着锁定轨温升高了;钢轨缩短了,则意味着锁定轨温降低了。一旦锁定轨温偏离了设计范围,就会给无缝线路的受力状况带来不良影响。

据测算,每 100m 长的无缝线路钢轨,每伸长 1.2mm,相当于锁定轨温升了 1℃;每缩短 1.2mm,相当于锁定轨温降低了 1℃。

(3) 设计锁定轨温(中和轨温)

设计无缝线路时,根据当地最高、最低轨温、气象资料和无缝线路的允许温升、允许温降,根据无缝线路稳定条件和强度条件计算所得的轨温称为设计锁定轨温(图5.1.4)。根据近几年来各铁路局的线路稳定情况统计,每年9月至来年的3月份往往是发生断轨的多发季节,且南方普遍多于北方,发生部位又常出现在铝热焊头处,这说明设置合理的设计锁定轨温、日常观测维护和重视钢轨焊接等作业的重要性。

因设计、施工、运营情况不同,运用锁定轨温的概念应加以区别。将设计锁定轨温称为中和轨温,施工确定的锁定轨温称为施工锁定轨温,无缝线路在运营过程中处于零应力状态的轨温称为实际锁定轨温。这三个概念不应混淆,否则将产生误解。例如,常说锁定轨温改变,其实是实际锁定轨温发生变化,而设计锁定轨温(中和轨温)和施工锁定轨温,一旦设计和施工完成,记入档案,是不允许随意改变的。

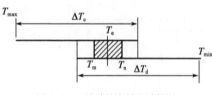

图 5.1.4 设计锁定轨温计算图

钢轨锁定后,轨温的升高或降低的幅度直接影响钢轨内部温度力的变化,如何根据当地气象条件选择一个合适的锁定轨温,以保证冬季低温时不断轨、夏季高温时不跑道,是无缝线路设计的核心问题。中和轨温的计算式如下:

$$T_e = \frac{T_{max} + T_{min}}{2} + \frac{[\Delta T_d] - [\Delta T_c]}{2} \pm [\Delta T_k] \qquad (5.1.5)$$

式中:T_e——计锁定轨温(℃);

T_{max}——当地历年最高轨温(℃);

T_{min}——当地历年最低轨温(℃);

$[\Delta T_d]$——保证轨道满足强度条件的允许降温幅度(℃);

$[\Delta T_c]$——保证轨道稳定条件的允许升温幅度(℃);

$[\Delta T_k]$——考虑当地轨温季节性变化情况的设计锁定轨温修正值,0~5℃。

设计锁定轨温的范围为 $T_m = T_e \pm (5~6)$ ℃。

通常情况:设计锁定轨温上限 $T_m = T_e + (5~6)$ ℃,

设计锁定轨温下限 $T_n = T_e - (5~6)$ ℃。

设计锁定轨温的上、下限应满足下式要求:

最大温降幅度 $\Delta T_{dmax} = T_m - T_{min} \leq [\Delta T_d]$;

最大温升幅度 $\Delta T_{cmax} = T_{max} - T_n \leq [\Delta T_c]$。

某一地区能否铺设温度应力式无缝线路,主要取决于轨道的允许温升 $[\Delta T_c]$ 与允许温降 $[\Delta T_d]$ 之和是否大于该地区的年轨温变化幅度。也就是,允许铺设温度应力式无缝线路的条件为

$$[\Delta T_d] + [\Delta T_c] \geq \Delta T + \Delta T_{锁} \qquad (5.1.6)$$

式中：ΔT——铺设地区年轨温变化幅度，即历史最高轨温 T_{max} 与历史最低轨温 T_{min} 之差，即
$$\Delta T = T_{max} - T_{min}(℃);$$
$\Delta T_{锁}$——锁定线路时允许的轨温波动范围，一般 $\Delta T_{锁} = 8 \sim 10℃$。

(4) 施工锁定轨温

为了施工单位简便、易行地确定锁定轨温，规章规定：以长轨条始端或终端落槽时，分别测量两次轨温的平均值作为施工锁定轨温。如果长轨条始端或终端落槽时不在设计锁定轨温的间隔范围内，则必须进行应力调整或放散，并重新锁定。施工锁定轨温一旦确定，应记入无缝线路技术资料登记表，存入档案，绝对不允许改变。

无缝线路铺设保证施工锁定轨温准确、可靠，严禁采取撞轨、顶轨等强制办法合龙口。

左右两股长轨条锁定轨温差不得超过 5℃，且曲线上外股轨条锁定轨温不得高于内股。

低温铺设无缝线路，如果铺设当时为提高施工锁定轨温而采用液压拉伸器张拉轨条，则必须将长轨条搁置在滚筒上，然后张拉轨条并配合撞轨，每隔 100m 设置纵向位移观测标记，测量 100m 间隔的轨条张拉量 ΔL，要求每一间隔的张拉量均匀相等。低温铺设无缝线路，张拉长轨条锁定后的施工锁定轨温 T_z 按(5.1.7)式计算

$$T_z = T_0 + \frac{\overline{\Delta L}}{\alpha \cdot S} \quad (5.1.7)$$

式中：T_0——长轨条搁置在滚筒上的轨温(℃)；

S——纵向位移观测标记的间距，采取等距离设置，通常 $S = 1 \times 10^5 (mm)$；

$\overline{\Delta L}$——所有观测间距范围测得长轨条张拉量的平均值(mm)；

α——钢轨的线膨胀系数，$\alpha = 0.0118mm/m \cdot ℃ = 1.18 \times 10^{-5}/℃$。

1.2.3 轨道框架稳定性

1) 轨道框架刚度

(1) 轨道框架的受力特点

在线路上，用中间扣件把钢轨与轨枕连接起来的架体叫轨道框架。

轨道框架的受力特点是钢轨、轨枕和道床群体受力。在温度力的作用下，钢轨要发生伸缩，但是密集的扣件把它紧扣在轨枕上，在扣件作用正常的情况下，钢轨的伸缩必然带动轨枕的位移。而轨枕是埋置于道砟层中的，自身还有相当的重量，它要实现位移，就必须克服其底部、侧面和端部与道砟产生的巨大的摩擦阻力，从而反过来抵消了温度力的作用。这样轨道框架就抵制了温度力导致的钢轨纵向位移。当钢轨的纵向位移受阻时，未被抵消掉的温度力将寻找线路薄弱环节释放出来，使轨道发生横向的弯曲变形。这时，轨道框架又发挥其群体作用，阻止这种弯曲变形。我们把轨道框架抵抗弯曲变形的能力叫轨道框架刚度。

(2) 轨道刚度的决定因素

①钢轨刚度：钢轨本身具有抵抗弯曲的能力。越是重型的钢轨，横截面积越大，刚度也就越大，形成的轨道框架的刚度也就越大。

②中间扣件的强度和拧紧状态：中间扣件的强度越大，拧得越紧，对钢轨的扣压力就越大，轨道框架的整体性就越强，轨道框架刚度就越大。据测算，扣件拧紧产生的轨道框架刚度，比两股钢轨本身的刚度之和还要大 50% 以上，所以，提高轨道框架刚度的有效措施就是按规定的扭力矩拧紧中间扣件。

2) 线路阻力

(1) 温度力和线路阻力的关系

线路阻止钢轨和轨道框架纵、横向移动的力叫线路阻力。

在无缝线路上,温度力和线路阻力是矛盾的统一体。无缝线路因为锁定才产生温度力,反过来,温度力又必须靠强有力的锁定产生的阻力来克服。温度力和线路阻力的大小相等,方向相反。也就是说,温度力一经产生,就必须有相等的线路阻力去平衡、克服它。线路阻力小于温度力,就会导致轨道的横向变形和纵向爬行。所以,无缝线路"储备"的线路阻力,必须在最高、最低轨温等最不利条件下都大于或至少等于温度力。无缝线路的全部养护维修工作,都必须是为了达到这个要求。

(2) 线路阻力的分类分析

①纵向阻力:无缝线路阻止钢轨及轨道框架纵向移动的阻力叫纵向阻力。纵向阻力包括接头阻力、道床纵向阻力和扣件阻力。

接头阻力:钢轨或轨道要发生纵向位移,首当其冲的是接头。接头阻力可近似看成是钢轨与夹板之间的摩阻力。在允许范围内,接头螺栓拧得越紧,钢轨与夹板之间的摩阻力就越大。

道床纵向阻力:当全部接头阻力都不足克服温度力时,道床纵向阻力就开始发挥作用了。道床抵抗轨枕沿线路方向移动的阻力叫道床纵向阻力。

道床纵向阻力有如下特点:

a. 道床纵向阻力的大小同线路状况有直接关系。道砟材料的优劣、道砟粒径及级配的合理与否、道床断面的大小、道砟的捣实程度、轨道框架的重量、道床的脏污程度等因素,都直接影响道床纵向阻力的大小。不同线路的道床纵向阻力值互不相同。

b. 道床纵向阻力随着轨枕位移的增加而增长,但位移达到一定值时,阻力就不再增加。通常采用轨枕位移 2mm 时的道床纵向阻力作为计算常量。

c. 只有当扣件阻力大于道床纵向阻力时,钢轨才能带动轨枕作纵向位移而产生道床纵向阻力。反之,扣件阻力小于道床纵向阻力,钢轨就不能带动轨枕作纵向位移,道床纵向阻力将不发挥作用。此时,随着轨温的进一步变化,钢轨本身将沿垫板作纵向位移,造成钢轨爬行。所以,无缝线路的中间扣件一定要拧紧。

d. 道床纵向阻力的作用顺序是轨端向无缝线路的中部渐次延伸,到最高、最低轨温、最大温度力为止。

扣件阻力:中间扣件和防爬设备抵抗钢轨纵向位移的阻力叫扣件阻力。

②横向阻力:线路横向阻力包括轨道框架刚度和道床横向阻力。

道床抵抗轨道框架横向位移的阻力叫道床横向阻力。道床横向阻力是防止胀轨跑道、保持线路稳定的重要因素。

道床横向阻力与下列因素有关:道床纵向阻力、道床断面的大小、轨枕端部道砟的多少、轨枕盒内道砟的饱满和夯实程度、轨枕重量和底部粗糙度等。增大道床肩宽是提高道床横向阻力的一个重要手段。

③竖向阻力:线路竖向阻力包括轨道框架刚度和道床竖向阻力。

道床抵抗轨道框架沿垂直方向移动的力称为道床竖向阻力。它由轨道框架重量及轨枕各侧面与碎石道砟之间的摩擦力组成,也可以近似认为是轨道框架的重量。

3)基本温度力图

温度力与线路阻力平衡关系的示意图叫基本温度力图(图5.1.5)。通过读懂基本温度力图,我们可以加深对无缝线路的认识。

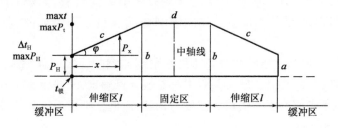

图5.1.5 基本温度力图

(1)图例

纵坐标:表示轨温和温度力。它是一个线段而不是射线,原点 $t_{锁}$ 即锁定轨温,终点 $\max t$ 和 $\max P_t$ 表示最高轨温和最大温度力。

横坐标:表示长轨条全长。原点在横坐标上又表示长轨条左端。

a、b、c、d:为叙述方便作为图中各线段的代号。

基本温度力图对于中轴线对称。

当轨温下降到锁定轨温以下至最低轨温时,基本温度力图在横坐标下侧。

(2)分析

①当轨温 t 等于锁定轨温 $t_{锁}$ 时,钢轨断面受到的温度力 P_t 等于0,钢轨不伸缩。

②当轨温高于 $t_{锁}$,但轨温变化度数又未达到接头阻力 P_H 折算成的轨温变化度数 Δt_H 时,因接头被锁定,钢轨伸长受阻,从而在钢轨全长范围内产生温度力。该温度力 $P_t = 248\Delta t_F$,并沿 a 线随 Δt 的上升而增加,随时与接头阻力 P_H 达成平衡。

③轨温继续上升,当轨温变化度数等于 Δt_H 时,最大接头阻力 $\max P_H$ 与温度力持平,即 $P_t = \max P_H$,接头阻力已全部被温度力克服。

④轨温进一步升高,钢轨在实现限制伸长的过程中带动轨枕作纵向位移,道床纵向阻力开始克服温度力。轨温升得愈高,温度力愈大,道床纵向阻力就愈大,产生纵向阻力的道床长度就愈长,并从轨端处开始向无缝线路中部延伸。已知单位道床纵向阻力为 P,道床长度为 x,则该长度道床产生的纵向阻力为 P_x,被平衡的温度力 P_t 则等于 P_x。随着 Δt 的逐步升高,P_t 随之逐步增大,P_x 亦随之逐步增大,以同 P_t 平衡。这样,就在图中构成了斜线 c,其斜率因线路状况的不同而不同。

⑤轨温升至最高轨温 $\max t$,产生最大温度力 $\max P_t$,此时产生最大纵向阻力的道床达到最长 l,最终完成了线路阻力与温度力平衡。我们把这一段叫伸缩区。

⑥长轨条两端 l 范围之间的部分 d,随着轨温的升降,始终承受着最大而且均衡的温度力。我们把 d 这一段叫固定区。

⑦从理论上讲,当 $\max t$ 和 $\max P_t$ 呈单纯下降趋势时,d 随之向下平行推移并逐步延长,表示固定区增长,伸缩区变短。当 $\max t$ 和 $\max P_t$ 下降至 $\max P_H$ 点时,基本温度力图呈一矩形,此时已无实际意义上的伸缩区。当 $\max t$ 和 $\max P_t$ 降至原点 $t_{锁}$ 时,全长范围内长轨条的温度力都等于0,此时基本温度力图成一直线,可以像普通线路一样对待。

4)伸缩区和固定区

从温度力图可知,伸缩区钢轨从轨端向里承受的温度力越来越大,到和固定区的交界处,承受最大的温度力。既然克服了全部接头阻力,在伸缩区,温度力必须迫使钢轨带动轨枕发生纵向位移,从而产生与之等同的道床纵向阻力。但是道床纵向阻力的产生有一个过程,就是说,要待轨枕移动相当距离时,道床纵向阻力值才能达到最大。换句话说,道床纵向阻力的产生是以轨枕—轨道框架的微小纵向位移为代价的。这种位移由里向外逐根轨枕积累起来而形成长轨一端的限制伸缩。也正因为如此,我们才把这一段叫伸缩区。

无缝线路长轨条两侧,在温度力作用下发生限制伸缩的区段叫伸缩区。伸缩区长度根据年轨温差幅值、道床纵向阻力、钢轨接头阻力等参数计算确定,一般为 50~100m。

无缝线路长轨条中部均衡承受最大温度力,但轨道框架不发生纵向位移的区面叫固定区。固定区长度不得短于 50m。

无缝线路长轨条两端以外,用来调节钢轨和轨道框架限制伸缩的 2~4 根标准轨叫缓冲区。

 技能训练

- 设备及材料:无缝线路设计规范、教材、施工案例。
- 步骤:学习无缝线路基本知识,普通无缝线路、区间无缝线路及跨区间无缝线路三者之间的关系,掌握无缝线路的工作原理。
- 成果:小组制作 PPT。

任务2 无缝线路铺设施工

 工作任务

1. 学习长钢轨铺设工序,对应完成施工工序图整理。
2. 学习钢轨焊接施工工序,对应完成施工工序图整理。

 相关配套知识

2.2.1 总体方案

无缝线路施工首先在兼顾整体、统筹规划的原则下,筹建经业主认可的铺轨基地。

铺轨前铺砟采用道砟摊铺机一次摊铺压实成型或将采用布砟机配合碾压机进行铺设。长钢轨、轨枕和扣件采用双层轨枕运输车运输至施工现场。

铺轨采用单枕连续铺设法。工地钢轨焊接采用 AMS60 移动接触焊焊机进行单元轨节以及锁定焊接,形成跨区间无缝线路。首先将铺下去的 300~500m 长轨条焊联成单元轨节,单元轨节为 1000~2000m 长(简称单元焊);再将单元轨节锁定焊接。

铺轨后使用大型机械化整道作业车组分层上砟整道。然后对轨道进行应力放散,按照设计锁定轨温进行线路锁定。最后对线路轨道进行调整、打磨等,以确保达到客运专线轨道线路高平顺性和稳定性控制标准。

需要投入的主要设备机械见表 5.2.1、表 5.2.2。

需要投入的主要设备机械表   表 5.2.1

序号	名 称	规 格	数量	估价(万元)	产 地	备 注
铺轨设备						
1	铺轨主机	SVM1000、NTC、TCM60	1台	3000	奥地利、美国、瑞士	可任选一家
2	枕轨运输车	PG-500	2~3套	1200~1800	中国配套	
3	拖拉机	973、TY220	1台	120~300	美国、中国	
运输车辆						
1	机车	DF4	4~6台	1000	自有	
2	轨道车	CY300	1~2台	90	自有	
3	平车	N17、N16	140辆		租用	79.2元/车·天
4	矿砟车	K13	45辆		租用	
现场焊接及应力放散设备						
1	移动闪光焊机	K920、K922、AMS60	1台	1000	上海铁科、美国、法国	可任选一家
2	铝热焊机具		1套	50	法国、德国、中国	
3	应力放散机具		1套	50	中国造	
综合整道设备						
1	线路捣固车	08-32	2台	2000	昆明工机厂	其中一台应具备高精度
2	动力稳定车	WD-320	1台	500	昆明工机厂	
3	配砟整型车	SPZ-200	1台	250	昆明工机厂	
4	钢轨打磨列车	PGM-48/3	1套	6000	美国宝鸡合资	
线路检测设备						
1	轨道检测车工	EM160、EM200	1台	2000	铁科院	租用
2	轨道检测仪	EBGHJ	1台	30	南昌	
3	全站仪		3台	45		

需从国外采购的大型设备机械   表 5.2.2

序号	名 称	规 格		数量	估价(万元)	产 地	备 注
基地焊轨主设备							
		(不同的厂家) RAILTECH	GEISMAR				
1	除锈刷面机	MBS—14	BRA32	1台	200		
2	钢轨焊接焊机	GASS80/580	AC60	1台	1000		还有乌克兰的K1000
3	焊缝四向调直机	SPM—4N	PCM31	1台	350		
4	焊缝精磨机	MM—14	MAS150	1台	500		
现场焊接设备							
1	移动闪光焊机	K920、K922		1台	900	上海铁科	可任选一家
2	移动闪光焊机	HOLLAND130		1台	1100	美国哈兰德	
3	移动闪光焊机	AMS60		1台	1000	法国拉伊台克	
铺轨机							
1	铺轨机	SVM1000		1台	4000	奥地利	可任选一家
2	铺轨机	NTC		1台	2800	美国	
3	铺轨机	TCM60		1台	3600	瑞士	

2.2.2 铺轨基地

铺轨基地的设置应根据铺轨工程的需要,结合现场实际情况,应设置在既有线附近,通过临时道岔接入既有线。铺轨基地一般分设调车作业区、轨枕存放区、钢轨及配件存放区、长钢轨存放区、石砟储存场、机务整备区等。

2.2.3 长钢轨基地焊接

焊轨基地按100m钢轨存放区、焊轨生产流水线、500m长轨存放区布置,各工位间距按100m考虑,总长度1320m。焊轨生产流水线设焊前初调直工位、除锈工位、焊接工位、正火及风冷工位、粗磨工位、水冷工位、四向调制工位、细磨工位、精磨工位、探伤及检验工位等。

基地长钢轨焊接基本工艺流程见图5.2.1,焊轨基地平面示意图见图5.2.2。

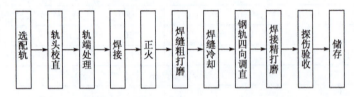

图 5.2.1 基地长钢轨焊接基本工艺流程图

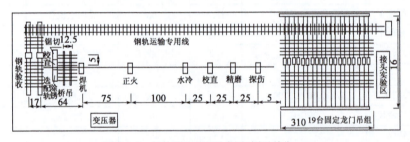

图 5.2.2 焊轨基地平面示意图(图示单位:m)

1)设备准备(见表5.2.3)

基地长钢轨焊接设备   表5.2.3

序 号	名 称	规格型号	数 量
1	轨端除锈机	MBS-14A	1
2	钢轨调直机	OHR315T	1
3	锯轨机	G4228	1
4	锯轨机	HC355	1
5	焊轨机(含配套设备)	GAAS80	1
6	正火设备	ZHB31	1
7	手提棒砂轮	9350N	2
8	水冷隧道		
9	手提角砂轮	9350N	2
10	四向调直机	SPM-4N	1
11	仿型打磨机	FMG-2.2	1
12	精磨机	MMA-14	1

续上表

序 号	名 称	规 格 型 号	数 量
13	超声波探伤仪	CTS23B	1
14	龙门吊	10t×17	4
15	龙门吊	3t×17	19
16	钢轨输送架		1
17	除尘设备		1
18	轴流通风机		1
19	空压机	LW 22/7	1
20	光电测温仪		1
21	落锤机		1
22	静弯机	MTP3	1
23	硬度检测仪		1

2) 钢轨卸车及存放

进场钢轨采用四台10t移动式龙门吊(配装卸扁担)卸车、存放(图5.2.3)。钢轨应排列整齐,顺直稳固堆放于短轨存放区。多层堆码时,层间垫木必须平直,上下同位。同一垫木的间距为5m且不同的钢种及轨型的钢轨应分类存放,并有明显标识。

3) 钢轨进场检验

(1) 对照"质保书",检查进场钢轨的钢种、型号,"质保书"由物资部保管。

(2) 检查钢轨外观有无硬弯、扭曲、裂纹、毛刺、折叠、重皮、夹渣、结疤、划痕、压痕、碰伤等缺陷。

(3) 对钢轨批次、炉号、长度做好记录;钢轨形式尺寸检验项目、要求和方法见表5.2.4。存在缺陷的钢轨对其缺陷种类及部位、尺寸、进场日期等内容进行登记,缺陷超标钢轨严禁使用。

图5.2.3 钢轨卸铺设备

钢轨型式尺寸检验项目、要求和方法　　　　表5.2.4

项 目	尺寸及偏差(mm)	检查工具和方法
钢轨高度	176±0.6	专用样板检查、游标卡尺测量尺寸
轨头宽度	73±0.5	专用样板检查、游标卡尺测量尺寸
轨头顶部断面	±0.6	专用样板检查是否合格
轨腰厚度	$16.5^{+1.0}_{-0.5}$	专用样板检查、游标卡尺测量尺寸
轨底宽度	150±1.0	专用样板检查、游标卡尺测量尺寸
离轨底边缘20mm处的轨底厚度	±0.5	专用样板检查是否合格
轨底边缘厚度	+0.75,−0.5	专用样板检查是否合格
轨底凹陷	≤0.3	直角尺、塞尺检查是否合格
端面垂直度(垂直、水平方向)	≤0.6	直角尺、塞尺检查是否合格
端面不对称	±1.2	专用样板检查是否合格并分等级
长度	±6	钢卷尺实测

4) 配轨

根据无缝线路设计图纸,编制配轨表。按配轨表的顺序和要求,丈量每根钢轨长度,依次配轨,并在自动流水作业线上按顺序焊接钢轨,考虑钢轨断面吻合性,同一钢轨批次、炉号的钢轨宜集中使用。

选配轨前对钢轨的端部尺寸进行测量。钢轨平直度、扭曲检验项目和要求符合表5.2.5规定。

钢轨平直度、扭曲检验项目和要求　　　　　表5.2.5

部　位	项　目	允　许　偏　差
距轨端0~1.5m部位	垂直方向(V)(向上)(向下)	≤0.5mm/1.5m ≤0.2mm/1.5m
	水平方向(H)	≤0.7mm/1.5m
距轨端1~2.5m部位	垂直方向(V)	≤0.4mm/1.5m
	水平方向(H)	≤0.6mm/1.5m
轨身	垂直方向(V)	≤0.4mm/3m, ≤0.3mm/1m
	水平方向(H)	≤0.6mm/1.5m
钢轨全长	上弯曲或下弯曲	5mm

5) 钢轨校直

(1) 校直是用1.5m钢直尺检测钢轨的平直度和扭曲,用液压调直机对超出规定公差范围的钢轨予以适当的调直。

(2) 距轨端0.5m范围内无法调直的死弯、翘头和扭曲超限的钢轨、需要用锯轨机锯掉。

6) 钢轨除锈

采用从瑞士进口的MBS—14A型钢轨刷面除锈机(图5.2.4),清除钢轨表面锈斑、脏物以及其他有害物质,保证焊机的电极与钢轨有良好的导电性能。

(1) 处理好的钢轨除锈面应显出金属光泽,在距端面400mm以内的钢轨应无锈垢。

(2) 为保证焊机的电极能与被焊钢轨良好接触,除锈刷磨的范围应为端面左侧和右侧400mm(至少不小于350mm),轨头及轨底上的圆角在1m范围内应圆顺。

7) 预热交接

交接工位是将经过焊前处理的钢轨传送给焊机。

8) 钢轨焊接

钢轨接头基地焊接采用GAAS80/580直流闪光接触焊轨机焊接,经对中、调尖峰、闪光、顶锻、推凸工序将短轨焊接成设计长度的长钢轨。GAAS80型焊轨机(图5.2.5)能够对新轨或旧轨自动进行对正、起拱量调整、焊接、推凸,能满足高速铁路的焊接标准和精度。

接触焊焊接工艺流程见图5.2.6。

(1) 焊机的各项参数一经选定,不得随意改动。确认待焊钢轨除锈处理符合工艺要求,焊接参数与所焊轨种一致。

(2) 选定焊轨基准面,进轨、夹持、对齐、确认、焊接。对中后,工作边错位偏差不大于0.1mm,非工作边错位偏差不大于0.6mm。

图 5.2.4　钢轨刷面除锈机图

图 5.2.5　GAAS80 型焊轨机

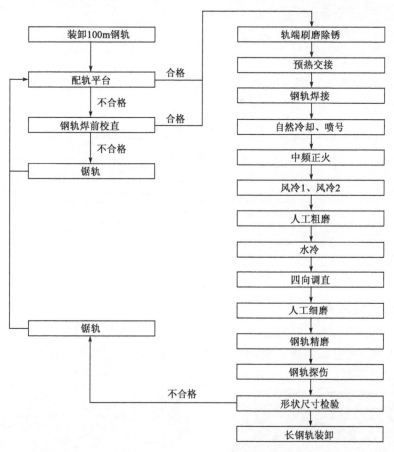

图 5.2.6　接触焊焊接工艺流程图

9) 自然冷却、喷号

(1) 冷却工位是对钢轨焊接接头进行自然冷却。冷却后钢轨温度要求小于 500℃。

(2) 对长钢轨和各焊头进行编号喷号。

10) 焊后正火及风冷

(1) 当焊头温度降到 500℃以下后，利用正火机把焊头重新加热，加热宽度应以焊缝为中心 60~100mm，轨头加热温度 900℃±20℃，轨底脚加热温度 800~900℃。

(2)钢轨进入线圈前应及时调控线圈与钢轨的间隙和位置,正火时不得有打火现象;正火机床的风冷装置风压为 0.5MPa,自动定时 120s 左右。

11)焊后粗打磨

粗打磨是对焊接接头范围内轨底角上表面、轨底面、轨顶面及内侧工作面的焊瘤打磨到规定程度。

(1)粗打磨时,应将轨顶面和两侧面及腭部、轨底角上表面及轨底面的残留焊接瘤凸及全部毛边除尽。

(2)人工打磨过程中,砂轮不得冲击钢轨,不得在钢轨上跳动,打磨力量不宜过大。

(3)将钢轨轨底角上表面及轨底面的全部焊瘤及全部毛边除尽,轨底的不平度不大于 0.5mm/m。焊接接头的轨腰及其上、下圆角、轨头的非工作边等部位的不平度不大于 1mm/m,使轨顶面及工作边打磨余量不大于 0.5mm/m。

(4)打磨应纵向打磨,不得横向打磨。

12)水冷

用水冷隧道(图 5.2.7)循环喷淋焊缝区 300mm 范围内,使焊缝快速冷却,确保调直工位前焊头温度降至 50℃以下。其技术参数见表 5.2.6。

水冷隧道主要技术参数 表 5.2.6

设 备		设 备	
水泵电机功率	3 kW	进口管	50mm
重量	150 kg	水箱(地下)	4000L
水流量	20 m³/h		
尺寸		尺寸	
长度	3000 mm	高度	800 mm
宽度	400 mm		

13)钢轨四向调直

用 SPM—4NL 四向调直机(图 5.2.8)对焊接接头进行焊后冷调直。

钢轨焊接后须经过四向调直机调直处理,先垂直校直,后水平校直。校后 1m 长度宜有 0.3~0.5mm 的上拱量。

图 5.2.7 水冷隧道

图 5.2.8 SPM—4NL 四向调直机

14)钢轨细磨

(1)用 FMG—22/2 型电动手推摆式钢轨仿形打磨机对焊头左右 500mm 范围内的轨顶面和工作面作进一步打磨,使钢轨工作面的不平度不大于 0.3mm/m。

(2)打磨过程中辊轮和导向法兰紧贴钢轨两侧,确保仿形精确。

(3)打磨钢轨必须注意磨削量的调整,磨削量不得过大,严禁打亏,打磨表面严禁发黑、发蓝。

15)钢轨精磨

(1)精磨采用 MMA—14A 型精磨机(图 5.2.9),对焊缝两侧不小于 500mm 范围内的轨顶面和工作面进行精磨。使焊头工作面的不平度不大于 0.2mm/m,轨底面的不平度不大于 0.5mm/m,不得有负误差。

(2)磨削完毕后,再次测量焊缝位置 1m 范围内的平直度,轨顶面及工作面的平直度允许偏差为 0~0.2mm/m。

图 5.2.9 MMA—14A 型精磨机

16)探伤及检验工位

探伤采用 CTS—23(JTS-20)型探伤仪进行探伤。对焊缝逐个探伤。焊头不得有未焊透、过烧、裂纹、气孔夹渣等有害缺陷。

探伤仪使用前,先用对比试块校准,再进行基线校准和灵敏度测试,确认性能良好。清理焊缝两侧各 40cm 范围内的锈斑、焊渣、水渍,确保探头和钢轨耦合良好并减少探头磨损。

探伤范围:轨头、轨腰、轨底角、轨底三角区。

17)钢轨焊缝的质量检验

焊接接头的质量检验分型式检验、周期性生产检验、出厂检验。检验内容、检验方法、检验标准,执行铁道部发布的《钢轨焊接接头技术条件》(TB/T 1632—1991)的规定。

(1)钢轨焊缝要纵向打磨平顺,不得有低接头,用 1m 直靠尺测量,焊缝不平度允许偏差见表 5.2.7。

钢轨焊接接头平直度允许偏差(mm/m)　　　　表 5.2.7

项次	项目	设计速度	
		200km/h	250 及 350km/h
1	轨顶面	+0.3,0	+0.2,0
2	轨头内侧工作面	+0.3,0	+0.2,0
3	轨底(焊筋)	+0.5,0	+0.5,0

(2)钢轨焊头轨顶面及侧面应予打磨。轨头及轨底上圆角在 1m 范围内应圆顺。母材打磨深度不得超过 0.5mm。

(3)轨底上表面焊缝两侧各 150mm 范围内及距两侧轨底角边缘各 35mm 的范围内应打磨平整,不得打亏。

(4)焊缝两侧各 100mm 范围不得有明显的压痕、碰痕、划伤等缺陷。焊头不得有电击伤。

(5)对焊接接头进行落锤、静弯、疲劳、硬度、金相、抗拉、抗压等试验,保证焊接质量符合设计要求。

18)长钢轨存放

(1)长钢轨编号

①长钢轨应由焊轨厂按照配轨表的要求进行编号,并具有可追溯性。

②焊轨时应在每个焊头附近钢轨外侧轨腰上标明钢轨工作边位置(左股或右股)、长钢轨编号及焊头编号。

③配对装车时应编写单元轨节铺轨流水号,并作好相应记录。

④长钢轨编号应用油漆标记。编号应色泽鲜明,字体端正、清晰、大小统一。

(2)长钢轨存放

①合格的长钢轨应分左右股钢轨整理堆码,并标明其长度。

②长钢轨存放台要平整、稳固,各层钢轨之间应采用钢轨支垫,支垫跨距7.5m,上下对齐,与各层钢轨垂直放置。

③长钢轨放置应整齐、平直、稳固。500m长钢轨的存放用19台2t固定龙门吊,同步集中控制吊装作业。

2.2.4 长钢轨装车、运输

500m长钢轨装车采用焊轨基地的19台3t固定龙门吊联合进行装车作业(图5.2.10);运输车辆采用CPG500型长钢轨运输车,运输采用DF4型内燃机车或重型轨道车作为动力。在焊轨基地将长轨装入长钢轨运输车组并进行锁紧运到施工现场。

1)长钢轨装车

(1)长钢轨装车前应核实待装长钢轨编号,左右股长度应符合配轨计划。

(2)吊装长钢轨时各龙门吊应同步作业,缓起,轻落,保持钢轨基本平直。

图5.2.10 长钢轨装车门吊

(3)长钢轨的装车按配轨表要求分左右股对称吊装,按卸车顺序依次排放。

(4)长钢轨装车后必须加固锁紧。

2)长钢轨运输

长钢轨应按超长货物组织运输,并制定安全措施。在运输中要建立运行监护、停车检查制度。设运轨专用线,以运出成品钢轨及运进100m无缝待焊钢轨;设置钢轨输送滚道线(图5.2.11),是贯穿焊轨生产线的输送通道。输送线上的滚轮有主动和从动两种,滚轮之间的距离为3m,输送速度为1m/s。整个钢轨辊轮输送线的控制由PLC控制,电机采用变频器控制。各段输送线的运行由各设备控制,且各设备之间有互锁,以确保整个生产线上的人和设备安全。每4个滚轮设一无级调速电机,标准高度设定为踏轨轮面距工作地面1.1m。供轨平台(图5.2.12)为全自动、无人化操作的设备,传送速度为3根/min。

图5.2.11 钢轨辊轮输送线图

图5.2.12 供轨平台辊轴

2.2.5 长钢轨铺设

1) 轨道铺设

(1) 施工工艺流程

有砟轨道长钢轨铺设采用单枕铺轨法,其施工工艺流程见图5.2.13。

(2) 材料

①正线应使用60kg/m钢轨,其尺寸允许偏差及平直度和扭曲允许值应符合设计要求。

②区间正线上应铺设2.6m长的Ⅲ型无挡肩或有挡肩混凝土轨枕,按1667根/km铺设。岔区应铺设混凝土岔枕。轨枕及其扣配件类型、规格、质量应符合设计及产品标准规定。

③Ⅲ型弹条扣件与Ⅲ型无挡肩混凝土轨枕配套使用,Ⅱ型弹条扣件与Ⅲ型有挡肩混凝土轨枕配套使用。轨下胶垫厚度10mm,静刚度为50~80kN/mm。扣压力、形式尺寸应符合产品标准的规定。

(3) 铺轨机械设备配备(表5.2.8及表5.2.9)

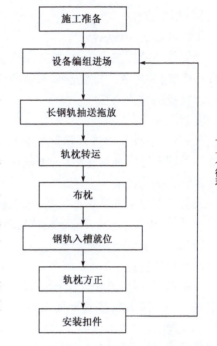

图5.2.13 单枕铺轨法施工工艺流程图

铺轨机械设备表　　　　表5.2.8

序号	设备名称	规格型号	性能	数量
1	拖拉机	PR732B	牵引力:17.6~22t	1台
2	铺轨机	TCM60型	作业效率250m/h	1台
3	辅助动力车	WES		1台
4	龙门吊	P20TR	最大起重量:7t	1台
5	龙门吊		最大起重量:8t	1台
6	钢轨拖拉架			1套
7	钢轨拖拉夹具			2套
8	扣件安装工具(液压)			2套
9	扣件安装工具(手工)			35套
10	拖拉滚轮			60套
11	锯轨机	HC355	转速5200r/min	1台
12	钢轨无孔接头	GGJT	抵抗温度力:288kN	12套/班
13	对讲机			8部

运输设备表　　　　表5.2.9

序号	设备名称	规格型号	数量
1	机车	DF4	4~6台
2	轨道车	CY300	1~2台
3	轨枕运输车	PG-500	2套
4	平车	N17、N16	140辆
5	矿砟车	K13	45辆

(4)铺轨作业

①拉挂线路中线弦线

铺轨作业前应按设计要求在线路中线拉挂弦线,直线地段每20m一个桩,曲线地段每10m一个桩,并用弦线将桩连起来。要求目视直线顺直、曲线圆顺。在铺轨过程中,线路中线必须以拉挂的弦线为基准。

②轨料装车

长钢轨、轨枕和扣件采用双层轨枕运输车运输,先装长钢轨,采用焊轨基地的19台2t固定龙门吊联合进行装车作业;长钢轨装完后再装轨枕。

③设备编组进场

设备应按履带式牵引拖拉机、铺轨机、轨枕运输车的顺序进场。履带式牵引拖拉机提前开至作业现场,设备到位后,解除轨枕转运龙门吊与轨枕存放车间的锁定,确保轨枕转运龙门吊在走行轨道上安全自由地行走。

④长钢轨拖拉

设备编组完毕,开机试运行一段时间。在确定设备正常后,解除轨枕运输车上的长钢轨锁定装置。先每隔10m安置地面滚轮,在铺轨机前面由拖拉机利用拖拉夹具将长钢轨从铺轨机牵出,置于预先放置的滚筒上,后端利用铺轨机上的卷扬机从左右两侧把2根长钢轨拖拉至铺轨机前端,开始长钢轨拖拉,轨间距3.1m。

⑤轨枕转运

轨枕转运龙门吊每次可转运一排28根轨枕,并通过车载轨道将轨枕运送至铺轨机的存轨平台上。应尽量做到轨枕连续不断供应,保证长轨连续铺设。

⑥布枕、收轨

轨枕传送链将轨枕从平台送至轨枕铺放装置,轨枕铺放装置按照精确的枕间距、径向位置以及准确的线路方向,准确铺放轨枕,同时放置橡胶垫板。铺轨机后部两侧液压夹钳将长轨收入承轨槽内,随后将扣件紧固。铺轨机可先紧固10%的扣件,其余90%在铺轨机通过后由人工补齐。

⑦收尾

相邻长轨排间采用一枚鱼尾螺栓从轨缝中穿入紧固鱼尾夹板的方式临时连接过渡,待进行焊接时,拆除过渡夹板。轨枕双层运输车上轨料铺完后与轨枕存放车摘钩,由机车牵引回基地装料。至此,一个铺设循环完成。

(5)质量标准

①轨枕及其扣配件的铺设数量应符合设计要求。

②钢轨胶接绝缘接头的类型、规格、铺设位置应符合设计要求,质量应符合相关技术条件要求。

③联结轨枕时应符合下列要求:

a. 绝缘轨距块的配置,应符合设计要求。

b. 各种零件应安装齐全,位置正确。

④轨枕应正位,并与轨道中心线垂直。枕间距为600mm,允许偏差为±20mm,连续6根轨枕的距离为3m±30mm。

⑤轨道中心线与线路设计中心线应一致,允许偏差为30mm。

⑥左右两股钢轨的钢轨胶接绝缘接头应相对,轨缝绝缘端板距轨枕边缘不应小于100mm。

(6) 补砟整道
① 设备配置(表 5.2.10)

主要机械、检测设备表　　　　　表 5.2.10

序号	设备名称	规格型号	性　能	作业项目	数　量
1	配砟整形车	SPZ—200	0.5km/h	配砟	1
2	捣固车	09(08)—32	0.28km	起拨捣作业	1(1)
3	动力稳定车	WD—320	0.8km/h	稳定作业	1
5	道砟车	K13 型	36m³	运砟	80~120
6	机车	DF4		动力	2~3
7	轨道抄平仪	机组配套		起、拨、捣固作业	2
8	轨道检测仪	KS5745B	4km/h	轨道检测	1
9	道床密度检测仪	BH—5049	1.3~3g/cm³	道床检测	1
10	道床刚度、阻力检测仪	GDY—3	压力量程:0~70kN 位移量程:0~10mm	道床检测	1
11	水准仪	SD3	—	线路测量	2
12	轨温计	SGW—Ⅱ	范围:-40~70℃ 误差:±1.1℃	起、拨、捣固作业	3
13	发电机	75GF	75kW	机械整修	1
14	钢轨打磨车	HTT			1
15	轨道静态检测车				

② 补砟整道工艺流程(图 5.2.14)

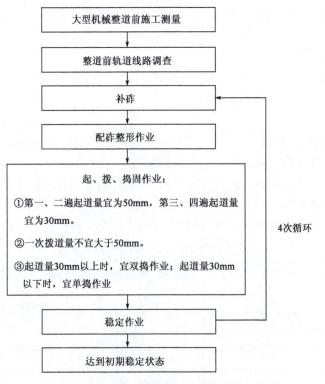

图 5.2.14　补砟整道工艺流程图

上述大型养路机械作业遍数为正常状况下的经验值,分层上砟整道最终应以线路达到初期稳定状态为验收依据。

③补砟、配砟

根据起道及线路稳定的需要,分层铺砟整道不少于三层,铺轨后立即卸第一遍砟,卸砟量按设计面砟数量的65%控制,MDZ机组作业一遍后卸第二遍砟,卸砟量按设计数量的20%控制;MDZ机组作业两遍后卸第三遍砟,卸砟量按设计数量的10%控制,MDZ机组进行第三遍作业;线路运行一段时间后MDZ机组精整作业之前补足所需道砟,约为设计的5%。每次补砟后进行配砟整形,使轨枕盒内道砟饱满,砟肩丰厚,保证起道达到计划高度以及线路平顺。

④起拨道精度控制

在整道作业中,将测量班分为打点、高程测量和方向测量三个小组。采用如下测量方式:

a. 打点

按施工里程,每10m打点,并将里程用红漆标注在相应的轨枕上,作为高程、方向测设的控制点。

b. 高程

MDZ机组作业前,技术人员要索取并复核线路中桩、水准点、变更等相关资料,铺轨过后,经测量计算出MDZ机组第一次作业所需起拨道资料。捣固车作业时,可按50~80mm起道;第二、三次整道作业前,提供总起道高度数据,捣固车作业时,综合总起道高度按该作业段实际轨面高低状况确定合适起道量,但最后一层厚度应小于50mm。

c. 方向

第一遍起拨道前,每10m提供一方向拨移值;第二、三遍起拨道前,曲线段每10m提供一方向拨移值;对于直线段,可以在第二遍起道前每10~800m提供一方向拨移值(长大直线段采用激光拨道);第三遍根据目测情况,抽测2~4点复核,如达不到标准,需增加测点数。一次拨道量不应大于50mm。

⑤起拨道捣固及稳定作业

道砟卸完后,MDZ机组进入施工工地。整形车作业300m后,捣固车进入作业区作业;捣固车作业300m后,稳定车进入作业区作业。

(7)质量标准

①道床经分层铺设、起道、捣固、稳定作业后,道床达到初期稳定阶段时,道床支承刚度不应小于70kN/mm,道床横向阻力不应小于7.5kN/枕。

②整道后的道床断面应基本达到设计要求,曲线外轨超高应按设计要求进行设置,并应在缓和曲线全长范围内均匀递减。

③轨道达到初期稳定阶段状态时,其静态几何尺寸允许偏差应符合表5.2.11的规定。

轨道几何尺寸静态允许偏差和检验方法　　　　　表5.2.11

项 次	项 目	允许偏差(mm)	检 验 方 法
1	高低	4	10m弦量
2	轨向	4	直线10m弦量,曲线20m弦量
3	扭曲(基长6.25m)	4	轨距尺量
4	轨距	±2	轨距尺量
5	水平	4	轨距尺量

(8)长钢轨铺设作业程序图(图5.2.15)

铺设方向

1. 施工准备：在底座混凝土上布设滚筒（间隔5m），机车顶进机组进入施工现场，启动动力及液压系统。

2. 长钢轨拖拉：机车顶进至已铺长钢轨端处停车，安装止轮器，松开待铺设的一对长钢轨的锁定装置，卷扬机拖拉长钢轨沿滚筒前行，通过收分机装置将轨距收分至1435mm，进入长钢轨推送装置。

3. 长钢轨推送：长钢轨进入推送装置，卷扬机停止，解开钢丝绳，由长钢轨推送装置驱动长钢轨沿滚筒前行（轨距为1435mm）。

4. 长钢轨推送完成：长钢轨推送装置推送长钢轨至轨缝处，松开推送装置的夹紧油缸，机组后退，将长钢轨落于滚筒上。

5. 长钢轨就位安装：利用拉轨器调整长钢轨轨缝，利用小型起升设备拆除滚筒。安装轨距拉杆、扣件和临时接头（轨距1435mm）。

6. 形成临时轨道：重复2~5步，形成轨道板的临时运输道。

7. 临时轨件及轨道板铺设调整（300m）：将最后一段300m长钢轨轨距从1435mm调整至3100mm左右的工装，轨道板运输采用轮轨式运板车运输，轮轨式铺板机按照铺设长钢轨的反方向进行轨道板安装。精确调整后，灌注CA砂浆。待灌注的CA砂浆达到规定强度（48h），利用收轨器依次将轨次收回至轨道板上的承轨槽内，安装轨道扣件，并进行轨节单元焊机进行单元轨节节以及锁定焊接，形成跨区间无缝线路。

┌紧固扣件及轨道调整（300m）┐┌──300m──┐┌──300m──┐┌──300m──┐┌──300m──┐
修磨与探伤工位 焊后打磨工位 焊头正火工位 钢轨焊接工位 焊前打磨工位 松卸扣件、放置滚筒300m

图5.2.15 长钢轨铺设作业程序图

项目 5 无缝线路铺设原理及铺设施工

2.2.6 工地钢轨焊接

已铺长轨条最终形成无缝线路要通过两个焊接步骤完成:一是将铺下去的300m长轨条焊联成单元轨节,单元轨节为1000~2000m长,单元轨节内部的焊接简称单元焊;二是单元轨节之间的锁定焊接。单元焊和锁定焊优先采用接触焊,根据轨条的长度可采用K920焊机、HOLLAND130焊机或AMS60型钢轨移动焊机进行焊接。道岔内及两端与区间线路连接的钢轨锁定焊可采用铝热焊。

1)现场接触焊

钢轨焊头必须按客运专线铁路钢轨焊接的有关要求进行型式检验和生产检验。型式检验和生产检验合格后方可进行正式生产。现场钢轨焊接设备采用钢轨移动焊机,可以以两边的行走轨来对位。整个焊接过程全自动,焊接结果自动记录。在焊接结束前,集成于焊机内的推凸刀将焊瘤推去,经打磨后形成完好焊头。工地移动接触焊焊接基本工艺流程如图5.2.16所示,具体要求与基地接触焊相同。

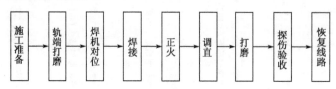

图 5.2.16 工地移动接触焊焊接工艺流程

2)铝热焊

(1)焊接前将两轨端固定,使两轨端处于同一水平面上,轨端打磨、对轨、夹轨、调整轨缝至(28±2)mm后,安装铝热焊设备及焊剂,进行焊接,焊接前进行试剂试验,使焊接试剂与钢轨材质相匹配。

(2)焊接施工步骤如下:

①制作砂型、坩埚。

②工地布置:

氧气瓶、石油液化气或乙炔瓶的布置应距施工焊点5m以上;所有设备应布置在施焊一侧的路肩;烘烤坩埚时应离所有气瓶5m以上。

③安装调平,使施焊接头及各自20m范围内的钢轨平整、顺直。

④烘烤坩埚(一般情况要20min左右),同时调整固定轨缝处的万能架,安装砂型,砂型对中并与钢轨密贴。

⑤安装模卡,并用万能架把模卡和砂型牢固地固定在一起,再用封泥抹平缝隙,以防钢水外流。

⑥安装坩埚架,调整好高度后移到钢轨外侧,给轨头加热,烘烤砂型,同时在坩埚内装上自熔塞和焊剂、高温火才;轨头烘烤6min后,立即将坩埚移到轨头上方,点燃高温火柴,使焊剂燃烧熔化,钢水进入钢轨焊接缝,填满整个缝隙,焊砟从轨缝两侧流出后用专用设备移走,防止烫伤,焊接过程结束。

⑦冷却后卸去坩埚、坩埚架、万能架,安放推瘤机,在5min后推瘤。

⑧待焊缝冷却后打磨。

⑨探伤,进行质量检验,焊接过程完成。

钢轨铝热焊接所采用的设备全部为小型机具,目前在高速铁路上使用较多的为法国拉伊台克公司的焊剂。小型机具见表 5.2.12。

铝热焊主要机具　　　　　表 5.2.12

名称	锯轨机	打磨机	推瘤机	对轨架	液压拉轨器	预热装置	砂模装置	对钢直尺
规格	HC355	MR150	EGH2	CR57	TR75	TYD	60KG	1m
数量	2	2	2	2	2	2	2	2

(3) 钢轨焊接工艺要求

①气温低于 0℃时不宜进行工地钢轨焊接。气温在低于 10℃时,距轨端 50cm 范围的钢轨焊前应加热升温至 35～50℃以上才能进行焊轨作业,焊后应采取保温措施。

②工地焊接完成后应检查焊好的接头,并标记编号,填写焊接记录报告。

③工地钢轨焊接应符合长钢轨布置图,其加焊轨长度不得小于 12m。

④单元轨节左右两股钢轨的焊接接头宜相对,相错量不应大于 100mm。

⑤钢轨铝热焊焊缝距离轨枕边缘不应小于 100mm。

⑥单元轨节起止点不应设置在不同轨道结构过渡段以及不同线下基础过渡段范围内。

⑦工地钢轨焊接接头编号应标记齐全,字迹清楚,记录完整。

⑧钢轨焊接打磨后焊接接头的平直度应满足表 5.2.13 要求。

钢轨焊接接头平直度允许偏差(mm/m)　　　表 5.2.13

序号	部位	旅客列车设计行车速度 V(km/h)		
		$V \leq 120$	$120 < V \leq 200$	$200 < V \leq 350$
1	轨顶面	+0.3 0	+0.3 0	+0.2 0
2	轨头内侧工作面	±0.4	+0.3 0	+0.2 0
3	轨底(焊筋)	+0.5 0	+0.5 0	+0.5 0

注:1. 轨顶面中,符号"+"表示高出钢轨母材规定基准面;
　　2. 轨头内侧工作面中,符号"+"表示凹进;
　　3. 轨底(焊筋)中,符号"+"表示凸出。

2.2.7 道岔焊接

道岔铺设完毕后进行道岔区段的焊接,道砟钢轨的焊接应首先进行道岔内钢轨焊接,然后进行道砟钢轨与岔外钢轨的焊接。具体焊接工艺流程见项目 4。

2.2.8 无缝线路应力放散及锁定

应力放散和线路锁定是将已经达到初期稳定的线路,重新松开扣件、支起钢轨、垫上滚筒、使钢轨处于自由伸缩状态或自由伸缩后再强制拉伸,放散掉钢轨内的附加应力和温度力,在钢轨处于设计锁定轨温时的"零"应力状态下,将线路锁定形成无缝线路。锁定焊采用原位焊接的铝热焊工艺。

1) 线路应力放散施工基本工艺流程

线路应力放散施工基本工艺流程见图 5.2.17。

图 5.2.17 线路应力放散施工基本工艺流程图

2）线路应力放散采用的设备

线路应力放散采用的设备见表 5.2.14。

应力放散机械设备　　　　　表 5.2.14

序 号	名 称	单 位	数 量	型 号
1	滚筒	个	300	滚动轴承式
2	对讲机	个	6	TK278C
3	专用扳手	套	60	自制
4	压机	台	10	02A—147kN
5	接轨器	套	2	自制
6	拉伸器	台	1	TR75 型
7	锯轨机	台	1	HC355 型
8	撬棍	根	24	
9	手锤	把	20	8 磅
10	小平板车	辆	6	自制
11	轨道车	辆	1	
12	方尺	把	1	
13	轨温表	个	4	SWG—11
14	弦线	捆	若干	
15	钟球	个	2	
16	工具车	辆	1	N16
17	自喷漆	筒	若干	
18	准直仪	台	1	ZCG148

3) 线路应力放散施工工艺

(1) 施工准备

①线路应力放散前道床应达到初期稳定状态,道床断面应基本达到设计要求,外轨超高按规定设置。

②通过现场调查,了解近期轨温的变化情况,决定应力放散与线路锁定的作业时间。

③在应力放散前,对底砟摊铺、长轨铺设、分层上砟整道、动力稳定、接触焊(现场铝热焊)等工序施工质量、线路状态进行全面检测,重点检测弹条扣压力、道床刚度及横向阻力、现场铝热焊焊接质量、轨道几何尺寸,确认线路已达到初期稳定状态。

④按照要求,埋设钢轨位移永久观测桩并编号。

(2) 设置钢轨位移观测点

在本次放散单元轨和上一放散单元轨伸缩区标记位移观测零点。

(3) 拆卸扣件

在本次放散单元轨和上一放散单元轨伸缩区范围内,用专用工具拆卸弹条,用起道机将钢轨顶起,支立在滚轮上,顶起高度为5cm,滚轮间距为10m。记录钢轨临时位移(第一次),作为以后应力放散的依据。

(4) 应力放散

①在本次放散单元轨前后各布置一台拉轨器,用拉轨器拉动放散单元轨分别向上一、下一放散单元轨方向移动。使钢轨内部应力基本为零,此时记录下各点的临时位移(第二次)。

②用小锤来回锤击钢轨,进一步放散钢轨内部个别段的残余应力,记录下各点的临时位移(第三次)。通过对数据进行分析,分析钢轨内部应力是否为零。

③根据现场轨温与设计锁定轨温的差值,计算钢轨的拉伸量或压缩量,分别采用拉伸或撞击钢轨的方法使钢轨达到设计锁定轨温长度,并现场记录钢轨的实际拉伸量或压缩量,若现场测量值与计算值相符,则锁定钢轨,若不符,则需查找原因,并采取相应措施。

(5) 锁定线路

轨温合适时或钢轨拉伸到位时,由下一放散单元轨向上一放散单元轨方向依次去除滚筒,将钢轨落到轨枕上,上紧扣件,紧固钢轨。在拉轨器前后各50m范围内的钢轨锁定完成后,方可松掉拉轨器的液压油门,拆除拉轨器。钢轨接头采用现场铝热焊接。

(6) 位移观测

立即在埋设钢轨位移永久观测桩位置的垂直线上的钢轨轨头外侧面标记钢轨位移零点,对无缝线路长轨条位移情况每月观测一次,并填写记录。位移观测桩处相对位移换算轨温加上原锁定轨温超出设计锁定轨温允许范围时,应及时查明原因并进行处理。

4) 线路应力放散基本工艺要求

(1) 测量轨温时,要对钢轨的不同位置进行多点测量,取其平均值;

(2) 放散应力时,应每隔100m左右设一位移观测点观测钢轨的位移量,并及时排除影响放散的障碍使应力放散均匀彻底;

(3) 为使钢轨应力放散均匀彻底,应尽量保证支垫钢轨的滚筒高度一致,尽量减少钢轨的变形,减少钢轨的初始应力;

(4) 线路锁定时,实际锁定轨温应在设计锁定轨温范围内,相邻单元轨节间的实际锁定轨温之差不得大于5℃,同一单元轨节左右股钢轨的实际锁定轨温差不得大于3℃,同一区间内单元轨节的最高与最低实际锁定轨温之差不得大于10℃。

技能训练

- 设备及材料:轨温量测计、钢板尺、大锤、滚筒、机动扳手等。
- 步骤:先根据位移观测桩确定位移量,量测轨温,确定放散量,用机动扳手松开伸缩区扣件,安装滚筒,用大锤规律敲击钢轨,进行钢轨放散。
- 成果:小组完成位移观测、确定放散量、完成长钢轨放散。

2.2.9 钢轨伸缩调节器施工

1)钢轨伸缩调节器的装运

钢轨伸缩调节器的功能是协调因温度引起的长大桥梁梁端伸缩位移和长钢轨伸缩位移之间的位移差,使长钢轨自动调节温度力,从而减小轨道及桥梁所承受的荷载。高速铁路钢轨伸缩调节器左右对称,按伸缩方向分为单向和双向调节器两种类型。图5.2.18为时速350km/h的单向伸缩调节器,它由基本轨、尖轨、铁垫板总成(图5.2.19)、轨枕或轨道板组成。

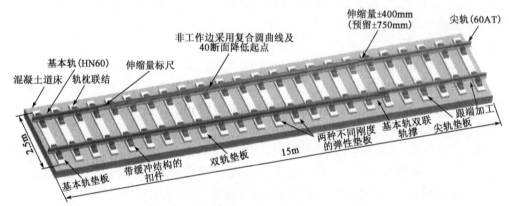

图5.2.18 时速350km/h高速铁路单向伸缩调节器

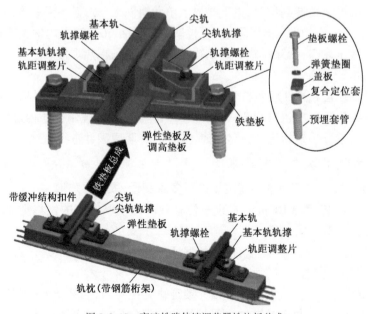

图5.2.19 高速铁路伸缩调节器铁垫板总成

钢轨伸缩调节器在工厂内试组装并验收合格后应整组发运。发运前应将伸缩调节器组装件固定为一整体。产品标识和包装应符合客运专线铁路钢轨伸缩调节器的相关技术要求。装卸作业时严禁摔、砸、碰、撞。

2）钢轨伸缩调节器的铺设

（1）铺设钢轨伸缩调节器应根据锁定时的轨温计算并准确预留伸缩量。

①在设计锁定轨温范围内铺设时，预留伸缩量为设计伸缩量的1/2。

②在设计锁定轨温范围之外铺设时，预留伸缩量可按下式计算：

$$\Delta l = \frac{a}{2} + \alpha \times L \times (t - t_s) \qquad (5.2.1)$$

式中：Δl——铺设钢轨伸缩调节器时，基本轨预留伸缩量（mm）；

　　　　a——钢轨伸缩调节器设计伸缩量（600mm 或 1000mm）；

　　　　α——钢轨线膨胀系数（0.0118mm/m·℃（或 0.0000118/℃））；

　　　　L——无缝线路伸缩区长度，约 150m；

　　　　t——铺设钢轨伸缩调节器锁定时的轨温（℃）；

　　　　t_s——无缝线路设计锁定轨温（℃）。

（2）钢轨伸缩调节器铺设采用插入法施工，即按设计位置将钢轨伸缩调节器的长度在线路锁定时锯出，然后铺设钢轨伸缩调节器。铺设钢轨伸缩调节器时，宜先铺单股并以线路上已有轨道作基准控制方向，另一股以此为基准控制轨距。钢轨伸缩调节器铺设就位，调整方向、轨距、水平达到规定要求后，再上紧全部螺栓。

3）钢轨伸缩调节器的放散锁定

采用等温度锁定的方法。首先松开扣件，垫上滚筒，自由放散到零应力状态。在设计锁定轨温±3℃时，先将尖轨部分落槽，然后隔两根轨枕上一组扣件先将尖轨固定，然后再落槽锁定基本轨，并及时做好位移观测桩。

钢轨伸缩调节器的焊联在设计锁定轨温允许范围内进行。检查调整基本轨与长钢轨的轨缝，再次检查确认基本轨与尖轨的相对位置，焊联钢轨伸缩调节器。焊联后按规定打磨平整并及时进行全面整修。

4）钢轨伸缩调节器铺设标准

钢轨伸缩调节器整道后应符合以下标准：

（1）轨向：单向调节器用 12.5m 弦、双向调节器用 25m 弦测量，每隔 1m 检查一处，尖轨尖端至尖轨顶宽 5mm 处范围内允许有 4mm 的空线，其余范围内允许有 2mm 的空线，不允许抗线；

（2）轨面高低：用 12.5m 弦测量不得大于 3mm，每组抽检 3 处；

（3）钢轨水平差不得大于 3mm，每组抽检 3 处；

（4）在 6.25m 测量基线内，轨面扭曲不得大于 3mm。

2.2.10　伸缩区、缓冲区预留轨缝

在跨区间无缝线路的起终点处，各设 4 根 25m 标准轨作为缓冲区。长轨条与缓冲轨及缓冲轨之间采用 10.9 级高强度螺栓、双头式鱼尾板连接。垫圈采用高强度平垫圈。在设计锁定

轨温范围内施工时,缓冲区预留轨缝为 6~8mm。

2.2.11 有砟轨道钢轨胶接接头及轨道整理

1) 钢轨胶接接头施工

(1) 钢轨材料要求

①钢轨胶接绝缘接头的各项技术性能应符合客运专线铁路胶接绝缘接头的相关技术要求,并具有型式检验合格证明书。

②胶接钢轨的钢厂、钢种、轨型应与线路钢轨相同。

③用于制作胶接绝缘接头的钢轨,必须经过探伤检查,并应采用同一根钢轨锯开胶接。道岔内胶接绝缘钢轨长度按设计配轨要求确定。胶接端的端面垂直度偏差及水平偏差均不大于 0.15mm。对轨后用 1m 直尺检查:轨顶允许偏差为 0+0.2mm,轨头侧边允许偏差为 ±0.3mm。胶接绝缘钢轨全长范围内不得有硬弯。

(2) 钢轨胶接绝缘接头铺设工艺

①钢轨胶接绝缘接头铺设(焊接)前应按规定测定确认其电绝缘性能。

②搬运、铺设、焊连钢轨胶接绝缘接头时严禁摔、撞。

③铺设钢轨胶接绝缘接头应避免扣件与绝缘接头螺栓接触。

④两股钢轨的绝缘接头应相对铺设,相错量符合相关规定,绝缘轨缝绝缘端板宜设于轨枕盒中央,距轨枕边缘不应小于 100mm。

2) 轨道整理

(1) 轨道整理基本工艺流程见图 5.2.20。

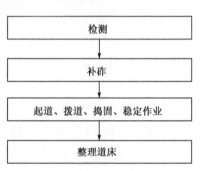

图 5.2.20 轨道整理基本工艺流程图

(2) 轨道整理作业内容

①根据设计要求,在规定的作业轨温范围内,应对线路进行至少两遍精细调整,使之达到验交标准。

②对不符合设计要求的道床断面,应进行整修,堆高砟肩,拍拢夯实。

③缓和曲线、竖曲线区段应调整圆顺。

④整修打磨不平顺焊缝,提高轨面平顺性。

⑤调整轨距,补齐扣、配件。

⑥测取钢轨爬行量,复核锁定轨温。

(3) 大型养路机械作业轨温条件

①一次起道量小于等于 30mm,一次拨道量小于等于 10mm 时,作业轨温不得超过实际锁定轨温 ±20℃。

②一次起道量在 31~50mm,一次拨道量在 11~20mm 时,作业轨温不得超过实际锁定轨温 -20℃~+15℃。

(4) 无缝线路及道岔的整理作业

①高温时不应安排影响线路稳定性的整理作业。高温时可安排校直钢轨、整理扣件、整理道床外观、钢轨打磨等作业。

②进行无缝线路整理作业,必须掌握轨温,观测钢轨位移,分析锁定轨温变化,按实际锁定轨温,根据作业轨温条件进行作业,严格执行"作业前,作业中,作业后测量轨温"制度,并注意做好以下各项工作:

a. 在整理地段按需要备足道砟;
b. 起道前应先拨正线路方向;
c. 起、拨道机不得安放在铝热焊缝处;
d. 扒开的道床应及时回填、夯实。

③无缝线路整理作业,必须遵守下列作业轨温条件:

a. 当轨温在实际锁定轨温 −30℃以下时,伸缩区和缓冲区禁止进行整理作业。
b. 在跨区间无缝线路上的无缝道岔尖轨及其前方25m范围内综合整理,允许在实际锁定轨温±10℃内进行作业。

④无缝线路应力放散和调整后,应按实际锁定轨温及时修改相关技术资料和位移观测标记。

⑤桥上无缝线路整理作业应注意做好以下各项工作:

a. 按照设计文件规定,保持扣件布置方式和拧紧程度。
b. 单根抽换桥面枕,在实际锁定轨温 $^{+10}_{-20}$℃范围内进行。
c. 对桥上钢轨焊缝应加强检查,发现伤损应及时处理。
d. 对桥上伸缩调节器的伸缩量应定期观测,发现异常爬行,应及时分析原因并整治。

⑥扒道床、起道、拨道作业轨温条件如下:

a. 在实际锁定轨温±10℃范围内,可进行不影响行车的扒道床、起道和拨道作业;
b. 在实际锁定轨温 $^{+15}_{-20}$℃范围内,连续扒开道床不得大于50m,起道高度不得大于40mm,拨道量不得大于20mm,禁止连续扒开枕头道床。
c. 在实际锁定轨温+20℃范围内,连续扒开道床不大于25m,起道高度不大于30mm,拨道量不大于10mm,禁止连续扒开枕头道床。

⑦无缝线路养护维修及故障处理参照铁路客运专线维修相关规定执行。

(5)位移观测规定

对无缝线路长轨条位移情况每月观测一次,并填写记录。位移观测桩处相对位移换算轨温加上原锁定轨温超出设计锁定轨温允许范围时,应及时查明原因并进行处理。

2.2.12 线路全长预打磨

1)钢轨打磨设备见表5.2.15

钢 轨 打 磨 设 备 表5.2.15

序 号	机 械 名 称	型 号 规 格	单 位	数 量	备 注
1	钢轨打磨列车	PGM—48/3	列	1	美国杰克逊、宝鸡
2	波磨机		台	4	
3	重型轨道车	Y240	台	1	宝鸡工程机械厂
4	发电机组	30kW	台	1	

2)打磨工艺

(1)钢轨全长预打磨应具备的条件:

①无缝线路经整理作业后,道床已进入稳定阶段。
②轨面高程及道床外观尺寸符合设计要求。
③钢轨扣件齐全紧固。
④钢轨焊接接头的平直度已达到规定要求。

(2)钢轨全线预打磨施工

①打磨前,要确认打磨车的测量和打磨装置下放是否正确,并确定每次打磨深度和打磨角度及作业压力。
②打磨前用安装在打磨列车上的测量设备对整个打磨段上的钢轨进行纵断面零位测量。
③打磨工作速度8km/h左右,打磨深度设置在$0.15 \sim 0.2$mm。
④道岔尖轨及可动心轨、辙叉和钢轨伸缩调节器尖轨,应用手工操作的钢轨波纹研磨机进行打磨,严禁用普通打磨列车打磨。

3)质量标准

钢轨预打磨后,应符合如下规定:
(1)消除钢轨微小缺陷及锈蚀等。
(2)消除钢轨在轧制过程中形成的轨面斑点及微小不平顺。
(3)消除轨头表面约0.3mm厚的脱碳层。
(4)使钢轨的表面粗糙度与列车速度相适应。
(5)钢轨顶面平直度1 m 范围内的允许偏差为 $0 \sim 0.2$mm。
(6)钢轨头部工作的实际横断面相对理论横断面允许偏差为 ±0.3mm。

技能训练

- 设备及材料:施工视频、施工图片、施工规范。
- 步骤:根据视频和图片学习无缝线路施工工艺,掌握长钢轨铺设施工、钢轨焊接施工的基本工作和质量控制精度。
- 成果:小组完成长钢轨铺设施工和钢轨焊接施工工序图的布排,并进行讲解。

复习思考题

1. 无缝线路基本工作原理是什么?
2. 普通无缝线路和跨区间无缝线路有何区别?
3. 普通无缝线路根据温度应力分布可分为哪几个区,各区有何特点?
4. 线路阻力主要由哪些结构提供?
5. 无缝线路锁定轨温如何确定?
6. 基地焊接钢轨前钢轨必须进行哪些工作?
7. 现场焊接钢轨前,对钢轨有何要求?
8. 长钢轨装车的方法有哪些?
9. 铝热焊工艺的一般程序是什么?
10. 无缝线路应力放散如何进行?
11. 无缝线路铺设施工中铺砟整道作业有何要求?
12. 铺设无缝线路的施工程序是什么?

项目 6

轨道与路基养护维修

项目描述

为了保证铁道轨道与路基的安全稳定,保持线路设备经常处于完好状态,根据运输需要及线路各组成部分的损耗规律,周期性地、有计划地对损耗部分加以更新和修理,恢复和提高线路各组成部分的强度,延长线路的使用寿命,增强轨道与路基结构的承载能力。通过线路设备查出线路技术状态的变化规律,从而针对现状制定相应的线路维修计划来进行养护维修。

学习目标

知识目标
- 了解线路大修的内容;
- 在轨道养护维修过程中,掌握线路检查、钢轨检查的基本方法;
- 了解线路维修工作日计划、月计划;
- 了解无缝线路工作的基本原理;
- 掌握无缝线路养护的基本方法;
- 掌握道岔病害的种类及道岔病害养护的基本方法。

能力目标
- 能合理安排铁路线路养护维修计划;
- 能正确进行线路检查、钢轨检查、道岔检查、曲线检查;
- 能够使用养护维修设备进行线路钢轨病害的整治;
- 能够使用养护维修设备进行胀轨跑道的防治及处理;
- 能够使用养护维修设备进行断轨的防治与处理;
- 能够使用养护维修设备进行曲线的养护;
- 能够使用养护维修设备进行道岔病害的整治。

相关案例

京津城际铁路实行"检养修分开"管理体制。设备维修实行天窗修制度,每日安排北京南站、天津站为180分钟天窗,无砟轨道地段240分钟天窗。工务设备日常管理,北京南站、天津站有砟轨道地段工务设备现由既有养路工区负责,无砟轨道地段丰台工务段设立京津工务维修组进行管理。在设备检查方面,采用动静态检查相结合的方式。动态检查主要包括:铁道部动检车每10日对京津城际铁路进行一次动态检测;在京津城际动车组上安装车载式添乘仪对线路进行检测;携带便携式添乘仪进行人工添乘;钢轨探伤由钢轨探伤车进行检查,小型探伤仪进行复核。静态检查主要包括:工务工区或维修组负责按规定周期对线桥、路基设备进行检查;精测网复测、沉降观测工作委托有资质的专业公司负责,测量结果提供给工务部门。

任务1 线路设备检查与维修计划

1.1 工作任务

1. 进行直线、曲线、无缝线路等轨道静态检查,会填写报告表;
2. 识读轨道动态检测图,判断病害类型及位置。

1.2 相关配套知识

1.2.1 线路维修概述

铁路线路设备是铁路运输业的基础设备。由于大自然及列车荷载的作用,使线路设备的技术状态不断地发生变化。因此必须通过线路设备检查查出设备技术状态的变化规律,从而针对现状制定相应的线路维修计划来进行设备修理。

线路维修工作的基本任务是经常保持线路设备完整和质量均衡,使列车能以规定速度安全、平稳和不间断地运行,并尽量延长设备使用寿命。同时线路维修工作,应贯彻"预防为主,防治结合,修养并重"的原则。

1) 线路维修工作内容

铁路线路维修按工作内容和目的,分为综合维修、经常保养和临时补修。

(1) 综合维修

综合维修是在线路大、中修之间,根据线路变化规律和特点,以全面改善轨道弹性、调整轨道几何尺寸和更换、整修失效零部件为重点,按周期、有计划地对线路进行的综合修理,以恢复线路完好技术状态。

①综合维修周期

在一般条件下,影响线路综合维修周期的主要因素是与通过总重有直接关系的道床技术状态,包括道床残余变形和道床脏污率2个方面。一般认为道床技术状态达到下列程度之一时,即已达到综合维修周期,应该进行综合维修。

a. 道床残余变形积累较大,轨面沉落和弹性不均匀,大平状态不良,达到需要全面起道整修的程度。

b. 道床脏污率达20%或开始局部板结,达到需要清筛枕盒道床或适当起道整修的程度。

c. 轨道几何尺寸变化较快,调高垫板用量较大,保养周期缩短,已不适于继续进行经常保养的程度。

正线线路综合维修周期年数,依照上述条件,并结合线路大、中修周期,根据各线(或区段)的线路条件、运输条件、自然条件等具体情况,由铁路局确定。《铁路线路修理规则》对正线线路设备修理周期的规定如表6.1.1所示。

线路设备修理周期表　　　　　　　　　　　　表6.1.1

轨道条件			周期(通过总重) Mt·km/km		
轨型	轨枕	道床	维修	中修	大修
75kg/m 无缝线路	混凝土枕	碎石	120~180	400~500	900
75kg/m 普通线路	混凝土枕	碎石	60~90	350~400	700
60kg/m 无缝线路	混凝土枕	碎石	100~150	300~400	700
60kg/m 普通线路	混凝土枕或木枕	碎石	50~75	300~350	600
50kg/m 无缝线路	混凝土枕或木枕	碎石	70~100	300	550
50kg/m 普通线路	混凝土枕或木枕	碎石	40~60	250	450
40kg/m 普通线路	混凝土枕或木枕	碎石	30	160	250

注:①当v>120km/h、轴重>23t、牵引定数>5000t时,铁路线路大、中修周期可适当缩短。
②铺设全长淬火轨地段,线路大修周期可适当延长。

②线路、道岔综合维修的基本内容:

a. 根据线路、道岔状态起道、拨道和改道,全面捣固。混凝土枕地段,捣固前撤除所有调高垫板;混凝土宽枕地段,垫砟与垫板相结合。

b. 调整线路、道岔各部尺寸,拨正曲线。
c. 清筛枕盒不洁道床和边坡,整治道床翻浆冒泥,补充道砟,整理道床。
d. 更换、方正和修理轨枕。
e. 调整轨缝,整修、更换和补充轨道加强设备,整治线路爬行,锁定线路、道岔。
f. 矫直、焊补、打磨钢轨,综合整治接头病害。
g. 有计划地采用打磨列车对钢轨、道岔进行预防性或修理性打磨。
h. 整修、更换和补充连接零件,并有计划地涂油。
i. 整修路肩,疏通排水设备,清除道床杂草和路肩大草。
j. 修理、补充和刷新线路标志,整修道口及其排水设备,收集旧料。

(2) 经常保养

常保养是根据线路变化情况,有计划有重点地养护,以保持线路质量处于均衡状态。经常保养的时间是全年度,范围是线路全长。

① 线路、道岔经常保养的基本内容:

a. 根据轨道几何尺寸超过经常保养容许偏差管理值的状态,成段整修线路。
b. 整治道床翻浆冒泥,均匀道砟,整理道床。
c. 更换和修理轨枕。
d. 调整轨缝,锁定线路。
e. 焊补、打磨钢轨,整治接头病害。
f. 有计划地成段整修扣件,螺栓涂油。
g. 无缝线路应力放散或调整。
h. 更换伤损钢轨,断轨焊复。
i. 整修防沙、防雪设备,整治冻害。
j. 整修道口,疏通排水设备,清除道床杂草和路肩大草。
k. 季节性工作、周期短于综合维修的其他单项工作。

② 经常保养的季节性工作

线路设备变化和作业内容往往与季节特点密切相关,可分为以下几点:

a. 春融时期。

加强线路和山体检查。加固或清除山体危石,及时撤换冻害垫板,以整修轨道几何尺寸为重点,成段整修线路。

调整轨缝,按计划进行夹板及螺栓涂油,抽换接头及连续失效轨枕,在道床不足地段补充和匀卸道砟,为夏季综合维修作业做好准备。

疏通排水设备,排除路基积水,整治路基翻浆冒泥,防止春汛水漫路基。

b. 炎热季节注意调整连续轨缝,加强轨道框架的整体稳定性,防止胀轨跑道。

c. 防洪时期雨季前应做好防洪准备,落实防洪重点地段,尽可能做好整修路基排水设备及整治路基、道床病害。对维修解决不了的病害,应安排好洪期行车安全措施。执行雨前、雨中、雨后检查制度,加强巡山巡河,及时掌握线路变化规律及险情,确保行车与人身安全。

d. 冬前找细作业。

a) 整正线路方向,全面拨正直线和曲线。
b) 整治低接头,消灭三角坑、空吊板,加强钢轨接头和桥头线路捣固,整治线路坑洼。

c)备足过冬材料,如冻害垫板、冻害道钉等。
e.冬季作业
a)进行冻害垫板作业,除冰雪,保持线路状态良好。
b)检查、更换伤损轨件,预防钢轨、夹板和辙叉的折损。
c)为夏季综合维修尽可能多做准备工作,如:木枕削平、调整"三不密"扣件、路料卸车等。

(3)临时补修

临时补修是及时整修轨道几何尺寸超过临时补修容许偏差管理值及其他不良处所的临时性修理,以保证行车平稳和安全。

线路、道岔临时补修主要内容:

①整修轨道几何尺寸超过临时补修容许偏差管理值的处所。

②更换(或处理)折断、重伤钢轨及桥上、隧道内轻伤钢轨。

③更换达到更换标准的伤损夹板,更换折断的接头螺栓、道岔护轨螺栓、可动心轨凸缘与接头轨连接螺栓、可动心轨咽喉和叉后间隔轨螺栓、长心轨与短心轨连接螺栓、钢枕立柱螺栓等。

④调整严重不良轨缝。

⑤疏通严重淤塞的排水设备,处理严重冲刷的路肩和道床。

⑥整修严重不良的道口设备。

⑦其他需要临时补修的工作。

2)线路设备维修管理组织

工务段的管辖范围:正线延长单线以500~700km为宜,双线以800~1000km为宜,特殊情况下由铁路局规定;山区铁路或管辖范围内有编组站或一等及以上车站时,管辖正线长度可适当减少。线路车间的管辖范围:正线延长单线以60~80km为宜,双线以100~120km为宜。线路工区的管辖范围:正线延长以10~20km为宜。

线路设备维修实行检修分开制度,检修分开的基本原则是实行专业检查和机械化集中修理,实现检查与维修的异体监督。检查监控车间(工区)应按规定的项目和周期进行设备检查分析,并及时传递检查信息;线路车间负责安全生产的组织实施;线路工区主要负责线路设备巡查、临时补修、故障处理;机械化维修车间(工区)主要负责综合维修、配合大机维修作业和经常保养;综合机修车间负责钢轨、道岔焊补,养路机械的维修保养、工具制作、修理及线路配件修理等工作。

1.2.2 线路设备大修概述

线路设备大修的基本任务是根据运输需要及线路设备损耗规律,有计划、按周期地对线路设备进行更新和修理,恢复和提高线路设备强度,增强轨道承载能力。

铁路线路设备大修必须有正常的工作条件,应设置大修设计和施工的专业队伍,装备必要的施工机械和施工运输车辆,安排与施工项目相适应的封锁"天窗"。各有关单位应密切配合,为大修工作的正常进行创造条件。

1)线路设备大修工作分类

(1)线路大修。线路上的钢轨疲劳伤损,轨型不符合要求,不能满足铁路运输需要时,必须进行线路大修。线路大修分为普通线路换轨大修和无缝线路换轨大修。无缝线路换轨大修按施工阶段可分为铺设无缝线路前期工程和铺设无缝线路;

(2)成段更换再用轨(整修轨);

(3)成组更换道岔和岔枕;

(4)成段更换混凝土枕;

(5)道口大修;

(6)隔离栅栏大修;

(7)其他大修(以上未涵盖的线路设备大修项目列其他大修);

(8)线路中修。

2)线路设备大修工作内容

(1)普通线路换轨大修

①清筛道床,补充道砟,改善道床断面,整治基床翻浆冒泥和超过15mm的冻害,石灰岩道砟应结合大修有计划地更换为一级道砟;

②校正、改善线路纵断面和平面;

③更换Ⅰ型混凝土枕、失效轨枕和严重伤损混凝土枕,补足轨枕配置根数,有计划地将木枕成段更换为混凝土枕(另列件名);

④全面更换新钢轨、桥上钢轨伸缩调节器、连接零件、绝缘接头及钢轨接续线,更换不符合规定的护轨;

⑤成组更换新道岔和新岔枕(另列件名);

⑥安装轨道加强设备;

⑦整修路肩、路基面排水坡,清理侧沟,清除路堑边坡弃土;

⑧整修道口及其排水设备;

⑨抬高因线路换轨大修需要抬高的道岔、桥梁,加高挡砟墙;

⑩补充、修理并刷新由工务管理的各种线路标志、信号标志、位移观测桩及备用轨架;

⑪回收旧料,清理场地,设置常备材料;

(2)铺设无缝线路前期工程的主要工作

①清筛道床,补充道砟,改善道床断面,整治基床翻浆冒泥和超过15mm的冻害,石灰岩道砟应结合大修有计划地更换为一级道砟;

②校正、改善线路纵断面和平面。

③更换Ⅰ型混凝土枕、失效轨枕、严重伤损混凝土枕,补足轨枕配置根数,有计划地将木枕成段更换为混凝土枕(另列件名);

④抽换轻伤有发展的钢轨,更换失效的连接零件;

⑤均匀轨缝,螺栓涂油,锁定线路;

⑥整修路肩、路基面排水坡,清理侧沟,清除路堑边坡弃土;

⑦整修道口及其排水设备;

⑧抬高因线路换轨大修需要抬高的道岔、桥梁,加高挡砟墙;

⑨补充、修理并刷新由工务管理的各种线路标志、信号标志、位移观测桩及备用轨架;

⑩回收旧料,清理场地,设置常备材料。

(3)铺设无缝线路的主要内容

①焊接、铺设新钢轨,更换连接零件、桥上钢轨伸缩调节器及不符合规定的护轨,铺设胶接

绝缘钢轨(接头)并按设计锁定轨温锁定线路,埋设位移观测桩;

②整修线路,安装轨道加强设备;

③整修道口;

④回收旧料,清理场地,设置常备材料。

(4)成段更换再用轨(整修轨)主要工作内容

①更换再用轨(整修轨)普通线路

a. 更换再用轨(整修轨)、连接零件、绝缘接头及钢轨接续线,更换不符合规定的护轨;

b. 更换失效轨枕、严重伤损混凝土枕;

c. 整修线路,安装轨道加强设备;

d. 整修道口及其排水设备;

e. 回收旧料,清理场地,设置常备材料。

②更换再用轨(整修轨)无缝线路

a. 清筛道床,补充道砟,改善道床断面,整治基床翻浆冒泥,石灰岩道砟应结合大修有计划地更换为一级道砟;

b. 校正、改善线路纵断面和平面;

c. 更换失效轨枕、严重伤损混凝土枕,补足轨枕配置根数,有计划地将木枕成段更换为混凝土枕(另列件名);

d. 焊接、铺设再用轨(整修轨),更换连接零件,更换不符合规定的护轨,铺设胶接绝缘钢轨(接头)并按设计锁定轨温锁定线路,埋设位移观测桩;

e. 整修线路,安装轨道加强设备;

f. 整修路肩、路基面排水坡,清理侧沟,清除路堑边坡弃土;

g. 整修道口及其排水设备;

h. 补充、修理并刷新由工务管理的各种线路标志、信号标志及备用轨架;

i. 回收旧料,清理场地,设置常备材料。

(5)成组更换道岔和岔枕主要内容

①铺设新道岔和岔枕;铺设无缝道岔时,含焊接钢轨、铺设胶接绝缘钢轨(接头)并按设计锁定轨温锁定道岔,埋设位移观测桩;

②更换道砟;

③整修道岔及其前后线路,做好排水工作;

④回收旧料,清理场地。

(6)成段更换混凝土枕主要内容

①全面更换混凝土枕及扣件、螺栓涂油,整修再用枕螺旋道钉;

②清筛道床,补充道砟,整治基床翻浆冒泥和超过15mm的冻害;

③整修线路,安装轨道加强设备;

④整修路肩、道口及其排水设备;

⑤封闭宽枕间的缝隙;

⑥回收旧料,清理场地,设置常备材料。

(7)隔离栅栏大修主要内容

①更换隔离栅栏;

②更换或整修隔离栅栏立柱;

③回收旧料,清理场地。

(8)道口大修主要内容

①整修道口平台;

②更换道口铺面、护轨;

③改善防护设备;

④清筛道床,更换失效轨枕、严重伤损混凝土枕,整修线路及排水设备;

⑤回收旧料,清理场地。

(9)线路中修主要工作

①清筛道床,补充道砟,改善道床断面,整治基床翻浆冒泥;

②校正、改善线路纵断面和平面;

③更换失效轨枕和严重伤损混凝土枕;

④普通线路(含无缝线路缓冲区)抽换轻伤有发展的钢轨,更换失效的连接零件;

⑤均匀轨缝,螺栓涂油,整修补充防爬设备,对无缝线路进行应力放散或调整,按设计锁定轨温锁定线路;

⑥整修路肩、路基面排水坡,清理侧沟,清除路堑边坡弃土;

⑦整修道口及其排水设备;

⑧补充、修理并刷新由工务管理的各种线路标志、信号标志、位移观测桩及备用轨架;

⑨回收旧料,清理场地,设置常备材料。

3)线路设备大修施工管理组织

线路设备大修施工应由专业队伍承担,并有固定的生产人员作为基本队伍。大修施工单位必须具备如下设施:

(1)铁路局应根据近、远期规划,统筹安排,修建必要的大修基地。大修基地应有足够的配线和场地,具备必要的生产和生活设施,交通便利。

(2)配备与大修施工任务相适应的施工机械、交通运输工具、通信设备和相应的检修设施。

(3)配备宿营车辆等必要的流动生活设施。

1.2.3 线路检查

线路设备检查是线路维修工作的主要环节。它是获得线路设备状态信息,掌握线路设备变化规律,编制维修作业计划和分析设备病害的主要依据。

1)线路静态检查

线路检查作业分为静态检查和动态检查。线路静态检查主要的要素有:轨距、水平、三角坑、轨向、高低、轨底坡,如下图6.1.1所示。静态检查标准可查表4.3.8。

(1)静态检查包括轨道几何状态的检查、轨道结构的检查、线路位移观测、外观检查及设备巡视检查等。

轨道几何状态的检查:正线轨道几何状态检查以对动检车、车载添乘仪、便携式添乘仪、人工添乘仪等动态检查的数据复核检查为主。主要使用电子道尺、弦线、天宝轨道检查小车等检查工具,对动态检查分析出的重点地段轨道几何尺寸进行检查复核,检查范围要求在病害地点(或道岔)前后不少于100m。对晃车重点地段使用轨道检查小车进行测量,通过检测数据和现场复查综合分析,制定精确整治方案组织现场晃车病害整治作业。站线线路及道岔以人工定期检查为主。

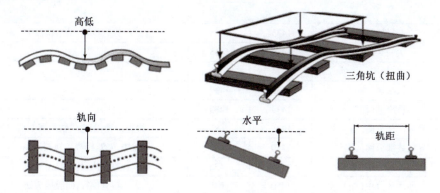

图 6.1.1　轨距、水平、三角坑、轨向、高低、轨底坡

轨道结构检查:轨道结构的检查主要包括站台界限、钢轨、焊缝、扣件等状态检查。

线路外观检查:线路外观检查包括线路标志标记,排水设施及封闭网等。

(2) 线路静态检查方法

①检查人员和检查日期

由线路工长负责检查。每月 1~10 日,15~20 日为正线、到发线线路和道岔检查日,半月一遍的检查间隔日期不少于 10 天,也不大于 20 天。

②检查工具

使用经过定期鉴定的万能道尺检查轨距和水平,使用绝缘的支距尺检查道岔导曲线支距。另备一把 2m 钢卷尺做其他项目的检查。

③检查部位

a. 轨距、水平为定点检查部位。全面检查时每节钢轨长为 12.5m 的线路,检查 4 处;每节钢轨长 25m 的线路,每节钢轨检查 8 处;重点检查时每节钢轨长为 12.5m 的线路,检查 2 处;每节钢轨长 25m 的线路,每节钢轨检查 4 处。检查数据填入表 6.1.2。

线路检查记录簿　　　　　表 6.1.2

正线__km 至__km　　站线__股道　　曲线半径__m　　超高__mm　　顺坡率__%

检查日期	检查项目	钢轨编号											
		接头	中间	接头	中间	接头	中间	接头	中间	接头	中间	接头	中间
	轨距												
	水平、三角坑												
	轨向高低及其他												
	临时补修日期及内容												

b. 道岔的轨距、水平、查照间隔和护背距离检查的部位及标准见表 6.1.3。前后高低和直线轨向由工长全面目测。

普通9号、12号道岔轨距检查位置及标准

表6.1.3

序号	检查部位	轨距标准(mm) 9号道岔	轨距标准(mm) 12号道岔	说 明
1	前顺坡终点	1435	1435	检查位置:基本轨接头
2	尖轨尖端	1450	1445	
3	尖轨中	1444	1442	
4	尖轨跟端(直)	1439	1439	
5	尖轨跟端(曲)	1439	1439	
6	导曲线部分前(直)	1435	1435	检查位置:距离尖轨跟端1.5m处
7	导曲线部分前(曲)	1450	1445	检查位置:距离尖轨跟端3m处
8	导曲线部分中(直)	1435	1435	检查位置:曲股接头处
9	导曲线部分中(曲)	1450	1445	检查位置:曲股接头处
10	导曲线部分后(直)	1435	1435	检查位置:从最后一个支距点向前量4m处
11	导曲线部分后(曲)	1450	1445	检查位置:从最后一个支距点向前量4m处
12	叉心前(直)	1435	1435	
13	叉心前(曲)	1435	1435	
14	叉心中(直)	1435	1435	检查位置:叉心宽10~40mm处,同时检查查照间隔、护背距离
15	叉心中(曲)	1435	1435	检查位置:叉心宽10~40mm处,同时检查查照间隔、护背距离
16	叉心后(直)	1435	1435	
17	叉心后(曲)	1435	1435	

c. 对无缝线路长钢轨位移情况,每月检查一次,填入表6.1.4。

无缝线路位移检测

表6.1.4

__线__行__km+__~__km+__   锁定轨温__℃

检查日期	检查时间	气温(℃)	轨温(℃)	左 股 (mm) 始端轨缝	各观测点位移量 1	2	3	4	5	6	7	终端轨缝	右 股 (mm) 始端轨缝	各观测点位移量 1	2	3	4	5	6	7	终端轨缝	原因分析

注:①在单线上各测点顺计算公里方向编号,在双线上各测点顺列车运行方向编号;
②顺编号方向分左右股;
③顺编号方向位移为"+"号,逆编号方向位移为"-"号。

d. 每季对曲线正矢的检查按每 10m 一个桩点进行测量,检查结果填入表 6.1.5。对道岔导曲线支距的检查,按支距点标记的位置进行,把检查结果填入记录簿中。

曲线正矢检查记录簿　　　　　　　　表6.1.5

测点号	计算正矢	年 月 日			年 月 日			年 月 日		
		现场正矢	拨道量	拨后正矢	现场正矢	拨道量	拨后正矢	现场正矢	拨道量	拨后正矢

2) 线路的动态检查

线路动态检查是铁路轨道检查病害、指导养护维修、保障行车安全的重要手段。目前,高速线路动态检查以综合检测车(动检车)、轨检车、车载仪及便携式添乘仪等检测设备为主。轨检车如下图 6.1.2 所示。

图 6.1.2　轨检车

(1) 检测原理:我国 GJ—3、GJ—4、GJ—5 等形式轨检车的高低和轨向检测项目均采用惯性基准测量方法。

(2) 检测项目主要包括:轨道几何参数、车体加速度参数、钢轨断面参数等,轨道几何参数包括轨距、高低、轨向、水平、三角坑。

①轨距:在轨道同一横截面、钢轨顶面以下 16mm 处、左右两根钢轨之间的最小内侧距相对于标准轨距值 1435mm 的偏差。

②高低:指轨道沿钢轨长度方向,在垂向上的凸凹不平顺。

③轨向:指轨顶内侧面沿长度方向的横向凸凹不平顺。

④水平:即轨道同一横截面上左右两轨顶面的相对高差。(曲线上是指扣除正常超高值的偏差部分;直线上是指扣除一侧钢轨均匀抬高值后的偏差值。)

⑤三角坑:左右两轨顶面相对于轨道平面的扭曲。用相隔一定距离的两个横截面水平幅值的代数差度量。"一定距离"指车辆的轴距或心盘距。

(3) 线路动态不平顺是指线路不平顺的动态质量反映,主要通过轨道检查车进行检测。轨道检查车对轨道动态局部不平顺(峰值管理)检查的项目为轨距、水平、高低、轨向、三角坑、车体垂向振动加速度和横向振动加速度 7 项。各项偏差等级划分为四级:Ⅰ级为保养标准,Ⅱ级为舒适度标准,Ⅲ级为临时补修标准,Ⅳ级为限速标准。各级容许偏差管理值见表 6.1.6。

轨道动态质量容许偏差管理值　　　　表6.1.6

项　目	$v_{max}>160$km/h 正线				160km/h$\geqslant v_{max}>120$km/h 正线				$v_{max}\leqslant 120$km/h 正线			
	Ⅰ级	Ⅱ级	Ⅲ级	Ⅳ级	Ⅰ级	Ⅱ级	Ⅲ级	Ⅳ级	Ⅰ级	Ⅱ级	Ⅲ级	Ⅳ级
轨距(mm)	+4 -3	+8 -4	+12 -6	+15 -8	+6 -4	+10 -7	+15 -8	+20 -10	+8 -6	+12 -8	+20 -10	+24 -12
水平(mm)	5	8	12	14	6	10	14	18	8	12	18	22
高低(mm)	5	8	12	15	6	10	15	20	8	12	20	24
轨向(mm)	5	7	10	12	5	8	12	16	8	10	16	20
扭曲三角坑(基线2.4m)	4	6	9	12	5	8	12	14	8	10	14	16
车体垂向加速度(g)	0.10	0.15	0.20	0.25	0.10	0.15	0.20	0.25	0.10	0.15	0.20	0.25
车体横向加速度(g)	0.06	0.10	0.15	0.20	0.06	0.10	0.15	0.20	0.06	0.10	0.15	0.20

注：①表中各种偏差限值为实际幅值的半峰值；
②高低、轨向不平顺按实际值评定；
③水平限值不含曲线上按规定设置的超高及超高顺坡量；
④三角坑限值包含缓和曲线超高展坡造成的扭曲量；
⑤固定型辙叉的有害空间部分不检查轨距、轨向。其他检查项目及检查标准与线路相同。

（4）轨道检查车检查线路区段整体不平顺（均值管理）的动态质量用轨道质量指数（TQI）评定。轨道质量指数管理值见表6.1.7。

轨道质量指数（TQI）管理值　　　　表6.1.7

项　目		高低	轨向	轨距	水平	三角坑	TQI
管理值	$v_{max}\leqslant 160$m/h	2.5×2	2.2×2	1.6	1.9	2.1	15.0
	$v_{max}>160$km/h	1.5×2	1.6×2	1.1	1.3	1.4	10.0

（5）轨道动态检查偏差值及扣分标准

各检查项目的动态偏差值反映了轨道动态的不平顺。按其不平顺的程度，铁道部规定了各项目分级超限的限界值，并规定了扣分标准和质量评定标准。

扣分标准：Ⅰ级为保养标准，每处扣1分；Ⅱ级为舒适度标准，每处扣5分；Ⅲ级为临时补修标准，每处扣100分；Ⅳ级为限速标准，每处扣301分。

质量评定：线路动态评定以千米为单位，每千米扣分总数为各级、各项偏差扣分总和。

优良——每公里扣分在50分及以内；

合格——每公里扣分在51~300分；

不合格——每公里扣分在300分以上。

其中三级超限标准为临时补修的动态管理值，凡超过三级超限处所必须立即整修，以确保行车安全和平稳。

技能训练

- 设备及材料：动态轨检图。
- 步骤：识读动态轨检图，查找线路中病害，并确定病害位置。
- 成果：小组完成病害检测维护方案，确定所需用设备。

任务2　无缝线路养护维修

2.1　工作任务

1. 会进行无缝线路温度检测；
2. 会进行无缝线路位移观测，并进行计算，确定调整方案。

2.2　相关配套知识

2.2.1　基本原则和要求

无缝线路养护维修的特殊性，主要反映在锁定轨温和线路阻力两个方面。无缝线路的养护维修，都应以保持合理的锁定轨温、充分提高线路阻力为前提，以"夏防胀冬防断"为中心。

1）无缝线路养护维修的基本原则

(1) 不使合理的锁定轨温发生变化，必须在设计锁定轨温范围内牢固锁定。

(2) 道床横断面必须按设计标准经常保持完好。因清筛或其他施工等原因导致缺砟时，应按设计标准补足、夯实、整形(外福线无缝线路道床断面标准：轨枕端石砟肩宽400mm，R≤400m 小半径曲线地段上股外侧肩宽不小于450mm，砟肩堆高150mm，边坡按1∶1.75)。

(3) 线路应经常保持平整圆顺，其几何偏差要经常控制在养护标准的超限值内。无三角坑、暗坑、吊板。

(4) 要根据季节性特点、锁定轨温情况和线路状态，制定维修计划和组织线路作业。

(5) 严格按无缝线路作业轨温标准安排各作业项目和作业量。

(6) 在无缝线路伸缩区与固定区交界处、道口前后、桥头、曲线头尾、变坡点、制动地段等容易出现温度力峰值的处所，尤其应注意加强线路结构，对有关作业规定从严掌握，对线路状态加强检测。

(7) 要注意伸缩区和缓冲区的养护工作。

(8) 备料齐全(备料标准见《维规》附录七)。

为满足上述要求，养护维修时必须做到：

(1) 缓冲区接头螺栓必须使用10.9级螺栓，扭力矩要达到900N·m，并经常保持在700N·m以上。

(2) 扣件应经常保持紧、密、靠、正，达到三点接触，扭力矩保持在80~150N·m(一般情况扭力矩达到100N·m，半径不大于650m曲线应达到150N·m)，扣件不良率不得超过8%，防止长轨节爬行及过量伸缩。

(3) 道床要经常保持丰满、密实、整齐、排水良好。

(4) 线路方向要经常保持顺直。钢轨硬弯或焊缝工作边矢度用1m直尺测量，超过0.5mm时要及时整修。

(5) 严格控制轨道结合尺寸偏差。

(6)焊接接头轨顶面凸凹面不平必须打磨、焊补。整治后用1m直尺测量误差不超过0.5mm。线上钢轨无重伤。

(7)翻浆等影响线路稳定的病害应及时整治。

(8)位移观测桩要保持齐全、牢固、标记明显准确,并定期对线路进行观测分析,发现不正常位移时,要及时采取有效措施,进行纠正。

(9)作业前、作业中、作业后要测量轨温,做到作业不超温,作业过程中不改变锁定轨温。严格按照《维规》规定的作业轨温条件进行养护维修,严格做到"一准"、"二清"、"三测"、"四不超"、"五不走"(准确掌握锁定轨温;维修作业半日一清,补修作业一撬一清;作业前、作业中、作业后测量轨温;作业不超温,扒砟不超长,起道不超高,拨道不超量;扒开道床不回填不走,作业后道床不夯实不走,不组织检查不走,质量不合格不走,发生异状不处理不走)。

(10)加强巡道工作,根据季节气候特点,有重点地检查线路,发现异常情况,应及时采取措施并汇报,确保行车安全。

(11)按单元轨条建立技术档案,准确、及时登记胀轨、断轨、焊接、应力放散、大中修施工等情况,以及线路上进行各种影响无缝线路施工的施工情况(为便于查照,每段无缝线路应在长轨条两端钢轨腹部注明铺设日期、锁定轨温、长度等情况。每处现场焊接的焊缝都应有特殊标记)。

(12)备齐各种常备材料,并保持完好。

2.2.2 检查及观测制度

1)检查制度

(1)经常检查

无缝线路的经常检查和监视,主要由工长和巡道工负责,工长和巡道工应熟悉无缝线路的特点,掌握管内每根长轨条的锁定轨温和每个爬行观测桩的位移情况。巡道工应按巡道工作要求检查线路;工长应结合每月一次的线路检查,重点检查伤损焊缝的情况。夏天,要注意观察线路方向和轨缝变化情况,特别是线路薄弱地段和施工作业地段,更应认真注意检查;冬季,则应重点检查现场焊接的焊缝和轨缝变化情况。掌握了解轨缝变化的情况,就是掌握了长轨条长度变化的情况,即锁定轨温变化的情况;而锁定轨温的变化,则直接反映了线路阻力的大小。所以,缓冲区的轨缝大小冬夏季都必须密切注意。

(2)定期检查

①每年冬、夏季之前,各领工区应在段组织下,按要求对管内无缝线路进行全面检查、分析,做出书面总结,报送铁路局。

②入冬前,钢轨探伤组对现场焊接的焊缝进行一次全断面检查;工区对用鱼尾板或急救器加固的伤损钢轨和不良焊缝,应进行全面拆检。

③入夏前,工区对使用的测温应计进行检查、校正。

(3)特别检查

高温季节,工务技术人员应深入现场,领工员应添乘列车,检查线路的变化情况;必要时,临时增设巡检人员,加强巡查监视。施工作业地段,在气温变化急剧时,要留人看守。

2)观测制度

(1)位移观测制度

位移观测桩是检查钢轨位移量、判断应力是否均匀的重要设施。工长每月、领工员每季应通过位移观测桩观测、分析一次钢轨位移的情况,并按表6.1.5作好记录;观测周期原则上定为1年4遍,即防胀始、终日期,一年最热、最冷日期,也可根据设备状态需要适当增加观测次数。发现观测桩处累计位移量大于10mm时(不含长轨条两端观测桩),应及时上报技术科查明原因,采取相应措施。

利用观测桩的观测资料可分析锁定轨温的变化,具体计算如下:

①计算公式

$$\Delta t_{锁} = (84.7 \times \Delta l)/l \tag{6.2.1}$$

式中:$\Delta t_{锁}$——锁定轨温改变值(升降值)(℃);
Δl——长轨条长度变化值(mm);
l——轨条设计长度(m)。

对单线线路,观测桩点编号顺里程增加方向,依次编号。顺上行方向(即里程减少方向)爬行为负,反之(即顺下行,里程增加方向)为正。两桩间爬行量差 Δl,用前方桩的爬行量减后方桩的爬行量(均带符号计算),若差值为正则两桩间钢轨伸长,为负则两桩间钢轨缩短,相应表明其锁定轨温上升、下降。

②算例如图,鹰厦线无缝线路,一股钢轨各点观测到的爬行量如下,各桩号在上侧记录,桩距180m,试计算3-4桩间和4-5桩间的锁定轨温变化度数。

⟶ 下行

1	2	3	4	5	6	7
+3	+3	-3	+6	-4	+3	+3

【解】3-4桩间

$$\Delta l = +6 - (-3) = +9(℃)$$

$$\Delta t_{锁} = (84.7 \times \Delta l)/l = 84.7 \times 9/180 = 4.2(℃)$$

说明锁定轨温上升了4.2℃。

4-5桩间

$$\Delta l = -4 - (+6) = -10(℃)$$

$$\Delta t_{锁} = (84.7 \times \Delta l)/l = 84.7 \times (-10)/180 = -4.6(℃)$$

说明锁定轨温下降了4.6℃。

(2)测温制度

坚持执行作业测温制度,是无缝线路防止超温作业的重要依据。

(3)故障报告分析制度

钢轨折断或胀轨、跑道事故发生后,工区应及时报告领工区和段。段应派人及时深入现场,分析原因,处理故障,制定改进工作的措施。胀轨跑道,应做好记录,于5天内将报表送铁路分局和铁路局;断轨,及时登记,于5天内将报表送铁路分局和铁路局。

2.2.3 无缝线路作业轨温条件

无缝线路的稳定性,依靠各种线路阻力的支持,而在线路上进行作业时,会暂时降低线路阻力。因此，为使无缝线路能在任何温度状态下都具有足够的稳定性和强度，就必须对不同作业内容和范围的作业轨温加以限制。无缝线路作业必须遵守的作业轨温见表 6.2.1、表 6.2.2、表 6.2.3：

混凝土枕无缝线路维修作业轨温条件　　　　　　　　表 6.2.1

作业轨温范围　　作业项目及作业量　　线路条件	连续扒开道床不超过25m，起道高度不超过30mm，拨道量不超过10mm	连续扒开道床不超过50m，起道高度不超过40mm，拨道量不超过20mm	扒道床道、拨道与普通线路相同
直线及 $R \geqslant 2000$m	+20℃	+15℃　　-20℃	±10℃
800m ≤ R < 2000m	+15℃　　-20℃	+10℃　　-15℃	±5℃
400m ≤ R < 800m	+10℃　　-15℃	+5℃　　-10℃	
R < 400m	+10℃　　-15℃	+5℃　　-10℃	

注：作业轨温范围按实际锁定轨温计算。

$R \geqslant 400$m 曲线及直线混凝土枕无缝线路维修作业轨温条件　　表 6.2.2

顺号	作业项目	按实际锁定轨温计算				
		-20℃以下	-20℃~-10℃	-10℃~+10℃以内	+1℃~+20℃	+20℃以上
1	改道	与普通线路同	与普通线路同	与普通线路同	与普通线路同	禁止
2	松动防爬设备	同时松动不超过25m	与普通线路同	与普通线路同	同时松动不超过12.5m	禁止
3	更换扣件或涂油	隔二松一，流水作业	同左	同左	同左	禁止
4	方正轨枕	当日连续方正不超过2根	隔二方一，方后捣固，恢复道床逐根进行（配合起道除外）	与普通线路同	隔二方一，方后捣固，恢复道床，逐根进行（配合起道除外）	禁止
5	更换轨枕	当日不连续更换	当日连续更换不超过2根（配合起道除外）	与普通线路同	当日连续更换不超过2根（配合起道除外）	禁止
6	更换接头螺栓或涂油	禁止	逐根进行	同左	同左	禁止
7	更换钢轨或夹板	禁止	同左	与普通线路同	同左	禁止
8	不破底清筛道床	逐孔倒筛夯实	同左	同左	同左	禁止
9	破底清筛道床	禁止	同左	同左	同左	禁止
10	校直硬弯钢轨	禁止	同左	同左	与普通线路同	同左

R<400m 曲线混凝土枕无缝线路维修作业轨温条件　　　　表6.2.3

顺号	作业项目	按实际锁定轨温计算				
		-20℃以下	-20℃~-10℃	-10℃~+5℃以内	+5℃~+15℃	+15℃以上
1	改道	与普通线路同	与普通线路同	与普通线路同	与普通线路同	禁止
2	松动防爬设备	同时松动不超过25m	同左	与普通线路同	同时松动不超过12.5m	禁止
3	更换扣件或涂油	隔二松一，流水作业	同左	同左	同左	禁止
4	方正轨枕	当日连续方正不超过2根	隔二方一，方后捣固，恢复道床逐根进行（配合起道除外）	与普通线路同	隔二方一，方后捣固，恢复道床，逐根进行（配合起道除外）	禁止
5	更换轨枕	当日不连续更换	当日连续更换不超过2根（配合起道除外）	与普通线路同	当日连续更换不超过2根（配合起道除外）	禁止
6	更换接头螺栓或涂油	禁止	逐根进行	同左	同左	禁止
7	更换钢轨或夹板	禁止	同左	与普通线路同	禁止	禁止
8	不破底清筛道床	逐孔倒筛夯实	同左	同左	同左	禁止
9	破底清筛道床	禁止	同左	与普通线路同	禁止	禁止
10	校直硬弯钢轨	禁止	同左	同左	与普通线路同	同左

1) 执行本表时应结合以下规定进行

(1) 混凝土枕(含混凝土宽枕)无缝线路维修作业轨温条件见表6.3.1和表6.3.2。

(2) 混凝土枕(含混凝土宽枕)无缝线路，当轨温在实际锁定轨温减30℃以下时，伸缩区和缓冲区禁止进行维修作业。

(3) 木枕地段无缝线路作业，按表中规定减5℃，当轨温在实际锁定轨温减20℃以下时，禁止在伸缩区和缓冲区进行维修作业。

(4) 在跨区间无缝线路上的无缝道岔尖轨及其前方25m范围内的综合维修，按实际锁定轨温±10℃进行作业。

2) 本表重点说明

(1) 作业轨温比实际锁定轨温高20℃以上时，许多作业禁止进行；而减20℃以下时，一些作业却能够进行。原因是：高20℃以上时，巨大的温度压力将对线路造成威胁，在作业动道使线路阻力削弱的情况下，无缝线路更容易产生钢轨过量伸长、应力不均、方向紊乱甚至胀轨、跑道等现象；而减20℃以下时，计算温度拉力虽与相应温度压力相等，但钢轨、接头和焊缝的抗拉强度却能够适应这种温度拉力而不致变形或折损。也就是说，无缝线路的强度适应降温的能力，本来就大于其稳定性适应升温的能力。

(2) 校直钢轨硬弯一项，轨温增20℃以上时不但可以进行，而且同普通线路一样对待；轨温减20℃以下反而禁止。这是因为轨温越高，钢轨越容易校直，弯轨器各支点对钢轨的作用力越小,对线路的扰动就越小。相反,轨温越低,钢轨就越不容易校直,弯轨器各点对钢轨的作用力就越大,从而使钢轨断面承受巨大的温度拉力之外,还要随相当大的附加拉应力,容易产生拉应力集中或钢轨折断事故。轨温减20℃以下,这种后果会比较突出。

(3)轨温比实际锁定轨温增减10℃以内,多数作业都可像普通线路一样进行,是因为此时温度力较小,对线路阻力的要求本来不高;即使作业时使阻力减小一部分,也无关大局,不至于使锁定轨温发生明显的改变。增减的度数越小,就越可以放手作业。但是应当注意,这项规定仅仅指的是作业当时的轨温条件。也就是说,在增减10℃以内的轨温条件下,我们所进行的维修作业必须完成,而不能跨越或拖延到其他轨温条件下进行。如普通线路成段扒开道床之后,可隔夜于第二天恢复,其间轨温可能会变化很多度;显然,无缝线路要这样做,就无异于冒险。

(4)曲线地段的扒、起、拨作业对线路的扰动,因为有纵向力的径向分力的叠加,容易造成方向不良甚至引发胀轨、跑道;曲线半径越小,径向分力越大,故$400m \leqslant R < 800m$的曲线地段,对轨温条件的限制较为严格。

3)执行本表规定应注意的事项

(1)无缝线路综合维修或成段进行经常保养,如必须在高温或低温季节进行而不能满足作业轨温条件时,应有计划地先放散钢轨温度应力,然后再进行作业,使作业轨温在许可条件下进行。作业完毕后,在设计锁定轨温范围内,重新做好应力放散与锁定工作。

(2)少量的维修作业,如需在高温或低温季节进行而不能满足作业轨温条件时,可采用调整作业时间的办法,避开高温或低温。

(3)作业中必须测量与掌握轨温、密切注意钢轨位移情况、线路状态和行车情况。如发现胀轨迹象,应立即停止作业,回填道床,恢复线路。并应加强线路监视,必要时采取防胀措施。

(4)应将"一准、二清、三测、四不超、五不走"作为执行本表规定,保证行车安全的补充措施。它们的具体内容是:要准确掌握实际锁定轨温;综合维修、成段保养作业半日一清,零星保养、临时补修作业一撬一清;作业前、作业中、作业后测量轨温;作业不超温,扒砟不超长,起道不超高,拨道不超量;扒开道床不回填不走,作业后道床不夯实不走,不组织回检不走,质量未达到作业标准不走,发生异常情况下不处理好不走。

2.2.4 无缝线路胀轨和跑道

1)胀轨、跑道的定义

当轨温高于锁定轨温时,无缝线路钢轨断面上要承受温度压力。温度压力和轨温的正向变化度数成正比。当轨温升到最高值 $\max t$ 时,温度压力达到最大值 $\max P_t$。

因为有接头阻力和道床纵向阻力的存在,温度压力绝大部分被"憋"在钢轨断面上,只有极小部分通过限制伸缩在伸缩区被释放掉。这股"憋"在钢轨断面上的温度压力,总要遵循自然规律寻机放散出去,以求彻底平衡。当它达到一定值,在纵向上仍找不到出路时,就会到横向上去谋求出路,可惜的是,无缝线路的曲线正好给它提供了这种机会,即纵向温度压力合成的径向分力 P_r 正好指向曲线外侧的方向,使曲线顺势向上股方向臌曲。而直线线路也不可能绝对直,一旦某处有些弯曲,纵向温度压力也会顺弯曲的方向合成径向分力 P_r,造成直线轨道弯曲的方向变形。

这样,只要温度压力达到了一定值,无缝线路轨道出现横向变形就不可避免。

2) 无缝线路变形阶段

大量试验表明，这一变形的发生与发展过程中是有一定规律的，基本上可分为三个阶段：持稳阶段、胀轨阶段和跑道阶段。

(1) 持稳阶段

持稳阶段是无缝线路承受温度压力的初始阶段。在这个阶段，温度压力虽因轨温升高而增大，但轨道并不发生变形，仍保持初始状态，温度力完全以弹性状态"储存"于钢轨断面上。钢轨的初始弯曲越小，对应这一状态的温度压力值越高。如果钢轨为理想的几何直线，此状态可能一直持续到温度压力达到一个相当大的值，才会在外力的干扰下发生突然臌曲；然而由于种种原因，钢轨不可能是理想的几何直线，总会有某种程度的弯曲。因此，持稳阶段的钢轨温度压力不可能达到前述的"相当大的值"，相反，线路阻力越小、轨道几何状态尤其是方向越差，造成轨道臌曲变形的温度压力就越低。

无缝线路的轨道是否"持稳"，要看温度压力是否达到了一个临界值，亦即轨温是否达到了一个临界轨温。临界温度压力或临界轨温随线路状态的不同而有高有低。对于同一条无缝线路而言，只要温度超过了临界值，轨道就由持稳状态进入胀轨状态。

我们把使无缝线路由持稳状态进入胀轨状态的温度压力叫做第一临界温度压力。在持稳阶段，无缝线路是相对安全的。

(2) 胀轨阶段

当轨温继续升高，温度压力越过第一临界值时，胀轨阶段就开始了。在这一阶段，不断增大的温度压力使轨道产生由小到大、由少到多的横向变形，有时凭肉眼都能清晰地觉察出来——弯曲的线形越来越明显，变形矢度越来越大，轨道方向显著不良。

但是轨温不可能无限制地升高。当它升到一定程度(只要在轨道的承受范围之内)后开始下降时，随着温度压力的逐步解除，我们可能看见，轨道的变形弯曲也跟着缩小，直至恢复到初始状态。也就是说，在胀轨阶段，轨道的变形是弹性变形。

无缝线路轨道在温度压力作用下产生的弹性变形叫胀轨。

在胀轨阶段，在温度压力解除之后，能够恢复到初始状态的轨道弹性变形只有 2mm。从理论上讲，超过 2mm 的轨道弹性变形，在温度压力解除之后是不能完全恢复的，总要留下一些残余变形。轨温反复变化，这种残余变形将积累起来造成方向严重不良。因此，我们必须及时地对胀轨量加以限制，对矢度达到 2mm 以上的胀轨，切不可等闲视之，留下后患。

(3) 跑道阶段

在胀轨阶段，温度压力没有超过无缝线路的承受能力，但有可能达到能力的极限。此时，无缝线路的相对稳定已是在勉强维持，岌岌可危。

当轨温再稍微升高，温度压力继续增大；若轨道稍受外力干扰(如列车制动、施工影响、锤击钢轨等)，积聚在钢轨断面上的过量温度压力将使轨道几何状态突然发生恶性变化——胀轨阶段的变形矢度突然显著加大，有时可达数百毫米，轨道在一瞬间发出巨大的声响，严重臌曲，轨排脱离并拉烂道床，或钢轨与轨枕脱离——行车条件完全丧失。通过严重扭曲变形的钢轨可以看出，它的变形已超出它的弹性限度，成为塑性变形；钢轨断面上的温度力已全部释放出来；钢轨在自然状态下处于"零应力"状态，温度压力与线路阻力同时消除——线路已严重破坏了。

无缝线路轨道在温度压力作用下发生的破坏性变形叫跑道。

我们把使无缝线路从胀轨突变为跑道的极限温度压力叫做第二临界温度压力。第二临界

温度压力通常用 P_k 表示。把与第二临界温度压力相应的极限轨温叫第二临界轨温,第二临界轨温用 t_k 表示,与它们相应的钢轨变形矢度则用 f_k 表示。

第一临界温度压力和第一临界轨温并不常用,所以通常所说的临界温度压力和临界轨温系指第二临界温度压力和第二临界轨温。

显然,随着温度压力的升高,持稳阶段、胀轨阶段和跑道阶段的关系是顺次的因果关系,前两阶段是量变阶段,后一阶段是质变阶段。

第一,胀轨和跑道是两种性质完全不同的概念,不能混为一谈。胀轨并未使轨道破坏。只要采取一定措施,是能维持行车的,而跑道则使轨道发生严重破坏,完全丧失了行车条件。第二,胀轨和跑道的发生有其客观规律,切不可因为它们不经常发生而放松警惕,造成不必要的损失。

2.2.5 无缝线路的稳定性

1) 无缝线路稳定性的概念

无缝线路的稳定性,系指无缝线路在温度压力作用下不致发生胀轨、跑道的性能。它是一个和胀轨、跑道相对的概念。

无缝线路一旦进入胀轨阶段,就开始丧失稳定,而跑道之时,就是稳定性彻底丧失之时,我们通常把轨道在温度压力作用下,横向变形2mm作为无缝线路稳定与否的分界点。超过2mm的横向弹性变形,恢复后要留下残余变形,更重要的是,它还将使线路阻力随变形量的增大而急剧下降,相应地就使临界温度压力和临界轨温急剧降低,加速无缝线路的失稳进程。

2) 稳定性的影响因素

无缝线路的稳定性,与很多因素有关。很明显,在条件相同的情况下,直线无缝线路的稳定性强于小半径曲线无缝线路;养护质量越高,无缝线路的稳定性越强,几何状态越好。无缝线路发生胀轨、跑道,诱发因素是温度压力,这是不容置疑的。但是,在铺设无缝线路的地区,最高轨温下的最大温度压力并不是很大,从理论上讲,无缝线路的稳定性抵抗胀轨、跑道是绰绰有余的。温度压力并不是发生胀轨、跑道的根本原因,至多也只能是原因之一。那么,根本原因是什么呢?是无缝线路的稳定性未达到设计标准,线路阻力不足,导致临界温度压力或临界轨温降低。温度压力是诱发胀轨、跑道的外因,线路质量不高、稳定性不强则是胀轨、跑道的内因。在影响无缝线路稳定性的诸多因素中,轨道方向的初始不平顺是一个非常重要的因素。轨道初始弯曲让温度压力有隙可乘,是无缝线路不可忽视的薄弱环节。

轨道初始弯曲有两种。一种是钢轨在轧制和缓冷过程中形成的硬弯,其特点是范围小,难以校直,或校直后弹性恢复较严重。另一种是在列车动力作用下形成的轨道方向不良,其特点是容易整治,也容易再度出现。初始弯曲越小,轨道所能承受的临界温度压力 P_k 的值就越高,反之就越低。所以,无缝线路的钢轨,用1m直尺测量,不得有0.5mm以上的硬弯,直线无缝线路的方向误差不得超过4mm。

3) 无缝线路"失稳"的表现

无缝线路"失稳"就是胀轨。无缝线路的"失稳"——胀轨主要表现为:

(1) 碎弯增多,矢度增大。此时的直观反映是方向反常的"不好看",并呈现一种无规律的混乱现象,有的地段轨距反常扩大。

(2) 空吊板连续增多。应注意区别不成段的空吊板,多半是捣固质量不良所致,成段的空吊板,则多半是温度压力作用于高低不良地段所致。

(3)起道省力,捣固不易捣实。如果确认成段空吊板是胀轨形成,就应在该段停止起道、捣固作业。如果此时起道,温度压力会成为起道机的附加力,起道自然过分轻松。如果此时捣固,轨道框架会乘势抬高,在温度压力没有释放完之前,是不可能捣实的。在有胀轨迹象的地段起道、捣固,将使无缝线路的稳定性迅速丧失,甚至有可能导致跑道,所以应绝对禁止。

(4)逆向拨道吃力或回弹量大。因为温度压力的径向力始终是向弯曲方向的,所以逆向拨道会倍感吃力。即使勉强拨回,拨力取消后,径向力依然会使轨道向弯曲方向回弹,回弹量超乎常规,接近、等于甚至超出拨出量。

(5)轨枕头胀轨一侧道砟散落,另一侧离缝。

上述迹象都足以表明无缝线路正在胀轨,稳定性正在丧失。发现这些迹象,应严密监视并及时加以处理,停止作业,否则,跑道就有可能接踵而至,无缝线路的稳定性将彻底丧失。

2.2.6 胀轨、跑道的原因及其防止措施

1)产生胀轨、跑道的原因

(1)温度压力大

绝对温度压力,就是轨温从实际锁定轨温上升到最高轨温所产生的温度压力。

无缝线路的现场锁定轨温,叫实际锁定轨温。

从理论上讲,实际锁定轨温应在设计锁定轨温范围内。但由于种种原因,无缝线路的实际锁定轨温却往往高于或低于设计锁定轨温范围。低于设计锁定轨温范围,当轨温从实际锁定轨温上升到最高轨温时,产生的绝对温度压力就可能大于容许压力,从而导致胀轨、跑道。也就是说,实际锁定轨温偏低,是导致温度压力大的主要原因。

实际锁定轨温偏低,通过由以下几方面的原因造成。

①铺设进度的影响,造成实际锁定轨温偏低。

②低温焊复钢轨造成锁定轨温偏低。

③冬季线路不均匀爬行,造成局部锁定轨温偏低。线路质量、条件不均衡,使无缝线路的线路阻力不均衡。在线路阻力较低的地段,冬季钢轨的收缩爬行量将大于其他地段,亦即锁定轨温低于其他地段。来年轨温升高时,这些地段的绝对温度压力将较大,从而隐伏着胀轨、跑道的危机。

④冬季超温超长作业,造成局部锁定轨温偏低。冬季低温,当轨温低于锁定轨温一定数值时,有些作业禁止进行,有些作业只能在一定长度上进行,如接头夹板、螺栓涂油,成段中间扣件涂油,成段更换轨枕,成段扒道床,成段清筛道床等。如果超温、超长作业,必然大大降低接头阻力和道床纵向阻力。在巨大的温度拉力作用下,上述作业地段及其附近受温度拉力影响地段的钢轨或轨道框架将产生收缩爬行,同样局部地降低了锁定轨温,留下来年胀轨、跑道的隐患。

(2)线路阻力小

导致无缝线路稳定性差或线路阻力小的原因有:

①线路设备状态不良

线路设备不良的表现很多,如扣件螺栓松动、扣件零件缺损、道床疏松、道砟不饱满、道床肩宽不足、空吊板多、钢轨硬弯、胶垫损坏等。如中间扣件螺栓松动,连续松动数个,将使钢轨与轨枕"分家",轨道框架刚度就只剩下钢轨刚度,该段线路的横向阻力就大大降低,胀轨、跑

道便可乘虚而入。再如道床肩宽不足,以至于轨枕头暴露,道床边坡坍塌。这样,道床横向阻力就大大降低,稳定性严重削弱,温度压力就有了突破口。

②线路几何状态不良

诱发胀轨、跑道的温度压力的对立面是线路阻力,而线路阻力的大小除由设备状态决定外,还由线路几何状态决定。无缝线路的稳定性要求轨道具有良好的几何状态,而良好的几何状态则简言为直线的"直顺"和曲线"圆顺"。决定直顺和圆顺的主要因素是方向和水平,但轨距和高低却对方向和水平产生直接的影响,所以线路几何状态实际上是由轨距、水平、方向、高低四个因素决定的。在这四大因素中,方向不良是导致胀轨、跑道的一个重要因素,曲线方向不良即正矢误差超限是不允许的,因为曲线不圆顺地段要产生附加径向力。总之,温度压力的作用,在直、圆、顺的几何状态良好的地段是难以体现出来的;而在不直、不圆、不顺的地段,温度压力通过对这些地段线路的"胀轨、跑道"以求彻底的平衡。所以,整治方向不良是保持无缝线路几何状态良好的关键。

③线路维修作业的影响

维修作业可使线路状态改善,却暂时破坏了线路状态,降低了线路的纵、横向阻力。特别是违章作业、超温、超长作业,会使纵、横向阻力大幅度降低。

2) 胀轨、跑道的防止措施

(1) 正确掌握铺轨的锁定轨温,不使其偏低。如不得不偏低,应来年进行应力放散,重新锁定,使锁定轨温符合设计值。

(2) 低温焊复钢轨,应在焊复前将钢轨拉伸至原有长度。否则,来年也要放散应力,重新锁定,使锁定轨温符合设计值。

(3) 提高线路维修质量,做到阻力均衡,以避免冬季的不均匀爬行。

(4) 禁止超温、超长作业,根据轨温合理安排作业项目。

(5) 保持线路几何状态良好不超限,尤其是方向。

(6) 保持线路设备状态全面、经常良好。

(7) 加强线路监视和位移观测,发现胀轨迹象,及时处理。

同时,认识跑道的规律,也有助于对胀轨、跑道的防止。一般说,胀轨、跑道具有如下规律:

(1) 因为稳定性不强、临界温度压力低是胀轨、跑道的决定性因素,所以多数胀轨、跑道并非发生在高温季节,而是发生在春、夏之交,气温变化较大、乍暖还寒的日子里。这是因为线路质量本来就差,经过冬季的寒冷,线路的稳定性受到了影响;到了气温回升的季节,已经受不住气温的突然、剧烈、反复地变化。只要春、夏之交这一关挺过去了,进入高温季节,气温相对稳定,反而不容易发生胀轨、跑道。所以,春、夏之交是防止胀轨、跑道的重点季节。此时,要抓紧时机对锁定轨温偏低的无缝线路进行应力放散或调整,不留后患。

(2) 按《维规》规定的作业轨温条件作业,把维修作业对线路造成的扰动降到最低限度。

(3) 在胀轨、跑道事故中,很少有走行列车第一位机车脱线或颠覆的事例,多数是中、后部车辆脱轨。这是因为无缝线路本已失稳,又反复叠加上运行列车的动弯力、纵向力、推挤力、冲击力,且轨温有所升高,使无缝线路"雪上加霜",越往列车后部,失稳状态越严重,最终丧失了行车条件。一旦出现这种情况,要想补救是困难的。要使这种情况不致发生,唯一的办法就是平时严密监视线路,发现有危及行车安全的失稳迹象,要么立即采取措施增强其稳定性,要么拦停列车。未进入失稳状态的无缝线路,是不会猝然发生胀轨、跑道的。

(4) 以下地段容易发生胀轨、跑道:陡长下坡终端(线路爬行造成钢轨压力增大),列车制动地段(制动力叠加温度压力)、平交道口、桥头及曲线头附近(温度压力大)。故这些地段不但平时应加强养护,同时应严密监视。

(5)曲线比直线容易跑道。曲线跑道常为向外的单波,跑道量较小;直线跑道通常为S波,跑道量较大。

(6)同一段无缝线路,固定区及固定区与伸缩区的交界处容易发生胀轨、跑道。这是因为固定区承受的温度压力大,而固定区与伸缩区的交界处,在轨温反复变化的情况下容易产生温度压力的积累,形成"应力峰"。所以,这两个地段应采取同其他地段不同的养护方法,以增强其稳定性。

3)胀轨、跑道的处理办法

有两条原则必须坚持:一是决不冒险放行列车。二是尽一切努力恢复行车。《维规》第4.3.6条规定的胀轨、跑道的防治和处理如下:

(1)当发现线路出现3~5mm连续的碎弯时,必须加强巡查或派专人监视,观测轨温和线路方向的变化。若碎弯继续膨胀扩大,应设慢行信号,并通知工区紧急处理。线路稳定后,恢复正常行车速度。

(2)养护维修作业过程中,发现轨向、高低不良,起道、拨道省力,枕端道砟离缝,必须停止作业,及时采取防止胀轨、跑道的措施。

(3)无论作业中或作业后,发现线路轨向不良时,用10m长弦测量两股钢轨的轨向偏差。当平均值达到10mm时,必须设置慢行信号,并采取夯拍道床,填满枕盒道砟和堆高砟肩的措施。当两股钢轨的轨向偏差平均值达到12mm时,在轨温不变的情况下,过车后线路弯曲变形突然扩大,必须立即设置停车信号,及时通知车站,采取钢轨降温等紧急措施,消除故障后放行列车。

(4)发生胀轨、跑道后,可以采取浇水或喷洒液态二氧化碳的办法降低钢轨温度。轨温降温后方可拨道。曲线地段拨道只能上挑,不宜下压。拨道后必须夯拍道床。限速放行列车,并派专人看守,待轨温降至接近锁定轨温时,再恢复线路和正常行车速度。

无缝线路发生胀轨、跑道时,应对胀轨、跑道情况作好登记。

2.2.7 无缝线路缓冲区的养护

无缝线路的缓冲区,一方面存在着普通线路的特点,另一方面还受无缝线路钢轨伸缩的影响。因而,它是无缝线路中的薄弱环节之一。

温度应力式无缝线路,每当温度变化时,伸缩区两端发生位移,缓冲区的钢轨也随之移动。夏天,接头易出现瞎缝,挤压绝缘接头;冬季,易出现大轨缝,接头螺栓可能被拉弯,并有被剪断的危险。由于缓冲区钢轨接头养护不当和出现大轨缝,其钢轨和轨枕的使用寿命大大缩短,而养护维修的工作量却大大地增加。为了确保行车安全和延长设备使用寿命,必须加强无缝线路缓冲区的养护工作。

1)定期拧紧接头和轨枕扣件螺栓

为加强线路防爬锁定,控制无缝线路钢轨的不正常伸缩,除每年春秋季两次全面拧紧外,凡进行松动接头和轨枕扣件的作业,不仅作业时要拧紧螺栓,并须在作业后做好复拧工作。

春秋两季全面检查缓冲区轨缝,春季防止轨缝总值小于规定值,秋季防止大于轨缝规定值,其轨缝总值的规定数值要按轨温计算求得。必要时须调整轨缝。

2) 采用胶接绝缘接头

胶接绝缘接头具有足够的机械强度和可靠的绝缘性能,可以增强线路的稳定性和整体性,降低维修成本,延长使用寿命。

3) 综合整治钢轨接头病害

(1) 打磨或焊补钢轨马鞍形磨耗和淬火层金属剥落、擦伤等。

(2) 用上弯或桥式夹板整治低接头。

(3) 轨下铺设高弹性垫层。接头处轨下采用加厚胶垫可有效地降低震动能量向下传递,这对增强钢轨接头处轨道结构的承载能力,改善其工作条件十分有利。

(4) 加强接头捣固,保持道床清洁、丰满并加以夯实,要防止道床板结和坍塌。

(5) 及时更换接头失效轨枕,接头的木枕应成对更换。

(6) 调整轨缝,锁定线路,整平钢轨上下错牙。左右错牙超过 1mm 时,应及时整治或打磨。

2.2.8 桥上无缝线路维修

桥上无缝线路养护维修应注意以下几点:

1) 采用分开式扣件的桥面,拧紧扣件应符合设计规定,桥上禁止安装防爬器。

2) 对长大桥上的铝热焊接头,应加强检查,发现损伤要及时处理。

3) 长度超过 200m 的无砟桥,两端桥头 50m 范围内线路作业轨温与桥上相同。

4) 变更有特殊设计桥上无缝线路锁定轨温时,应有充分根据,并报请铁路局审批。

5) 桥梁两端应设置位移观测标志,定期观测,做好记录进行分析研究。

2.2.9 跨区间和全区间无缝线路的养护维修

跨区间和全区间无缝线路,其基本原理与普通无缝线路是一致的。因此,普通无缝线路的一切养护维修办法都适用于跨区间和全区间无缝线路。但因其轨条特长,也就有一些需要特别注意的问题。

1) 跨区间和全区间无缝线路的维修管理,以一次铺设锁定的轨条长度为管理单元

单元轨条长度大于 1200m 时,设置 7 对位移观测桩(单元轨条起、迄点,距单元轨条起、迄点 100m 及 400m 和单元轨条中点各设置 1 对);单元轨条长度不大于 1200m 时,设置 6 对位移观测桩(单元轨条起、迄点,距单元轨条起、迄点 100m 及 400m 处各设置 1 对)。同时应积极采用钢轨测标测量无缝线路锁定轨温技术,以便与位移观测桩校核。钢轨测标每 50m 或 100m 设一处。

2) 跨区间和全区间无缝线路一经锁定,因其超长而不易改变其锁定状况

例如,锁定轨温不准、轴向力分布不均时,只能进行局部调整,几乎无法进行整体放散。因此,锁定轨温准确,对跨区间和全区间无缝线路来说格外重要。为此,必须做好以下工作:

(1) 跟踪监控——大修换轨时,工务段要派分管无缝线路的技术人员,对施工中锁定轨温设置的全过程实行跟踪监控。施工单位确定的锁定轨温的依据是否可靠,新轨的入槽轨温和落槽轨温的测定是否准确适时,低温拉伸时其拉伸温差和拉伸量的核定是否无误,拉伸是否均匀等,都要认真监视、检查和记录。

(2) 严格验收——工程验交时,有关记录锁定轨温的资料必须齐全,同时要一一查对核

实,如有疑问必须核查清楚。

(3) 最终复核——工程验交之后,工务段要对验交区段的测标进行一次取标测量,去掉可疑点,算出各分段的锁定轨温值。而后将跟踪监控、交验、取标测算三方面的资料进行一次最终核查,将查定的锁定轨温作为日后管理的依据。

(4) 日常监测——在日常管理中,要对爬行观测桩和测标的设标点进行定期观测,并互相核对。如发现两观测桩之间有位移,则进一步对两观测桩之间的设标点进行取标测量,详查发生位移的实际段落所在。核定后进行局部应力调整,使之均匀。

3) 跨区间和全区间无缝线路断轨修复

为了不影响锁定轨温,超长无缝线路钢轨折断时,最好原位焊复。铁道科学研究院专门研制了用于原位焊接的拉伸器。这种拉伸器适用于铝热焊,经郑州局试用效果良好。如配合使用宽焊筋、定时预热、自动浇注技术,焊接质量将会提高。采用小气压焊法修复时,应考虑整修端面的清除长度和焊接时的顶锻量对锁定轨温的影响,并根据影响程度确定局部应力的调整范围,适时进行应力调整并修订锁定轨温。

4) 跨区间和全区间无缝线路和无缝道岔上的绝缘接头

必须注意并加强胶接绝缘接头的养护,做好轨端飞边打磨和捣固工作。当胶接绝缘接头拉开时,应立即拧紧两端各50m线路的扣件,并加强观测。当绝缘失效时,应立即更换,进行永久处理。暂时不能进行永久处理的可将失效部分清除,更换为普通绝缘或插入等长的普通绝缘接头钢轨或胶接绝缘钢轨,用夹板连接进行临时处理,并尽快用较长的胶接绝缘钢轨进行永久处理。进行永久处理时,应严格掌握轨温、胶接绝缘钢轨长度,确保修复后无缝线路锁定轨温不变。

任务3 道岔养护维修

工作任务

能进行不同型号道岔的日常检查,会填写检查表,提出正确的维护方案。

相关配套知识

3.2.1 道岔病害的产生及整治

道岔上可能产生各种不同的病害。在道岔作业中,要进行认真、细致地调查,详尽地分析造成病害的原因,并针对病害产生的原因,结合道岔的构造特点,采用不同的整治方法,才能取得良好的效果。

1) 道岔水平和前后高低的养护

良好的道岔水平和前后高低,应该是:"四股平、水平好"。所谓"四股平"就是要求道岔上四股钢轨的轨底基本上在一个平面上,做到了这一点,水平就好保持。如果只看外直股的前后高低,用量水平的方法控制其他三股,这样做水平虽然可以做到不超限,但其他三股的前后高低并不好。因此调查时必须做到要看四股前后高低,再量四股水平,同时用弦线测量在同一根岔枕上的四股钢轨轨底是否基本上在一个平面上。这样做就可以对水平的变化原因一目了然,通过作业达到"四股平、水平好"。

整治道岔水平和前后高低不良,除了采用起道和捣固方法外,由于道岔本身的构造特点,还必须辅之以其他的方法,才能收到良好的效果。概括起来就是"起、捣、翻、削、垫、换、直、落"等方法。

(1) 起——起道

道岔的起道作业采取"分段起道,四股钢轨一起抬平"的方法。一般可分为转辙、导曲、辙叉、叉后四部分来起道,也可根据行车密度的具体情况,把一次起道段落划分得更短或更长一些。无论起道段落划分长短,必须掌握四股钢轨一起抬平的原则。起外直股时,起道机放在导曲线上股轨底,把中间的钢轨和岔枕一起带起来;起内直股时,起道机放在导曲线下股轨底,防止把外直股同时带起来。四股钢轨一起量水平,根据水平情况,在内直股打撬塞,或在曲上股打撬塞,这是一般的做法。特殊情况时,要根据前后高低和水平的不同情况,将起道机放在适当位置。

(2) 捣——捣固

在起好前后高低和水平的情况下,能否达到预期效果,捣固质量是关键。岔枕的中部受荷载大,长岔枕刚性又差,容易将两外轨抬高,这就要求两内股的钢轨越是向岔枕中间靠拢,其轨下的岔枕越要捣固坚实。而两外轨下的岔枕处则要适当地减镐(包括镐数和力量),下镐的角度可陡些,必要时可采取"间隔捣固"(即每次间隔一根岔枕捣固),切忌两个捣固组在同一端头位置近距离同时捣固,这样做极容易将枕端捣高。捣固与起道必须互相配合,对整组前后高低好的道岔,如仅有低接头和个别小坑洼存在,可先将平的部位捣固好,再将低接头和坑洼起平捣固。因为如果先起低的地方,往往会把平的部位也带高。捣固要注意顺序,一般应自腰部向接头进行,自坑洼两端向坑洼中部进行,拱腰轨从中间向两端进行。为了保证捣固质量,对不易捣固的隐蔽部分要加打斜镐,辙叉要用起道机轻轻吊起进行二遍捣固,道心要捣实。轻微的岔枕中部低洼,以及辙叉低落、导曲线反超高等病害不严重时,可在雨季趁岔枕松软时,抽出铁垫板逐根进行捣固。

(3) 紧——起道前先撬起吊板打紧浮钉,拧紧叉心螺纹道钉(无专用工具,可用撬棍拧紧)

道岔上的浮离道钉比普通线路更容易产生,由于四根钢轨在直曲股两个方向上交替承受列车荷载,致使道钉普遍浮起,并以内股两根钢轨的浮离道钉为最多。如果不在起道前打紧浮离道钉,起道时只抬起钢轨到预定的起道高度,而不能同时把岔枕带起到预定高度,起道时水平好,列车通过后则变化较大。因此,打紧浮起道钉或在使用分开式扣件道岔和使用混凝土岔枕的道岔上,拧紧扣件螺栓,是起道前必不可少的准备作业。

(4) 翻——将弯曲较大的岔枕翻转使用

在岔枕中部下弯较大,或机械磨损显著不均匀,无法用起道方法做好水平时,可将岔枕翻转使用。这种做法,最适合用于两个方向行车密度相差悬殊,岔枕中部弯曲,且无法做好前后高低和水平的道岔养护。

(5) 削——砍削岔枕

对轻微弯曲的木岔枕,或机械磨损不均匀的木岔枕,在不需要或不可能翻转岔枕的情况下,可用砍削岔枕的方法来整治前后高低和水平不良。这种做法只能在个别情况下使用,以免过大地削弱和损伤岔枕。

(6) 垫——用垫板的方法整治前后高低和水平

在木岔枕地段，此种方法适用于岔枕机械磨损或四根钢轨垂直磨耗不均匀，或个别岔枕低洼，用起道捣固不能达到预期效果的情况。在混凝土岔枕地段，在临时补修和经常保养作业时，可以采取捣固和垫板相结合的作业方法，整治水平和前后高低不良。

垫板要选用防水、耐磨、耐压的材质制作，木岔枕要垫在铁垫板下面，混凝土岔枕要垫在轨底与大胶垫之间。

垫板前要看四股前后高低，量四股水平，要防止以垫代捣的错误做法，凡用捣固可以整治的超限处所，不应以垫板作业替代。

（7）换——倒换垫板、钢轨

将62型道岔垫板与57型道岔垫板互换，利用垫板厚度不同，来整治水平不良。例如：57型道岔铺在繁忙的线路上，而62型道岔反而铺在运量小的线路上，可以将62型导曲线下股道岔垫板换入57型道岔的导曲线上股，把57型道岔导曲线上股的垫板换入62型道岔的导曲线下股。

有的道岔主要是直股行车，而有的道岔是侧股行车，造成四股钢轨磨耗相差很大。这时，在可能的情况下，应将长度相同的钢轨互换使用，以收到有利于水平养护和延长钢轨使用寿命的效果。但要注意不要在同一组道岔上单根互换两个行车方向的钢轨，以防止纵向轨面的不平顺，更不可将直、曲股基本轨互换。

（8）直——调直夹板，整治钢轨低接头

接头夹板向下弯曲和钢轨低接头是造成水平不良的主要原因，在无法调直和整治时，要更换夹板或钢轨。

（9）落——落道

一组道岔中有个别处所过高，致使水平和前后高低超限时，可以将个别高的处所挖空枕底落道。在整治站场大平时，遇到有个别高的处所（一组道岔或几节钢轨的线路过高），也可以采取落道的方法。

落道是一项直接影响行车安全的作业，必须有确保安全的措施，在混凝土轨枕地段落道，还要防止枕下石砟松软，过车时压坏轨枕。

2）道岔方向和轨距的养护

（1）保持道岔与线路、道岔与道岔衔接顺直

孤立地整治道岔本身的方向，就不能保证道岔与前后大方向的良好衔接，道岔就不能处在应有的位置上。所以在道岔养护维修时，首先要解决好道岔的大方向，使道岔与前后线路或道岔与道岔衔接顺直，没有"甩弯"。

要保持道岔大方向的良好状态，就要对拨顺后的道岔进行综合养护：

①要保持路基排水设备状态良好，排水畅通，消灭路基下沉病害。

②要保持道床清洁、饱满，清筛板结和不洁道床，巩固捣固质量。

③在难于保持大方向或行车繁忙的道岔上，可进行连排锁定，即在道岔全长范围的两侧枕盒内，都安设防爬支撑。对侧向行车密度大、速度高的道岔，转辙部分及基本轨接头前方向难于保持时，应将基本轨接头前方的轨枕端部也加设防爬支撑，以增加横向阻力。

（2）在拨好道岔的大方向后，要整正标准股的小方向，以取得精确的标准股

①道岔直股以外直股为标准股。在拨好道岔大方向以后，整正道岔外直股本身方向时，坚持拨、改、捏相结合的方法，即漫弯拨、小弯改、硬弯捏的方法，以取得精确的标准股。判断外直股方向时，为避免视力误差，可用拉绳的方法测量。线绳长约30m，两端用特制的铁卡固定在

岔枕头上,其线绳两端应选择在方向好的位置,离轨头距离可定为300mm。拉紧线绳,然后每隔一根岔枕量一次线绳与轨头的距离,与300mm比较,增减1mm及以上者就应整正。直外股方向良好,就为整组道岔的方向整治提供了保证。对小的方向可以改道,对硬弯轨要矫直。

②导曲线以上股为标准股。其方向的整正是按规定的支距点进行的,在测量现场支距时,要先检查支距点的位置是否正确,丈量直外股支距点时,一定要使用长钢尺,每个支距点都要测量其至尖轨跟端的距离,不可用2m短钢尺逐点累加倒量,以防止出现累计误差。在测量支距时,要使用专用的绝缘支距尺测量,要防止尺与直外股不垂直(曲上股不应标记支距点,以防钢轨爬行错位),改正导曲线上股方向以规定的支距值为依据,以精确的直外股为基准。导曲线中如有短轨时,支距不易保持,可用弯轨器将短轨弯成弧状。

(3)以标准股为基准,改正各部位的不良轨距

①在改道前要消除钢轨肥边,尤其要注意基本轨、尖轨和辙叉部分钢轨肥边的消除。

②在改正尖轨尖端轨距前,应判断曲股基本轨的弯折量是否标准。因为使用中的基本轨已经固定在岔枕上,其弯折量不能用拉绳的方法检查,而是看曲折点"弯死"没有。如果尖轨尖端处的直股基本轨在整正拨直后,过车再检查时发现向内弯曲,而且轨距也经常变化,证明曲股基本轨的弯折存在弹性复原,没有"弯死",这就需要在改道前进行重新弯折。在现场进行曲股基本轨弯折时,应先向车站办理施工手续,现场设置停车信号防护。其作业方法是:一要改正直股基本轨的方向,拉回向内弯曲的部位;二是起出曲股基本轨曲折点附近7~8根岔枕上的道钉,用弯轨器对曲股基本轨进行弯曲,其弯折量可凭经验估算,也可根据轨距数值来判断,如果卸下弯轨器后,尖轨尖端的轨距较标准数值小2~3mm,说明已经弯够,否则,应重新进行弯曲。在弯折时一定要选准弯曲点的位置,一般应在尖轨尖端前100mm左右。此外,如果基本轨是经过淬火处理的,在弯折前必须加热至200℃左右,防止折断或折伤钢轨。没有经过淬火处理的基本轨,夏季可不加温,冬季必须弯折时,要加温。

③改正尖轨部分轨距时,要先固定尖轨尖端轨距。改正尖轨跟端轨距时,要先整治尖轨跟端轮缘槽。改正尖轨中部轨距时,要先以直基本轨为基准,改正曲股基本轨的位置,直尖轨道岔在两尖轨竖切起点处,两基本轨作用边的距离为:尖轨中部标准轨距加上一个轨头宽,如图6.3.1所示。

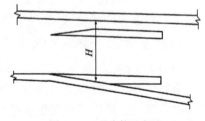

图6.3.1 基本轨示意图

对于43kg/m的9号道岔,$H = 1444\text{mm} + 70\text{mm} = 1514\text{mm}$;对于43kg/m的12号道岔,$H = 1442\text{mm} + 70\text{mm} = 1512\text{mm}$。

④导曲线轨距加宽递减要均匀,根据"前三、后四"的要求,按每根岔枕计算递减数比按每米递减好操作。例如50kg/m的9号道岔,顺"前三"时,在尖轨跟端后第2至第6根岔枕上各顺2mm,第7根岔枕上顺1mm,即:

第2根岔枕处的轨距 = 1439mm + 2mm = 1441mm

第3根岔枕处的轨距 = 1441mm + 2mm = 1443mm

第4根岔枕处的轨距 = 1443mm + 2mm = 1445mm

第5根岔枕处的轨距 = 1445mm + 2mm = 1447mm

第6根岔枕处的轨距 = 1447mm + 2mm = 1449mm

第7根岔枕处的轨距 = 1449mm + 1mm = 1450mm

顺"后四"时,在辙叉趾前第2~8根岔枕上各顺2mm,第9根岔枕上顺1mm,方法同顺"前三"。

其他型号的道岔,凡有导曲线轨距加宽者,均应比照上述办法办理。

⑤在改正辙叉部分轨距、查照间隔和护背距离时,除必须削除肥边和打磨整铸辙叉的压堆部分外,还应首先按标准尺寸整正护轨平直段轮缘槽和辙叉翼的尺寸,然后改正辙叉部分轨距、查照间隔和护背距离。三者尺寸在护轨、翼轨轮缘槽尺寸固定后,即互为影响,轨距值大时会影响护背距离不合,反之,会影响查照间隔不合,因而要兼顾三者关系。

⑥为了使垫板、道钉共同受力,改道时将垫板挡肩与轨底边缘的空隙用铁条堵塞,道钉与道钉孔作用方向的空隙用"L"形铁片堵塞,这样钢轨就不易挤动,方向和轨距易于保持。

3)尖轨拱腰病害的整治

尖轨拱腰病害指尖轨中部隆起变形,增大尖轨尖端和跟端处列车的冲击力,并造成尖轨与滑床不密贴和尖轨跳动等病害。

(1)气体火焰矫正法

气体火焰矫正就是利用普通气焊用的氧—乙炔火焰对尖轨顶面拱腰部位逐段加热,再在顶面浇水使其迅速冷却,从而使轨底产生拉伸变形,达到矫正直尖轨的目的。气体火焰矫正的方法和注意事项是:

①用大号焊嘴对拱腰部位尖轨顶面逐段进行均匀加热,每段长度以400mm左右为宜,加热迅速,时间不能过长。要往复加热3~4次,使轨顶温度达400℃以上,但必须控制不能超过600℃,即停止加热,随即在轨面浇水冷却。如此逐段进行,直至全部矫直为止。

②为提高工作效率,还可制成专用的多孔加热器和多孔喷水头,加热器以缓慢均匀的速度加热,喷水头距加热器约为100mm,跟随加热器移动喷水冷却,不但效率高,效果好,还对行车安全有利。

③进行加热整治之前,要整治好尖轨跟端低接头和起平尖轨部分线路,整平个别翘起的滑床板,使所有滑床台高低大体上一致,并做好捣固工作。这样,校直工作才能得到满意的效果。

④在加热过程中,列车可以正常通过,如因列车通过延误时间,尖轨上部的热量可能会传至底部,这时应将底部浇水,冷却后再在尖轨顶面重新进行加热。

⑤尖轨受热上拱时,可能出现尖轨扳动后不能密靠基本轨的现象,所以,加热时必须备有停车防护信号、道钉锤、撬棍等工具,以便做应急处理时使用。

(2)机械矫正法

机械矫正法即为通过机械力的作用校直尖轨拱腰,它必须根据尖轨的构造,制作专用的校直机械。

在轨道上进行校直,不需拆开尖轨。在电务人员配合下,向车站办理要点手续,设置移动停车信号防护后即可进行作业。校直前应清除轨底部分石砟,拆除道岔拉杆以外的道岔连接杆,以便于校直器的安装。校直时应根据尖轨的拱腰长度,逐段地进行校直。

使用机械校直法时,一要控制尖轨的轨温,在气温较低时,应将尖轨预热至60℃,防止拉伤尖轨;二要保证在校直过程中不出现尖轨扭曲,即在校直器的制造上,要设置防止出现尖轨扭曲的衬垫。

4)尖轨扳动不灵活的整治

(1)拉方尖轨、基本轨,使尖轨跟端螺栓方正,锁定线路爬行。

(2)更换或焊补已磨损的双头螺栓(如果采用套管螺栓时,套管破损必须更换),跟端间隔铁磨耗造成双头螺栓顶不住内侧夹板时,也应对间隔铁焊补或更换,如图6.3.2所示。

(3)道岔拉杆和接头铁螺孔因磨耗而扩大时要进行焊补,拉杆螺栓磨损时要进行更换,道岔拉杆伸进基本轨轨底的部分,既不能摩擦轨底,也不能间隙过大。

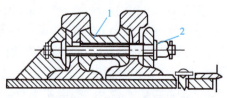

图6.3.2 尖轨跟端构造图
1-间隔铁;2-双头螺栓

(4)整平翘头的滑床板,焊补磨成凹形的滑床台。

(5)保持尖轨跟端轨缝在6mm左右,不允许挤成瞎缝。

5)尖轨跳动病害的整治

(1)尖轨跟端轨缝过大时,要进行调整。

(2)焊补磨损的间隔铁,更换磨损的跟端夹板。

(3)尖轨跟端桥形垫板上的6mm平台窜出或压坏,须焊补和固定;

(4)道岔拉杆伸入基本轨轨底部分与轨底间隙过大时,应调整到1~2mm。

(5)整治尖轨拱腰病害。

6)尖轨中部轮缘槽宽度不足的整治

尖轨中部轮缘槽,指尖轨竖切起点至尖轨跟端范围内,尖轨非工作边与基本轨工作边的距离,尖轨中部轮缘槽宽度不足时,车轮轮背撞击尖轨非工作边。

(1)保证尖轨在拉杆处的最小动程不小于规定值:直尖轨为142mm,曲尖轨为152mm,AT型弹性可弯尖轨12号普通道岔为180mm,12号提速道岔为160mm。转辙机的动程不满足上述要求时,应由电务部门调整。

(2)尽量增加尖轨框架的刚度,做好两尖轨与连接杆的连接,发挥整体框架的作用,一切妨碍尖轨扳动灵活的因素都必须设法清除。尤其是普通钢轨制造的爬坡式直尖轨,不可盲目采用加长连接杆的办法使竖切部分与基本轨密贴,要使尖轨必须撑弯的外凸值减少到最小。

7)道岔连接曲线的养护

道岔后面的两股轨道平行,且线间距不大于5.2m时,在单开道岔侧向紧接于道岔后面的曲线,称之为道岔连接曲线。道岔连接曲线的养护是道岔养护的重要内容,道岔连接曲线因为具有半径小、曲线短、又不设置缓和曲线,与道岔之间的直线段短等特点,在养护时特别要引起重视。

(1)连接曲线半径和外轨超高值要合理

因为道岔连接曲线不设置缓和曲线,其轨距加宽和外轨超高的递减都在直线上进行,所以,要合理地确定曲线半径和外轨超高。

①连接曲线的半径不可小于该道岔的导曲线半径,也不宜大于导曲线半径的1.5倍。因为小于导曲线半径时会影响列车侧股通过速度,大于导曲线半径1.5倍时,连接曲线与道岔间的直线长度过短,不能满足轨距加宽递减率一般不得大于2‰,困难条件下不得大于3‰的要求。

②外轨超高不宜大于15mm。在道岔与连接曲线间直线长度一般不得短于7.5m,困难条件下不得短于6m时,其外轨超高不得大于12mm,以确保按不大于2‰的顺坡率在直线上进行

超高递减。

（2）设置轨道加强设备

连接曲线的半径小，其轨道几何尺寸极易发生变化，所以应按半径大小，合理设置轨道加强设备。

（3）整正轨向不良

连接曲线较短，可采用长弦矢距法或直股支距法来整正轨向不良。

8) 导曲线的加强措施

由于导曲线上股一般不设置超高，所以，承受的水平侧压力和垂直力要比下股钢轨大，垫板切入岔枕和钢轨磨耗也较下股严重，加上岔枕中部低洼，很容易出现反超高。由于导曲线上股垫板切入岔枕外侧深、内侧浅，因而钢轨产生小反，使轨距难于保持。道岔侧向行车密度大的道岔，有必要对导曲线采取加强措施。

（1）将导曲线上股每根岔枕上的垫板全部改装为轨撑垫板，以减少垫板外侧对枕木的切压，防止出现钢轨小反。必要时也可将下股钢轨的垫板改为轨撑垫板。

（2）导曲线设置超高。将尖轨跟端 6mm 的构造高度延至导曲线上股全长，在辙叉趾端前 5 根岔枕顺坡，每根顺 1mm。这样除顺坡地段外，导曲线全长将有 6mm 超高，对于防止水平反超高和轨距扩大很有好处。加高的做法，可以在原来的垫板下加焊 6mm 厚的钢板，也可以在加设轨撑垫板时，用 26mm 厚的钢板制作轨撑垫板。

技能训练

- 设备及材料：轨距尺、支距尺、塞尺、经纬仪（全站仪）、棱镜、卷尺等。
- 步骤：用以上设备对一组道岔进行完整的测量，填写检测表。
- 成果：小组完成道岔检测，确定病害并提出维护方案。

任务 4 路基病害检测与维修

工作任务

能检测和判定路基病害的类型，提出相应维护和处理的方案，正确使用相关仪器。

相关配套知识

4.2.1 铁路路基病害检测

铁路路基在承受土体自重、行车荷载和各种自然因素的作用下，导致各个部位产生变形，变形又引起路基高程和边坡坡度、外形的改变，严重时造成土体位移，危及路基的整体性和稳定性，造成路基的各种破坏。路基病害的产生不仅与地质、设计、施工等环节有关、而且也与路基形成后的养护和治理有关，要避免路基病害的产生，必须从各个环节注重，采取相应的措施，提前治理和预防路基病害的产生。

根据铁路既有线的特点，路基检测应不干扰行车或少干扰行车，为此需采用的检测手段应力求准确、可靠、快速，从而为将来的整治工作提供准确可靠的信息。可采用轻型动力触探、地

质雷达、瞬态面波法和取土试验等多种手段对线路进行试验检测,具体步骤和方法如下:

(1)典型地段开挖横沟,了解路基的几何特性。

(2)采用探地雷达法和瞬态面波法对试验区段内的路基进行大面积的扫描检测。

探地雷达法具有直观反映道床几何形态、表层分辨率高的优点,可以探明路基结构的分层;探测路基病害类型、程度和具体位置,用于分析道床、路基各个土层的地质情况;探地雷达测出的结果是基床的电性参数,而无法给出路基的力学特性。而瞬态面波法表层状况由于石砟的散射和高频信号的限制不能精确的反映,探地雷达方法可弥补瞬态面波法的不足。瞬态面波方法对在土中频散曲线比较平滑,能够准确反映路基土的力学参数随深度的变化,测试的深度也比较深,也正好弥补了探地雷达方法不能反映路基土的力学参数和测试深度浅的不足。在路基病害测试中,最关心的是路基表层和其下路基土的承载能力,所以两种方法结合,优势互补,正好能够达到路基的测试目的。

(3)对路基强度、刚度等参数方面的分析。

重型动力触探主要反映路基土的力学性能,是以击数$\times 10 cm^{-1}$来反映路基各个位置的力学性能指标,击数越高说明土质性能越好,强度也越高,可以从不同深度位置来测试出不同深度下土的力学性能以分析路基状况。轻型动力触探与重型动力触探原理相似,只是后者以击数$\times 10 cm^{-1}$来反映路基各个位置的力学性能指标。

针对既有线路的特点,对既有路基测试应遵循原位(动力触探)和区段测试(地质雷达、瞬态面波法)相结合的测试方法,这样可对既有路基的状况做出一个综合的评价,为路基病害的处理提供基础资料。

4.2.2 路基工程质量通病防治

1)压实度不够

路基施工中压实度不能满足《铁路路基工程施工质量验收标准》(TB 10414—2003)的要求。

(1)原因分析

①没有选择一定长度的试验区段进行路基填筑试验;

②压路机质量偏小或压实遍数不够;

③填土松铺厚度过大;

④碾压不均匀,碾压轮迹重叠不符合要求或局部有漏压现象;

⑤含水量偏离最佳含水量,或超过有效压实规定值;

⑥没有对紧前层表面浮土或松软层进行处治或处治不合格;

⑦填筑土质种类多,出现了不同类别土的混填;

⑧填土颗粒过大,颗粒之间空隙过大,或采用不符合要求的填料,如粉质土、有机土及高塑指的黏土等。

(2)预防措施

①选择一定长度的试验区段进行路基填筑试验,确定与路基填筑、压实、检测有关的工艺参数,指导此项工程的施工;

②选用振动压路机配合三轮压路机碾压,保证碾压均匀;

③确保压路机的质量及压实遍数,压路机应进退有序,碾压轮迹重叠、铺筑段落搭接超压应符合试验段的有关工艺参数;

④填筑土含水量应控制在由试验段确定的施工允许含水量范围内；
⑤当下层因雨松软或干燥起尘时，应彻底处治至压实度符合要求后再进行当前层施工；
⑥优先选择 A、B 组填料，当选用 C 组细粒土填料时应根据填料性质进行改良；
⑦每一水平层的全宽应用同一种填料填筑，每种填料压实累计总厚度一般不宜小于 50cm；
⑧填土应水平分层填筑、分层压实，通常碎石土分层的最大压实厚度不应大于 40cm，砂类土和改良细粒土分层的最大压实厚度不应大于 30cm，分层填筑的最小分层厚度不宜小于 10cm。

2）路基填料含水量不均

当填料含水量不均匀时，压实度不均匀，会导致路基填筑层局部翻浆或碾压不实。

(1) 原因分析

填料含水量不匀，或洒水量控制不严。

(2) 预防措施

①用改良细粒土或含细粒成分较多的粗粒土填料填筑路堤时，必须严格控制其填料的含水量在工艺试验确定的施工允许含水量范围内。当含水量过高时，应采取疏干、松土、晾晒或其他措施，当含水量过低时，应均匀加水润湿，达到要求后方可进行压实。

②当需要对填料采用加水润湿时，加水量可按下式进行估算：

$$m_w = m_s(w_{opt} - w)/(1 + w) \tag{6.4.1}$$

式中：m_w——所需加水量(kg)；
 w——填料原来的含水率；
 w_{opt}——填料的压实最佳含水率；
 m_s——需要加水的填料的质量(kg)。

(3) 处理措施

①当填料含水量过高时，采用场内开挖沟槽降低水位和用推土机松土器翻松晾晒相结合的方法或将填料运至路堤摊铺晾晒。

②当填料过干时，应计算确定加水量，采用取土场内提前洒水闷湿和路堤内搅拌的方法，在加水拌和均匀后方可碾压。

3）路基边缘压实度不足

路基中心压实度符合规范要求，但路肩压实度不够。

(1) 原因分析

①路基填筑宽度不足，未按超宽填筑要求施工；
②压实机具碾压不到边；
③路基边缘漏压或压实遍数不够；
④采用三轮压路机碾压时，边缘带(0~75cm)碾压频率低于路基中心。

(2) 预防措施

①路基施工应按设计的要求进行超宽填筑；
②控制碾压工艺，保证机具碾压到边；
③认真控制碾压顺序，确保轮迹重叠宽度和段落搭接超压长度；
④提高路肩压实遍数，确保路肩碾压频率高于或不低于路中心。

(3) 处理措施

校正坡脚线位置,路基填筑宽度不足时,需返工至满足设计和"指南"要求(注意:亏坡补宽时应开蹬填筑,严禁贴坡),并应控制碾压顺序和碾压遍数。

4) 表面蠕动、推移、起皮

土方路基压实,填筑层表面蠕动、推移面积逐步扩大,接近最大压实度时严重起皮,导致路基不能成型密实。

(1) 原因分析

①砂类土、粉土填料中混入了高塑性超粒径黏土块,填筑层初压阶段不明显,复压阶段水分适宜的高塑性黏土块开始受力变形,造成蠕动,接近终压阶段,黏土块变形增大,犹如"擀面饼"一样,变成薄片状,导致路基填筑层表面推移,严重起皮,无法成型密实。

②土的含水量低于最佳含水量,超过了有效压实范围。

(2) 预防措施

严禁不同类型的土壤混填,避免超粒径高塑性黏土块混入土中,一旦发现,应采取措施于碾压前清除。

(3) 处理措施

对混入高塑性超粒径黏土块的填料,用稳定土拌和机粉碎拌和均匀后再填筑压实;土中含水量不足时应加水至接近最佳含水量。

5) 表面积水

雨后路床或路基填筑层表面积水,不能迅速排除,影响施工。

(1) 原因分析

①路床或路基填筑层表面凹凸不平,排水不畅;

②路床或路基填筑层表面未设置横坡或横坡太小甚至出现倒坡;

③路床开挖后,没做好排水盲沟,或排水盲沟淤塞,路槽水无法排至边沟;

④路床高程低于周围地面高程,而路基又没有边沟或其他排水设施,以致路床水无法排除。

(2) 预防措施

①路基压实前应整平,表面平整度应达到规定要求;

②路床或路基填筑层表面,应根据填料渗水和气候状况设2%~4%的双向排水横坡,严禁出现反坡;

③路槽开挖后,应开设盲沟,并同边沟连通;

④路基开工前应挖好排水边沟,或做好其他排水设施。

(3) 处理措施

①恢复或设置排水设施;

②排除路床、路基填筑层表面积水,对过湿土采用晾晒、掺加生石灰粉或外加剂后重新压实。

6) 路基施工过程中防排水不畅

路基施工过程中遭受水浸泡,导致填筑层碾压过程中翻浆或压实度不够,影响施工质量和进度。

(1) 原因分析

①排水设施失去功效；
②雨季施工排水措施不当。
(2)预防措施
①路基施工中，各施工层表面不应有积水，填方路堤应根据土质情况和施工时的气候状况，设置2%～4%的双向排水横坡。挖方施工中路基各层顶面的纵、横坡，应根据路堑横断面形状，路线纵坡的大小，路堑施工断面长度和施工方法等困难因素确定，确保在施工过程中，能及时排走雨水；
②雨季施工或因故中断施工时，必须将施工层表面及时修理平整并压实；
③当地下水位较高而设计未做出具体方案时，应采取疏导、堵截、隔离等工程措施；
④施工过程中，当路堑或边坡内发生地下水渗流时，应根据渗流水的位置及流量大小采取设置排水沟、集水井、渗沟等设施降低地下水位或将地下水排走；
⑤路基施工前应先做好截水沟、排水沟等排水及防渗设施，特别是多雨地区和雨季施工更应加强这方面的工作。排水沟的出口应通至桥涵进出口处，排、截水沟挖出的土应堆置在沟与路堑边坡顶一侧，并予以夯实。
(3)处理措施
①恢复排水设施功能；
②采取防水措施的同时，排除填筑层表面积水，对过湿土或换填或掺加外加剂。

7)路基工后沉降超限
路基交工后整体下沉，与桥梁或其他构筑物出现差异沉降，致使衔接处形成错台。
(1)原因分析
①CFG桩、灰土桩等打入深度、间距或灰土桩密实度达不到设计要求；
②高填方段预压或超载预压沉降尚未稳定，就提前卸载；
③软基处理质量未达设计要求；
④结构物的桩未打穿软弱层；
⑤遇有淤泥、软弱层时清除不到位，路基与地基原状土间形成软弱夹层；
⑥过渡段施工过程控制不符合规范要求，填筑层没有充分压实；
⑦构筑物与路基结合部施工时分层填筑不严格，碾压效果差，压实度降低。
(2)预防措施
①CFG桩、灰土桩等打入深度、间距灰土桩密实度应达到设计要求；
②预压或超载预压的同时应进行连续的沉降观测，待沉降稳定达标后方可卸载；
③现场试桩，并调整设计桩长；
④路基填筑时彻底清除淤泥、软弱层；
⑤路基填料宜选用级配较好的粗粒土；用不同填料填筑时应分层填筑，每一水平层均应采用同类填料；泥炭、淤泥、冻土、膨胀土及易溶盐含量超过允许限量的土不得直接填筑路基；
⑥用不同填料填筑时应分层填筑，每一水平层均应采用同类填料，最大干密度试验土样应与填筑土质相符；
⑦构筑物与路基结合部的过渡段施工应分层填筑，严格控制层厚，合理配置压实设备，确保填筑层质量。

8)石灰土垫层的施工质量
在原地面上，用塑性指数在7～12的土和石灰(生石灰粉或消解石灰)按一定的比例(一般按重量比)拌和并压实,可提高地基的承载力,减少沉降。此种方法对于处理软弱土层厚度不大于 1~3m 时,方法简单,效果较好。但是,往往因为施工质量不好而起不到应有的作用。

(1)原因分析

石灰土施工应该说对大多数施工单位来讲是一项比较容易掌握的技术,但作为路基的垫层施工,一些单位对其不重视,认为在路基的最下面,差不多就行。所以,施工时从材料准备到工艺控制掌握不严,质量检查验收放松,致使其垫层施工质量低劣,失去应有的作用。

(2)预防措施

①首先思想上要认真重视,认识到治理软土地基段所采取的技术措施,是路基质量的根基,施工质量好坏直接影响着整个工程的质量;

②认真选料,使用消解石灰,其技术指标不得低于三级,应能通过 10mm 筛孔并尽快使用。使用生石灰一定对 $CaO + MgO$ 含量、细度进行认真检验,达不到标准的不得使用。土的颗粒直径要小于 10mm,塑性指数在 7~12 之间,土中不得含有污染物、有机质或其他有害物质,并且易于粉碎拌和;

③石灰剂量按质量比一般石灰/(土+石灰)在 10%~14% 之间,并按设计所要求的强度进行组成设计;

④按重型击实实验方法确定石灰土的最大干密度和最佳含水量,控制压实度不小于 95%;

⑤施工要在气温高于 5℃ 和非雨天进行,有条件时采用场拌摊铺施工,路拌施工时一定要采用专用拌和设备进行拌和,拌和的含水量应比最佳含水量高 1%~2%。每层的施工厚度为:压实厚度在 15~18cm,最大不超过 20cm,虚铺系数根据实验确定;

⑥在接近最佳含水量的条件下进行碾压,必须达到规定的压实度要求;

⑦碾压完成后及时洒水养生,防止被水浸泡和被阳光暴晒而产生裂纹,并及时进行其上层的施工;

⑧灰土施工前,首先完成路基两侧排水沟的施工。

9)碎石桩缩颈

碎石桩成型后,桩身直径在一处或多处产生颈缩现象,颈缩部位的桩身直径小于设计值。

(1)原因分析

①桩身加固深度的软土层内有硬土夹层,特别是有塑性指数很大的"胶泥"夹层;

②在注料成桩时,每次注入的石料量不等且差别较大;

③无论是气压冲振还是机械冲振,由于人为或是机械设备的原因致使对石料的振冲力变化,特别是石料加入量大时而振冲力变小;

④由于停电或其他机械故障而出现局部的停振;

⑤桩身深度内土质变化、侧压力不等的情况下振冲力不变。

(2)预防措施

①施工前,详细了解所处理范围内的地质状况,特别是桩长深度范围内软土层的变化情况;

②正式开工前进行现场试验桩施工,以确定工艺控制流程及各相关参数;

③每一个工作班开始,首先检查机械设备的性能状况,特别是保证振冲设备的电压稳定、气压设备的压力控制平稳以及机械振动设备的振幅、振力恒定。严禁施工机械带病作业,严禁在超过额定电流的情况下作业;

④同样的地质层,每次填石料量保持不变。对于桩长深度内土质有变化时,根据试桩情况,控制不同土层的不同填入量和振冲力;

⑤缩颈严重,经检验不合格的,应在其原位附近作补桩处理。

10) 黄土路基沉陷和边坡失稳

黄土路基,往往由于施工不当而出现大的沉陷,引起路基失稳,出现边坡变形或陷穴。

(1) 原因分析

①由于黄土中含有较多的易溶盐(>12%),黏土颗粒含量偏高,在这样的路段,路堑的上边坡坡面容易出现片状或层状的破落;

②在路堑地段,由于土质松散、坡顶有倾向路线的斜坡、边坡坡度较缓,降雨量大或降雨集中时,坡面容易形成沟状或洞穴状的冲刷破坏;

③由于不正确的施工开挖边坡方法,破坏了坡面的极限平衡条件,特别是自然山坡具有倾向路线的构造层面或不整合面,此类路堑段的上边坡更容易形成滑坍;

④由于降雨的不断冲刷和渗入,使得黄土中的易溶盐溶解,裂缝不断增大,导致边坡突然破坏,发生滑坍;

⑤斜坡上的黄土,当土质松散并且存有渗水性小的下卧层时,黄土在地表水和地下水的浸湿作用下,成为饱和土体而形成泥流。

(2) 预防措施

①黄土边坡病害的防治,关键在施工图的设计,根据地形、地貌以及土质成分含量情况,采取合理有效的预防措施。在施工过程中,当发现地质情况与设计不符时,及时通知设计人员变更设计,采取主动的预防措施;

②水是黄土地区路基病害的主要因素,完善的排水工程(主要有排引、防冲、防渗)是保护黄土路基的关键措施。防排水设施的施工一定要与路基施工同步进行,临时性设施与永久性建设相结合,一些截水沟、排水沟应在路基施工前完成;

③用黄土作为路基填料,一定严格控制不得有大土块,土块大于10mm时必须打碎。应通过试验确定最佳含水量和虚铺土层厚度,严格压实,压实度较一般路基提高1%~2%为宜;

④对于路堑施工,当挖到接近路床时,要对土质进行检验,测其强度和湿陷性,当强度不能满足要求或有湿陷性时,应进行换土或掺加外加剂(石灰、水泥等),处理深度一般为30~50cm,当不满足工程要求的土层大于50cm时,应通知设计并提出变更。路堑两侧的边沟深度应大于路面结构层的深度。

11) 路堤边坡表层不密实

(1) 产生原因

路堤填筑时没有适量加宽超填或边坡压实不够。

(2) 防止措施

路堤填筑时应适当加宽超填,或采用专用边坡压实机压实,加宽超填宽度不应小于50cm。

12) 挡、护墙位移失稳

(1) 产生原因

地基承载力不足,基础尺寸小于设计尺寸,墙后积水。

(2) 防止措施

基坑开挖完成后要对地基承载力进行检测,达不到设计值要报设计单位进行变更,基坑宽度不得小于设计尺寸,认真施作墙后反滤层,设置泄水孔,确保墙后积水顺畅排出。

13) 路基填料不按要求击实

(1) 原因分析

不能按试桩确定的参数进行施工。

(2) 防治措施

加强现场施工管理,严格按确定的参数进行施工,按规范的要求及时对加固深度、成桩直径、桩间土挤密、桩身土压实进行检测。确保加固区满足地基承载力要求。

14) 填料中有机质含量超标

(1) 原因分析

土体中含有树根和杂草等有机质。

(2) 防治措施

保证清理上部土层30cm厚,对土层下部存在的杂物在施工中要加筛处理,拌和站设专人负责清理。

15) 拌和料过夜使用

(1) 原因分析

拌和料场与填筑现场管理失调,致使进入现场的填料量过多,或施工机械损坏没及时进行修理,人员安排不合理。

(2) 防治措施

加强拌和料场与填筑现场的统一组织管理,应根据施工情况合理安排进入现场的填料量,加强施工机械、人员管理。

16) 复合地基桩位不准、桩径偏差

(1) 原因分析

①测量放样时测量数据读取错误;

②测量人员技术力量达不到要求,工作责任心不强;

③地面成孔桩机布置位置不准,导致桩位偏差;

④成桩过程由于缩颈等原因,造成桩径变小。

(2) 防治措施

①对测量人员进行技术培训,须持证上岗,增强工作责任心;

②在沉管机与地面处垫木枕及型钢垫块,保证成孔垂直度;

③严格按施组中的施工工艺流程组织流水施工;

④发现缩颈,要及时报告监理和设计,要分析原因,采取对策。

17) CFG桩桩间土受到扰动

(1) 原因分析

CFG桩成孔后的弃土遮盖桩位点,机械清土和截桩时,扰动桩间土。

(2) 防治措施

单桩成孔后的弃土及时清除,机械清除时在桩顶高程上预留10cm进行人工清理,截桩头时,尽量少扰动桩间土。

18) 沟槽超厚填筑

(1) 原因分析

①不按规范规定的虚铺厚度回填,用推土机一次将沟槽填平;
②路基和路面结构沉陷;
③管道胸腔部位达不到要求的密实度,使胸腔部位的土压力小于管顶土压力和地面荷载。
(2)防治措施
①严格执行路基土分层回填压实的规范要求;
②要向操作者做好技术交底,使路基填方及沟槽回填土填料要符合设计要求的虚铺厚度,不超过规范规定。

19)倾斜碾压
(1)原因分析
①在填筑段内未将底层整平,即进行填筑;
②沟槽填筑高度不一,使填筑段内随高随低,碾轮爬坡碾压。
(2)防治措施
在路基总宽度内,应采用水平分层方法填筑。路基路面的横坡或纵坡陡于1:5时应做成台阶。回填沟槽分段填土时,应分层倒退留出台阶。台阶高度等于压实厚度,台阶宽不小于1m。

20)路基填料不合格
(1)原因分析
①未对进场原材料进行严格把关;
②施工人员工作责任心不强,未进行严格的自检。
(2)防治措施
①要严格管理,对填土中颗粒过大(>10cm)的砖块、石块、混凝土块要剔除,对大于10cm的硬土块必须打碎;
②路基填土段,在填筑前要清除地面杂草、淤泥等,过湿土及含有有机质的土一律不得使用;
③沟槽回填,应将槽底木料、草帘等杂物清除干净;
④过湿土要经过晾晒或掺加干石灰粉,降低至接近最佳含水量时再进行摊铺压实。

21)不按段落分层压实
(1)原因分析
①不按分段、水平、分层技术要求回填;
②随高就底,层厚不一,胡乱回填;
③分段回填的搭接不是按分层倒退台阶的要求填筑和碾压;
④无法碾压的边角等部位,未用夯打,以致造成路基下沟槽回填土或者填筑路基,段落分界不清,分层不明;
⑤搭接处不留台阶,碾压下段时,碾轮不到位或边角部位漏夯(压)。
(2)防治措施
按规范要求,分段、水平、分层填筑,段落的端头每层倒退台阶长度不小于1m,在接填下一段时碾轮要与上一段碾压过的端头重叠。

22)路基防护用砂浆不合格
(1)原因分析

①砂浆用料不过磅;
②人工拌和砂浆不用铁板;
③砂浆不随拌随用,甚至将已凝固的砂浆重新拌和使用。
(2)防治措施
①砂浆用料计量、拌和和使用要求应符合《铁路混凝土工程施工技术指南》(TZ 210—2005)中相关条款规定;
②砂浆用料应用磅称并定期检验,应按重量比计量,采用机械拌和;
③施工时砂浆应置于铁板或其他不渗水的平板上,并随拌随用,已凝结的砂浆要废弃,不得重新拌和使用。

23)浆砌片石存在裂缝、空洞
(1)原因分析
①浆砌片石上下相邻竖缝错开不足8cm,形成通缝.表面砌缝大于4cm;
②石块互相交错咬搭不好.使用大量小石块填腹(小石块只能用在片石间较宽砌缝中挤浆);
③采用先干码石料后灌砂浆的灌浆法,造成大量的空洞和石块间无砂浆。
(2)防治措施
①按规范要求施工,采用挤浆法砌筑,上下两层砌缝应互相错开≥8cm,砌缝宽度2~4cm;
②石料互相交错、咬接,丁顺石结合,砂浆挤压密实饱满(表面勾凹缝处要留出2cm深的空缝);
③小石块只能用于较宽砌缝中挤浆,不能用作腹石使用;
④石块不得无砂浆直接接触,也不得先干码石料而后铺灌砂浆。

24)路基防护工程伸缩缝、沉降缝质量不合格
(1)原因分析
①伸缩缝和沉降缝两侧的石料未选用面石,使缝内不平齐,不相互咬错;
②伸缩缝和沉降缝不垂直,缝内防水材料没填塞或填塞很不认真。
(2)防治措施
①沉降缝或伸缩缝两侧的石料应符合《铁路混凝土工程施工技术指南》(TZ 210—2005)中相关条款规定;
②要选表面较平整且尺寸较大的石块,使砌缝平齐,能自由沉落或伸缩,不咬错搭叠。沉降缝应垂直,使基础、墙身位于同一垂直面上,填塞物应符合《铁路桥涵施工规范》中相关规定,填塞沥青浸制麻筋密实;
③砂浆进缝不污染石面边缘,横、竖交接要通顺;
④大面应平整,砂浆饱满;砌体厚度与设计厚度比较误差不超过±2cm。

25)水泥土挤密桩桩身回填不密实
(1)原因分析
①未严格按规范或作业书进行施工,回填料每层一次投料太厚,每层夯击次数少;
②回填料水泥用量少于设计值,或拌和不均匀,含水量过大、过小;
③施工回填料数量未达到成孔体积的计算容量;
④锤重、锤型和落差选择不当。

(2)预防措施及处理方法

①成孔深度应符合设计规定,桩孔填料前,应先夯击 3~4 锤。根据成桩试验测定的密实度要求,随填随夯,对持力层范围内(约 5~10 倍桩径的深度范围)的夯实质量应严格控制。每层投料厚度和锤击数严格按规定进行;

②回填料要确保水泥用量,并应拌和均匀,且适当控制其含水量。每个桩孔回填用料应与计算用量基本相符;

③夯锤重不宜过小,采用的锤型应有利于将边缘土夯实,不宜采用平头夯锤,落距一般应大于 2m;

④如地下水位高时,须降低水位,再进行回填夯实。

26) 路堑施工时超挖

(1) 原因分析

机械开挖无预留。

(2) 处理措施

要保留部分开挖土,人工清底,防止超挖和扰动基底。

27) 挡土墙背后回填不实

(1) 原因分析

①施工作业面小,机械压实困难,造成压实度严重不足;

②承包人质量意识不强,采取倾填且压实措施不到位;

③回填范围与路基衔接面太陡、台阶设置不合理;

④涵渠两侧不对称填筑;

⑤台后排水措施不完善,基底泡水软化等;

⑥填料选择不合格。

(2) 处理措施

①严格控制填土层厚,采取人工配合小型机械进行夯压密实;

②严禁实施倾填;

③与路基接触面按规范挖台阶;

④精选台后填料,使用透水性好的粗颗粒材料;

⑤设置完善的排水系统;

⑥现场技术人员和质检工程师对挡土墙墙背及过渡段回填实施全过程指导监控,严格按设计和施工规范规定进行监控,并作好记录。

28) 挡墙、护坡等防护工程泄水孔不规范

(1) 原因分析

①承包人管理不到位;

②未按规定施作反滤层或反滤层材料不合格,泄水孔堵塞;

③泄水孔坡度设置较差甚至为反坡;

④孔型不规范,孔径尺寸、间距不满足设计要求。

(2) 处理措施

①施工单位要加强全过程质量管理;

②对排水孔孔型、几何尺寸、间距及泄水坡度进行严格控制;

③施工、监理单位把反滤层作为隐蔽工程加以严格控制和检查,严格采用"三检"制度。

29)路基边坡草籽植被不均匀

(1)原因分析

①部分漏撒、漏喷;

②草籽质量差;

③土质不适合草籽生长;

④播草后养护不及时。

(2)处理措施

①采用机械撒播,防止漏撒;

②坡面换填适合草籽生长的耕植土;

③选择较好的草籽;

④播籽后及时养护;

⑤大雨后要及时补种被水冲毁部分。

30)改良土拌和不均匀

(1)原因分析

①碎土设备筛孔过大,筛后土颗粒偏大;

②石灰消解时间短,含有生石灰块和石块;

③搅拌时间短,拌和不均匀;

④土料含水量偏大,拌和时容易成团。

(2)处理措施

①检查碎土设备及拌土设备工作性能,保证满足拌和料的质量要求;

②要严格管理,控制拌和料质量,清除不合格填料;

③按规定检查拌和料的石灰剂量,符合配合比要求。

技能训练

- 设备及材料:K_{30}、E_{V_D}、平整度尺、坡度尺等。
- 步骤:对相应病害进行检测,判定病害类型。
- 成果:确定病害防治或者处理方案,会使用相关仪器。

复习思考题

1. 线路维修的基本任务是什么?线路维修应贯彻哪些原则?
2. 线路大修作业主要工作项目有哪些?
3. 轨道静态检查项目有哪些?
4. 轨道动态检查偏差值分级档次及扣分标准包括哪些内容?
5. 对钢轨检查的期限是怎样规定的?
6. 无缝线路养护维修的基本原则是什么?
7. 无缝线路质量状态的基本要求有哪些?
8. 无缝线路维修计划安排应考虑哪些因素?
9. 无缝线路缓冲区养护维修有什么具体要求?

10. 桥上无缝线路养护维修应注意哪些问题?
11. 无缝线路钢轨有哪些病害?如何整治?
12. 无缝线路胀轨跑道的原因有哪些?怎样预防胀轨跑道?胀轨跑道后如何处理?
13. 怎样防止钢轨的断裂?钢轨断裂后如何处理?
14. 影响道岔水平不良的原因有哪些?
15. 影响道岔方向不良的原因有哪些?
16. 道岔水平、方向、高低轨距如何整治?
17. 路基最容易出现的病害有哪些?如何检测与维护?请找出案例。

附录

附表1

路基填料分类

类别	一级定名 名称	一级定名 说明	细粒含量	二级定名 颗粒级配	二级定名 名称	填料分组
巨粒土 块石类	块石土 硬块石土	粒径大于200mm颗粒的质量超过总质量的50%（不易分化，尖棱状为主）	/	/	硬块石土	A
巨粒土 块石类	块石土 硬块石土	粒径大于200mm颗粒的质量超过总质量的50%（不易分化，尖棱状为主）	/	/	Rc>15MPa的不易风化软块石	A
巨粒土 块石类	块石土 硬块石土	粒径大于200mm颗粒的质量超过总质量的50%（不易分化，尖棱状为主）	/	/	Rc≤15MPa的不易风化软块石	B
巨粒土 块石类	块石土 软块石土	粒径大于200mm颗粒的质量超过总质量的50%（易风化，尖棱状为主）	/	/	易风化的软块石	C
巨粒土 块石类	块石土 软块石土	粒径大于200mm颗粒的质量超过总质量的50%（易风化，尖棱状为主）	/	/	风化的软块石	D
巨粒土 碎石类土	漂石土	粒径大于200mm颗粒的质量超过总质量的50%（浑圆或圆棱状为主）	<5%	良好	级配好的漂石	A
巨粒土 碎石类土	漂石土	粒径大于200mm颗粒的质量超过总质量的50%（浑圆或圆棱状为主）	<5%	不良	级配不好的漂石	B
巨粒土 碎石类土	漂石土	粒径大于200mm颗粒的质量超过总质量的50%（浑圆或圆棱状为主）	5%~15%	良好	级配好的含土漂石	A
巨粒土 碎石类土	漂石土	粒径大于200mm颗粒的质量超过总质量的50%（浑圆或圆棱状为主）	5%~15%	不良	级配不好的含土漂石	B
巨粒土 碎石类土	漂石土	粒径大于200mm颗粒的质量超过总质量的50%（浑圆或圆棱状为主）	15%~30%	/	土质漂石	B
巨粒土 碎石类土	漂石土	粒径大于200mm颗粒的质量超过总质量的50%（浑圆或圆棱状为主）	>30%	/	土质漂石	C
巨粒土 碎石类土	卵石土	粒径大于60mm颗粒的质量超过总质量的50%（浑圆或圆棱状为主）	<5%	良好	级配好的卵石	A
巨粒土 碎石类土	卵石土	粒径大于60mm颗粒的质量超过总质量的50%（浑圆或圆棱状为主）	<5%	不良	级配不好的卵石	B
巨粒土 碎石类土	卵石土	粒径大于60mm颗粒的质量超过总质量的50%（浑圆或圆棱状为主）	5%~15%	良好	级配好的含土卵石	A
巨粒土 碎石类土	卵石土	粒径大于60mm颗粒的质量超过总质量的50%（浑圆或圆棱状为主）	5%~15%	不良	级配不好的含土卵石	B
巨粒土 碎石类土	卵石土	粒径大于60mm颗粒的质量超过总质量的50%（浑圆或圆棱状为主）	15%~30%	/	土质卵石	B
巨粒土 碎石类土	卵石土	粒径大于60mm颗粒的质量超过总质量的50%（浑圆或圆棱状为主）	>30%	/	土质卵石	C
巨粒土 碎石类土	碎石土	粒径大于60mm颗粒的质量超过总质量的50%（尖棱状为主）	<5%	良好	级配好的碎石	A
巨粒土 碎石类土	碎石土	粒径大于60mm颗粒的质量超过总质量的50%（尖棱状为主）	<5%	不良	级配不好的碎石	B
巨粒土 碎石类土	碎石土	粒径大于60mm颗粒的质量超过总质量的50%（尖棱状为主）	5%~15%	良好	级配好的含土碎石	A
巨粒土 碎石类土	碎石土	粒径大于60mm颗粒的质量超过总质量的50%（尖棱状为主）	5%~15%	不良	级配不好的含土碎石	B
巨粒土 碎石类土	碎石土	粒径大于60mm颗粒的质量超过总质量的50%（尖棱状为主）	15%~30%	/	土质碎石	B
巨粒土 碎石类土	碎石土	粒径大于60mm颗粒的质量超过总质量的50%（尖棱状为主）	>30%	/	土质碎石	C

续上表

类别	一级定名 名称	一级定名 说明	细粒含量	二级定名 颗粒级配	二级定名 名称	填料分组
碎石类土 砾石类 粗粒	粗圆砾土	粒径大于20mm颗粒的质量超过总质量的50%（浑圆或圆棱状为主）	<5%	良好	级配好的粗圆砾	A
				不良	级配不好的粗圆砾	B
			5%~15%	良好	级配好的含土粗圆砾	A
			15%~30%	不良	级配不好的含土粗圆砾	B
			>30%	/	土质粗圆砾	C
	粗角砾土	粒径大于20mm颗粒的质量超过总质量的50%（尖棱状为主）	<5%	良好	级配好的粗角砾	A
				不良	级配不好的粗角砾	B
			5%~15%	良好	级配好的含土粗角砾	A
			15%~30%	不良	级配不好的含土粗角砾	B
			>30%	/	土质粗角砾	C
	细圆砾土	粒径大于2mm颗粒的质量超过总质量的50%（浑圆或圆棱状为主）	<5%	良好	级配好的细圆砾	A
				不良	级配不好的细圆砾	B
			5%~15%	良好	级配好的含土细圆砾	A
			15%~30%	不良	级配不好的含土细圆砾	B
			>30%	/	土质细圆砾	C
	细角砾土	粒径大于2mm颗粒的质量超过总质量的50%（尖棱状为主）	<5%	良好	级配好的细角砾	A
				不良	级配不好的细角砾	B
			5%~15%	良好	级配好的含土细角砾	A
			15%~30%	不良	级配不好的含土细角砾	B
			>30%	/	土质细角砾	C

续上表

类别	一级定名 名称	一级定名 说明	细粒含量	二级定名 颗粒级配	二级定名 名称	填料分组
粗粒 砂类土	砾砂	粒径大于2mm颗粒的质量占总质量25%~50%	<5%	良好	级配好的砾砂	A
			5%~15%	不良	级配不好的砾砂	B
			5%~15%	良好	级配好的含土砾砂	A
				不良	级配不好的含土砾砂	B
			>15%	/	土质砾砂	B
	粗砂	粒径大于0.5mm颗粒的质量超过总质量的50%	<5%	良好	级配好的粗砂	A
				不良	级配不好的粗砂	B
			5%~15%	良好	级配好的含土粗砂	A
				不良	级配不好的含土粗砂	B
			>15%	/	土质粗砂	B
	中砂	粒径大于0.25mm颗粒的质量超过总质量的50%	<5%	良好	级配好的中砂	A
				不良	级配不好的中砂	B
			5%~15%	良好	级配好的含土中砂	A
				不良	级配不好的含土中砂	B
			>15%	/	土质中砂	B
	细砂	粒径大于0.075mm颗粒的质量超过总质量的85%	<5%	良好	级配好的细砂	B
			5%~15%	不良	级配不好的细砂	C
			5%~15%	/	含土细砂	C
	粉砂	粒径大于0.075mm颗粒的质量超过总质量的50%	/	/	粉砂	C

参 考 文 献

[1] 韩峰. 铁道线路工程施工. 北京:中国铁道出版社,2007.
[2] 郝瀛. 铁道工程. 北京:中国铁道出版社,2000.
[3] 阎西康. 土木工程施工. 北京:中国建材工业出版社,2000.
[4] 铁路职工岗位培训教材编审委员会. 铁路线路工. 北京:中国铁道出版社,2011.
[5] 荣佑范. 铁路线路维修与大修. 中国铁道出版社,2011.
[6] 申国祥. 铁路轨道. 北京:中国铁道出版社,1996.
[7] 广钟岩,高慧安. 铁路无缝线路. 北京:中国铁道出版社,1995.
[8] 铁建设[2009]141号. 有砟轨道铁路铺砟整道施工作业指南. 北京:中国铁道出版社,2011.
[9] 陈善雄,宋剑,周全能,等. 高速铁路沉降变形观测评估理论与实践. 北京:中国铁道出版社,2010.